La Guerre froide vue d'en bas

Sous la direction de
Philippe Buton, Olivier Büttner et Michel Hastings

La Guerre froide vue d'en bas

CNRS ÉDITIONS
15, rue Malebranche – 75005 PARIS

Cet ouvrage a été publié grâce
au CNRS,
au ministère de l'Éducation nationale (DGESCO),
à l'Institut d'Histoire du Temps Présent (IHTP-CNRS),
aux Archives Nationales,
à l'Institut d'Études Politiques de Lille,
au Centre d'études et de recherche en histoire culturelle (Cerhic)
de l'Université de Reims,
et à la Direction de la recherche et de l'enseignement supérieur
de la Région Ile-de-France.

Photo de couverture : Boulevard Gambetta, Saint-Junien (Haute-Vienne) parue dans *LIFE* le 29 janvier 1950.

ISBN : 978-2-271-07823-0

Nouveaux regards sur la Guerre froide

Philippe Buton, Olivier Büttner et Michel Hastings

En 1982, l'historien britannique E.P. Thompson percevait une « détente entre les peuples plutôt qu'entre les États, un mouvement qui parfois déloge les États de leurs blocs les conduisant vers une nouvelle diplomatie de la conciliation, et qui, parfois, traverse les institutions étatiques, en défiant leurs structures idéologiques ». Et de conclure : « la grande caravane de la Guerre froide fonce désormais vers son terminus ». Ces propos sont souvent cités par les partisans de la *Global History*, comme la preuve de la fécondité d'une approche par le bas des phénomènes mondiaux [1]. Alors que les spécialistes de la Guerre froide qui avaient pris l'habitude d'envisager les relations internationales comme la seule expression des politiques étatiques, furent surpris par la soudaineté des événements de 1989, Thompson rappelait, dans le prolongement de ses propres travaux, qu'une méthodologie plus soucieuse des sociétés locales, de la diversité de leurs contextes socio-culturels, aurait probablement permis de saisir les processus de délitement du bloc soviétique et de ses « pays frères ».

Une approche

Le choix de revisiter la Guerre froide par le bas est parti d'une question faussement naïve : est-il concevable qu'une période historique longue de quarante ans, qui vit s'instaurer un système bipolaire au niveau mondial, entraînant la planète dans une grille de lecture du monde manichéenne, n'ait trouvé aucun écho dans les départements et les communes ? Peut-on au contraire imaginer trouver quelques traces de cette conflictualité géopolitique dans le cadre des territoires infra nationaux ? Bien entendu, la réponse à cette question varie selon les sociétés concernées. Les « effets » de

---

1. Cité *in* Kostovicova Denisa and Glasius Marlies (eds), *Bottom-up Politics. An Agency-Centred Approach to Globalization*, London, Palgrave-MacMillan, 2011, p. 204.

géographie et d'histoire ont en effet construit des rapports très différenciés à la Guerre froide. Aux États-Unis, la Guerre froide s'invita à travers notamment la propagande anticommuniste qui envahit les médias, générant un imaginaire du complot dont se nourrira le maccarthysme. En Allemagne, la Guerre froide se vit au quotidien, dans la partition du pays, dans la matérialité tragique d'une frontière et d'un mur, dans la déchirure des familles. Mais qu'en fut-il pour la société française ? Certes, les chars de l'armée rouge stationnaient à deux étapes du Tour de France. Suffit-il pour autant de rappeler cette réalité anxiogène pour considérer que la France des terroirs vivait alors à l'heure de la Guerre froide ?

La question de savoir si, et comment, la Guerre froide s'est invitée au niveau local suggère une double ambition. Tout d'abord retrouver de la Guerre froide **ailleurs** que là où elle est communément située et interprétée, sortir non seulement du cadre international, mais également du récit dominant qui s'est jusqu'à nos jours imposé. Il s'agit ici de repenser la topographie de la Guerre froide en la confrontant à des dynamiques territoriales infra nationaux, loin des arènes diplomatiques, mais proches du théâtre quotidien des interactions sociales. La seconde ambition consiste à repérer une **autre** Guerre froide que celle élaborée par les seuls agents des relations internationales. Le changement d'échelle permet en effet d'observer les modalités de la rencontre entre la Guerre froide et des configurations locales à chaque fois singulières. Vue d'en bas, quelle Guerre froide perçoit-on ? Est-elle au moins encore guerrière ? « Ailleurs », « autre », la Guerre froide que nous entendons saisir, procède donc d'une série de déplacements dont l'objectif consiste à en restituer la pluralité, tout en essayant de comprendre à la fois comment se font les conversions/les résistances du local aux logiques pratiques et discursives de Guerre froide, et comment, en retour, ces processus localisés d'appropriation affectent ou non les représentations de celle-ci. Ou, pour le dire autrement : déloger, d'abord, la Guerre froide de la seule perspective géopolitique, et la réinterpréter, ensuite, à partir du sens que les acteurs locaux donnent à leurs actions.

La première hypothèse porte l'idée d'une nouvelle cartographie possible de la Guerre froide, et le projet d'en redessiner non seulement les frontières, mais également les temporalités. Le changement d'échelle et de focale permet en effet d'appréhender la Guerre froide dans la diversité de ses territoires, en affichant la volonté non pas de relativiser l'importance des facteurs internationaux dans la construction de la Guerre froide, mais d'identifier les éventuelles résonnances localisées de l'affrontement bipolaire mondialisé. L'observation des territoires composites de la Guerre froide met en lumière les mécanismes complexes par lesquels des événements internationaux trouvent des prolongements et des retraductions locales, comme si les territoires offraient des structures d'opportunité pour que soit rejouée l'histoire, en l'adaptant aux singularités de l'environnement. L'analyse de la Guerre froide au village, pour détourner le titre de l'ouvrage célèbre de Maurice Agulhon[2], offre l'occasion d'enchâsser la Guerre froide dans des écologies fines, et d'envisager ainsi une pluralité de représentations et de pratiques. L'objectif n'est toutefois pas de construire et de multiplier les isolats, d'« éparpiller, par petits bouts, façon puzzle » la Guerre froide pour le seul plaisir de la rendre plus proche, plus accessible. Conclure qu'il y a autant de Guerres froides qu'il y a de communes, de groupes sociaux, voire d'individus, est une évidence et une grande banalité. De futurs travaux montreraient assurément la richesse, aujourd'hui ignorée, des mémoires de la Guerre froide, des souvenirs familiaux ou individuels. Mais vue d'en bas, la Guerre froide interroge surtout les processus par lesquels une société, en l'occurrence locale, aménage ses rapports à l'histoire internationale en train de se faire, en décidant ou non d'abroger les distances qui la séparent des événements. En inscrivant la Guerre froide dans une pluralité de mondes, ce livre met en évidence les ressorts du travail d'appropriation mené par des acteurs locaux eux-mêmes porteurs d'une multiplicité de dispositions, de façons de voir, de sentir ou d'agir. La carte de la Guerre froide vue d'en bas n'est donc pas celle d'une conflictualité internationale qui serait observée par le seul petit bout de la lorgnette. Elle retranscrit surtout la diversité des processus de réception d'un phénomène international qui rencontre dans le local des contextes d'attention qui le saisissent, le travaillent et le restituent selon des formes propres d'énonciation. Cette approche par le bas enregistre également le jeu des temporalités autour d'un présent de Guerre froide livré aux enjeux d'un passé plus ou moins proche, recyclé en permanence par les dispositifs mémoriels et commémoratifs, par les empreintes d'une histoire locale que la chronologie internationale réveille et condamne à se remettre en récit.

La seconde hypothèse qui sous-tend cet ouvrage collectif porte donc bien sur la question des appropriations de la Guerre froide, c'est-à-dire des processus très complexes par lesquels individus et groupes sociaux fabriquent en permanence leurs rapports aux événements en les incorporant aux multiples récits qui construisent leur identité. La Guerre froide, comme ordre de tensions internationales, se trouve ainsi incorporée dans une diversité d'expériences locales qui nous informent autant sur la plasticité de la Guerre froide que sur les conditions de politisation qu'elle permet d'offrir aux différents acteurs locaux. Les différentes contributions de cet ouvrage montrent en effet que la Guerre froide n'est pas seulement un moment historique, scandé d'événements plus ou moins dramatiques se jouant à l'échelle du monde, mais fonctionne aussi comme une boîte à outils pour

2. Agulhon Maurice, *La République au village*, Paris, Plon, 1970.

faciliter localement le processus de « passage au politique » d'un certain nombre de problèmes ou d'enjeux particuliers. La Guerre froide peut ainsi contribuer à remettre à l'agenda local des histoires que l'on croyait enfouies ; elle peut aussi aider à renforcer ou fragiliser des légitimités politiques en soumettant les acteurs politiques à l'épreuve de son interprétation locale ; elle permet également de produire localement des discours de vérité qui trouveront dans son actualité les pièces à conviction des diverses représentations du monde qui s'affrontent sur la scène locale. La Guerre froide se réchauffe donc localement, en jouant des partitions qui conjuguent à la fois les conditions d'action des élus, des militants et des journalistes locaux, les cadres sociaux et culturels qui autorisent la circulation et la réception des événements internationaux, l'aptitude des acteurs locaux, individuels ou institutionnels, à faire dialoguer les ressources du local et les données de l'international. La carte de ces Guerres froides vient alors se superposer, avec plus ou moins de bonheur, à d'autres géographies : on pense immédiatement à celle des implantations du communisme tant le PCF fut en effet l'un des ordonnateurs principaux de la théâtralisation locale de la Guerre froide[3]. Il faut également évoquer celle des pratiques religieuses, celle des maquis de la Résistance, celle des casernes de l'armée américaine, celle des sites stratégiques à protéger en priorité en cas de conflit nucléaire, etc. Bref, un millefeuille d'histoires locales, de sédiments sociaux et culturels, d'identités partagées que la Guerre froide éprouve, provoque, ressuscite.

En soumettant la Guerre froide à une approche « par le bas », les auteurs de ce livre sont conscients du danger de l'insularité qui déboucherait sur une cartographie en peau de léopard, où les études de cas dessineraient les taches éparses d'un tissu de connaissances forcément incomplètes. Il ne s'agit pas de substituer au récit international de la Guerre froide la litanie sans fin de ses expressions locales, mais plutôt de repérer les contacts, les frottements et les résistances qui ont accompagné la rencontre des faits internationaux et des « horizons d'attente » locaux. Loin de se rapetisser, la Guerre froide comme objet d'histoire, s'enrichit alors d'un potentiel accru de comparabilité, et de manière un peu paradoxale, s'offre plus aisément à une histoire globale, soucieuse non seulement des récits longtemps dominés, mais aussi de l'hybridité même des expériences politiques.

3. Voir le numéro spécial « Local communisms », *Twentieth Century Communism. A Journal of International History*, Issue 5, 2013.

Un bilan

Une telle approche demeure peu fréquente car, pour l'essentiel, « la Guerre froide vue d'en bas » reste une histoire à écrire. Certes, depuis la chute du Mur, une manne documentaire imposante s'est offerte aux chercheurs, au point d'accréditer l'idée d'une « révolution de la preuve », et de nourrir une ample publication de sources. Soulignons ainsi l'impressionnante moisson livrée par les chercheurs rassemblés autour du *Cold War International History Project*. Que ce soit par le biais de ses *Bulletins*, des ouvrages thématiques publiés ou des documents mis en ligne, ce sont des dizaines de milliers de documents nouveaux et passionnants, issus des ex-archives soviétiques ou de celles des anciennes démocraties populaires, qui sont livrés à l'étude des historiens. Sans atteindre un tel volume, nombre de publications à travers le monde ont également offert de nombreux documents venus d'au-delà de l'ancien rideau de fer. Citons à titre d'exemple de nombreux articles publiés par la revue française *Communisme*[4] ou bien le remarqué *Togliatti e Stalin* d'Elena Aga-Rossi et de Victor Zaslavsky[5]. Du côté occidental, la manne archivistique est venue de la progressive déclassification de documents produits par la CIA et qui ont nourri de nombreuses publications journalistiques et académiques[6]. Cependant, si la masse documentaire s'est considérablement accrue, ce foisonnement n'a pas, pour

4. Cf. notamment les numéros spéciaux « Les archives du communisme », nº 32-34, 1992-1993 ; « Les archives : la nouvelle histoire de l'URSS », nº 42-44, 1995 ; « Nouvelles archives soviétiques et renouveau historiographique », nº 70-71, 2002 ; « La politique internationale de l'URSS : nouvelles approches », nº 74-75, 2003 ; « La Guerre froide revisitée », nº 80-82, 2004-2005 ; « Roumanie. Un totalitarisme ordinaire », nº 91-92, 2007 ; « Archives et histoire du communisme en Pologne », nº 93-94, 2008.

5. Aga-Rossi Elena, Zaslavsky Victor, *Togliatti e Stalin. Il PCI e la politica estera staliniana negli archivi di Mosca*, Bologne, Il Mulino, 1997. Peu de temps avant sa disparition, Victor Zaslavsky a publié d'autres documents dans son ultime ouvrage, Zaslavsky Victor, *Lo stalinismo e la sinistra italiana*, Milan, Mondadori, 2004.

6. À titre d'exemples, voir les publications officielles (Washington, CIA) : Haines Gerald K., Leggett Robert E. (eds.), *CIA's analysis of the Soviet Union, 1947-1991: a documentary collection*, 2001, *CIA Analysis of the Warsaw Pact Forces: The Importance Of Clandestine Reporting*, 2009 ou *Ronald Reagan, intelligence, and the end of the Cold War*, 2011. En français, des documents ont été publiés par Nouzille Vincent, *Des secrets si bien gardés (1958-1981)*, Paris, Fayard, 2009.

l'instant, provoqué de nouvelle étape historiographique et nous observons toujours la coexistence de trois approches[7].

La première étape historiographique, celle qui a commencé avec la Guerre froide elle-même, a réduit la perception de cette guerre à une vision à la fois conflictuelle et issue des sommets. Une trilogie hiérarchisée s'imposait : par ordre décroissant, histoire diplomatique, histoire militaire et histoire du renseignement[8]. Pendant cette étape, lorsque le social faisait son apparition, c'était par la petite porte ou par le trou de la serrure, par exemple : Force ouvrière a-t-elle été créée par la CIA ? Cette étape ne s'est jamais achevée. Elle a même été largement réactivée par la nouvelle offre documentaire, qui est à l'origine de nombreux ouvrages récents, de grande

7. L'historiographie de la Guerre froide a déjà fait l'objet de nombreux travaux. Parmi les plus intéressants, citons : Faure Justine, « De la Grande Alliance à l'affrontement armé Est-Ouest (1944-1950) : origines de la Guerre froide et débats historiographiques », *Histoire@Politique*, nº 3, novembre-décembre 2007 ; Frank Robert, « Histoire des relations internationales », Delacroix Christian, Dosse François, Garcia Patrick, Offenstadt Nicolas (dir.), *Historiographies*, vol. 1, « Concepts et débats », Paris, Gallimard, 2010 ; Grosser Pierre, *Les temps de la guerre froide*, Bruxelles, Complexe, « Questions au XXe siècle », 1995 ; *Id.*, « Écrire l'histoire de la guerre froide après la fin de la guerre froide, quelques éléments de réflexion et de bilan bibliographique », *Communisme*, nº 80-81-82, 2004 ; Jarausch Konrad, *Divided, Yet Reunited : The Challenge of Integrating German Post-War Histories*, H-Net List for Diplomatic History, 1/2/2011 ; Leffler, Melvyn P., « The Cold War: what do "we now know" ? », *American Historical Review*, vol. 104, nº 2, avril 1999 ; Romero Federico, « La guerra fredda nella recente storiografia americana », *Italia Contemporanea*, nº 200, septembre 1995 ; *Id.*, « La nuova "storia" della guerra fredda », *Europa, Europe*, nº 4-5, 1998 ; Soutou Georges-Henri, *La Guerre de 50 ans*, Paris, Fayard, 2001 ; *Id.*, « L'historiographie actuelle de la Guerre froide entre révisionnisme et nouvelles recherches », *Revue d'histoire diplomatique*, nº 2, 2008.

8. Feis Herbert, *Churchill, Roosevelt, Stalin. The War they waged and the Peace they sought*, Princeton, Princeton University Press, 1957 ; Mosely Philip E., *The Kremlin and World Politics*, New-York, Vintage Books, 1960 ; Aron Raymond, *Les Articles de politique internationale* dans *Le Figaro* de 1947 à 1977, Paris, Editions de Fallois, trois tomes, 1990-1997 ; *Id.*, *Paix et Guerre entre les nations*, Paris, Calmann-Lévy, 1962 ; Laloy Jean, *Entre guerre et paix*, Paris, Le Seuil, 1966 ; Ulam Adam B., *Expansion and coexistence. The History of Soviet Foreign Policy, 1917-1967*, New York, Praeger, 1968 ; *Id.*, *The Rivals. America and Russia since World War II*, New York, Viking Press, 1971 ; *Id.*, *Dangerous Relations. The Soviet Union in World Politics, 1970-1982*, New York, New York University Press 1983 ; Davis Lynn E., *The Cold War begins: Soviet-American Conflict over Eastern Europe*, Princeton, Princeton University Press, 1974 ; Gaddis John Lewis, *Russia, The Soviet Union and the U.S.: an interpretive history*, New York, 1978.

qualité[9]. Dans cette étape historiographique, la principale observation que nous pouvons faire est de constater que les approches iconoclastes des historiens radicaux américains et communistes français ont mal affronté les révélations archivistiques, et ne semblent pouvoir corriger qu'à la marge l'historiographie libérale traditionnelle[10].

La deuxième étape, qui n'interrompt pas la première, mais la complète, ajoute un regard et une action qui ne se limitent plus aux seuls sommets de l'État. Avec deux grandes options. D'abord une action du haut vers le bas. Pour l'Est, c'est l'étude de la soviétisation, l'étude des répressions diverses et des dissidences.

---

9. Bozo Frédéric, Rey Marie-Pierre, Ludlow N. Piers, Nuti Leopoldo (eds.), *Europe and the End of the Cold War*, London, Routledge, 2008 ; Deighton Anne, *The Impossible Peace. Britain, the Division of Germany and the Origins of the Cold War*, Oxford, Clarendon Press, 1993 ; Dockrill Saki, *Eisenhower's New Look National Security Policy, 1953-1961*, London, McMillan Press, 1996 ; Gaddis John Lewis, *We Know Now : Rethinking Cold War History*, New York, Oxford University Press, 1997 ; *Id.* (ed.), *Cold War Statesmen confront the bomb. Nuclear diplomacy since 1945*, Oxford, Oxford University Press, 1999 ; Hogan Michael J., *The Marshall Plan. America, Britain, and the Reconstruction of Western Europe, 1947-1952*, New York, Cambridge University Press, 1987 ; Mastny Vojtech, *The Cold War and Soviet Insecurity. The Stalin Years*, Oxford, Oxford University Press, 1996 ; Sagan Scott D., *The Limits of Safety: organizations, accidents, and nuclear weapons*, Princeton, Princeton University Press, 1995 ; Sebesta Lorenza, *L'Europa Indifesa. Sistema di sicurezza atlantica e caso italiano, 1948-1955*, Florence, Ponte alle Grazie, 1991 ; Trachtenberg Marc, *A Constructed Peace: the Making of the European Settlement 1945-1963*, Princeton, Princeton University Press, 1999 ; Westad Odd Arne (ed.), *Brothers in Arms. The Rise and Fall of the Sino-Soviet Alliance, 1945-1963*, Stanford, Stanford University Press, 1998 ; Zubok Vladislav, Pleshakov Constantine, *Inside the Kremlin's Cold War. From Stalin to Khrushchev*, Cambridge (Mass.), Harvard University Press, 1996.

10. Pour la production révisionniste américaine, cf. Williams William Appleman, *The Tragedy of American diplomacy*, Cleveland, World Publishing Company, 1959 ; Fleming Denna F., *The Cold War and its Origins, 1917-1960*, New York, Doubleday, 1961 ; Alperovitz Gar, *Atomic Diplomacy: Hiroshima and Potsdam*, New-York, Simon and Schuster, 1965, Penguin, 1985 ; Kolko Gabriel and Joyce, *The Limits of Power: The World and United States Foreign Policy, 1945-1954*, New-York, Harper and Row, 1972 ; Yergin Daniel, *Shattered Peace. The Origins of the Cold War and the national security state*, Boston, Houghton Mifflin, 1977 ; Cumings Bruce, *The Origins of the Korean War*, Princeton, Princeton University Press, 1981. Pour leurs épigones français, cf. Durand Yves, *Naissance de la guerre froide, 1944-1949*, Paris, Messidor-Temps Actuels, 1983 ; Lacroix-Riz Annie, *Le Choix de Marianne : les relations franco-américaines 1944-1948*, Paris, Editions sociales, 1986.

Pour l'Ouest, c'est essentiellement l'étude du maccarthysme[11]. Toujours dans cette deuxième étape, il y a aussi l'étude de relations Est-Ouest, mais à un niveau hiérarchique plus proche des bases sociales orientales et occidentales. De grands livres sortent sur la diplomatie culturelle et sur la propagande. Pensons aux travaux de Pierre Grémion sur le Congrès pour la liberté de la culture ou aux recherches sur Radio Free Europe ou les autres radios américaines à destination de l'étranger[12]. Dans le même ordre d'idées, on s'intéresse à la production cinématographique, voire aux arts plastiques mais, pour l'essentiel, on décrypte un discours[13]. En définitive,

11. Whitfield Stephen, *The Culture of the Cold War*, Baltimore, John Hopkins University Press, 1991.

12. Grémion Pierre, *Intelligence de l'anticommunisme. Le Congrès pour la liberté de la culture à Paris, 1950-1975*, Paris, Fayard, 1995. Cf. également Ludwig Bernard, « La propagande anticommuniste en Allemagne fédérale : le VVF, pendant allemand de Paix et Liberté ? », *Vingtième Siècle. Revue d'histoire*, 2003, n° 80 ; Caute David. *The Dancer Defects. The Struggle for Cultural Supremacy During the Cold War*, Oxford, Oxford University Press, 2005 ; Coleman Peter *The Liberal Conspiracy. The Congress for Cultural Freedom and the Struggle for the Mind of Postwar Europe*. New York, Free Press, 1989.

13. Parmi beaucoup de travaux, cf. Lacorne Denis, Rupnik Jacques, Toinet Marie-France, *L'Amérique dans les têtes : un siècle de fascinations et d'aversions*, Paris, Hachette, 1986 ; Kuisel Richard, *Seducing the French: The Dilemma of Americanization*, Berkeley, University of California Press, 1993 ; Harper John L. *American Visions of Europe: Roosevelt, Kennan and Acheson*, New York, Cambridge University Press, 1994 ; Du Réau Elisabeth (dir.), *Regards croisés et coopération en Europe au XXe siècle*, Paris, Presses de la Sorbonne Nouvelle, 1996 ; Pons Silvio, Gori Francesca (eds.), *The Soviet Union and Europe in the Cold War, 1943-1953*, Basingstoke, Macmillan, 1996 ; Hixson Walter L., *Parting the Curtain. Propaganda, Culture, and the Cold War, 1945-1961*, New York, St. Martin's Griffin, 1997 ; Alten Michèle, *Musiciens français dans la guerre froide (1945-1956). L'indépendance artistique face au politique*, Paris, L'Harmattan, 2000 ; Fousek John, *To Lead the Free World: American Nationalism and the Cultural Roots of the Cold War*, Chapel Hill, University of North Carolina Press, 2000 ; Saunders Frances Stonor, *The Cultural Cold War. The CIA and the World of Arts and Letters. Intelligence in Recent Public Literature*, New York, The New Press, 2000 ; Corbin Anne-Marie, *L'image de l'Europe à l'ombre de la Guerre Froide : la revue forum de Friedrich Torberg à Vienne : 1954-1961*, Paris, L'Harmattan, 2001 ; Kuznick Peter J., Gilbert James (eds.), *Rethinking Cold War Culture*, Washington, Smithsonian Institution Press, 2001 ; Berghahn Volker, *America and the Intellectual Cold Wars in Europe*, Princeton, Princeton University Press, 2002 ; Hitchcock William I., *The Struggle for Europe: The Turbulent History of a Divided Continent, 1945-2002*, New York, Doubleday, 2002 ; Varsori Antonio, Calandri Elena, *The Failure of Peace in Europe, 1943-1948*, Basingstoke, Palgrave, 2002 ; Bois Pierre du, « Guerre froide, propagande et culture (1945–1953) », *Relations internationales*, n° 115, 2003 ; Craveri Piero, Quagliariello

domine avant tout un regard qui scrute une parole qui va du haut vers le bas, des intellectuels et des sommets politiques vers la société. Et principalement de l'Ouest vers l'Est, des États-Unis vers l'Europe, occidentale ou orientale.

La troisième et dernière étape est celle qui s'amorce depuis peu, et dans laquelle nous nous inscrivons. Le regard est porté vers le bas, le bas comme objet et le bas comme sujet, avec la volonté d'interroger la densité sociale de la Guerre froide[14]. Mais cette troisième approche n'a que peu pénétré le champ historiographique actuel, comme le révèle l'examen des

---

Gaetano (a cura di), *Atlantismo ed europeismo*, Soveria Mannelli, Rubbettino, 2003 ; Scott-Smith Giles, Krabbendam Hans (eds.), *The Cultural Cold War in Western Europe, 1945-1960*, Londres, Frank Cass, 2003 ; Craveri Piero, Quagliariello Gaetano (a cura di), *L'antiamericanismo in Italia e in Europa nel secondo dopoguerra*, Soveria Mannelli, Rubbettino, 2003 ; Major Patrick, Mitter Rana (eds.), *Across the Blocs. Cold War Cultural and Social History*, Londres, Frank Cass, 2004 ; « Culture and Cold War », *Contemporary British History*, 2005, vol. 19, n° 2 ; Osgood Kenneth. *Total Cold War. Eisenhower's Secret Propaganda Battle at Home and Abroad*, Lawrence University Press of Kansas, 2006 ; Santamaria Yves, *Le parti de l'ennemi ? : Le Parti communiste français dans la lutte pour la paix (1947-1958)*, Paris, Armand Colin, 2006 ; « The Cold War in Film », *Cold War History*, vol. IX, n° 4, automne 2009 ; Fleury Antoine, Jilek Lubor (dir.), *Une Europe malgré tout. Les échanges culturels, intellectuels et scientifiques entre Européens dans la guerre froide*, Bruxelles, Peter Lang, 2009 ; Gienow-Hecht Jessica C.E., « Culture and the Cold War in Europe », Leffler Melvyn P., Westad Odd Arne (eds.), *The Cambridge History of Cold War, vol. 1 : Origins*, Cambridge, Cambridge University Press, 2010. Appartiennent à ce type de recherches beaucoup des contributions rassemblées dans Dockrill Saki, Frank Robert, Soutou Georges-Henri, Varsori Antonio (dir.), *L'Europe de l'Est et de l'Ouest dans la Guerre froide, 1948-1953*, Paris, Presses de l'Université de Paris-Sorbonne, 2002, Soutou Georges-Henri, Robin Hivert Emilia (dir.), *L'URSS et l'Europe de 1941 à 1957*, Paris, Presses de l'Université de Paris-Sorbonne, 2008, Sirinelli Jean-François, Soutou Georges-Henri (dir.), *Culture et guerre froide*, Paris, Presses de l'Université de Paris-Sorbonne, 2008.

14. Tel est le cas de certaines des contributions contenues dans les trois ouvrages édités par les Presses de l'Université de Paris-Sorbonne et mentionnés à la fin de la note précédente. Voir également certaines des contributions de Engel Jeffrey A. (ed.), *Local Consequences of the Global Cold War*, Stanford, Stanford University Press, « Cold War International History Project Series », 2007, ainsi que Kozovoï Andreï, *Par-dela le Mur. La culture de Guerre froide soviétique entre deux Détentes*, Paris, Complexe, 2009 ; Ragaru Nadège, Capelle-Pogacean Antonela (dir.), *Vie quotidienne et pouvoir sous le communisme. Consommer à l'Est*, Paris, Karthala, 2010.

dernières synthèses accessibles en collection de poche[15]. Dans tous ces ouvrages, excellents au demeurant, la part belle continue de revenir au regard porté des sommets vers les sommets, et le regard vu du bas demeure soit inexistant, soit très marginal.

Inverser le regard, tel fut donc le pari de cette enquête, un pari qui n'aurait jamais pu être tenté sans l'existence de l'Institut d'histoire du temps présent du CNRS.

Une méthode

L'Institut d'histoire du temps présent a mobilisé en 2008 son réseau de correspondants départementaux pour lancer une enquête sur « La Guerre froide *vue d'en bas* ». Cette recherche fut animée et coordonnée par Olivier Büttner, ingénieur de recherche CNRS à l'IHTP, et a bénéficié de la direction scientifique de Philippe Buton, Professeur d'Histoire contemporaine à l'Université de Reims, et de Michel Hastings, Professeur de Science politique à l'Institut d'Études Politiques de Lille.

L'IHTP, avec son équipe d'une cinquantaine de correspondants (dont plus d'une quarantaine en province), est actuellement le seul organisme de recherche à même de mener à bien un tel projet. Unique en son genre dans la recherche historique française, ce réseau est l'héritier de celui mis en place en 1944 par la Commission d'Histoire de l'Occupation et de la Libération de la France. Réactivé par l'IHTP depuis 1978, il est constitué principalement de professeurs d'histoire de l'enseignement secondaire. Ainsi cette recherche est l'œuvre d'une équipe de correspondants : Marie Claude Albert, Vincent Auzas, Gilbert Beaubatie, Gérard Boeldieu, Gérard Bourdin, Hélène Chaubin, Michel Chaumet, Danielle Chevallier, Laurent Chevrel, Mireille Conia, Gilles Deroche, Xavier Desbrosse, Gil Emprin, Jean-Louis Étienne, Odile Fleury-Zvenigorodsky, Christiane Gachignard, Frédéric Gand, Rémy Gaudillier, Jean-Luc Gillard, Pascal Girard, Arthur

15. Pour les États-Unis, nous avons retenu le dernier ouvrage de Gaddis John Lewis, *The Cold War*, London/New York, Penguin, 2005, Penguin Books, 2007. Pour le Royaume-Uni, nous avons pris l'ouvrage écrit par l'historien Robert McMahon, certes américain mais publié dans l'excellente collection « Very short introduction » d'Oxford University Press : McMahon Robert, *The Cold War. A Very Short Introduction*, Oxford/New York, Oxford University Press, 2003. Pour l'Italie s'impose l'ouvrage de Del Pero Mario, *La guerra fredda*, Roma, Carocci, « Le Bussole », 2001, ed. 2009. Enfin, pour la France, nous avons retenu le seul ouvrage de synthèse existant en collection de poche, celui de Jeannesson Stanislas, *La guerre froide*, Paris, La Découverte, 2002.

Grosjean, Bertrand Hamelin, Jean-Claude Lahaxe, François-Xavier Laithier, Jean-Louis Laubry, Didier Lavrut, Catherine Le Guen, Annie Martin, Isabelle Miclot, Alain Monchablon, Nicolas Monod, Gilles Morin, Odile Morisseau, Alain Olivier, Anne Pasques, Pascal Plas, Jean-François Poujeade, Alain Rajot, William Richier, Jacques Sadon, Frédéric Stevenot, Renaud Tauzin, Margaret Teboul, Sébastien Touffu et Alain Trogneux.

Cette recherche a reçu le soutien du ministère de l'Éducation nationale qui attribue un quota d'heures supplémentaires pour les enseignants du secondaire en activité qui constituent une part importante du réseau des correspondants ; elle a également reçu l'aval en 2009 de la Directrice des Archives de France qui, par lettre circulaire, a demandé à tous les responsables d'archives départementales et locales de faciliter aux correspondants de l'IHTP l'accession aux documents, en particulier à ceux encore soumis à demande de dérogation. Enfin dès 2009, par lettre de son Directeur général, « L'Assemblée des Départements de France » nous a apporté son soutien et en a informé l'ensemble de ses membres.

Ce projet est donc une recherche historique fondée sur des sources primaires. Trois sources ont été ainsi privilégiées : les Archives départementales et municipales, la presse régionale et les sources orales. L'échelle locale, en fait, est ici mise au service d'une analyse en profondeur. Elle permet de faire des zooms de qualité qui ne perdent rien, à mesure que l'on agrandit la focale, de la netteté de l'image. Les résultats de l'enquête ont été maximisés grâce aux allers-retours entre les correspondants dépouillant les archives départementales et municipales – ils tiennent tous à remercier les personnels pour leur disponibilité - et les confrontations des résultats méthodologiques et cognitifs, réalisées lors des rencontres générales ou partielles (thématiques ou régionales) du réseau. La restitution des travaux a donné lieu à deux journées annuelles d'études de 2008 à 2012 rassemblant la quasi-totalité des correspondants départementaux, ainsi qu'à dix réunions avec chaque groupe de correspondants chargés des synthèses thématiques (mai, juin et octobre 2012).

Toutefois, il a aussi été fait appel à une quatrième source : les archives centrales, à vocation nationale, qu'il s'agisse des Archives nationales (en particulier les fonds des ministères de l'Intérieur et de la Justice) et des services historiques des armées (notamment la gendarmerie et l'Inspection générale de la Défense Intérieure du Territoire) ou des différents partis politiques, des organisations syndicales et des grandes institutions laïques ou religieuses.

Cet ouvrage se présente donc comme l'heureux aboutissement d'un projet collectif porté par l'ambition de contribuer à un renouvellement historiographique de la Guerre froide. Ambition modeste puisque l'ampleur et la diversité des terrains d'investigation nous ont contraints à procéder à des choix souvent drastiques, mais ambition réelle puisque, de ce livre, se dégage quelques fortes leçons que nous avons regroupées autour de trois ensembles de questions. Le premier est relatif aux défis du maintien de l'ordre avec une attention plus particulière portée aux manifestations, aux grèves, et à la protection civile. Le deuxième porte sur les rapports au territoire, à la fois institutionnel et symbolique, et propose des études de cas sur les pratiques toponymiques et de jumelages, ainsi que des éclairages départementaux. Le troisième ensemble regroupe ce qui a trait aux approches par les problématiques des représentations, des émotions et des mémoires. Ces trois entrées par le bas de la Guerre froide nous conduisent, pierre par pierre, à bâtir les premières fondations d'une relecture de la période et de ses différents enjeux, avec pour ligne d'horizon la lancinante question de savoir si la Guerre froide vue d'en bas eut réellement lieu. Guerre des mondes ou guerre des boutons ?

PREMIÈRE PARTIE

Maintenir l'ordre

Imaginaires de guerre : l'ennemi intérieur en Guerre froide. France, années 1950.

Olivier Büttner et Annie Martin [1]

Jalonnée de conflits larvés ou ouverts, armés ou non, la Guerre froide a également vu se développer des guerres qui n'ont pas eu lieu ou, plus précisément, qui n'ont eu lieu que dans l'esprit de ceux qui, dans chacun des deux blocs, les ont préparées. Si le contexte psychologique de la Guerre froide a rendu possible l'émergence de ces représentations conflictuelles imaginaires, celles-ci ont en retour profondément nourri cette période. Par conséquent, pour qui souhaite parvenir à une vision d'ensemble de cette riche et longue période historique, il ne semble guère possible d'éluder l'étude de ces paradigmes guerriers fictifs.

Au cœur des réflexions et anticipations françaises, deux modèles théoriques sont présents de manière récurrente chez ceux, tant civils que militaires qui, en France, se sont chargés d'imaginer ou d'anticiper ces guerres-là. Les traces qu'ils ont laissées, tant dans les archives des ministères de l'Intérieur et de la Défense, que dans la presse spécialisée, font émerger deux paradigmes : celui de la guerre nucléaire et celui de la guerre dite subversive. Notons d'emblée que ces deux modèles récurrents sont aussi fréquemment pensés comme intrinsèquement liés : guerre nucléaire rendant possible dans un second temps une guerre subversive, ou bien guerre subversive accompagnée de bombardements atomiques, ou encore guerre nucléaire conduite par le biais d'une cinquième colonne. Si le PCF n'est pas explicitement mentionné, il est malgré tout directement visé : c'est lui la cinquième colonne qui, à la suite des grèves ouvrières de 1947-1948, et

1. Fondé sur des documents d'archives recueillis aux Archives Nationales et au Service Historique de la Défense, notre travail a également bénéficié des informations fournies par des correspondants départementaux de l'IHTP : Hélène Chaubin, Xavier Desbrosse, Gilles Desroche, Jean-Louis Étienne, Odile Fleury-Zvenigorodsky, Rémy Gaudillier, Pascal Girard, Jean-Claude Lahaxe, Didier Lavrut, Isabelle Miclot et Frédéric Stévenot.

après l'adhésion de la France à l'OTAN, est chargée de « gangrener » le pays pour faciliter les projets d'invasion des troupes de l'URSS et des pays satellites au début des années 1950[2]. Au demeurant, la perception des communistes comme ennemi intérieur par les militaires n'est cependant pas un phénomène nouveau, la première réflexion datant des années 1930[3].

Quelle que soit la forme de combat retenue dans ces réflexions, celles-ci ont souvent en commun de partir de données connues, des expériences acquises au cours du précédent conflit mondial, ces données et expériences étant réinterprétées au regard des perceptions nouvelles de la menace, au prisme des incertitudes et des craintes soulevées par la situation internationale et les guerres coloniales. Objet d'histoire culturelle, l'étude de la guerre imaginaire met aussi en jeu l'expérience et la mémoire des acteurs, leur culture du combat.

Avant de présenter la place de l'ennemi intérieur dans le cadre d'exercices de Défense Intérieure du Territoire (DIT), il est nécessaire de dresser un tableau des perceptions qu'ont les pouvoirs civils et militaires des effectifs armés du PCF. C'est en effet cette représentation de l'appareil militaire clandestin du PCF qui sert de cadre à la description des mouvements subversifs « Rouges » dans tous les exercices de DIT des années 1950.

---

2. À titre d'exemple, en 1953, l'introduction du rapport « La défense horizontale contre l'attaque par surprise » du Contrôleur général de l'Armée, Libermann, au chef d'État Major de l'Armée commence par le paragraphe suivant : « Le Rush Pangermaniste provisoirement brisé, le Panslavisme Moscoutaire faisait à nouveau appel en 1947 à l'idéologie Communiste, pour développer les positions conquises depuis Yalta sur le mythe nazi […], il fallait en cas de danger extérieur reconsidérer sa propre structure pour se défendre en même temps contre une armée dite populaire, inspirée du Kominform, installée sur le territoire, à l'affût de l'occasion propice à la prise du pouvoir. Bien mieux, le danger viendrait d'abord de cette armée du désordre en état permanent de « guerre froide », qu'une attaque brusquée conduirait au putsch victorieux de Prague ; si non, à une véritable guerre civile préface de l'invasion et ceci, avant et contre toute possibilité de mobilisation. »

3. Texier Nicolas, « "L'ennemi intérieur" : l'armée et le Parti communiste français de la Libération aux débuts de la guerre froide », *Revue historique des armées*, n° 269, 2012, p. 46-62.

L'APPAREIL MILITAIRE CLANDESTIN DU PCF VU PAR LA DIRECTION CENTRALE DES RENSEIGNEMENTS GÉNÉRAUX

À la fin des années 1940 et au début des années 1950, la DCRGSN[4] cherche à avoir une image aussi précise que possible d'un parti communiste extrêmement puissant et dont la dimension subversive ne fait aucun doute aux yeux des fonctionnaires de la sécurité. C'est ainsi qu'en 1950 un rapport s'interroge sur la nature de ce qu'est le mouvement politique le plus puissant d'Europe, en se concentrant toutefois sur la France[5]. Il est précisé dans l'introduction : « L'ouvrage que présente la Direction des Renseignements Généraux de la Sûreté nationale sur le Parti Communiste français n'est pas l'examen de divers problèmes posés par ce parti. [...] Notre but essentiel a été d'essayer de fournir un instrument de travail permettant de pénétrer en profondeur dans le système révolutionnaire français ». La première question dès lors est de savoir dans quelle mesure ce « système révolutionnaire français » dispose de moyens armés. S'il s'agit d'un véritable appareil militaire, comment est-il structuré ? Assure-t-il un véritable maillage du territoire ? Quelles sont ses futures missions ? Telles sont les questions soulevées par les policiers.

En 1950, la « section analyse » de la DCRGSN détaille de façon très précise l'organisation territoriale de l'armée rouge des ombres : « En juillet [1949], au cours d'une réunion secrète tenue à Saint-Quentin en présence des représentants des cadres clandestins FTP des départements, M. André Marty présente les grandes lignes de cette réorganisation. Il annonce que sur le plan paramilitaire [...] la France est divisée en 10 territoires »[6]. Aux yeux des policiers, l'importance stratégique de ces territoires varie en fonction de divers facteurs et la Direction centrale des Renseignements généraux les classe de la façon suivante :

a) Territoire 1, Nord. Elle note la présence de la frontière franco-belge, l'importance de la population à majorité ouvrière et à forte proportion d'étrangers ;

b) Territoire 2 à 7 et 10. Elle souligne l'importance particulière de la zone 6 en raison de la surveillance de la frontière espagnole, de la zone 3 avec la frontière suisse, puis des zones 7 et 10, côtes atlantiques et bretonnes, et de la zone 5 en raison des liaisons avec l'Italie ;

---

4. DCRGSN : Direction centrale des Renseignements généraux de la Sûreté Nationale (Ministère de l'Intérieur).
5. Rapport de la Direction centrale des RG sur le PCF en 1950. Rapport de 1623 pages et un volume de plus de 200 « notices individuelles », rédigé en mars1950. Archives nationales, n° 19960325/1.
6. *Ibid.*, p. 1177-1182 : « tactique de l'appareil clandestin ».

c) Territoire 8 « qui englobe l'ancien "bastion Limousin" territoire de refuge » ;

d) Territoire 9, d'importance secondaire, une position stratégique de second plan avec une faible influence communiste. *(Cf. carte 1 : les territoires de l'appareil militaire clandestin du PCF).*

Dans ces zones, les policiers tentent d'évaluer les effectifs et la structure de l'appareil militaire clandestin du PCF. Ces effectifs ne sont « envisagés que théoriquement » par les services des RG et sont divisés en trois catégories :

– Les effectifs de choc, qui sont armés, comprennent environ 500 officiers qui constituent l'état-major et l'encadrement de principe pour un total de 40 000 hommes répartis sur tout le territoire. Ils doivent répondre à la moindre alerte et rejoindre leur « centre mobilisateur ». Il est prévu que ces effectifs armés devront assurer les « opérations de couverture », en attendant la mobilisation et l'armement des effectifs de combat. Ces opérations devront être couvertes par des « actions de masse » comme la grève générale ou des émeutes ;

– Les effectifs de combat[7], d'environ 100 000 hommes qui doivent rejoindre leur centre mobilisateur selon des modalités régionales ou locales. « Sauf armement individuel (personnel) ils ont à attendre les armes qui leur seront fournies au centre mobilisateur définitif » ;

– Les effectifs de masse d'à peu près 500 000 hommes forment une « Armée Populaire » récupérée dans les organisations politiques et ouvrières de masse en cas d'événements exceptionnellement graves, tels que guerre étrangère ou guerre civile ;

Les RG précisent que ces effectifs de masse (500 000 hommes), rapportés aux 6 millions de communistes existant en France[8], « constituent la proportion normale d'éléments susceptibles de combattre ». Dans son rapport de 1953 sur *La Défense en Surface contre l'attaque interne par surprise*, le Contrôleur général Libermann cartographie lui aussi une répartition départementale des « Forces adverses avec préfiguration de leur ordre de bataille » en positionnant les « Groupes de choc » (600 hommes) et les « Régiments Populaires » (1200 hommes).

7. Dans certaines notes des RG, les « troupes de combat » sont assimilées « aux troupes de choc » : cf. *Note RG suite écoute téléphonique occasionnelle 15/09/1950, suite retour de Pologne de chefs du PCF dont Thorez*, AN, n° 19960325/4.

8. Il s'agit plutôt de sympathisants. Philippe Buton estime à 800 000 le nombre d'adhérents à la fin 1946. Buton Philippe, *Les lendemains qui déchantent, le parti communiste français à la Libération*, Paris, Presses de la fondation nationale des sciences politiques, 1993, p. 270.

LES TERRITOIRES DE L'APPAREIL MILITAIRE CLANDESTIN DU PCF

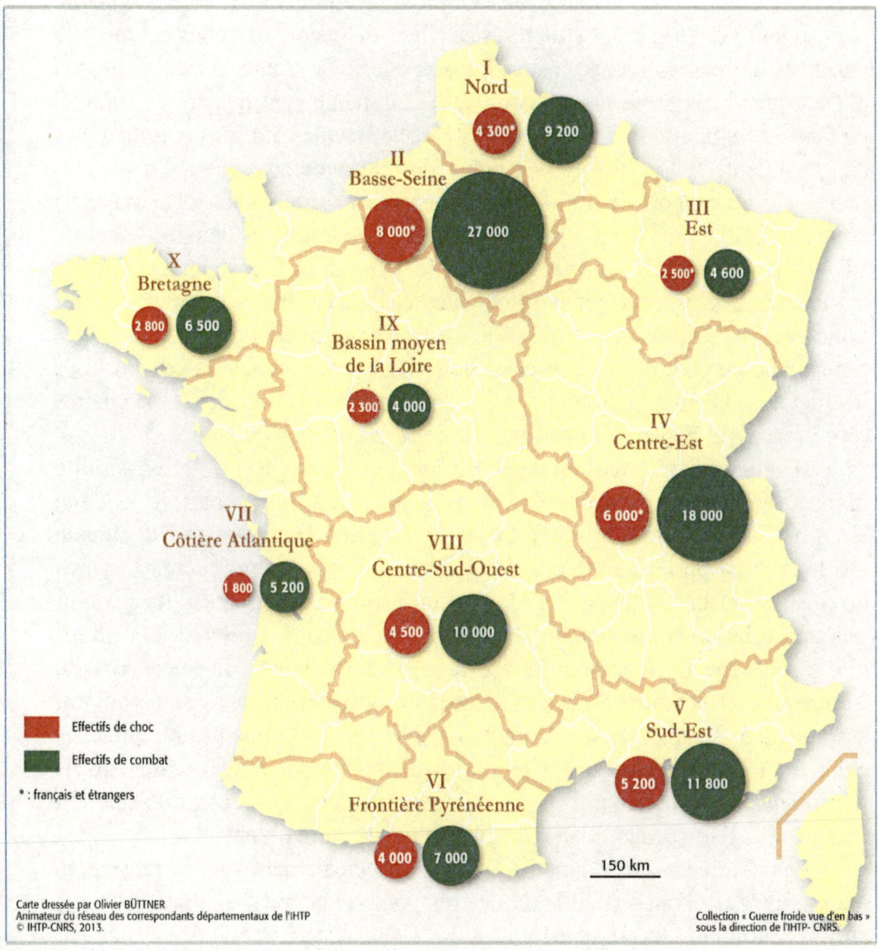

Les territoires de l'appareil militaire clandestin du PCF en 1950.

Au-delà de ces estimations et de cette première étude de structure, ce rapport donne des renseignements sur l'encadrement et la formation des cadres et le rôle des étrangers dans l'appareil militaire clandestin du PCF. Dans le versement « Organisation militaire, service d'ordre, actions clandestines, agents de liaison »[9], on trouve des rapports et notes des RG du début des années 1950, faisant état de formations de cadres ou d'hommes de troupe, généralement dans des locaux isolés en province, proches des forêts, appartenant soit au PCF soit à des structures satellites ou encore dans des colonies de vacances de mairies communistes. Sous couvert d'entretien ou de formation « classique », des formations au combat et au maniement des armes auraient eu lieu. Les rapports font état de bruits caractéristiques d'armes automatiques et, généralement, fournissent des fiches de renseignement sur les personnes présentes. Le rapport de 1950 analyse aussi ces formations : « Un stage de combat dans la forêt s'est tenu à la frontière des Pyrénées dans un hôtel de "Tourisme et Travail". Le stage a duré 15 jours dont 5 en Espagne dans la montagne. L'instruction était principalement basée sur le maniement des armes et des explosifs, l'utilisation des armes antichars, la tactique des groupes de combat et des exercices de liaisons entre unités de combat. Les instructeurs étaient en majorité des Espagnols parlant le français, les stagiaires (60) Français et Espagnols ont composé cette dernière promotion ».[10]

Il est aussi fait mention dans plusieurs notes des RG de la possibilité d'encadrement par des officiers venus des pays de l'Est, en particulier de la Hongrie. Enfin, le rapport de 1950 de la direction centrale des RG signale qu'il est aussi prévu que les cadres FTP soient, dès les premières mesures de mise en place du dispositif clandestin, astreints à une mobilité géographique : « Ils ne combattront pas dans le secteur où se trouvent leur domicile et le siège de leur activité légale ; en temps voulu, ils recevront du Centre une affectation précise. Ce système de rotation des cadres devrait assurer, dans l'esprit de ses promoteurs, une sécurité, plus grande pour les officiers FTP, ainsi qu'une exécution plus ponctuelle des ordres qu'ils pourraient recevoir, étant dégagés des contingences auxquelles ils seraient soumis s'ils demeuraient dans une région qu'ils connaissent[11]. »

Pour l'armement, le rapport s'appuie principalement sur les renseignements que les RG ont recueillis sur une réunion secrète qui s'est tenue à Grasse (Alpes-Maritimes) les 28 et 29 novembre 1949. À cette réunion présidée par Marcel Servin, député de la Haute-Saône, et membre de la Commission centrale des cadres du PCF, assistaient dix responsables de « rayons » venus des dix « Territoires » et représentant les dix chefs de ces « Territoires ». D'après

9. AN, n° 19960325/4.
10. *Ibid.*, p. 1157-1160.
11. *Ibid.*, p. 1182.

les RG : « Abordant l'étude de la situation internationale, M. Servin déclara en substance que dans un délai proche qui ne saurait excéder six mois, la guerre, devenue inévitable, va éclater entre l'URSS et le bloc impérialiste. Cette réunion est sans doute la dernière réunion préparatoire à la mise en place de notre dispositif. »[12] Le point principal de cette réunion était la tactique à employer par l'appareil militaire du PCF en vue du conflit imminent entre le bloc soviétique et les forces de l'OTAN. Concernant les problèmes liés à l'armement, Marcel Servin aurait fait allusion à trois dépôts d'armes constitués en ce mois de novembre 1949. Le premier en forêt de Raismes (arrondissement de Valenciennes), le second dans un bois à 12 kilomètres au sud de Chamonix (il serait le plus important), le troisième, à proximité de Bourg-Madame, dans les Pyrénées[13]. Mais la direction des RG fait aussi part de ses doutes sur cette conception de gros dépôts, « en contradiction avec la tactique FTP en matière de dépôts d'armes », qui semble plus en accord avec « la thèse des petits dépôts d'armes ». Il est aussi fait mention du procédé utilisé par des cellules constituées dans les manufactures d'armes pour détourner des caisses d'armes et de munitions et moderniser ainsi leurs stocks.

Au début des années 1950, une synthèse hebdomadaire des rapports de police et de gendarmerie recensant, entre autres, les « caches d'armes » découvertes, est transmise sous forme de bordereau à la Direction de la Sûreté nationale. Ces caches vont de quelques armes légères datant de la Seconde Guerre mondiale, jusqu'à plusieurs centaines[14] avec un stock très important de munitions et d'explosifs dans le cas des trois caches d'armes découvertes en Haute-Garonne et dans l'Aude, en février et mars 1950 par la DST de Toulouse[15]. « En outre, précise le rapport, la chaîne pyrénéenne et la zone pré-pyrénéenne de la Méditerranée à l'Atlantique sont couvertes d'une multitude de petites exploitations forestières, groupant de 5 à 15 ouvriers chacune. Depuis quatre ans, le PCE avec l'aide du PCF, s'est efforcé de placer ses groupes dans ces chantiers ainsi que dans ceux de

---

12. *Ibid.*, p. 1179-1180.

13. À l'époque, les trois zones étaient étroitement surveillées, comme en atteste le nombre de rapports des RG et de la gendarmerie sur les mouvements de personnes et d'automobiles ou camions dans ces zones.

14. En majorité des armes individuelles, pistolets, fusils, mitraillettes, grenades mais aussi des fusils mitrailleurs, des mitrailleuses de 12/7 mm, quelques mortiers de 80 mm et des bazookas. Il y a des armes allemandes mais surtout des armes américaines et anglaises produites à la fin de la Seconde Guerre mondiale et qui sont encore en service dans l'armée française.

15. 3 dépôts de 10 tonnes d'armes et de munitions découverts par la DST de Toulouse dans des bois proches de Barbazan et de Carbonne en Haute-Garonne et de Quillan dans l'Aude. Le rapport attribue ces caches au parti communiste espagnol en France, partie intégrante de l'armée clandestine du PCF en cas de conflit. AN, *Ibid.*, article 4.

l'EDF »[16]. Ainsi, en Haute-Garonne, la Société Forestière du Midi est décrite au début de 1950 comme la pièce maîtresse de l'organisation communiste dans le massif des Pyrénées : « Il s'agit d'une société d'exploitation forestière, désormais premier producteur national de traverses de chemin de fer et principal fournisseur de la SNCF, qui a été créée au lendemain de la dissolution des FFI en mars 1945 par deux chefs de maquis. Elle est perçue comme une organisation paramilitaire qui "a conservé en vase clos l'essence même des anciens guérilleros espagnols" et dont les troupes de choc - évaluées entre 500 et 700 hommes - forment l'ossature d'un dispositif militaire qui s'étend le long des Pyrénées »[17].

Le rapport des RG mentionne également qu'en novembre 1949, à la réunion de Grasse, en fonction des plans d'attaque de l'État-major soviétique, Marcel Servin a précisé « le dispositif de bataille du PCF » qui devra se mettre en place à partir de l'organisation territoriale de l'armée clandestine du PCF : « Le dispositif de bataille du PCF s'appuiera sur trois zones qui sont considérées comme des positions stratégiques :

1) La zone frontière franco-suisse : Cette zone doit être contrôlée et occupée par nos forces sur plus de 50 kms de profondeur. Nous devons la tenir coûte que coûte et couvrir nos arrières. L'État-major soviétique a décidé en effet qu'il effectuerait par l'Autriche et la Suisse une attaque rapide. Nous devons l'aider par tous les moyens à acheminer vers Paris en un temps record son matériel et ses troupes qui se déploieront en éventail une fois la frontière franchie. Nous serons avertis suffisamment à l'avance de la date de cette opération ce qui nous permettra d'acheminer dans cette zone environ 100 000 F.T.P. recrutés parmi l'élite de nos troupes.

2) La zone frontière franco-espagnole : Notre rôle dans ce secteur sera d'empêcher que les Américains installés en Espagne envoient des troupes et du matériel en France. Nous devons donc isoler la France de l'Espagne. Nos camarades espagnols nous aideront en provoquant en Espagne des troubles et en effectuant des sabotages qui nous permettront de gagner du temps. Notre camarade Simone Téry qui connaît l'Espagne a été désignée comme agente de liaison dans ce secteur.

3) La région côtière du Nord : De la frontière belge à la presqu'île du Cotentin, est sous la responsabilité d'un membre de l'E.M. National FTP. Les F.T.P. doivent contrôler la côte en attendant l'arrivée des troupes so-

16. *Ibid.*, p. 950-951.

17. Dulphy Anne, « À l'épreuve de la guerre froide ; les préfets du Sud-Ouest et les réfugiés espagnols 1947-1953 », *in* Vaïsse Maurice (dir.), *Les préfets, leur rôle, leur action dans le domaine de la défense de 1800 à nos jours*, Bruxelles – Paris, Bruylant-L.G.D.J, « Histoires », 2001, p. 366.

viétiques. En cas de débarquement anglo-saxon, ils doivent saboter les arrières des troupes débarquées[18]. »

En France, en plus des opérations dans ces trois zones névralgiques, et en s'appuyant sur son organisation territoriale, « les F.T.P., après avoir exécuté leur mission de démoralisation au moyen d'équipes spéciales envoyées et déjà à pied d'œuvre dans l'Armée et la Police et leurs tâches de sabotage, rejoindront quatre grands maquis situés dans les Ardennes, dans les Vosges, en Haute-Savoie et dans les Pyrénées. Les isolés se regrouperont dans les départements du centre de la France : "Corrèze, Creuse, Haute-Vienne", déjà signalés comme constituant le "bastion Limousin" ». Enfin, toutes les autres frontières maritimes ou terrestres seront contrôlées, mais la qualité des effectifs importe moins que dans les trois secteurs névralgiques cités.

Pour compléter ce rapport, en 1952, le ministre de l'Intérieur demande aux directions départementales des RG de lui fournir un rapport détaillé sur l'état du PCF dans leur département, rapport qui doit contenir une carte du département comportant les zones d'influence du PCF, les points stratégiques sensibles qui pourraient être des cibles potentielles en cas d'attaque des « forces subversives rouges » (lignes à haute tension, barrages hydrauliques, centrales électriques, gares, etc.) ainsi que les zones de maquis (forêts) pouvant servir de bases de départ ou de refuges aux insurgés. Toutes les cartes départementales fournies sont à la même échelle, ont les mêmes légendes et les mêmes codes couleur. Toutes ces cartes départementales mentionnent des « zones de maquis » que l'on peut facilement rapprocher des zones de maquis qui apparaissent sur les « Cartes départementales de la Résistance » pendant la Seconde Guerre mondiale établies par les correspondants de l'IHTP dans les années 1970 et 1980. En outre, à partir de 1956, le ministre des Armées demande aux régions militaires de lui adresser chaque mois une synthèse s'inscrivant dans un « Plan de recherches sur l'ennemi intérieur ». Sébastien Laurent a étudié et dépouillé ces rapports de 1959 à 1966 pour les régions militaires de Paris, Lille et Bordeaux[19]. Enfin, l'étude de l'inventaire mis en ligne au début de 2011 par le SHD sur les archives des Régions militaires (sous série 4 U) est riche d'enseignements. Notons en particulier qu'il existe au niveau « local » un « Bulletin mensuel de renseignements sur l'ennemi intérieur - protection des points sensibles » pour des départements, ou des « subdivisions militaires », dont certains sont antérieurs à 1956.

---

18. *Ibid.*, p. 1180-1181.

19. Laurent Sébastien, « Ce que le renseignement ne peut pas dire. La surveillance de l'"adversaire intérieur" dans la France des années 1960 », *in* Cochet François, Dard Olivier (dir.), *Subversion, anti-subversion, contre-subversion*, Paris, Riveneuve, 2009, p. 299-307.

Les exercices de Défense Intérieure du Territoire dans les années 1950. Les contours de la guerre imaginaire

« La Défense en Surface du territoire métropolitain », « la Défense Intérieure du Territoire » (DIT) puis « la Défense Opérationnelle du Territoire » (DOT), symbolisent les différentes doctrines employées par les autorités françaises pour désigner, pendant les différentes périodes de la Guerre froide, une organisation défensive contre un ennemi du monde occidental. « Tenir un territoire et la population qui s'y trouve de manière à empêcher cette dernière de "basculer" dans le camp de l'adversaire, tel est l'objectif assigné à la défense en surface ». Si l'idée n'est pas nouvelle, elle est l'une des singularités de l'expérience française des années 1945-1962. L'ennemi intérieur, qu'incarne la « cinquième colonne » constituée d'éléments du parti communiste, est une « véritable gangrène subversive pourrissant le corps national »[20]. Cet ennemi intérieur se voit officialisé par l'autorité politique qui, en 1950, définit la défense en surface par un décret[21] « relatif à l'organisation de la défense en surface du territoire métropolitain » qui stipule en son article 1 que : « la défense en surface du territoire métropolitain comprend l'ensemble des mesures destinées à : assurer la sécurité des communications, lutter contre les éléments extérieurs parachutés, débarqués ou infiltrés, s'opposer à toute tentative de sabotage, assurer le maintien de l'ordre ».

En 1956[22], la « Défense en surface » devient la « Défense Intérieure du Territoire » dont les missions sont pour l'essentiel les mêmes que celles de la défense en surface, mais le décret constitutif de la DIT précise que celle-ci a pour but *en général* de protéger en vue de maintenir l'ordre, l'ensemble de la nation et notamment les organes du gouvernement ; *en particulier*, de garantir la sécurité des opérations de mobilisation, de concentration, de transport et de ravitaillement des forces armées, et *le cas échéant* et dans toute la profondeur du territoire, de s'opposer aux éléments implantés, parachutés, débarqués, et de permettre aux forces opérationnelles de poursuivre en cas de nécessité, la lutte contre l'ennemi intérieur[23]. Tout au long des années 1950 et 1960, des exercices de défense en surface et de défense intérieure du territoire, couvrant des zones plus ou

20. « Rapport sur la lutte contre la cinquième colonne », RG, 6 décembre 1951, AN, nº 19770420/24.

21. Décret nº 50-1198 du 29 septembre 1950.

22. Décret nº 56-1313, relatif à l'organisation de la DIT.

23. Villatoux Marie-Catherine, « La défense en surface 1945-1962. Le contrôle territorial dans la pensée stratégique française d'après-guerre », *Cahiers d'histoire militaire appliquée*, Service Historique de la défense, 2009.

moins importantes du territoire métropolitain, ont été menés pour tester tout ou partie de l'organisation de la défense du territoire.

En 1954, cinq exercices (Éon II, Mistral, Bourgogne, Rollon, Genet) concernant la défense intérieure du territoire ont donné lieu à un rapport des Inspecteurs Généraux de l'Administration en mission extraordinaire (IGAME) du Ministère de l'Intérieur[24]. Les conclusions des rapports sont des conclusions techniques, et toutes les analyses dissèquent les moyens mis en œuvre pour aboutir à un bon fonctionnement de la Défense en Surface. Les problèmes particuliers qui peuvent être soulevés concernent la mise en place des états-majors mixtes où se côtoient civils et militaires. Une divergence de doctrine apparaît quant au partage des responsabilités, ainsi que sur l'organisation territoriale du commandement. Des interrogations se font jour sur le champ de compétences entre les autorités militaires et l'autorité civile face à une situation de déclaration d'état de siège. Le rapport démontre qu'appliqué à la lettre, le décret de 1950 sur la Défense en Surface, aboutirait à ce que les Compagnies de CRS soient considérées comme des bandes de partisans qui seraient passés par les armes si les Forces Rouges occupaient notre territoire.

Quant à l'analyse lexicologique de ces rapports, il n'est jamais fait mention d'ennemi intérieur sous aucune forme que ce soit. Tout au plus retrouve-t-on les notions de « maintien de l'ordre » ou des « éléments ennemis armés ». Dans le compte rendu de la conférence des IGAME au mois de mai 1954, il est question de « bandes armées » ou bien « d'éléments étrangers. [...], à la notion classique de ligne de feu et de zone des armées, s'ajoutent ou se substituent des engagements diffus et multiples sur le théâtre des opérations intérieures ». L'hypothèse d'une guerre n'est pas exclue avec « une notable partie des habitants encadrée et endoctrinée pour jeter un trouble profond dans les opérations de mobilisations ».

Le rapport des IGAME portant sur les sept exercices de DIT effectués en 1955 (Éon 3, Rabelais, Roussillon, Duguesclin, Nevers, Somme, Alsace) met toujours en avant des données techniques. Mais, pour la première fois dans ces exercices, sont évoqués des « troubles intérieurs à caractère essentiellement politique ». Dans l'exercice Roussillon et dans celui de Somme, il est clairement fait mention de la fragilité « des points sensibles situés dans la zone côtière, menacés par des commandos débarqués et recevant l'aide de partisans locaux », réminiscence de la Seconde Guerre mondiale.

---

24. DIT-DOT, les rapports des « IGAME » : AN, nº 19770420/24 (Ministère de l'Intérieur, Service National de la Protection Civile). Le décret qui nomme le Préfet, Chef du Service national de la Protection Civile, le charge aussi des questions concernant la Défense en Surface, puis la DIT.

L'année suivante, en 1956, un certain nombre d'exercices de DIT sont programmés, mais le conflit algérien restreint les moyens disponibles : certains exercices sont purement et simplement annulés et d'autres sont réduits à de simples exercices de cadres. Néanmoins, sept exercices ont lieu (Thermes, Junon, Attila, Bourgogne, Béarn, d'Artagnan, Vendémiaire) et, à nouveau, les analyses techniques abondent et laissent voir une véritable amélioration de l'organisation de la DIT sur le terrain. Pour la première fois, le rapport de synthèse mentionne l'action psychologique. Dans celui sur l'exercice Béarn, le préfet des Pyrénées-Orientales estime que « la DIT suppose des opérations effectuées en France, très souvent contre des Français (traîtres ou aveuglés par une politique partisane) ou en présence de Français dont la neutralité sera prête à succomber à la loi du plus fort. En matière de DIT au contraire, il ne saurait être fait abstraction de la population qui peut se diviser en trois groupes : les partisans de l'adversaire, les neutres, les partisans de l'ordre ». Ce même préfet propose la création d'un 5e bureau. L'ennemi intérieur est nommé : il s'agit des « partis extrémistes, tenants de l'idéologie rouge ». Dans l'exercice « Vendémiaire » qui se déroule au début du mois d'octobre, l'agitation sociale est un des facteurs qui entre en jeu dans l'entraînement. Les grèves sont classiquement conçues comme un moyen politique de déstabilisation de la société en vue d'un changement politique.

En 1957, neuf exercices ont lieu, qui concernent 67 départements[25]. Pour des raisons budgétaires, bon nombre de ces opérations se sont déroulées sous forme d'exercice de cadres avec une faible participation des troupes d'actives. Presque tous les exercices ont une composante de guerre subversive. L'ennemi intérieur est devenu une référence naturelle à prendre en compte dans le cadre de l'organisation de la défense du territoire. Afin de circonvenir cet ennemi intérieur, l'accent est mis depuis 1956 sur le renseignement et donc sur la mise en place de très bons moyens de transmission jusqu'à « une innervation aussi poussée que possible du renseignement à l'intérieur des départements ». Pour mener à bien cette mission qui s'apparente à un quadrillage du territoire national, le Secrétariat d'État aux Forces Armées a mis en place au cours de l'année 1957 au siège de chaque département des commandements militaires départementaux d'active, une section mobilisée de transmission départementale et un groupement départemental mobilisé pour un soutien administratif, de protection, d'escorte, et de transport.

La conduite de la guerre d'Algérie pèse aussi lourd dans l'atmosphère délétère de la confrontation des deux blocs. Deux thématiques reviennent quand il s'agit de contrer l'ennemi intérieur : la recherche du rensei-

---

25. Exercices Armor, Rollon, Morvan, Languedoc, Icare, Cezallier, Aquitaine, Lugdunum, Branly.

gnement et l'action psychologique. Le rapport de fin d'année est très clair : « Les résultats obtenus en 1957 en Algérie dans le domaine du renseignement et de l'Action psychologique sont tels qu'il est indispensable de faire connaître largement à tous les échelons, civils et militaires, de la Défense Intérieure métropolitaine les méthodes employées en vue de leur adaptation éventuelle en cas de besoin bien que sous d'autres modalités à la Métropole ». Mais, dès janvier 1958, l'inspecteur général de la DIT, dans le préambule d'une « note d'information concernant divers aspects de la DIT en Algérie » tient à rappeler les différences entre DIT en Algérie et en métropole : « La DIT en Algérie repose sur des fondements, d'ordre technique, forts différents selon toute évidence de ceux de la DIT métropolitaine adaptée à d'autres concepts idéologiques, et par surcroît aux arrières du théâtre d'opérations principales de l'OTAN. En outre, l'infrastructure administrative civile est beaucoup plus lâche en Afrique du Nord, ce qui conduit à demander largement à l'armée d'y suppléer. Ces différences ne doivent jamais être perdues de vue ». Puis il mentionne que l'expérience de l'Algérie reste riche d'enseignements avec l'expérience de la Résistance française de 1943-1944, un des creusets les plus fertiles en enseignements.

À titre d'exemple, « Aquitaine »[26], premier exercice de DIT avec État-major mixte en 1957, démontre « le consensus sur la nécessité de mesures de maintien de l'ordre contre l'agitation communiste en situation de guerre entre les ministres de l'Intérieur, des Forces Armées et les chefs des États-majors »[27]. L'opération « Aquitaine » se déroule sur toute la zone de défense n° 2 soit sur 25 départements *(carte 2 : Zone de défense n° 2)*. L'option nucléaire est un prétexte aux yeux des populations pour justifier l'exercice. D'une façon générale, il s'agit d'une attaque sur les principaux aérodromes de la zone, d'isoler la région parisienne en détruisant les ponts sur la Loire, d'isoler Bordeaux et d'empêcher toute activité maritime de la frontière des Pyrénées jusqu'à La Rochelle. Les bombardements nucléaires créent un arc de cercle qui neutralise un quart du territoire français en annihilant le potentiel aérien, en interdisant toute forme de débarquement par les côtes, en empêchant toute forme d'activité maritime. Rien n'est dit sur les personnes survivantes, ni sur le chaos qui doit s'en suivre. En réalité, l'essentiel n'est pas à ce niveau. Cet exercice militaire est un paravent pour étudier en grandeur nature la guerre subversive. Dans cet ensemble, le Limousin, avec un communisme rural bien enraciné, est un champ d'expérimentation idéal pour étudier le risque de la guerre subversive et le champ d'application de la contre insurrection.

---

26. Exercice DIT « Aquitaine », AN, n° 19770420/ 25.
27. Girard Pascal, *Les complots politiques en France et en Italie, de la fin de la Seconde Guerre mondiale à la fin des années 1950*, Florence, Thèse de l'Institut Universitaire Européen, 2002, p. 693.

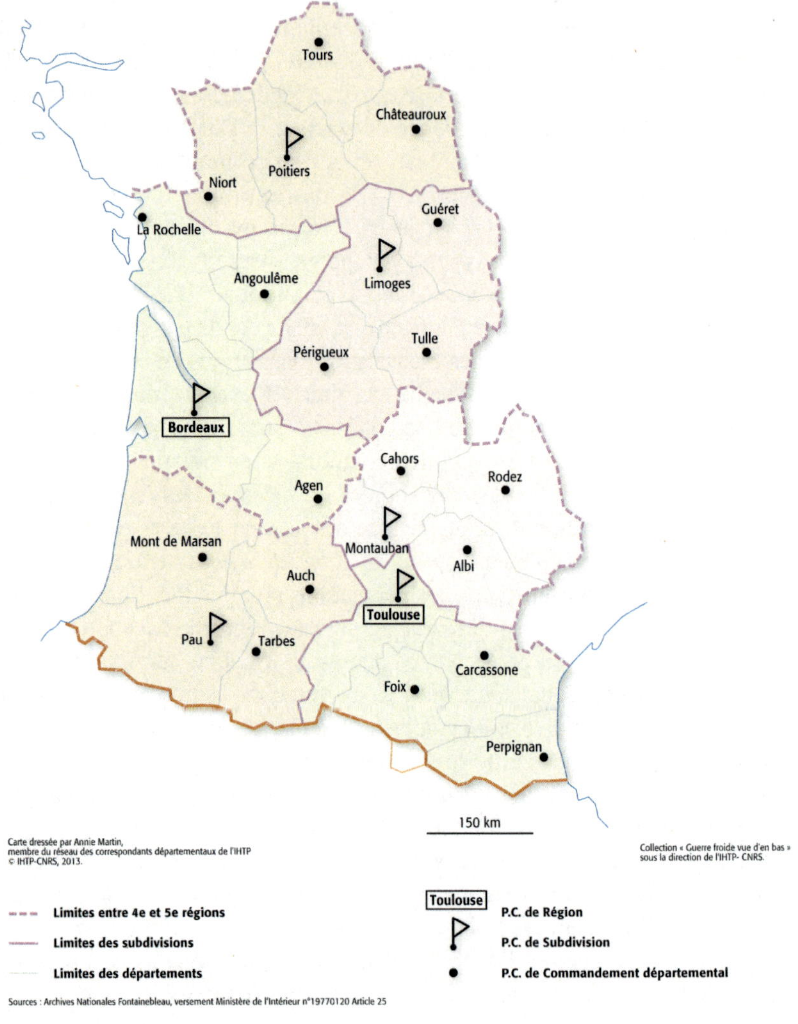

Zone de Défense nº 2, exercice DIT Aquitaine 1957.

La construction imaginaire de la menace repose en partie sur des réalités que les concepteurs de l'exercice ont à l'esprit. En 1946, le PCF recueille plus de 30 % des voix sur les hautes terres des trois départements du Limousin, et dans le sud-ouest de la Haute-Vienne[28]. En 1949, pour le seul département de la Haute-Vienne, le PCF comptait 10 500 adhérents, ce qui faisait de lui un véritable parti de masse dans le département[29]. Entre 1945 et 1958, il remporte huit sièges de députés : trois en Haute-Vienne, un en Corrèze et deux en Creuse. Au niveau national et à titre de comparaison, le PCF recueille 25,6 % des voix à l'élection législative de janvier 1956. Mais la Haute-Vienne donne bien d'autres indicateurs de la dangerosité aux yeux des militaires, avec par exemple la rumeur qui court à l'été 1956 sur la constitution de maquis de rappelés. Dans le contexte de la guerre d'Algérie[30], cette rumeur qui s'installe dans le département de la Haute-Vienne n'est que l'écho de celle qui se propage dans le Cantal, en Dordogne, en Creuse ou encore en Corrèze[31]. À Limoges, le 12 juillet 1956, un tract signé *La Volonté du Peuple* est découvert par les autorités policières. Les auteurs qui appartiennent à la mouvance libertaire préconisent « la nécessité de l'action révolutionnaire [...] par les manifestations de masses et le débordement des forces de police, le sabotage des moyens de guerre, la grève générale [...] c'est la première étape vers la révolution[32] ».

Ainsi, dans le cercle militaire, avec de telles informations, tout converge pour penser que l'adversaire est dans la population, mais qu'une partie de la population est en réalité l'ennemi même. De fait, dans le dossier donné à l'ensemble des participants à l'exercice, la description de l'ennemi est des plus claires : « Il s'agit du parti communiste [qui] s'oppose systématiquement à la politique gouvernementale [...] Son but est d'essayer de parvenir à une coalition de front populaire qui permettrait soit un renverse-

---

28. Danthieux Dominique, « Le communisme rural en Limousin : de l'héritage protestataire à la résistance sociale (de la fin du XIXe siècle aux années 1960) », *Ruralia* , n° 16/17, 2005.

29. Dominique Danthieux donne le nombre de 12 235 adhérents (*ibid.*) mais les données du carnet du secrétaire à l'organisation Auguste Lecœur font état des effectifs suivants : 1948 : 12 570, 1949 : 10 500, 1950 : 8 803, 1951 : 6 700. Et, en 1954, la Haute-Vienne ne compte plus que 3 518 communistes encartés (Roger Martelli, *Prendre sa carte, 1920-2009. Données nouvelles sur les effectifs du PCF*, Pantin-Bobigny, Fondation Gabriel Péri-Conseil général de la Seine-Saint-Denis, 2010, p. 81).

30. Le 12 avril 1956 trois décrets sont promulgués permettant le maintien sous les drapeaux de soldats du contingent et le rappel de soldats libérés.

31. Martin Annie, « La rumeur en Limousin : les maquis de rappelés » *in* Branche Raphaëlle, Thénault Sylvie (dir.), *La France en guerre, 1954-1962*, Paris, Autrement, 2008, p. 35.

32. Note de la direction des RG, « Distribution de tracts », 12 juillet 1956, Archives départementales de la Haute-Vienne (ADHV), 986 W 1002.

ment des alliances soit au moins une attitude de neutralisme à l'égard des deux blocs opposés. [...] Ces tentatives de désagrégation par l'intermédiaire des partis sympathisants ont donné d'excellents résultats en Asie et au Moyen-Orient ». Voilà pourquoi les concepteurs de l'exercice militaire ont imaginé « l'organisation subversive du bloc rouge » en France selon le schéma suivant : « Un Comité Révolutionnaire Métropolitain (CRM) est en place dans la région parisienne. Il reçoit directement ses directives du Comité de Guerre Suprême du bloc Rouge. Il dispose à Limoges d'une antenne, ayant pour mission spéciale la coordination des actions rouges dans le Massif Central et la mise en place, au moment favorable, d'un gouvernement dissident favorable à l'idéologie rouge ». Cela se traduit dans l'opération « Aquitaine » par une montée en puissance graduelle des incidents selon un processus qui se divise en trois étapes.

Tout d'abord, tous les départements sont touchés par les grèves et l'agitation sociale qui sont la toile de fond de l'exercice : grève dans la banlieue industrielle d'Angoulême, grève dans la poudrerie nationale de Bergerac, grève dans les ateliers de la SNCF de Périgueux. Si la situation est donnée pour « particulièrement critique » dans le département de la Gironde, elle est jugée extrêmement confuse dans le département de la Haute-Vienne. Il n'y a pas de hasard si les militaires imaginent un département « spécialement troublé depuis un mois par des manifestations, des grèves, des attentats, des sabotages ». Le département du Tarn-et-Garonne quant à lui est perturbé par « des éléments insurrectionnels armés ».[33] Cette agitation sociale se double d'une activité de propagande qui couvre l'ensemble des départements. Dans l'esprit des concepteurs de l'exercice, il s'agit de créer toutes les conditions d'une phase pré-insurrectionnelle.

Ensuite, c'est la phase des attentats sur les lignes de communication, qu'elles soient téléphoniques, routières ou ferroviaires. Cette phase n'est pas sans rappeler le plan « Violet » conçu par le BCRA, à la Libération, pour paralyser les forces ennemies tant dans leur déplacement que dans leurs informations. À Guéret (Creuse), les pylônes EDF sont coupés ; dans la région d'Uzerche (Corrèze), la station des Lignes Souterraines à Grande Distance (L.S.G.D.) est sabotée. Les sites stratégiques (barrage, aéroport, usine électrique) font tous l'objet de sabotages ou de tentatives de sabotage.

Enfin, l'étape armée est l'aboutissement visant à prendre le pouvoir. De la formation de maquis, en passant par des attaques de villages, attaques qui vont jusqu'à l'anéantissement, sans oublier les attaques contre les locaux et les agents des autorités civiles et militaires, la zone de Défense n° 2 s'embrasse et sombre dans l'anarchie. En Corrèze, les gendarmes et les gendarmeries font l'objet de 22 agressions, qui vont du coup de feu sur la

33. Exercice DIT « Aquitaine », AN, n° 19770420/ 25.

patrouille à l'attaque même du bâtiment. Cette phase armée n'est réellement efficace que si les armes existent et, pour cela, les concepteurs ont imaginé des parachutages de matériel et d'hommes. Là aussi, les réminiscences de la Seconde Guerre mondiale ne sont pas loin : des agents du SOE avaient été parachutés en Haute-Vienne (*carte 3 Haute-Vienne exercice Aquitaine 1957)* et des agents du SAS en Corrèze, sans oublier le largage de plusieurs centaines de containers d'armes au mois de juillet 1944 au sud-est de Limoges. Ainsi, dans l'imaginaire militaire, se mêlent deux types de guerre : la Seconde Guerre mondiale et les conflits coloniaux.

L'information de la population semble avoir été un point important dans cet exercice. Voici ce qu'écrit le Préfet Périllier dans son rapport : « Les participants à l'exercice (Aquitaine) eurent toujours présent à l'esprit l'importance de l'action psychologique. Dans des hypothèses comparables à celles données par le thème, il s'agit de lutter non seulement contre un ennemi extérieur, mais aussi contre des fauteurs actifs de désordres, des partisans agissant par conviction profonde, des sympathisants abusés par une propagande fallacieuse, enfin – et surtout – contre une masse d'hésitants tenus par la contrainte ou dominés par la peur. Ce sont ces derniers que l'on a cherché à reprendre en main en utilisant des appels radiodiffusés, des proclamations, des appositions d'affiches, en demandant l'intervention des sous-préfets, des maires, des chefs de service public, des élus sûrs, des dirigeants des organisations économiques, des syndicats libres, des représentants de divers groupements : anciens combattants, résistants jeunes, médaillés. » Toujours dans le domaine de l'action psychologique, le préfet des Pyrénées-Orientales écrit en novembre 1957 : « L'action psychologique à mener en cas de troubles intérieurs a peut-être même pris le pas sur les opérations de police ou sur les actions militaires de maintien de l'ordre. Une bonne préparation des esprits, le maintien du moral de la population, la galvanisation des volontés s'avèrent dans certaines circonstances plus efficaces que l'emploi de la force [...]. J'ai pris l'initiative dans mon département, en accord avec le commandement militaire, de former un embryon de bureau psychologique au sein de l'État-Major Mixte. [...] Le bureau psychologique doit être étoffé afin de faire face aux lourdes tâches qui lui incombent dès le temps de paix compte tenu de l'état d'esprit, des tendances politiques et des sentiments divers des populations [...]. Le caractère du marin pêcheur par exemple diffère de celui du vigneron ou du montagnard. »

Haute-Vienne, exercice DIT Aquitaine 1957.

En définitive, à lire notre documentation, les « éléments subversifs » comme les acteurs en charge de la défense du territoire font jouer aux zones de maquis le même rôle que lors de la dernière guerre, à ceci près que la forêt devient le lieu de refuge de l'agresseur et non plus le lieu dédié aux forces de l'intérieur combattant pour la « Libération du territoire national ». Ce phénomène demeure une constante jusqu'au début des années 1960, puis devient anecdotique dans les exercices de « Défense Opérationnelle du Territoire » à partir de 1962. Avec la mise en place de la DOT et la fin des guerres coloniales, en effet, le miroir s'inverse : la forêt devient refuge pour le civil, lieu de caches d'armes et de maquis éventuels pour des militaires métropolitains qui veulent y préparer la libération du territoire en se re-transformant alors en ces Forces Françaises de l'Intérieur qui avaient participé à la Libération de 1944. Un article paru dans *Le Monde* en date du 21 mai 1964 et intitulé : « Dans le plan 1964-1970 : l'armée de terre se reconstituera autour de l'arme atomique », précisait qu'après le premier choc avec les troupes du pacte de Varsovie, et les bombardements nucléaires sur le territoire de l'Allemagne, il était prévu « qu'interviendraient [sur le territoire métropolitain] les trois divisions réservées stationnées en France sous commandement national appuyées par les forces de Défense Opérationnelle du Territoire. Ces dernières poursuivraient ensuite éventuellement le combat et s'il était nécessaire constitueraient des maquis ».

En 1950, comme en 1962, il y avait bien deux points centraux dans l'imaginaire de ceux qui préparaient la guerre prochaine : la référence mémorielle fondamentale de la Seconde Guerre mondiale et la montée en puissance de la référence à la guerre subversive menée par un ennemi infiltré et *non plus intérieur* à partir de 1962, ou mené par soi-même contre l'envahisseur en cas d'occupation du sanctuaire national.

La perception de la menace communiste, en France et en Italie au début de la Guerre froide

Pascal Girard

La perception de la menace communiste n'est pas uniquement un objet d'histoire culturelle propre à nous replonger dans l'atmosphère de la Guerre froide. La représentation de cette menace constituait à l'époque un des guides de l'action des gouvernements, des partis politiques ou des états-majors, et en cela sa connaissance est fondamentale pour l'histoire politique de cette période.

Toutefois, cerner des perceptions n'est pas tâche aisée. Elles passent évidemment par de multiples filtres et sont conditionnées par les représentations préalables des individus. Certes, le chercheur dispose d'une masse d'archives virtuellement inépuisable ; nous avons ainsi pu nous appuyer sur les archives civiles (rapport de diverses polices, rapports de préfets, dossiers d'enquêtes judiciaires, débats gouvernementaux ou ministériels), militaires (notes de renseignements, rapports d'activité, synthèses à destination de l'État-Major, dossiers d'exercices), privées (propagande et procès-verbaux des débats des partis politiques) ou encore des témoignages écrits et des entretiens.

Reste que la propagation de nouvelles, d'informations ne prouve pas nécessairement que leurs relais, comme leurs destinataires, y ont jamais cru. Les opinions n'étant que rarement exprimées, plutôt que dans les informations véhiculées, ce sont souvent les actes ou les réactions qu'il faut analyser pour tenter de trouver les preuves de la perception d'une menace. Mais même ainsi, on ne peut retirer des documents au mieux que des indices ou des éléments de preuves très partiels renvoyant à des perceptions fragmentées, atomisées, aussi variées que les institutions et les individus concernés. Si, pour la brièveté et la clarté de l'exposé, nous devrons aller à l'essentiel, il conviendra néanmoins de demeurer modeste et nuancé sur les conclusions à tirer de notre travail.

Dans ces conditions, pourquoi accentuer la difficulté en adoptant une perspective comparatiste ? De fait, au début de la Guerre froide, la France et l'Italie sont les pays qui comptent les deux plus puissants partis communistes d'Europe de l'Ouest. Au-delà de ce qui les oppose[1], la nature des institutions (deux républiques naissantes ou renaissantes), la configuration politique (des gouvernements de centre dont les communistes sont exclus à partir de mai 1947) et la situation du maintien de l'ordre (avec des effectifs policiers et militaires insuffisants) justifient une comparaison qui sera ici destinée à mettre avant tout en évidence les caractéristiques de la situation française.

Cette approche comparatiste a toutefois pour inconvénient d'élargir le champ d'étude et de nous condamner, dans le cadre de cette publication, à être encore plus général dans nos analyses. C'est pourquoi nous nous concentrerons sur une période assez brève, celle des débuts (et en même temps de l'apogée) de la Guerre froide, de 1947 à 1953. De plus, sur le détail des représentations de la menace communiste en France, en particulier au sein de l'armée, ou sur la question de la répression étatique à l'encontre du Parti communiste, nous renvoyons d'une part aux communications d'Annie Martin et Olivier Büttner et d'Alain Bancaud respectivement, et d'autre part aux chapitres consacrés à ces questions dans notre doctorat[2]. Nous pourrons ainsi nous concentrer sur le contraste entre les situations française et italienne puis sur les facteurs qui pourraient l'expliquer.

L'IMPACT DES VIOLENCES SUR LA PERCEPTION DES PARTIS COMMUNISTES

Dans les deux pays, l'automne 1947 constitue le tournant en ce qui concerne la perception d'une menace communiste potentielle, qui passe de la peur des grèves ou des manifestations d'ampleur et de gravité limitées à celle d'actes de subversion et d'insurrection, voire d'un coup d'État ou d'une révolution. Ce changement est évidemment lié à l'entrée dans la Guerre froide, elle-même marquée par la conférence de Szklarska-Poreba, mais cette inflexion n'est pas nécessairement claire pour l'opinion, les autorités civiles et militaires, ou même les militants communistes.

Ce qui matérialise cette rupture et transforme la nature de la menace communiste supposée, c'est une vague inédite de violences qui touche les

1. Lazar Marc, *Maisons rouges. Les partis communistes français et italien de la Libération à nos jours*, Paris, Aubier, 1992, en particulier p. 27.

2. La plus grande partie de ce développement est tiré de notre travail : Girard Pascal, *Les complots politiques en France et en Italie, de la fin de la Seconde Guerre mondiale à la fin des années 1950*, Thèse (dir. : Heinz-Gerhardt Haupt), Florence, Institut Universitaire Européen, 2012 (p. 305-697 pour l'essentiel).

deux pays presque simultanément (en octobre-novembre pour l'Italie et en novembre-décembre pour la France), et qui résulte d'un vaste mouvement de grève impulsé par les partis communistes et leurs syndicats respectifs (CGT et CGIL).

Ces violences sont autant physiques (contre les policiers ou les « jaunes », les non-grévistes) que matérielles (sabotages d'outil de production, de moyens de transport ou de voies de communication) et verbales. Elles accompagnent les manifestations, les occupations d'usines ou encore les barrages routiers et ferroviaires ; elles peuvent être meurtrières, et dénotent assez souvent une préparation préalable de la part des militants communistes qui y participent (stratégie, armes par destination)[3]. L'impact de ces violences est renforcé par une seconde vague d'affrontements plus brève, mais encore plus violente, en particulier en Italie : ce sont en juillet 1948 les émeutes consécutives à la tentative d'assassinat contre Palmiro Togliatti, secrétaire général du PCI, et en octobre-novembre 1948, les grèves dans les bassins miniers français.

La conséquence de ces violences est qu'à partir de l'automne 1947, on constate une double évolution dans les rapports contenus dans les archives de police des deux pays. C'est d'abord un afflux de nouvelles très alarmistes faisant état de préparatifs insurrectionnels de la part du Parti communiste et de ses organisations satellites. Ces nouvelles s'apparentent le plus souvent à des rumeurs ou des révélations d'informateurs non identifiés, et il est donc impossible de les exploiter telles quelles afin d'évaluer la prégnance de la peur d'un coup de force communiste. En effet, elles peuvent aussi bien être l'effet des craintes d'une partie de la population que des manipulations justement destinées à inquiéter et influencer les forces de police, et au-delà, le gouvernement. Reste que, et c'est le second point, plus décisif, les autorités civiles et militaires semblent prendre cette accumulation d'informations au sérieux. Les services de police notamment mènent des enquêtes au sujet d'informations inquiétantes dont la crédibilité est parfois très faible. En tout état de cause, cela démontre que dans l'esprit d'un certain nombre de fonctionnaires de police et de leurs supérieurs, le risque existe et qu'il serait imprudent de le négliger. Élément révélateur de cet état d'esprit nouveau provoqué par les violences, les ministres de l'Intérieur eux-mêmes ordonnent des enquêtes sur la question. En décembre 1947, Jules Moch demande aux IGAME, et à travers eux aux préfets, d'élaborer une synthèse sur les grèves qui viennent de se dérouler

3. Sur ce point, nous renvoyons à Girard Pascal, « La violence militante communiste à l'apogée de la guerre froide », *in* Audigier François, Girard Pascal (dir.), *Se battre pour ses idées. La violence militante en France des années 1920 aux années 1970*, Paris, Riveneuve, 2011, p. 93-117.

avec, parmi les préoccupations centrales, l'objectif de déterminer s'il s'agissait d'un mouvement insurrectionnel[4]. De même, le ministre de l'Intérieur italien, Mario Scelba, à la suite des émeutes meurtrières de juillet 1948, demande aux préfets de transmettre des rapports afin de déterminer si les violences ont été la conséquence d'un « plan général »[5].

Toutefois, imputer aux seules violences cette forte croissance de la perception du péril par les autorités civiles et militaires serait spécieux. En effet, la menace communiste intérieure ne peut se séparer d'une autre menace communiste, celle venue de l'autre côté du rideau de fer.

L'ombre portée de l'affrontement Est-Ouest

Il est difficile d'évaluer l'impact de la peur de l'expansionnisme soviétique, que ce soit lors du coup de Prague ou du blocus de Berlin, sur un temps relativement court. Mais le lien entre menace communiste nationale et péril extérieur soviétique est mis en lumière par la chronologie du second temps fort de la peur du coup de force communiste. En effet, l'année 1949, relativement plus apaisée dans les deux pays (même si la question agraire entretient un climat plus agité et violent en Italie), conduit à un fléchissement du nombre et de la gravité des rapports et des informations concernant le danger communiste (les inquiétudes portant essentiellement sur des grèves violentes et localisées). Mais l'été 1950 entraîne un nouveau pic des craintes.

Celui-ci peut certes être mis en rapport avec un certain regain des violences au début de l'année 1950, lié à la lutte contre la livraison d'armes américaines[6], mais le facteur principal est bien évidemment le déclenchement de la guerre de Corée le 25 juin. Le contexte d'une guerre mondiale à venir[7] rend particulièrement aiguë la crainte de la 5ᵉ colonne communiste,

4. Demande de renseignements, 12 décembre 1947, Archives Départementales de Haute-Garonne, 1960 W 68.

5. Circulaire, 19 juillet 1948, Archivio Centrale di Stato (ACS), Ministero dell'Interno (MI), Direzione Generale della Pubblica Sicurezza (DGPS), Affari Generali e Riservati, 1947-1948, busta 120.

6. Guiso Andrea, L*a colomba e la spada. « Lotta per la pace » e antiamericanismo nella politica del partito comunista italiano (1949-1954)*, Soveria Mannelli, Rubbettino Editore, 2006, p. 242-248 ; Ruscio Alain, *Les communistes français et la guerre d'Indochine, 1944-1954*, Paris, L'Harmattan, 1985, p. 251-258.

7. *Sondages*, nº 1, 1951, p. 8-10 et Soutou Georges-Henri, « La perception de la menace soviétique par les décideurs de l'Europe occidentale : le cas de la France », *in* Dockrill Saki, Frank Robert, Soutou Georges-Henri, Varsori Antonio (dir.), *L'Europe de l'Est et de l'Ouest dans la Guerre Froide, 1948-1953*, Paris, PUPS, 2002, p. 30-34.

c'est-à-dire d'un parti communiste qui minerait de l'intérieur les capacités de défense nationale afin d'aider les troupes du bloc de l'Est qui envahiraient au même moment le pays. Autrement dit, le Parti communiste est soupçonné tant en France qu'en Italie d'être prêt à se livrer à la trahison en temps de guerre, si besoin les armes à la main.

Cette peur, dont rien ne dit en l'état qu'elle ait été fondée, est attisée par le Parti communiste lui-même, en particulier en France[8]. À partir de l'automne 1948[9] et jusqu'au début de l'année 1949, le Bureau politique du PCF comme les dirigeants les plus importants (Jacques Duclos puis Maurice Thorez) multiplient les déclarations laissant penser qu'en cas de guerre, les militants communistes combattraient aux côtés de l'envahisseur soviétique[10]. Au soir de la publication de la déclaration de Maurice Thorez dans *L'Humanité* du 22 février 1949, un vif débat s'engage à l'Assemblée nationale. Toutefois, en dépit des appels de certains députés gaullistes à poursuivre judiciairement les dirigeants du PCF, c'est un ordre du jour se bornant à condamner moralement les propos de Thorez qui est finalement voté par les députés de la Troisième Force, modérés compris[11].

Avec le commencement de la guerre de Corée, l'appréhension beaucoup plus dramatique du danger se traduit à la tête des deux États par des projets de loi très comparables. En France, il s'agit du projet de « défense en surface », préparé par le ministre de la Défense nationale Jules Moch, rapidement approuvé en Conseil des ministres et traduit par le décret du 29 septembre 1950 présenté devant les députés le 26 octobre suivant. Le but de cette organisation est d'« assurer la sécurité des communications, lutter contre les éléments extérieurs parachutés, débarqués ou infiltrés, s'opposer à toute tentative de sabotage, assurer le maintien de l'ordre ». Cette « défense en surface » vise, en cas de mobilisation, mais aussi de situation menaçante, à assurer le maintien de l'ordre intérieur grâce à la coordination entre les forces armées, la gendarmerie, la police et une future « garde territoriale » de réservistes et de volontaires. Même si la menace commu-

8. On trouve des déclarations du même ordre en Italie, mais par des orateurs locaux. Voir notamment les rapports des 23 mars, 24 décembre 1949 et 27 janvier 1950 dans ACS, MI, DGPS, Gabinetto, Partiti Politici, 1944-1966, busta 45.

9. « Le peuple de France ne fera jamais la guerre à l'Union soviétique », *L'Humanité*, 5 novembre 1948.

10. Sur ce point, voir la synthèse de Santamaria Yves, *Le Parti de l'ennemi ? Le Parti communiste français dans la lutte pour la paix (1947-1958)*, Paris, Armand Colin, 2006, p. 81-100. Ces propos sont repris dans la propagande communiste locale – voir les notes d'information, 23 février et 11 mars 1949, Archives de la Préfecture de Police (APP), BA 1883.

11. *Journal Officiel, Débats, Assemblée Nationale*, 24.2.1949, p. 885-900 en particulier.

niste n'est jamais explicitement citée, les discours de Jules Moch à l'Assemblée nationale des 28 juillet et 26 octobre 1950 montrent que c'est bien l'action de sabotage d'une 5e colonne qui est visée[12]. En Italie, au cours de l'été 1950, Mario Scelba met lui sur pieds un projet de « défense civile », présenté à la Chambre des députés le 14 octobre 1950 et destiné à couvrir les arrières de l'armée en cas de situation grave, grâce notamment à l'organisation de corps auxiliaires composés de civils.

Certes, ces deux projets seront des échecs. Le projet de loi de « défense civile », voté en juillet 1951 par les députés italiens, ne sera jamais examiné par le Sénat[13]. Quant à la « défense en surface » française, si elle a fait l'objet d'un décret, elle ne sera jamais mise en œuvre sur le terrain à cause de difficultés d'ordre juridique et du mauvais vouloir de l'État-Major. Ce rapide désintérêt est d'ailleurs la preuve *a contrario* que c'est bien la guerre de Corée qui avait aiguillonné les craintes à l'encontre de la 5e colonne. En effet, comme le relève fort justement Isabelle Miclot dans son article (*infra*), passé l'automne 1950, la peur d'une généralisation du conflit coréen décroît rapidement – c'est ce que démontre notamment le climat relativement apaisé dans lequel se déroulent les élections de juin 1951 en Italie et en France.

L'ÉTRANGER SUBVERSIF

Un dernier point commun entre les deux pays est que l'association entre ces deux menaces intérieure et extérieure conduit les autorités civiles et militaires à considérer le rôle des étrangers comme décisif dans les menées violentes, subversives et potentiellement insurrectionnelles des organisations communistes.

En France, la méfiance des autorités est par exemple dirigée contre les ressortissants et les associations des pays de l'Est ; une instruction pour atteinte à la Sûreté extérieure de l'État aboutit en 1949 à la perquisition des locaux de diverses associations polonaises, puis en janvier 1950 à la dissolution de ces associations et à l'expulsion de certains de leurs membres[14].

12. Villatoux Marie-Catherine, *La défense en surface (1945-1962). Le contrôle territorial dans la pensée stratégique française d'après-guerre*, Paris, Service Historique de la Défense, 2009, p. 160-162.
13. Sur cette question, voir en particulier Mazzei Federico, *De Gasperi e lo « Stato Forte ». Legislazione antitotalitaria e difesa della democrazia negli anni del centrismo (1950-1952)*, Florence, Le Monnier-Mondadori, 2013, p. 85-110.
14. Sur cette affaire, cf. Service Historique de l'Armée de Terre (SHAT), 1 R 16, dossier 3.

On note une même vigilance vis-à-vis des associations yougoslaves ou italiennes, qui sont surveillées et éventuellement dissoutes. Mais ce sont surtout et avant tout les Espagnols qui focalisent l'attention des autorités françaises. En effet, après la guerre civile, nombre de guérilleros ont trouvé refuge de l'autre côté des Pyrénées avec pour objectif de poursuivre la lutte contre le franquisme, et si tous ne sont pas communistes, certains ont participé aux maquis de la Résistance FTP. Les récriminations comme les inquiétudes à l'encontre des combattants antifranquistes se font jour dès la Libération, mais avec l'entrée dans la Guerre froide et les grands mouvements de grève, les rapports se succèdent afin de connaître l'organisation, les effectifs, l'équipement et plus encore les objectifs de guérilleros soupçonnés de constituer les futures « Brigades Internationales » d'une insurrection communiste en France[15]. La série de rapports transmis par les préfets au ministre de l'Intérieur au printemps 1950, l'inquiétude du directeur de la Sûreté Nationale puis le déclenchement de la guerre de Corée amènent à l'exécution de l'opération opportunément nommée « Boléro-Paprika » de la nuit du 7 au 8 septembre 1950 au cours de laquelle près de trois cents militants communistes étrangers, dont une majorité d'Espagnols, sont arrêtés.

Les autorités civiles finiront par convenir du caractère inoffensif d'organisations espagnoles qu'elles ont par ailleurs décapitées, mais les archives militaires témoignent de la persistance de ce type de représentations. L'épais rapport du contrôleur général de l'Armée de 1953 prévoit encore que les étrangers assumeraient un rôle essentiel de 5e colonne en cas d'invasion soviétique : un vingtième d'entre eux y prendrait part tandis que seulement un trentième des militants communistes serait impliqué. Alors même que la guerre d'Algérie n'a pas commencé, ce même rapport prévoit que pas moins de la moitié des Nord-Africains présents en métropole seraient recrutés par « l'armée populaire » insurrectionnelle[16]. Pour l'exercice militaire « Aquitaine » des régions militaires de Bordeaux et Poitiers de l'automne 1957, ce sont encore les guérilleros espagnols qui sont censés jouer un rôle déterminant dans les maquis intérieurs de la 5e colonne communiste, avec le secours des Nord-Africains (cependant divisés entre partisans du FLN et du MNA)[17].

---

15. Outre Dulphy Anne, « À l'épreuve de la guerre froide : les préfets du Sud-Ouest et les réfugiés espagnols, 1947-1953 », *in* Vaïsse Maurice (dir.), *Les préfets, leur rôle, leur action dans le domaine de la Défense de 1800 à nos jours*, Paris-Bruxelles, LGDJ-Bruylant, 2001, p. 353-371, voir les rapports de 1947-1948 dans APP, BA 2119 et 2157 et Archives nationales (AN), 19960325/4 ; pour 1948-1950, AN, F7 15589 et AN, 19960325/1.
16. Rapport du Contrôleur Général de l'Armée Libermann, 15 juillet 1953, SHAT, 9 R 164, dossier 1.
17. Exercice « Aquitaine », 30 septembre-5 octobre 1957, AN, 19770120/25.

En Italie, les étrangers qui sont désignés par d'innombrables rapports et informateurs comme les instigateurs d'une insurrection et les animateurs d'une possible 5e colonne, sont quasi systématiquement des Slaves, avec un partage des tâches relativement bien défini. Les Soviétiques (des généraux ou des personnels d'ambassade) planifient et supervisent les opérations tandis que les Yougoslaves préparent l'action depuis leur base-arrière puis la dirigent sur le terrain, les communistes italiens servant au mieux de piétaille. Le rôle privilégié supposé des Yougoslaves dans la menace communiste ne s'arrête pas immédiatement avec la rupture géopolitique entre la Yougoslavie titiste et l'URSS, rendue officielle en juillet 1948 (et parfois considérée comme une ruse), mais il recule logiquement au profit d'autres Slaves, opérant cette fois depuis la Tchécoslovaquie. Si les rumeurs de putsch préparé depuis ce pays au début des années 1950 n'apparaissent pas plus crédibles que celles concernant la Yougoslavie, elles peuvent tout de même s'appuyer sur le fait (très documenté désormais[18]) que la Tchécoslovaquie sert alors de refuge à des militants communistes italiens poursuivis par la justice.

Au final, des deux côtés des Alpes, le Parti communiste est, suivant le contexte, soupçonné de vouloir semer le désordre, fomenter un coup d'État, voire de commettre la pire des trahisons, mais il semble somme toute difficilement concevable pour les autorités civiles et militaires que les militants communistes dans leur ensemble puissent être des traîtres ; ce sont donc les étrangers, les « sans-patrie » et autres éléments « allogènes » qui constitueraient la menace réelle et concrète sur le terrain. Toutefois, au-delà de ces points communs, la comparaison entre les deux pays met aussi en évidence des divergences profondes, qu'il s'agit d'examiner.

Une menace plus fortement ressentie en Italie

Même s'il faut se défier d'un possible effet de sources, le travail d'archives fait apparaître un contraste frappant : que ce soit au sein des administrations civiles et militaires, dans les rapports de police, et de ce que nous pouvons savoir de l'opinion, la perception de la menace communiste apparaît à la fois comme plus précoce, plus intense et plus durable en Italie qu'en France. Les éléments de preuves sont nombreux.

---

18. Notamment grâce aux parcours racontés dans Testa Ludovico, *« La vita è lotta ». Storia di un comunista emiliano*, Reggio Emilia, Diabasis, 2007, p. 179 *sq.* et Fiori Giuseppe, *Uomini ex. Lo strano destino di un gruppo di comunisti italiani*, Turin, Einaudi, 1993, p. 11 *sq.*

C'est d'abord l'accumulation bien plus grande en Italie de rapports alarmistes de la police et des *carabinieri*, qui répercutent parfois les nouvelles les plus fantaisistes sans aucun esprit critique auprès des ministères des Armées et de l'Intérieur. Ce sont, dans le même ordre d'idée, les enquêtes déclenchées en retour, parfois sur l'ensemble du territoire national, à la diffusion de la moindre rumeur de coup d'État, d'attentat ou de menées subversives, comme pour les cérémonies de l'Année sainte à Rome[19], ou sur la base d'informations qui sont manifestement des provocations[20].

Or, en comparaison, en France, le nombre de rapports et d'informations confidentielles (et d'enquêtes qui en sont la conséquence) est beaucoup plus réduit. Certes, des personnalités politiques sont plus impressionnables que d'autres, au premier chef le président de la République Vincent Auriol, qui a laissé dans son *Journal* divers témoignages d'alarmes extrêmement vives[21] (souvent utilisés par des historiens pour accréditer l'idée d'une psychose anticommuniste généralisée). On trouve également des documents de police français qui rappellent les longues listes de militants communistes rapportées de façon récurrente par la police italienne en guise d'organigramme de l'organisation secrète du PCI[22]. Mais dans l'ensemble, les nouvelles sont bien plus rares et leur traitement plus circonspect qu'en Italie. Pour ne prendre qu'un exemple d'importance, l'enquête (évoquée plus haut) demandée par Jules Moch en décembre 1947 débouche en avril 1948 sur un épais rapport qui, sur la base de l'examen des faits rapportés par les préfets, ne conclut nullement à une tentative d'insurrection de la part du PCF. En Italie, les rapports des préfets à Mario Scelba sur les émeutes de juillet 1948[23] aboutissent quasi invariablement à la même conclusion, y compris dans des provinces (relativement nombreuses) où il ne s'est rien passé de grave : les émeutes résultaient bien d'un plan insurrectionnel préparé de longue main, conclusion d'ailleurs publiquement et au moins partiellement reprise par le ministre de l'Intérieur lui-même dans les semaines qui suivent.

Enfin, à une échelle qui serait proprement celle de « la Guerre froide vue d'en bas », alors qu'il est pratiquement impossible de trouver de tels témoignages dans l'opinion française, des indices démontrent que la peur de l'insurrection communiste peut être clairement exprimée par une frac-

---

19. Dossier dans ACS, MI, DGPS, Affari Riservati, 1948-1950, busta 9.
20. Pour un exemple significatif, rapport, avril 1948, Archivio Luigi Sturzo (ALS), Fondo Scelba, 2° versamento, busta 24.
21. Il fait même part de ses craintes d'une 5e colonne communiste jusque durant les débats des Comité de la Défense Nationale. Procès-verbal du Comité de Défense Nationale, 24 avril 1952, AN, 552 AP 43.
22. C'est le cas de l'imposant rapport « Le PCF en 1950 », AN, 19960325/1.
23. ACS, MI, DGPS, Affari Generale e Riservati, 1947-1948, busta 120-125.

tion de la population italienne, comme à l'automne 1947[24], en liaison (autre fait proprement italien) avec les événements qui se déroulent en même temps en France[25].

Cette attention portée à ce qui se passe en France est d'ailleurs partagée par les autorités civiles et les membres du gouvernement italiens, dont les inquiétudes à l'égard de la menace communiste sont si fortes qu'elles peuvent être mesurées à l'aune du vocabulaire. En septembre 1947, Mario Scelba évoque en conférence de presse l'existence d'un « plan K » visant à la prise du pouvoir par le PCI, expression qui connaît un tel succès dans les milieux anticommunistes que le ministre devra en démentir l'existence peu après les élections du 18 avril 1948. Le 11 juillet 1950, lors d'un discours de politique étrangère à la Chambre des députés, c'est le Président du Conseil Alcide De Gasperi en personne qui utilise l'expression 5e colonne, aussitôt reprise à satiété par les journaux proches du gouvernement[26]. Cette virulence du discours politique et gouvernemental, que l'on ne retrouve pas en France (l'expression 5e colonne n'est par exemple pas employée dans le débat politique public, sauf sur des affiches de propagande du RPF ou de Paix et Liberté), traduit sans aucun doute le fait que le péril communiste est pris plus au sérieux en Italie. Comment expliquer un tel contraste à partir de situations en apparence comparables ?

Histoire et géopolitique

En fait, les similitudes du contexte de Guerre froide masquent de profondes différences, notamment en ce qui concerne les héritages historiques. Les forces politiques italiennes de centre-droit et de droite sont en effet les héritières de cultures politiques anciennes, en particulier catholique et fas-

24. On le note à plusieurs reprises dans les rapports des *carabinieri* de l'ensemble du territoire italien pour les mois de septembre-décembre 1947. ALS, Democrazia Cristiana, Segretaria Politica, Informazione Riservate, scatola 241.
25. Voir les propos tenus en marge d'une enquête d'opinion d'avril 1948. Luzzatto Fegiz Pierpaolo, *Il volto sconosciuto. Dieci anni di sondaggi Doxa, 1946-1956*, Milan, Giuffrè Editore, 1956, p. 479-481.
26. « De Gasperi si appella alla solidarità nazionale contro l'azione disagregatrice delle quinte colonne », *Il Popolo*, 12.7.1950 ; « Attività delle quinte colonne. Il Partito Comunista Italiano fornito di armi dalla Russia ? », *Il Tempo*, 2.10.1950 ; « PC e quinta colonna », *Il Tempo di Milano*, 15.10.1950.

ciste[27], plus foncièrement et violemment anticommunistes que celles des droites françaises, et qui impriment par la même une défiance et une peur « structurellement » plus forte à l'encontre du communisme – en particulier au sein d'une administration largement issue du *ventennio* fasciste, facilement en proie au « complotisme ».

De son côté, le PCI n'est pas le PCF. Marqué par la répression, la clandestinité et l'exil, il s'est constamment construit dans la lutte, alors que les communistes français peuvent se targuer avec le Front populaire d'un passé quasi gouvernemental au cours duquel ils se sont efforcés d'apparaître (et sont au moins partiellement devenus) républicains et patriotes. Le PCI est également beaucoup plus militarisé dans son organisation que le PCF (ce qui est notable dans la mise sur pied des *Brigate Garibaldine* au début de l'année 1948), car plus massivement engagé dans la lutte résistante et pris dans un combat contre le fascisme qui donne aux années 1943-1945 le caractère d'une véritable guerre civile que la France n'a pas connue, du moins pas au même degré[28]. Si le péril communiste est souvent peint sous les traits du *partigiano* en Italie, le FTP, pour avoir marqué certains esprits (en particulier dans l'Armée) n'est pas une figure aussi dominante dans les représentations anticommunistes françaises. Tout cela explique que le Parti communiste italien constitue un fauteur de coup d'État beaucoup plus crédible que son homologue français.

Enfin, le cycle violences-« répression préventive »[29] de l'époque, qui entretient la peur de la menace communiste, est beaucoup plus intense et meurtrier en Italie qu'en France[30] ; il renvoie certes au contexte immédiat de la Guerre froide, mais aussi et surtout à une histoire sociale et politique

---

27. Pertici Roberto, « Il vario anticomunismo italiano (1936-1960) : lineamenti di una storia », *in* Di Nucci Loreto, Galli della Loggia Ernesto, *Due nazioni. Legittimazione e delegittimazione nella storia dell'Italia contemporanea*, Bologne, Il Mulino, 2003, p. 263-284 ; Scoppola Pietro, « Aspetti e momenti dell'anticomunismo », *in* Ventrone Angelo (dir.), *L'ossessione del nemico. Memorie divise nella storia della Repubblica*, Rome, Donzelli Editore, 2006, p. 71-78 ; Lepre Aurelio, *L'anticomunismo e l'antifascismo in Italia*, Bologne, Il Mulino, 1997, p. 17-121.
28. Buton Philippe, « La Francia della Liberazione e la guerra civile », *Memoria e Ricerca*, n° 21, 2006, p. 101-111.
29. Della Porta Donatella, Reiter Herbert, *Polizia e protesta. L'ordine pubblico dalla liberazione ai « no global »*, Bologne, Il Mulino, 2003, p. 76 et 100.
30. Même si les inventaires sont nombreux et divergent en fonction des types d'affrontements pris en compte, le bilan des violences sociales et politiques est très lourd parmi les forces de l'ordre mais avant tout chez les manifestants et les grévistes ; la fourchette basse est de plusieurs dizaines de morts sur la seule période 1947-1950 et d'au moins une centaine pour les années 1947-1953.

italienne beaucoup plus brutale. Claudio Pavone[31] a souligné que la lutte résistante a été une guerre patriotique de libération nationale, mais aussi une guerre civile et une guerre de classes prolongeant toutes deux les affrontements, notamment agraires[32], du début des années 1920. Si la Guerre froide semble donc plus lourde de menaces en Italie, c'est également parce qu'elle se coule dans un climat politique et social qui a eu cours tout au long du XXe siècle et qui a été bien plus conflictuel et sanglant que celui de la France.

Il faut enfin prendre en compte la géographie de l'Italie. En effet, si les Slaves en général, et les Yougoslaves en particulier, sont aussi craints, c'est qu'au début de la Guerre froide, l'Italie est en contact direct avec le bloc de l'Est par le biais de la frontière yougoslave, et constitue donc une porte d'entrée toute désignée pour l'invasion soviétique. De plus, la Yougoslavie est associée aux exactions de la fin de la guerre (en particulier les *foibe*), et durant les premières années de l'après-guerre, la province de Gorizia connaît une violence intercommunautaire (à laquelle les communistes italiens participent aux côtés des philo-Slaves) particulièrement soutenue, même en la comparant aux autres provinces. Cela entretient évidemment l'image d'un Parti communiste violent et aux ordres de l'étranger, tout autant que l'idée d'une Yougoslavie responsable de menées subversives hostiles à l'Italie.

Cela n'est d'ailleurs pas sans conséquence sur le plan militaire : alors que l'hypothèse d'une évacuation du territoire national par le gouvernement en cas d'attaque soviétique n'est que brièvement évoquée en France en juin 1948, l'idée d'un repli sur le « réduit sarde » est clairement envisagée par l'État-Major italien à la même époque[33].

La peur de la menace communiste résulte donc de la combinaison (complexe, comme le prouve le rôle attribué aux étrangers) de facteurs intérieurs et extérieurs, et varie sans surprise en fonction des individus, mais aussi du moment et du lieu, ce qui ne fait que rendre plus évident encore l'apport irremplaçable des études menées à l'échelle départementale.

---

31. Pavone Claudio, *Una guerra civile. Saggio storico sulla moralità nella Resistenza*, Turin, Bollati Boringhieri, 1991 (éd. fr. Le Seuil, 2005).
32. Crainz Guido, « I braccianti padani », *in* Chianese Gloria, Crainz Guido, Da Vela Marco, Gribaudi Gabriella, *Italia 1945-1950. Conflitti e trasformazioni sociali*, Milan, FrancoAngeli, 1985, p. 234-264 ; Goretti Leo, *« I "neri bianchi". Mezzadri di Greve in Chianti tra lotte sindacali e fuga dalle campagne (1945-1960) »*, Rome, Odradek, 2008, p. 39-74.
33. Ministero della Difesa, Stato Maggiore dell'Esercito, Memoria sulla Difesa dell'Italia verso Oriente e Appunto, février 1948, Ufficio Storico dell'Esercito Italiano, H-6, raccogliatore 27.

La comparaison entre les deux pays fait apparaître une Italie travaillée par la violence, par les héritages politiques et par la situation géopolitique, et par conséquent en proie à une crainte plus grande vis-à-vis du danger communiste. Par contraste, la France est atteinte plus modérément, ce qui se traduit aussi bien dans le vocabulaire du débat politique que dans la moindre rigueur de la répression policière et judiciaire à l'encontre du PCF.

Il est toutefois absolument crucial de garder à l'esprit que ce travail est, comme l'a formulé Michel Hastings, une histoire « de la trace », « de la miette ». En effet, la masse d'archives que nous avons consultées, et qui est incommensurablement plus importante que celle que nous avons utilisées ici, n'évoque jamais une quelconque menace communiste ; celle-ci constitue à l'évidence, même durant ces années de Guerre froide, une préoccupation bien moindre que le ravitaillement ou l'État des finances publiques, tant à la tête de l'État qu'au sein des populations. De plus, cette crainte s'atténue encore avec le temps dans les deux pays, de façon particulièrement nette et sans surprise au début des années 1950, même si cela est globalement plus lent en Italie qu'en France, et plus rapide pour les autorités civiles que pour les autorités militaires (nous confirmons sur ce point également les conclusions d'Olivier Büttner et Annie Martin). Il importe donc de se défier de l'illusion de deux pays littéralement obsédés par le danger communiste pour tirer, à notre sens, deux conclusions principales de cette approche comparatiste.

La première est que l'idée d'une « peur du rouge » à l'origine d'un « maccarthysme à la française », sans doute séduisante, mais bien peu étayée sur le plan historique, est à relativiser d'autant plus fortement que le cas italien la ramène à sa juste mesure. La seconde est que le contexte de Guerre froide n'a pas d'effets mécaniques sur la vie politique, sociale et culturelle et qu'il n'agit dans ces différents domaines que par le rejeu de facteurs proprement nationaux. Si la Guerre froide semble avoir un impact plus important en Italie, c'est qu'elle se superpose à d'anciens conflits « d'en bas » auxquels elle donne une acuité nouvelle : dans une certaine mesure, au-delà des Alpes, la Guerre froide aura été la continuation de la guerre civile, mais par d'autres moyens. *A contrario*, et sauf ponctuellement, la Guerre froide vue de France révèle, en creux, le long processus de pacification de la vie sociale et politique opéré depuis la fin du XIXe siècle et l'avènement de la République.

Une justice d'État trop sensible aux bruits de la rue (1947-1953)

Alain Bancaud

Conformément à une tradition de gestion des crises politiques et sociales, le traitement juridique et judiciaire de la période « chaude » de la Guerre froide (1947-1953) échappe au « droit commun ». Sans pour autant correspondre au dispositif des temps les plus exceptionnels, tels les guerres ou les changements de régime, marqués par la création de législations et de juridictions extraordinaires de circonstance, comme on le voit sous la Révolution, la Restauration, Napoléon III, la Première Guerre mondiale, Vichy, la Libération, la guerre d'Algérie. Il s'agit en quelque sorte d'un dispositif ordinaire d'exception qui banalise la Guerre froide. Cette normalisation est renforcée par le travail des magistrats civils qui interviennent avec les juges militaires. Ils n'appréhendent plus le communisme comme ils ont pu le faire, un temps, dans les années 1920[1] et sous Vichy[2] : ils ramènent les affaires à des questions classiques, à la fois dépolitisées, individualisées, susceptibles de circonstances atténuantes, d'ordre public interne ou de nature politique et syndicale. Cette tendance est particulièrement sensible chez les magistrats d'« en bas ». Elle se retrouve au cours de l'histoire, même sous Vichy, et explique pourquoi la critique adressée par les ministres et les préfets aux magistrats et à leur manque de sens de la défense de l'État est finalement récurrente.

1. Monier Frédéric, *Le complot dans la République*, Paris, La Découverte, 1998. Dans la continuité de ce travail, voir la thèse qui nous a été très utile de Girard Pascal *Les complots politiques en France et en Italie de la fin de la Seconde Guerre mondiale à la fin des années 1950*, Thèse, Florence, Institut universitaire européen, 2012.
2. Bancaud Alain, *Une exception ordinaire*, Paris, Gallimard, « Essais », 2002.

UN DISPOSITIF JUDICIAIRE ET JURIDIQUE ORDINAIRE D'EXCEPTION

À la différence d'autres événements, la Guerre froide n'entraîne la création d'aucune juridiction d'exception *ad hoc*. Même la Haute Cour de justice de la IVe République, juridiction politique dérogatoire installée à titre permanent par la Constitution de 1946, est exclue en raison de sa compétence limitée à la seule responsabilité des ministres et du chef de l'État alors que celle de la IIIe République, jugeant aussi les atteintes à la sûreté de l'État, avait été mobilisée, sans succès, contre le communisme dans les années 1920 après l'avoir été, plus positivement, contre le « complot » du général Boulanger ou de Déroulède. Seules les juridictions ordinaires interviennent, mais recomposées dans leurs compétences. Les cours d'assises sont largement écartées, comme on le voit en général lors des crises politiques et en particulier dans les années 1920 ou à la fin de la IIIe République contre les communistes. Elles apparaissent trop aléatoires, trop incontrôlables, trop sensibles aux mouvements d'opinion et aux pressions des partisans des accusés. Leur marginalisation bénéficie aux tribunaux militaires, parfois qualifiés de juridictions d'exception permanentes ordinaires en raison de leur composition strictement contrôlée et de leur procédure protégeant mieux les secrets d'État, bien que la IVe République se montre soucieuse d'en atténuer le caractère dérogatoire par la présence de magistrats civils qui les président conformément à la réforme de 1927 et en assument l'instruction pour quelques affaires politiquement sensibles. De plus en plus, depuis la Première Guerre mondiale et les années 1939/1940, les juridictions militaires assument la défense de l'État et élargissent leur compétence au-delà des militaires, en direction des civils et en-dehors des situations de guerre ou d'état de siège. Leur saisie est obligatoire pour les affaires d'atteinte à la sûreté extérieure de l'État et facultative pour les atteintes à la sûreté intérieure de l'État. Pour la période qui nous intéresse, ils interviennent dans les affaires de militaires et d'espions, mais aussi de civils dont les gouvernements veulent dramatiser le sort, soit les auteurs de sabotage de matériels de guerre et, en 1952-1953, quelques dirigeants communistes.

La justice civile professionnelle de droit commun (tribunaux correctionnels et cours d'appel) reste la plus mobilisée, car elle évite les cours d'assises avec leur imprévisibilité et économise le recours aux tribunaux militaires avec leur manque traditionnel de moyens et leur charge politico-symbolique lourde dans une République qui s'en défie. Elle autorise la prise en charge d'une masse d'affaires de plus ou moins faible importance que les gouvernements rattachent à un « plan concerté » de subversion, au sens large puisqu'il englobe les atteintes à la sûreté de l'État, le sabotage, la démoralisation de l'armée, mais aussi la diffamation, la diffusion de fausses nouvelles, les campagnes de tracts, les arrêts de travail[3]. Elle offre, enfin, une procédure plus discrète pour traiter les accusations de complot imprudemment engagées contre l'extrême droite avec le « Plan Bleu »[4], destiné initialement à un jury populaire ou contre les responsables communistes renvoyés devant les militaires.

Enfin, la période est gérée largement, mais non totalement, dans le cadre de la législation existante. Même si André Marie, alors ministre de la Justice, estime que le cadre des lois en vigueur convient mal à la répression des agissements de complot dénoncés par Jules Moch, et demande à l'Assemblée nationale d'« armer la République de textes dont le champ sera moins limité et l'application moins délicate »[5], le gouvernement ne propose que quelques projets de textes sans rétroactivité condamnable au regard des principes juridiques. Projets que l'Assemblée nationale, encore plus hésitante, adopte partiellement. Le plus radical, le plus politique visant à réprimer tous les actes de violence et voies de fait contre le jeu normal des organismes constitutionnels ne passe pas. Seules sont promulguées deux nouvelles lois. Bien que les communistes les qualifient de « scélérates » et engagent contre elles une véritable guerre physique à l'Assemblée nationale, elles ont des effets limités et relèvent de l'affirmation classique de l'État plutôt que de la lutte contre une subversion au service de l'étranger. La première, temporaire, mais d'application immédiate, de décembre 1947, accélère et alourdit la répression pénale des actes de destruction et de violence en temps de grève ; la deuxième, de mars 1950, relative au sabotage, vise à « donner à la justice un instrument d'action plus maniable et plus léger » que les dispositions du Code pénal trop restrictives en matière de sabotage par omission et de complicité et prévoyant une peine trop disproportionnée pour être applicable, la peine de mort. La Guerre froide est appréhendée, au pire, à partir du capital accumulé des lois d'exception promulguées depuis le XIXe siècle en évitant celles initiées par Vichy (notamment, celles promulguées lors des événements de 1848, de la lutte contre les ligues d'extrême droite en 1935-1936 ou contre les communistes et les espions à la fin de la IIIe République). Elle est également l'occasion d'un large recours aux procédures judiciaires ordinaires les plus dérogatoires, tels le flagrant délit et la détention provisoire.

---

3. Circulaire du Ministre de l'Intérieur aux préfets du 17 février 1950.
4. Augustin Jean-Marie, *Le plan Bleu-1947, un complot et la République*, La Crèche, Geste éditions/histoire, 2006.
5. *Le Monde*, 20 novembre 1948.

UN DISPOSITIF ÉTATIQUE ORDINAIRE D'EXCEPTION

Pour faire face à la situation, le fonctionnement de la justice civile n'est pas bouleversé, mais connaît, là encore, des aménagements classiques en temps de crise. Est ainsi renforcé le pouvoir du Garde des Sceaux et assisté des directions de la Chancellerie sur le Parquet, dont la dépendance hiérarchique, installée par Napoléon Ier, n'a pas été remise en cause dans la Constitution de 1946 et échappe aux velléités d'autonomisation de la fin des années 1940 dès qu'il s'agit de « crimes et délits de nature, par leur caractère et leur gravité, à troubler l'ordre public, ou à poser un problème politique sérieux » (Circulaire du 31 mars 1949). Les parquets sont soumis à une obligation classique d'informer, mais considérablement renforcée comme le montrent diverses circulaires ministérielles précisant que « tous les crimes et délits intéressant la sûreté de l'État doivent être immédiatement signalés à ma Chancellerie, au besoin par télégramme ou téléphone ». Elles imposent, lors des phases les plus conflictuelles, l'envoi, hebdomadaire puis mensuel, de l'état des procédures en cours pour « toutes les affaires intéressant la sûreté de l'État ou le maintien de l'ordre public ». État succinct qui « ne saurait exclure des comptes-rendus spéciaux par rapports séparés pour toute affaire importante ». Plus qu'à un devoir d'informer, c'est à un véritable pouvoir de contrôle et de direction que le Parquet est soumis par voie de circulaires collectives et d'instructions particulières qui, comme lors de chaque crise, se multiplient, sont en partie secrètes et vont au-delà de ce que la loi autorise. Elles lui imposent de reconnaître à la Chancellerie et, on le verra, à l'administration des prérogatives exorbitantes. Elles lui font perdre tout pouvoir d'apprécier l'opportunité des poursuites et des appels, seul lui reste celui de donner des avis et d'assurer qu'il est prêt à appliquer les instructions ministérielles, même contraires.

Non seulement, elles ne cessent d'appeler à la plus grande sévérité et à la plus grande célérité, mais elles prescrivent de poursuivre ou de ne pas poursuivre, imposent des textes et des jurisprudences à viser, les appels à interjeter, les peines à requérir. Le ministre sanctionne parfois, comme on le voit pour le procureur de Béthune, déplacé et rétrogradé, pour ne pas avoir appliqué le flagrant délit prescrit ; il réprimande souvent et vertement : « Je n'accepte absolument pas la décision rendue emprunte d'une inadmissible faiblesse. Faire appel *a minima*. Dans mes instructions noter que je m'étonne que le Parquet devant la gravité des faits, ait songé – et le procureur général ensuite – à accepter une décision aussi indéfendable par sa faiblesse »[6]. Les affaires d'atteinte à la sûreté de l'État les plus graves

6. Lettre aux procureurs généraux Amiens AN, BB/18/3731.

sont encore plus contrôlées : elles sont centralisées en général à Paris, exceptionnellement aussi à Toulon en 1952-1953, et prises en charge par des magistrats spécialisés proches du politique, tel le juge d'instruction de l'affaire du « Plan Bleu » très lié aux ministres socialistes Jules Moch et Edouard Dupreux, ou très disciplinés à l'image du procureur supervisant l'affaire du « complot » de Toulon, qui transmet à la Chancellerie des comptes-rendus quotidiens avec envoi systématique de tous les documents intéressant l'information, même ceux couverts par le secret de l'instruction. La tendance à la centralisation des affaires de « complot », déjà repérable lors de la répression des communistes dans les années 1920, produit des effets importants sur la justice « d'en bas » : elle cantonne ses servants dans l'approvisionnement de leurs collègues parisiens et dans les incriminations pénales plus ordinaires. Ainsi, les instructions télégraphiées du ministre de la Justice aux procureurs généraux de province à la suite des manifestations contre le général américain Ridgway précisent qu'ils ne doivent pas ouvrir d'informations pour atteinte à la sûreté intérieure de l'État réservées au Parquet de Paris : il leur revient de « veiller (à l') application particulièrement stricte et ferme » d'informations ouvertes pour infraction à la loi du 7 juin 1848 sur les attroupements et toutes les infractions connexes (notamment celles prévues par la loi du 10 janvier 1936 pour port d'armes prohibées et par le décret du 25 octobre 1935 portant réglementation des mesures relatives au renforcement du maintien de l'ordre public), de maintenir les délinquants arrêtés en détention préventive et de recueillir les éléments susceptibles de renforcer les charges ayant motivé les instructions données au parquet de la Seine. Enfin, dernier aménagement, l'étatisation de la justice est renforcée. Comme à chaque crise, prédominent le ministre de l'Intérieur et les préfets, auxquels la IVe République ajoute une innovation mineure, les IGAME. Sans doute n'ont-ils pas autant de prérogatives que dans d'autres circonstances. S'ils conservent leurs attributions exorbitantes, excluant largement la justice, en matière d'expulsion des étrangers et de traitement de l'espionnage, ils ne détiennent plus le pouvoir d'internement administratif qui évite ou annule l'intervention des juges et que la IIIe République finissante, Vichy, la Libération et la guerre d'Algérie leur a reconnu ou leur reconnaîtra. Ce qui rend la justice avec son pouvoir de sanction d'autant plus stratégique. Et d'autant plus importante à contrôler.

La dépendance de la justice envers les autorités administratives et policières, déjà perceptible en temps ordinaires, est considérablement accrue. Elle en est tributaire pour la connaissance des affaires, comme en témoignent les plaintes répétées des procureurs généraux reprochant à la police de les informer trop tard pour appliquer la procédure privilégiée de flagrant délit. Elle en dépend encore pour la protection des magistrats et des audiences menacés, ou encore pour l'exécution des décisions de justice contestées. Les circulaires ministérielles, quant à elles, ne cessent de prescrire aux chefs des parquets locaux de nouer un « étroit contact » avec les préfets, de les tenir régulièrement informés, d'assister aux réunions qu'ils organisent, d'« appuyer leur action par toutes les voies légales ». Elles prévoient même de leur reconnaître certaines prérogatives exorbitantes accordées de fait et par tradition au ministre de la Justice, comme l'accord préalable pour certaines réquisitions ou la levée du secret de l'instruction. Elles invitent à trouver dans les documents des Renseignements généraux qu'elles fournissent ou invitent à aller chercher les informations nécessaires aux décisions judiciaires (circulaires du 30 décembre 1948 et du 21 février 1950).

Significatif du pouvoir de direction politique et de pré-construction juridique du ministère de l'Intérieur, la circulaire confidentielle du ministre de la Justice transmettant aux procureurs généraux une circulaire, tout aussi secrète, du 17 février 1950, où le ministre de l'Intérieur parle aux préfets[7] d'« un véritable plan concerté » menaçant l'État, leur prescrit de se mettre en rapport avec les autorités militaires locales et les procureurs généraux pour faire poursuivre systématiquement tout ce qui s'y rapporte (diffamations, injures, fausses nouvelles…) et leur donne, en annexe, toutes les qualifications juridiques à retenir (sabotage, pillage…) avec référence des lois et articles du Code pénal. Comme lors de chaque crise, les préfets reconduisent des pratiques témoignant de leur propension à diriger les magistrats comme des fonctionnaires : ils les font surveiller par les Renseignements généraux, les convoquent pour discuter des affaires, écrivent au ministre de l'Intérieur pour leur reprocher de manquer de sévérité, de mal les « seconder » et pour réclamer des sanctions. Tel le préfet de police de Paris écrivant, en 1953, au ministre de l'Intérieur qui transmet à son collègue de la justice son rapport : « … je crois que de très sévères observations doivent être adressées aux trois Magistrats ayant rendu l'arrêt… et je vous serais très reconnaissant de vouloir bien envisager la possibilité d'intervenir dans ce sens auprès de M. le Garde des sceaux – Ministre de la Justice »[8].

La justice bénéficie toutefois de garanties spécifiques que tous les régimes, même celui de Vichy, reconnaissent et ménagent sous peine d'être accusés d'arbitraire. Au principe de l'indépendance de la justice, la IVe République y tient par ses valeurs et y est tenue par la concurrence entre les démocraties occidentales et les démocraties populaires de l'Est. Elle est à l'origine d'une innovation qui conforte de manière inédite la marge d'autonomie des magistrats qui jugent. Si le Parquet demeure toujours sous la dépendance du ministre, le Siège échappe, pour la première fois, à sa tu-

7. Pour les deux circulaires, voir AN, BB/18/3995.
8. AN, BB/18/4167.

telle et relève d'un nouveau Conseil supérieur de la magistrature dont le Garde des Sceaux n'est que le vice-président, la présidence revenant au président de la République et les autres membres étant des magistrats élus par leurs pairs et des personnalités désignées par l'Assemblée et le président de la République. Cette nouvelle organisation a des effets directs sur la gestion des affaires relevant de la Guerre froide. Alors qu'au cours d'un conseil des ministres d'avril 1950, plusieurs membres du gouvernement s'étonnent vivement de plusieurs jugements favorables aux communistes, Vincent Auriol, très attaché au CSM, fait remarquer que la question ne relève plus du conseil des ministres, mais du CSM, seul chargé d'assurer la discipline du siège et la garantie de son indépendance : les ministres demandent alors de « faire savoir au CSM que la justice entrave notre action politique ». Lequel répond que les décisions des magistrats du Siège relèvent de leur seule conscience et, le cas échéant, d'une cour d'appel et qu'il n'appartient à personne d'en censurer les motifs[9]. Sa protection ne doit pas être toutefois surévaluée. Outre sa composition à majorité politique, ses moyens face à l'alliance du ministre de la Justice et des magistrats des directions du ministère et du Parquet sont très limités et sa conception de l'indépendance reste restrictive, en témoigne sa réaction après l'attentat contre le président de la chambre des mises en accusation ayant remis en liberté Jacques Duclos.

Le travail de banalisation des juges

Il est difficile d'évaluer exactement l'activité de la magistrature civile en raison du flou des affaires concernées, de la multiplicité des incriminations juridiques mobilisées : en témoignent la variété des affaires relevant du « plan concerté » de subversion, évoqué dans la circulaire du ministre de l'Intérieur destinée aux préfets et diffusée auprès des procureurs généraux en février 1950 et les difficultés des parquets à remplir pour la Chancellerie les états des affaires dites de « maintien de l'ordre et d'atteinte à la sûreté de l'État » ; certains mentionnent des affaires d'abattage d'arbres et de manifestations à la suite d'expulsion de métayers. Il existe de surcroît des divergences, des oppositions, entre magistrats du Parquet et du siège, exacerbées par la réforme du CSM qui autonomise les juges. Ou encore, entre tribunaux et parfois au sein d'un même tribunal. Beaucoup de débats jurisprudentiels, d'autant plus essentiels qu'il s'agit surtout d'adapter des textes anciens à une situation nouvelle, ne sont pas clos par la Cour de cassation à qui il revient d'unifier la jurisprudence.

9. *Le Monde* des 23-24 et 28 avril 1950.

Si de nombreuses décisions de justice suscitent des dénonciations enflammées de la part des communistes, d'autres, moins nombreuses, mais suffisamment fréquentes pour être significatives, donnent lieu à « l'étonnement réprobateur » de ministres se plaignant que la justice entrave leur action, à des rapports réprobateurs de préfets et du préfet de police de Paris, transmis et appuyés par le ministre de l'Intérieur, où il est souligné « une fois de plus, s'il en était besoin, la carence de la plupart des magistrats et de leur crainte des responsabilités »[10] ; « À plusieurs reprises déjà, j'ai été appelé à attirer votre attention sur l'état d'esprit, que l'on peut qualifier de fâcheux, dont certains magistrats paraissent faire preuve dans différentes affaires présentant incontestablement un aspect politique »[11]. En 1948, Jules Moch rapporte à son collègue de la justice qu'un préfet se demande si, à l'avenir, il ne conviendrait pas d'éviter les plaintes des préfets qui se retournent contre eux puisque le « résultat final tant à démontrer aux émeutiers qu'ils n'ont rien ou pas grand-chose à redouter… En me faisant l'écho des doléances du Préfet, je ne fais que traduire un malaise qui tend à se répandre parmi les fonctionnaires d'autorité et que j'ai le devoir de dissiper. Mais il est bien évident que je ne peux arriver à ce résultat qu'avec votre concours. Je me permets donc d'insister pour que vous recommandiez à nouveau aux procureurs généraux de faire preuve d'une vigilance particulière dans la répression des actes constituant des atteintes graves au bon ordre public »[12].

Les parquets font très souvent appel contre des jugements de première instance coupables de « faiblesse ». Sans être toujours suivis par les cours d'appel qui confirment souvent les décisions contestées, quelquefois les adoucissent. Au niveau de leur ressort, les procureurs généraux doivent engager tout un travail visant à briser la persistance de jurisprudences installées ou à empêcher la constitution de nouvelles jurisprudences contraires aux directives ministérielles. Les tensions, les conflits entre les juges et le gouvernement seraient beaucoup plus fréquents si les procureurs, tout en reconnaissant la trop grande indulgence de certaines décisions, conseillaient de ne pas faire appel afin d'éviter des désaveux solennels aux conséquences plus graves. Ils font valoir à la Chancellerie qu'il vaut mieux un classement de leur part qu'une relaxe d'un tribunal, dotée de la solennité et de la publicité d'un jugement, qu'il est préférable de ne pas requérir l'annulation d'un jugement trop clément, mais discret d'un petit tribunal qu'en appeler à une cour d'appel, plus élevée dans la hiérarchie judiciaire et juridique et dont les arrêts sont plus susceptibles de faire jurisprudence,

10. AN, BB/30/1772.
11. Rapport du préfet du Vaucluse de 1950. AN, BB/18/4167.
12. Rapport du préfet de police de Paris de 1953. AN, BB/18/3732.

disposée à confirmer. Le ministre de la Justice, pour sa part, ne cesse de devoir multiplier les circulaires, rappelant la nécessité d'une sévérité exemplaire, car son « attention est appelée sur la faiblesse en matière de... dont ont fait preuve diverses décisions récentes » (circulaire du 14 septembre 1949) ; prescrivant d'être moins sensibles aux pressions locales (circulaire du 4 octobre 1949), de mieux assurer la police des audiences afin de plus protéger les policiers qui déposent lors des procès (circulaire du 11 septembre 1952), de moins s'adresser aux maires et plus aux juges de paix et aux commissaires de police pour obtenir les renseignements de moralité (circulaire du 5 septembre 1949).

Domine en fait la tendance à ramener les affaires relevant ou pouvant relever de la Guerre froide à des questions ordinaires d'ordre public national envers lesquelles ils montrent une certaine sévérité ou à des problèmes d'ordre politique et syndical envers lesquels les magistrats manifestent, depuis le XIXe siècle, réserve et modération. Tendance particulièrement sensible « en bas », où les magistrats sont directement soumis aux pressions, aux violences, et confrontés aux circonstances particulières de chaque affaire, où il est encore plus difficile de faire fonctionner la catégorie, déjà non redéfinie, inadaptée, de complot avec des inculpés trop ordinaires, sans histoire, souvent pris au hasard parmi beaucoup d'autres manifestants ou grévistes, ayant agi sous le coup de la colère, entraînés par une foule suivant des mots d'ordre dont les auteurs ne sont pas poursuivis. Tendance, enfin, d'autant plus marquée que l'on sort de la période « chaude », comme le montre l'affaire dite du « complot des pigeons » visant Jacques Duclos et quelques autres responsables communistes : commencée en 1952 devant le tribunal correctionnel de Paris au titre de l'atteinte à la sûreté intérieure de l'État, continuée en 1953 devant le tribunal militaire au nom de l'atteinte à la sûreté extérieure de l'État, elle se termine trois ans et demi plus tard devant une chambre correctionnelle ordinaire condamnant à des peines avec sursis des inculpés poursuivis pour des délits plus classiques (rébellion et insultes à agents aggravés, pour certains, de port d'armes et de coups et blessures).

Les juges ne sont pas disposés à consacrer d'eux-mêmes les dérogations exceptionnelles que le gouvernement attend, mais que le parlement hésite ou refuse d'officialiser, comme on le voit pour l'application du flagrant délit aux députés communistes. Dans les deux affaires qui font, en la matière, scandale, le tribunal de Brest et la Chambre des mises en accusation de Paris ne font pas œuvre de rébellion et de parti pris comme ils en sont accusés : ils ne se prononcent pas sur le fond, c'est-à-dire sur la responsabilité des inculpés dans les manifestations et les violences, ils refusent d'assumer ce que l'Assemblée nationale n'a jamais décidé, restreindre l'immunité des députés communistes. Il existe sans doute quelques jurisprudences innovantes, extensives qui adaptent les textes anciens aux nouvelles accusations et que la chancellerie diffuse par circulaires, mais elles restent le plus souvent débattues et demeurent dans le cadre classique de la défense de l'État et de la liberté du travail.

De manière générale, les magistrats manifestent des réticences à employer les incriminations pénales les plus dérogatoires et les plus politiques. Telle la détention d'armes et de munitions envers laquelle divers tribunaux manifestent de la « faiblesse », alors qu'il est, selon le ministre de la Justice, « évidemment impossible d'assurer qu'aucun usage répréhensible ne sera jamais fait de ces armes et munitions, même s'il est allégué qu'elles ont été conservées par négligence et sans intention criminelle » (circulaire du 14 septembre 1949). Tel encore le sabotage, que le gouvernement réforme pour favoriser son usage par des juges jusqu'ici hésitant à élargir sa définition restrictive, jugeant disproportionnée la peine de mort prévue et préférant, en matière sociale, le délit d'entrave à la liberté du travail réprimant l'opposition à l'activité d'ouvriers ne voulant pas faire grève. Même après la nouvelle loi, le tribunal militaire qui juge Henri Martin, jeune militaire communiste, abandonne l'accusation de sabotage au bénéfice de la « minorité de faveur » (3 juges sur 7) et le condamne, seulement à la majorité, pour démoralisation de l'armée. Même cette dernière inculpation, souvent initiée par le ministre de la Défense, est l'objet de la part de tribunaux civils d'interprétations restrictives. En considérant, par exemple que les propos antimilitaristes visaient seulement les soldats et conscrits ayant choisi de faire la guerre en Indochine, et qu'« il n'y est pas question d'inviter des militaires quels qu'ils soient à désobéir à leurs chefs », et « que par voie de conséquence le fait d'essayer de détourner des militaires d'un engagement nécessaire au recrutement des troupes coloniales ne porte nullement atteinte à la discipline que doit observer tout militaire dans l'exercice de son service normal, et partant ne peut être considéré comme entreprise de démoralisation. Que, dès lors, tous les éléments des délits reprochés aux inculpés n'étant pas réunis, ceux-ci sont en voie de relaxe[13] ; ou de déqualifications juridiques, comme le fait le tribunal de Nantes qui condamne à 30 jours d'emprisonnement avec sursis pour abandon de poste un conducteur de train, secrétaire local du syndicat des conducteurs obéissant à un mot d'ordre de la CGT cheminots, ayant arrêté 45 secondes son train parce que deux wagons servaient à transporter du matériel de guerre[14].

Certaines cours d'appel, il est vrai, censurent de telles interprétations restrictives. Telle la cour de Dijon annulant, en décembre 1950, une relaxe

13. Tribunal correctionnel de Montpellier, audience du 28 mars 1950.
14. *Le Monde*, 2 juin 1950.

prononcée deux mois auparavant par le tribunal correctionnel de la même ville, pour délit non nettement caractérisé, en faveur du secrétaire de l'Union des jeunesses républicaines de France ayant envoyé aux conscrits une lettre avec bulletin d'adhésion et une chanson ronéotée dont le refrain était : « Rien à faire pour la sale guerre. Rien à faire nous ne marcherons pas ». La cour condamne l'inculpé à 3 mois plus 20 000 francs d'amende, en reprenant les réquisitions du Parquet rappelant que la jurisprudence assimile les conscrits à de jeunes soldats et que la chanson équivaut à une incitation de militaires à la désobéissance.

Quand ils condamnent la destruction de numéros du *Figaro*, les tribunaux le font comme si c'était un simple vol, pour soustraction frauduleuse et dommages à la propriété d'autrui. Quand ils jugent un conflit privé comme celui opposant David Rousset et *Les Lettres françaises*, ils le traitent comme un conflit idéologique classique pour lequel ils ont une tradition de réserve : le tribunal de la Seine (12 janvier 1951) et la cour d'appel de Paris (6 juillet 1953) tiennent compte, pour apprécier la gravité de la diffamation et l'importance du préjudice, du « caractère largement idéologique du différend », « de la personnalité du plaignant et de ses adversaires ». Le tribunal de la Seine retient même le « caractère largement idéologique » de la publication du jugement. Ce qui les conduit à une « application modérée de la loi pénale et une évaluation mesurée des dommages-intérêts »[15].

Comme ils ont l'habitude de le faire, les tribunaux condamnent plus facilement et plus sévèrement les actes de violence contre les personnes et surtout les forces de l'ordre. Et encore, ne témoignent-ils pas à chaque fois d'une grande énergie répressive. Plutôt qu'en défenseurs du moral des armées et remparts contre la subversion, ils se posent en gardiens solennels, à l'occasion sentencieux, de la souveraineté de la loi, de la protection des agents de l'autorité de l'État et des limites à l'usage des libertés fondamentales, comme la liberté du travail ou d'opinion. La cour d'appel de Nancy, confirmant la condamnation d'un jeune manifestant ayant bousculé un gendarme conduisant au palais de justice un inculpé qui en profite pour fuir, précise ainsi dans ses attendus : « Il ne peut être toléré qu'un citoyen s'arroge le droit d'intervenir dans l'exercice des fonctions des agents de l'autorité chargés d'exécuter les mesures de justice, et il ne lui appartient pas d'en apprécier la légalité selon ses opinions personnelles. Une pareille immixtion ne peut trouver sa justification en des théories politiques... Si la liberté d'opinion est illimitée, la liberté d'action est subordonnée au respect de la loi »[16].

Les peines, elles-mêmes, ne sont pas à la hauteur d'une accusation de complot, et ne correspondent pas à une répression exemplaire d'État exclu-

15. *Le Monde* 7 juillet 1953.
16. *Le Monde*, 10-11 septembre 1950.

sivement soucieuse de la gravité des faits et de l'intérêt général de la répression. Non seulement, il y a des relaxes, peu nombreuses, mais politiquement lourdes, vécues comme un désaveu de la politique du gouvernement et une victoire communiste, mais les condamnations les plus fréquentes consistent en des amendes et surtout des peines d'emprisonnement modérées (de quelques jours à un, deux ou trois mois, rarement plus), souvent assorties du sursis pondéré d'une amende, soit le type de condamnations que le ministre de la Justice dénonce comme manquant de l'effet dissuasif attendu et contre lesquelles il prescrit au parquet de faire appel.

Symptomatique d'un travail de banalisation et de modération, les juges font massivement jouer les circonstances atténuantes attachées à la personnalité des accusés et à la singularité des situations. Elles sont au cœur du pouvoir de juges soumis à la souveraineté de la loi et spécialisés dans l'application concrète de lois générales et abstraites, au cœur de l'ambivalence d'un habitus professionnel partagé entre la rigueur impersonnelle de la défense de la loi, de l'ordre, et l'appréciation singulière et humaine des situations. Les circonstances atténuantes reconnues sont traditionnelles (absence d'antécédents judiciaires, bonne réputation, situation familiale, bonne tenue et regrets sincères à l'audience…), complétées d'une dimension nouvelle mettant à mal l'image du communiste au service de l'étranger : le passé de résistant que les juges n'hésitent pas à faire jouer pour les militants communistes déportés ou décorés et dont ils poussent parfois très loin les effets. Il peut justifier l'octroi du sursis comme le fait le tribunal de Valenciennes en faveur de deux conseillers municipaux communistes poursuivis à la suite d'une plainte du ministère des Armées pour avoir déclaré que les combattants d'Indochine « méritaient 12 balles dans la peau », paroles pourtant très graves selon ce même tribunal puisqu'il les qualifie d'« atteinte intolérable à l'esprit de la patrie »[17]. Certains juges en font une véritable excuse absolutoire, mieux un mobile légitime. Tel le tribunal de Grasse acquittant deux anciens déportés poursuivis pour avoir détruit des numéros du *Figaro* au prétexte que « les deux prévenus, ayant eu à souffrir de la barbarie nazie, avaient obéi à un réflexe irrésistible en ce jour de la libération des camps de la mort »[18]. Tel encore ce juge unique parisien relaxant le rédacteur en chef de *L'Humanité*, arrêté et poursuivi pour vol après avoir brûlé des numéros du *Figaro*, au motif que « la destruction sur la voie publique d'une publication éditant un article subversif de nature à troubler l'ordre public, ou à constituer une provocation au sacrifice de ceux qui ont pris part à l'activité douloureuse de la libération de

17. *Le Monde*, 10 octobre 1951.
18. *Le Monde*, 17 mai 1950.

la France, article qui a échappé à la censure vigilante des pouvoirs publics, ne constitue pas, en l'absence d'intention frauduleuse, un délit de vol »[19].

Dernier élément qui confirme que les magistrats se situent dans l'ordre classique du maintien de l'ordre et des affaires politico-syndicales, l'importance jouée, spécialement au niveau local et même des cours d'appel pourtant plus sensibles aux exigences juridiques, par un argument d'opportunité, avoué parfois dans les attendus des jugements et surtout dans les rapports des Procureurs généraux expliquant au ministre les motivations implicites des juges : « l'apaisement », « l'esprit d'apaisement social ». Il explique que les tribunaux de première instance condamnent souvent avec sursis et que les cours d'appel confirment, voire adoucissent, les décisions frappées d'appel par le Parquet. Soit par volonté délibérée, soit par réalisme résigné, parce qu'elles n'ont « pas cru devoir modifier les premières peines dans un but d'apaisement ». Même les procureurs généraux et, plus encore, les procureurs de la République les plus immédiatement confrontés aux situations, font valoir un tel argument auprès de la chancellerie, souvent sur le registre de l'impuissance devant l'indulgence prévisible des juges d'instance et d'appel. À moins que ne soit sous la caution des préfets également préoccupés de ne pas ranimer les conflits.

On est ainsi très loin de l'attitude de la magistrature dans les années 1920 où la jurisprudence la plus solennelle, celle de la Cour de cassation, se substitue à un législateur jugé défaillant et assimile le communisme à l'anarchisme défini par les lois « scélérates » de 1893-1894[20]. Soit une infraction pénale non pas politique, dirigée contre une forme de gouvernement et méritant un traitement modéré spécifique, mais relevant de la « protection sociale », portant atteinte aux fondements mêmes de la société et justifiant une sévérité répressive exemplaire de droit commun. On est encore plus loin des magistrats des juridictions d'exception de Vichy qui appliquent une législation dérogatoire confondant dans un même sort communisme et anarchisme assimilés au « terrorisme », à une « subversion » à la fois sociale et nationale, et qui condamnent à des peines d'une sévérité extrême des communistes pour des faits d'une gravité incertaine. Tels les membres de la Section spéciale de Paris prononçant, lors de leur première audience en 1941, la peine capitale contre trois communistes auteurs de simple propagande ou ceux du Tribunal spécial de Toulouse condamnant à mort, en 1943, un résistant communiste, d'origine juive polonaise et ancien des Brigades internationales, accusé de complot international et d'attentat pour avoir réceptionné une valise d'explosifs : « Si

---

19. *Le Monde*, 20 avril 1950.

20. Monier Frédéric, « Des menées anarchistes aux menées communistes : magistrats et ordre social », *Cahiers Jean Jaurès*, juillet-septembre 1996, n° 141, p. 49 *sq*.

l'on considère, écrit le Procureur général appelant à l'exécution de la sentence, que cette valise a suivi jusqu'à lui une carrière qui suppose le concert et l'organisation entre juifs en état d'insurrection contre l'ordre établi on ne peut qu'assimiler le cas du condamné à celui d'un individu qui aurait finalement réalisé son dessein d'attentat ». Une telle attitude, il est vrai, ne perdure pas jusqu'à la fin de Vichy : les magistrats veulent de moins en moins assurer une répression leur valant des menaces, pire des exécutions, et admettent de plus en plus le caractère patriotique et désintéressé de l'action des communistes, du moins quand ils ne commettent pas d'attentats contre des autorités françaises.

UNE CRITIQUE RÉCURRENTE : LE MANQUE DE SENS DE L'ÉTAT DES MAGISTRATS

La période étudiée révèle les effets d'un habitus professionnel qui ramène l'extraordinaire politique, ici le communisme et la Guerre froide, à l'ordinaire pénal. Soit à une question classique d'ordre public pour laquelle le magistrat intervient, comme le disait déjà un haut magistrat sous Vichy, « en tenant compte de la défense nécessaire d'une société qui a le droit et le devoir de se prémunir contre tous les éléments de désordre, mais qui fidèle à la tradition française, ne perd jamais de vue les circonstances atténuantes »[21]. Soit à une affaire d'ordre politique ou syndicale, objet d'un traitement spécifique de moindre rigueur. Cette dernière appréciation, marquant une évolution par rapport aux années 1920, a été renforcée par les aléas historiques du statut réservé aux communistes : poursuivis dans les années 1920, quasi intégrés à l'exercice gouvernemental avec le Front Populaire, poursuivis de nouveau à la fin de la IIIe République et sous Vichy, participant au gouvernement à la Libération où ils profitent de l'annulation des condamnations prononcées sous Vichy, occupent, au début, la responsabilité du ministère de la Justice, participent aux commissions de réforme de la chancellerie et à la commission d'épuration de la magistrature retenant comme grief principal de sanction la répression contre les résistants, en particulier communistes.

L'évolution du statut judiciaire des communistes est facilitée par les liens personnels qui se sont établis entre des communistes et des magistrats. On n'a plus affaire à deux mondes qui s'ignorent. Il ne s'agit pas

21. Discours du premier président de Pau lors de l'installation du nouveau procureur général le 10 novembre 1943. Cour d'appel de Pau, audience solennelle, Imprimerie commerciale, Pau, 1943.

d'entrisme comme on le voit ou le soupçonne pour d'autres corps d'État. Les nominations stratégiques réalisées par l'avocat communiste Marcel Willard lors de son passage à la tête de la chancellerie sont rares et assez vite neutralisées. Ce qui s'est noué et qui demeure, ce sont les liens entre des juristes communistes et certains nouveaux hauts magistrats parisiens pendant la Résistance (en particulier, au sein du Front national des juristes initié par des avocats communistes[22]) et à la Libération par le truchement de la chancellerie. Sous la IVe République, cette solidarité se poursuit, bien que malmenée par la Guerre froide, au sein d'organisations (le Mouvement national judiciaire, l'Association des magistrats résistants, l'Association des juristes démocrates). Dans ses Mémoires[23], l'avocat communiste Joë Nordmann raconte qu'à sa réception célébrant ses vingt ans de parti, en 1953, étaient présents des hauts magistrats qu'il avait connus lors de ses fonctions de directeur de cabinet de Marcel Willard. Il mentionne également son amitié personnelle avec le président du tribunal de Périgueux, l'existence d'un magistrat qui n'ose rien lui refuser et, surtout, la signature par certains des plus hauts magistrats de l'appel pour la paix de Stockholm : le procureur général et trois présidents de chambre de la Cour de cassation. Des rapports de police rapportent les liens de magistrats « d'en bas » avec les organisations satellites du PCF, tel le président du tribunal de Niort : président des combattants pour la paix, président d'honneur de l'ARAC, président d'honneur du secours populaire français, il aurait conseillé des prévenus poursuivis à la suite d'une manifestation[24]. D'autres dénoncent le ton complaisant de magistrats envers les inculpés communistes, à l'image du président du tribunal d'Orange jugeant, en février 1950, quatre cheminots ayant arrêté un train lors d'une grève de la CGT : « C'est avec une singulière bonhomie, mettant dans l'aisance et les inculpés et les témoins communistes à décharge, que M. B., Président du Tribunal d'Orange, a dirigé les débats… (aux inculpés, il aurait indiqué) sur un ton familier les faits reprochés. À plusieurs reprises par la suite, il laisse entendre que ces faits ne constituent pas une entrave à la liberté du travail, mais seulement un acte contraventionnel. (Il aurait ajouté) « Vous n'avez pas à avoir peur de la sentence de ce tribunal, vous me connaissez, pendant l'occupation, malgré certaines pressions, je n'ai jamais poursuivi les résistants, les juifs ou les communistes. Aujourd'hui pas plus qu'hier, je ne me laisserai influencer par personne pour rendre la véritable justice »… Quant aux témoins de moralité, tous communistes, ils sont venus à la barre

---

22. Israël Llora, *Robes rouges années noires*, Paris, Fayard, 2005.
23. Nordmann Joë, Anne Brunel, *Aux vents de l'histoire*, Arles, Actes Sud, 1996, p. 339.
24. AN, BB/30/1772.

surtout pour développer les thèmes habituels du PCF mais à deux reprises, cependant, le Président B. les a interrompus avec courtoisie »[25].

Les critiques qui dominent contre les magistrats ne renvoient cependant pas à une trop grande proximité politique avec les communistes, plutôt au manque de sens de l'autorité et de la sévérité d'État, au défaut de courage d'État. C'est ce que leur reprochent les préfets, on vient de le voir. C'est encore ce que dénoncent les hommes politiques, tel René Mayer, alors ministre de la Justice, leur rappelant qu'ils doivent savoir résister aux pressions, rester insensibles « aux bruits de la rue »[26], ou encore Martinaud-Duplat, alors avocat président administratif du parti radical et futur ministre de la Justice au moment de l'affaire Duclos : « Un gouvernement digne de ce nom ne saurait laisser bafouer l'autorité de l'État par une justice qui, parfois, laisse plus apparaître dans ses jugements la peur de l'avenir que la connaissance du droit. Une feinte ignorance paraît à certains tribunaux plus garante de leur tranquillité que le courage civique dans l'accomplissement de leur devoir. Dans le respect de la séparation des pouvoirs, c'est la fermeté des hommes publics qui rendra aux magistrats la conscience de leur mission[27]. » C'est enfin de cette même absence de courage d'État que certains procureurs généraux accusent, auprès du ministre de la Justice, quelques procureurs (il y a « tout lieu de penser que mon substitut - le procureur de Riom - n'avait pas exécuté les instructions que je lui avais données, parce que, incertain de l'évolution de la situation, il craignait, en s'y conformant, d'être éventuellement tenu pour responsable de leur exécution… Pour résumer ma pensée, j'estime que mon Substitut de Riom a agi ainsi par manque de courage »[28]) et, surtout, les juges du Siège (le même procureur général se plaint de sa cour d'appel « semblant ne pas comprendre la gravité relative des faits et peut-être aussi, soucieuse avant tout, de ne pas s'exposer à des représailles. Cette juridiction a fait preuve d'une indulgence, qui ne pourra qu'être d'un effet déplorable pour les poursuites à venir »[29].

On retrouve, finalement là, une critique récurrente contre l'incapacité des magistrats à se hisser au niveau de la défense de l'État lors des situations de crise politique, sociale, nationale grave. La confidence acerbe de De Gaulle à propos de sa double expérience décevante de la Libération et de la guerre d'Algérie, en témoigne : « certes, il y a des magistrats courageux avec lesquels on peut faire quelque chose, mais les autres ne veulent pas prendre de risques ; en France, la caste des juges a toujours été mora-

25. AN, BB/30/1772.
26. *Le Monde*, 20 juin 1950.
27. *Le Monde* 23-24 avril 1950.
28. AN, BB/18/3733.
29. AN, BB/18/3822.

lement incapable de juger des menaces contre l'État… En réalité, la Justice est l'expression de la pensée d'une caste sociale, la bourgeoisie qui, dans sa majorité, a perdu le sens de l'État, le sens de la Nation, le sens de la Patrie. Les juges ne cherchent qu'à juger des dossiers civils ! Surtout pas une affaire grave, qui menace le pays ! Car ils n'en ont pas le courage ! Ils préfèrent se cantonner dans les litiges de succession ou les braquages[30]. »

30. Peyrefitte Alain, *C'était de Gaulle*, Paris, Gallimard, 1999, Coll. Quarto, 2002, tome II, p. 131-132.

Étrangers ou agents de l'étranger ?

Hélène Chaubin

De la fin de 1947 jusqu'au Pacte de Varsovie, pendant près d'une décennie, l'Europe vit une situation inédite, entre paix et guerre : une attente anxieuse, alimentée par les crises internationales, Prague, Berlin, Corée. Le sort des exilés politiques en France est alors profondément modifié pendant cette première phase de la Guerre froide[1]. Beaucoup ont été des Résistants lors du dernier conflit mondial. Mais désormais, les services français de renseignement cherchent à repérer parmi eux les communistes les plus actifs, afin de les neutraliser préventivement : « On doit considérer les éléments communistes étrangers comme beaucoup plus dangereux que les communistes français »[2]. Ils sont perçus comme les alliés potentiels d'un futur envahisseur, en complicité avec les communistes français. L'affiliation au Kominform signifie alors l'allégeance à Moscou. Le rapport de février 1950 des Renseignements généraux envisage deux cas : celui, d'abord, des ressortissants d'un pays communiste, comme les Polonais, qui peuvent être « les agents directs du Kominform » ; celui, ensuite, de ceux, comme les Espagnols, que l'on soupçonne d'espérer la prise du pouvoir en France par les communistes, afin que cette victoire les aide dans leur propre combat national. Ils sont parfois décrits comme des « fanatiques », inspirés par un double idéal patriotique et politique[3]. Là où vivent les étrangers en grand nombre, surveillance policière et répression alertent l'opinion publique locale sur l'un des effets de la Guerre froide : la transformation des exilés et étrangers de France en ennemis de l'intérieur.

Le recensement de 1946 dénombre 1 744 000 étrangers en France, dont la grande majorité (89 %) est d'origine européenne. Trois communautés en constituent les deux tiers : les Italiens (26 %), les Polonais (24 %), les

---

1. La synthèse s'appuie sur des documents d'archives recueillis aux Archives Nationales par Olivier Büttner, et a aussi bénéficié des informations fournies par des correspondants départementaux de l'IHTP, Jean-Louis Étienne (Meurthe-et-Moselle), et Didier Lavrut (Gard).
2. AN CAC, 19960325, rapport RG, février 1950.
3. AN CAC, 19960325, rapport du service Étude de la Direction des RG, 8e partie, « Les communistes étrangers en France », février-mars 1950.

Espagnols (17 %). Malgré leur nombre, les Italiens ne sont pas perçus comme les plus dangereux : « L'Italie est considérée comme plus susceptible que le territoire national de constituer un lieu privilégié de la subversion communiste en Europe »[4]. En revanche, au sud de la France, la question de la réouverture de la frontière pyrénéenne agite le milieu des réfugiés espagnols antifranquistes. Le nouveau contexte international favorise le rapprochement avec Franco. En 1948, c'en est fini de la tolérance, voire de la compréhension des autorités françaises. Certes, on ne peut, comme en temps de guerre, rouvrir des camps d'internement, mais désormais, on pratique le refoulement ou l'assignation à résidence loin des Pyrénées. Les premières mesures sont prises dès mars 1948. En juin, la Direction de la Sûreté organise le refoulement par mesure administrative des nouveaux réfugiés. Les communistes sont visés, mais tous les Espagnols redoutent d'être identifiés aux « rouges ». En juillet 1949, ce sont les Renseignements généraux qui statuent sur les demandes d'asile et non plus l'office espagnol de l'O.I.R (Organisation internationale pour les réfugiés)[5]. Les Polonais et les Espagnols font alors l'objet d'une attention particulière des Services français. Effectivement, les communautés étrangères sont issues de pays différemment positionnés sur le nouvel échiquier européen : l'Italie a reconstruit une démocratie libérale, la Pologne se trouve sous influence soviétique, l'Espagne est la survivante des dictatures européennes détruites après la Seconde Guerre mondiale. L'expulsion, qui ne pose pas de problèmes pour les Italiens, n'est pas possible pour les Espagnols. Quant aux Polonais, ils peuvent retourner dans leur pays, mais au prix d'une adhésion au nouveau régime. Ils risquent aussi de devenir des agents du nouveau régime polonais. Bref, républicains modérés, communistes, anarchistes, tous posent des problèmes différents aux yeux des autorités politiques françaises de l'époque. Seuls, ceux qui sont prêts ouvertement à suivre les directives du Kominform sont considérés comme des « ennemis de l'intérieur ». Leur image se distingue de celle des autres exilés politiques, même de celle des anarchistes, pourtant actifs et parfois violents, parce que l'indicateur du danger est alors le lien avec Moscou. L'État français gère donc les problèmes diversement, selon qu'il s'agit de ressortissants d'un pays d'Europe de l'Est comme la Pologne ou d'un pays rallié au bloc occidental comme l'Espagne. Quand sont prises les mesures les plus sévères en 1950, la population française ne s'en émeut pas : la suspicion a succédé à la commisération.

4. Girard Pascal, *Les complots politiques en France et en Italie de la fin de la Seconde Guerre mondiale à la fin des années 1950 »*, Florence, thèse de l'Institut Universitaire Européen, 2012.

5. Noiriel Gérard, *Réfugiés et sans-papiers, la République face au droit d'asile, XIXe-XXe siècle*, Paris, Fayard, 2012.

L'apaisement s'est produit à la fin des années 1950 au terme d'un épisode de dix ans marqué par un rejet de l'« étranger » qui ne relevait plus des causes habituelles, xénophobie ou tensions nées du marché du travail. Une conjoncture exceptionnelle a modifié dans l'opinion publique le sentiment d'altérité pendant cette phase ardente de la Guerre froide : dans l'imaginaire populaire, un « rideau de fer » a mis à l'écart l'étranger « rouge », fût-il présent en France depuis des années.

Deux études de cas, les « nids de guêpes lorrains et pyrénéens », consacrées aux Espagnols en Languedoc et aux Polonais en Meurthe-et-Moselle, nous permettront des observations à l'échelle locale, sans préjuger de la situation à l'échelle nationale. En marge des recensements officiels, des enquêtes statistiques sont menées de 1948 à 1950 sous l'autorité des préfets. Les Espagnols sont majoritairement installés dans le sud de la France, au plus près des Pyrénées. L'axe Bordeaux-Montpellier délimite la zone de concentration la plus forte, soit 7 départements : Pyrénées-Orientales, Aude, Hérault, Pyrénées-Atlantiques, Haute-Garonne (département stratégique de l'exil politique), Hautes-Pyrénées et Ariège. Les Espagnols constituent dans cet espace plus de 1,5 % des populations départementales. Le pourcentage s'élève à 4,7 % dans l'actuelle région Languedoc-Roussillon, 2,4 % en Midi-Pyrénées, 1,8 % en Aquitaine. Dans l'Hérault, au début de la Guerre froide, il y a 40 000 Espagnols sur 50 000 étrangers et une population totale de 500 000 habitants. 18 000 travaillent dans le secteur agricole contre 7 000 dans le commerce ou l'industrie[6]. À Béziers se trouve « le plus fort contingent d'immigrés espagnols de France »[7]. Les Polonais, attirés par les zones minières et le travail dans le vignoble, sont en faible nombre dans le sud/sud-ouest du pays : 577 en 1946 et 315 en 1954 dans l'Hérault, 3 275 puis 1 643 dans le Gard. Ils sont en revanche mieux implantés à Paris (13 % de l'ensemble des Polonais vivant en France), dans les régions du Nord-Pas-de-Calais (39 %), dans le Centre (24 %) et en Lorraine industrielle, surtout depuis la vague migratoire de 1921-1931 : en 1931, un pic a été atteint en Meurthe-et-Moselle où résident 27 130 Polonais. Pendant la guerre, sont arrivés des paysans polonais, dans le cadre de la politique allemande de colonisation agraire. En 1945 et 1946, ce furent des combattants de l'armée Anders. À la fin des années quarante, la population polonaise de Meurthe-et-Moselle compte encore 14 166 individus.

6. Archives Départementales de l'Hérault (ADH). 84W6, R.G., Colonies étrangères de l'Hérault, 5 juillet 1950.

7. Dreyfus-Armand Geneviève, *L'exil des républicains espagnols en France*, Paris, Albin Michel, 1999.

LE TISSU DE SOCIABILITÉ DES ÉTRANGERS EN PÉRIODE DE GUERRE FROIDE

Avec la Guerre froide, les liens associatifs qui structuraient les communautés étrangères sont remis en question ; la conflictualité apparaît là où dominait naguère la solidarité, aussi bien entre Français et immigrés qu'entre les diverses composantes de l'exil. Dans une époque où des enjeux politiques et idéologiques contradictoires divisent ces communautés, les liens associatifs se fragilisent. Il en va ainsi des populations polonaises dont les structures de sociabilité en France se verront fortement atteintes par les événements politiques en Pologne. Suite à la transformation du parti communiste en parti unique (1948) et l'instauration de la République populaire à partir de 1952, la division idéologique va à la fois s'inscrire dans le paysage associatif, et interpeller les autorités politiques françaises. Pour les communistes du Parti ouvrier polonais, c'est une espérance : mais une filiale créée à Bruay en 1947 pour la diaspora polonaise du bassin minier est frappée d'interdiction un an plus tard. Avec la Guerre froide, le militantisme communiste prend un autre sens, inacceptable dans le contexte occidental. Pour les Polonais, refuser le régime de Varsovie, c'est renoncer à retrouver leur patrie d'origine. Demander le statut de réfugié marque alors la volonté d'une rupture, lourde de conséquences sociales. Ce sera le cas néanmoins pour 48 550 d'entre eux[8]. Cependant, nombre de militants entendent garder leur nationalité : deux grandes fédérations anticommunistes ont leur centre à Lille pour l'Union centrale des Polonais (CZP), solidaire du gouvernement de Londres, et à Lens pour l'Union des associations catholiques (KPF). Pour les Polonais, la religion catholique, le militantisme syndical, le sport, ont été les racines du tissu associatif dès l'avant-guerre : l'Union des catholiques polonais, l'Union Polonaise de Football en France, affiliée à l'Union des Polonais en France, répondaient déjà à de profonds besoins culturels et identitaires. Après l'interdiction des organisations communistes en 1948, des groupements jusqu'alors apolitiques deviennent de possibles supports pour un militantisme désireux de survivre : c'est le cas de l'Union de football qui bénéficie de l'aide financière des consulats ; et aussi de la Croix-Rouge polonaise qui dépend de Varsovie et que les Renseignements généraux ont qualifiée de « communisante » depuis les grèves de 1947 et 1948.

Ces associations participent à de nombreuses manifestations : comme par exemple à Homécourt le 1er août 1948 où défilent de concert Jeunesses polonaises *Grunwald* affiliées au RNP, et *Sokols* polonais qui relèvent

8. Dufoix Stéphane, *Politiques d'exil*, Paris, PUF, 2002.

d'*Oswiata*, une organisation catholique démocratique[9]. Traditionnellement, l'attachement à la patrie se manifeste aussi par l'organisation d'un enseignement en Polonais donné le jeudi dans des écoles consulaires. On y utilise des manuels polonais et on y pratique la prière, ce qu'interdit l'école laïque française. Les Polonais pendant la Guerre froide gardent leurs instituteurs et leurs prêtres : il y a des paroisses polonaises. Mais si des prêtres peuvent nourrir « la nostalgie d'une Pologne catholique, traditionnaliste, voire fascisante »[10], ce qui est l'accusation portée par les communistes français, d'autres associations sont désormais soupçonnées d'être manipulées par les consulats. C'est l'avis de l'évêque, Mgr Fleury. De la maternelle à l'Université, le contrôle de la jeunesse est un enjeu prioritaire. Le clergé français accepte mal l'existence des paroisses polonaises autorisées par Rome. En 1955, le recteur de la mission catholique polonaise Mgr Kwasny dénonce, dans une lettre à l'évêque, les propos du curé de Joudreville : « Les Polonais n'ont qu'à venir dans nos paroisses ou alors retourner dans leur pays ! [...] nous ne voulons pas avoir des espions et des traîtres ! »[11]. Ces tensions persistantes peuvent être ponctuellement nourries par l'actualité : c'est le cas en juin 1956, en raison de la réprobation que suscite la répression des émeutes de Poznań[12].

Dans le sud-ouest, l'exil républicain espagnol a augmenté de façon massive une diaspora qui a, elle aussi, généré un réseau associatif d'aspiration culturelle et identitaire à partir du XIXe siècle. Le besoin de solidarité a été renforcé en 1939 après la *Retirada* puis à la suite de l'engagement des *guerilleros* dans les combats de la Libération. Le retour au pays étant impossible, les exilés mènent un combat pour ne pas rompre les liens. La *Colonia española*, une société de secours mutuels, créée à Béziers en 1889[13], entretient ainsi la conscience de l'identité espagnole par tous les moyens, depuis les fêtes commémoratives jusqu'aux expositions, aux conférences, et ouvre ses portes aux groupements de l'exil qu'ils soient communistes, socialistes ou anarchistes. Il en est de même pour une association qui existe dans toute la France, *El Hogar de los Españoles*, le Foyer des Espagnols. À Béziers, elle abrite le siège de l'aumônerie espagnole[14]. Les exilés peuvent aussi se retrouver dans les nombreuses *casals*, très vivantes à Béziers et Agde. Il y a quinze *casals català* dans l'Hérault. Les

---

9. Archives Départementales de Meurthe-et-Moselle (ADMM), Cab.14, RG Briey, 3/08/1948.

10. ADMM, Fonds de l'Évêché, 50J1.

11. *Ibid.*

12. Wòjtowicz Norber, « Les victimes du juin de Poznan », Actes du séminaire hongro-polonais de Wroclaw, *L'année 1956 en Hongrie et en Pologne*, octobre 1996.

13. Dreyfus-Armand G., *op. cit.*

14. ADH, 376W57, note R.G. du 24 janvier 1950.

Catalans entretiennent alors des rapports chaleureux avec les milieux occitans[15]. À Montpellier, les intellectuels catalans bénéficient d'un accueil exceptionnel. La nouvelle génération associative, marquée par la Guerre civile et l'expérience de la Résistance en France, est très proche des milieux français de la Résistance. Elle est cependant politiquement très divisée. Les plus proches des communistes français se retrouvent dans des associations à objectifs humanitaires, mais qui ne sont pas apolitiques : l'Association catalane des Invalides et Mutilés de la Guerre d'Espagne et l'Amicale des Anciens FFI et résistants espagnols[16] fondée par le Général *guérillero* Luis Fernandez-Juan. Cette Amicale est dissoute en 1950, car elle est jugée indésirable dans le contexte de la Guerre froide. L'hôpital toulousain « Varsovie » du nom de la rue où il était installé, s'est spécialisé dans les soins aux *guerilleros*, et a été soutenu par le Comité américain de l'*Unitarian Service*. Jusqu'en 1950, ses médecins soignent blessures et traumatismes psychologiques des réfugiés espagnols. L'interruption de son activité est directement liée aux inquiétudes nées de la Guerre froide. La ferveur révolutionnaire antifranquiste des Républicains restera intacte jusqu'au début des années 1950, et leur activité sur la zone frontalière demeurera intense. Ils ont bénéficié de la sympathie de la France depuis la Libération. Mais le gouvernement de Madrid reçoit alors l'appui américain : l'Espagne veut intégrer le bloc occidental. Ce sont d'insurmontables contradictions qui pèsent alors sur les autorités françaises.

La cassure Est-Ouest fracture l'exil politique

Dans un temps court, inscrit entre 1947 et 1950, les exilés politiques ont cru encore pouvoir agir depuis la France sur le destin politique de leur patrie d'origine : dans l'exil politique espagnol, il y a unanimité en faveur de la démocratie sans que ce terme ait le même sens pour tous. Quant à la communauté polonaise, si elle est divisée, c'est parce que l'emprise soviétique est interprétée, soit comme une occupation, soit comme une libération. C'est dans cet intervalle de trois ans, et en fonction d'un réalisme imposé par la Guerre froide, que se décide le devenir politique des deux pays et donc celui de leurs exilés politiques. Dans la colonie espagnole de l'Hérault, depuis

15. Grau Pierre, « L'aide aux intellectuels catalans », Actes de la Journée d'Étude de l'Association Maitron Languedoc-Roussillon, *Catalans du Nord et Languedociens. L'aide à la République espagnole*, Perpignan, PUP, 2009.
16. AN, CAC, 19960325, rapport des R.G. sur le PCF, 1950 ; ADH, RG, 376W5721/09/1950.

1939, tous les courants politiques sont présents : nationalistes catalans de l'*Esquerra republicana de Catalunya*, radicaux de l'*Izquierda republicana*, anarchistes du MLE (Mouvement Libertaire espagnol) et de la CNT (Confédération nationale du Travail), socialistes du PSOE (*Partido socialista obrero español*). Une fraction de l'UGT (Union générale des Travailleurs) est socialiste ; une autre est communiste et donc proche du PCE et du PSUC (Parti socialiste unifié de Catalogne) qui est en fait la branche communiste catalane. Jusqu'en 1947, les exilés politiques sont soutenus par l'ensemble des gauches. Le 4 juin 1947, le Comité France-Espagne de l'Hérault fait campagne pour le boycott des marchandises franquistes à Sète[17], et le 2 septembre, il vote une adresse au ministre des Affaires étrangères contre la réouverture de la frontière. Il se dit « prêt à lutter par tous les moyens contre l'ouverture de la frontière, [...] preuve de l'abandon de la politique antifasciste du gouvernement »[18]. L'adresse est signée par la SFIO, le PCF, le MRP, les syndicats de salariés[19]. Le parti communiste est le plus important dans le département, et son soutien aux antifranquistes est assuré. L'opinion publique reste encore indifférente aux questions internationales, selon le préfet Weiss. Mais elle changera dans le courant de l'année, à cause notamment de l'inquiétude née de la violence des grèves et des pénuries trop durables. La critique communiste du capitalisme américain ne fait pas en revanche l'unanimité. La tentative d'adhésion de l'Espagne au plan Marshall émeut toute la gauche et particulièrement les réfugiés communistes[20], mais dans les milieux où l'on soutient le plan Marshall, on déplore cette hostilité jugée idéologique[21]. Un rapport des RG de Sète en janvier 1948 souligne que la seule question internationale qui alimente les conversations est celle de la réouverture de la frontière franco-espagnole. Chez certains réfugiés espagnols, c'est en effet l'espoir d'une reprise de contact avec leurs familles. Quand le fils du prince Don Juan de Bourbon, âgé de 10 ans, est autorisé à étudier en Espagne, *La voix de la Patrie*, dans son édition de Sète, déplore l'événement : « Quelles seraient les conditions de la lutte antifranquiste si, un beau matin, un Don Juan quelconque, flanqué de quelques archevêques de Tolède et de princes du sang, se trouvait installé en Espagne par les impérialismes étrangers ? » Mais l'idée d'une alliance avec les monarchistes tente aussi une partie des exilés[22]. Le point de vue des communistes n'est plus majoritaire en 1948, et Franco profite des craintes qu'inspire alors l'URSS. Quand le gouvernement espagnol fait sa demande d'adhésion au plan

17. *La voix de la Patrie*, 4 juin 1947.
18. ADH, rapport préfectoral, 356W51/1.
19. ADH, 356W51, rapport préfectoral du 18/09/1947.
20. ADH, 356W70, rapport du 27 avril 1948.
21. *Ibid.*
22. *Ibid.*, dossier PCE.

Marshall, la fédération SFIO de l'Hérault, hésitante, y voit seulement une « occasion peu opportune ». Les milieux catholiques prennent position en 1949, après le décret du Saint-Office menaçant d'excommunier tous ceux qui professent la doctrine communiste[23]. L'évêque de Montpellier invite le clergé à nouer des relations avec le « Foyer espagnol » installé à Béziers au siège de l'aumônerie. En mai, le clergé organise pour les Espagnols des paroisses rurales des « sessions-retraites » à Lamalou. Il s'agit explicitement de séparer le bon grain de l'ivraie communiste[24]. Les communistes espagnols eux-mêmes sont désunis ; en juin 1948, la rupture avec la Yougoslavie de Tito a déchiré à la fois le PCE et le PSUC. Depuis la Guerre civile, anarchistes et marxistes sont devenus ennemis. La colonie espagnole est traversée par des fractures telles que Geneviève Dreyfus-Armand parle d'« une véritable Guerre froide qui s'instaure à l'intérieur même de l'exil ». Le PSUC est durablement désorganisé après la mise à l'écart par Moscou de Dolorès Ibarruri et de Juan Comorera. En 1949, contre l'avis du PCE, il cherche à obtenir une affiliation directe au Kominform comme il l'avait auparavant obtenue auprès du Komintern. La direction du PC espagnol est à Prague depuis 1948. Ses adhérents ne disposent que de la carte de l'association du *Mundo Obrero* (périodique du PCE). Les gouvernements espagnols républicains en exil excluent les communistes qui, marginalisés, s'engagent dans les luttes conduites par le PCF. Entre 1948 et 1950, au ministère de l'Intérieur, on redoute que désormais l'objectif du PCF soit moins d'agir de concert avec les Espagnols contre le franquisme que d'utiliser ces militants aguerris comme une force de subversion en cas d'intervention des troupes soviétiques.

Le courant communiste existait dans la colonie polonaise de l'avant-guerre où la fraternité ouvrière avait rapproché mineurs et ouvriers métallurgistes de la CGT et du PCF. Mais leur militantisme n'était pas comparable à celui qui se développe avec la création du Kominform et le nouveau régime de Varsovie. Le Parti ouvrier polonais a débuté par une première section à Briey[25]. Il dispose d'un organe de presse, rédigé en polonais, *Poradnik*, et s'oppose à l'Union centrale des Polonais qui n'a pas rompu avec Londres. Dans cette Union, on retrouve les anciens de l'armée Anders, mais aussi « Les Anciens de la Résistance polonaise » et de la « Fédération des ouvriers immigrés ». Hostile au gouvernement de Varsovie, elle combat la politique des rapatriements qui s'appuie dès 1946 sur le « Conseil national des Polonais en France » (RNP) créé en 1945. En Meurthe-et-Moselle, le RNP fédère des associations comme *Grunwald*, « Jeunesses polonaises », « Maria Konopnicka », « Union des Polonais anciens résistants » et « Aide

23. ADH, 322W1, rapports préfectoraux.
24. ADH 376W57, rapports des RG.
25. ADMM, Cab.14, rapport du sous-préfet de Briey du 8 avril 1947.

à la Patrie », qui regroupent 1300 adhérents dans l'arrondissement de Briey en juillet 1945, mais n'en compte déjà plus que 566 dans tout le département en mars 1949. L'« Union des Femmes », à la même date, réunit 238 adhérentes[26]. Varsovie souhaite le rapatriement des ouvriers pour le repeuplement des régions gagnées sur l'Allemagne, et négocie discrètement avec le général Anders pour celui des soldats. C'est un thème de propagande qui joue sur les thématiques de la nostalgie et de l'espoir. Le journal de la CGT *Sous-sol lorrain*[27] fait campagne pour les rapatriements, en donnant une image flatteuse des conditions de vie dans la nouvelle Pologne. L'action du PCF va dans le même sens, avec le soutien de l'association « Les amitiés franco-polonaises », homologue de France-URSS, présidée par Frédéric Joliot-Curie. Dans le même esprit, le journaliste communiste Francis Crémieux fait une conférence à Nancy en janvier 1950 intitulée « Ce que j'ai vu en Pologne ». De fait, en Poméranie comme en Silésie, les rapatriés peuvent s'installer dans les bâtiments dont ont été chassés environ cinq millions d'Allemands. Il y a, dans le même temps, des retours de l'Est polonais, confisqué par la Russie (près d'1,5 million de personnes). Varsovie a négocié avec la France qui craint les pertes de main-d'œuvre et veut échelonner les départs. Les premiers accords sont signés le 20 février 1946 pour 5000 mineurs, en août 1946 pour 2000 ouvriers agricoles ; le 28 novembre, pour un total de 17 000 Polonais en 1947 puis 16 000 encore par un accord de février 1948. La France cesse d'organiser les départs et d'en assumer le coût en novembre : les relations est-ouest se détériorent. La « ré-émigration » concerne 10 078 personnes dans toute la France en 1946, 33 586 en 1947, 14 000 en 1948[28]. Les Polonais étaient 14 166 en Meurthe-et-Moselle au recensement de 1946 ; ils sont 8 982 en 1954. Leur nombre ira désormais en décroissant. Ceux qui choisissent le retour, alors qu'en France la « bataille du charbon » et l'effort de reconstruction connaissent leur apogée, agissent par patriotisme et conviction idéologique : ils partent en convois ferroviaires formés par la SNCF ; les trois quarts sont dirigés vers la Silésie et la Poznanie (41 % vers le département de Wroclaw, 20 % vers celui de Katowice). Ils n'ont pas le libre choix de leur destination. La propagande a caché les problèmes de ravitaillement, de logement, et de reprise de contact avec les populations locales. Les Polonais ré-émigrés (on les appelle « les Français ») et les déplacés de Pologne orientale qui ont subi tant d'épreuves, s'entendent mal.

---

26. ADMM, W950/244, RG, 21 mars 1949.
27. ADMM, W1304/113-114-115.
28. Szulc Joanna, *Les retours des Polonais de France vus par les associations et groupements politiques polonais en France de 1945 à 1949*, Thèse de doctorat d'histoire, Université Paul Verlaine, Metz, 2012.

Le consul de Marseille organise les retours des Polonais du Sud. Les chiffres ne sont évidemment pas comparables à ceux du Nord ou de l'Est. Ainsi, le 10 mai 1947, un convoi part d'Alès avec 650 personnes dont 38 sont des mineurs de Graissessac et des ouvriers agricoles du Gard et de l'Hérault ; 8 femmes et 14 enfants les accompagnent. Ils arrivent en Silésie ; leurs lettres disent leurs déceptions et leurs incertitudes : quel serait en effet leur sort en cas de guerre ? Dans un autre convoi, parti de Limoges à la fin de septembre 1947, il y a 4 Polonais venus de Magalas dans l'Hérault, dont une femme et un enfant. Revenir de Pologne est difficile. Le préfet de l'Hérault traite le dossier d'un couple mixte en août 1947. L'épouse, née à Dabrowica en 1914, ouvrière agricole, voulait un rapatriement. Mais elle se marie avec un ouvrier, né en 1903 en Pennsylvanie. Tous deux ont « peur d'être obligés de rester en Pologne ». Ils sont autorisés à rester dans l'Hérault[29]. Un fils de mineurs partis en 1947 tente en vain de revenir en Lorraine au bout de quelques mois. Il est arrêté à Berlin-Est et emprisonné ; le préfet de Meurthe-et-Moselle rejette sa requête. Les rapatriés qui reviennent sont désormais suspects : « Selon la logique bipolaire […] le retour est la marque de l'agent ou du retourné par la police secrète »[30].

La Guerre froide : source de conflictualité entre l'État français et les exilés politiques

Dans la perspective reconnue d'un possible conflit Est-Ouest, la France administre la question des étrangers par la répression, la réémigration ou le refoulement. La priorité porte sur l'accroissement de la force défensive de l'Ouest par l'élimination ou le contrôle des dangers intérieurs. Le rapport des RG de février 1950 qui distingue, on l'a vu, deux cas parmi les communistes étrangers, selon qu'ils sont issus ou non de pays communistes, témoigne que « ce sont les communistes espagnols qui présentent pour l'ordre public le plus grand danger, supérieur même à celui que pourrait faire courir le parti communiste français », les autorités françaises ayant du mal à considérer les communistes français « comme un ramassis de traîtres », et ayant au contraire « une vision fantasmée des pays étrangers »[31], cherchent le danger dans les communautés étrangères. C'est l'obédience à Moscou qui compte comme critère d'identification. Aussi la

29. ADH, 2 W 367, Rapatriés polonais, 1947-1948.
30. Szulc J., *op. cit.*, p. 231.
31. Girard P., *op. cit.*, p. 869.

répression des activités anarchistes des Espagnols reste-t-elle d'ordre judiciaire et non politique. Les anarchistes, malgré des activités meurtrières à Lyon, ne subissent pas de véritable répression politique. Leurs délits ou crimes sont qualifiés de droit commun. Le 9 février 1951, le journal *Le Libertaire*, organe de la Fédération anarchiste de France, titre « Les gangsters de Lyon n'ont rien de commun avec le mouvement anarchiste espagnol ». Un mémorandum espagnol du 31 décembre 1951 demande pourtant l'extradition des anarchistes. Ils constituent un danger pour l'Espagne. Mais pas pour la France, si on en juge par la réponse négative : leur extradition serait une violation du droit d'asile. C'est en termes de sécurité nationale qu'ont donc été appréciés les problèmes posés par les réfugiés anarchistes. À Madrid, on redoute à égalité anarchistes, communistes et titistes, qui pourraient former un nouvel internationalisme. Mais à Paris, l'impératif est de ne pas donner satisfaction au PCE en frappant les anarchistes. Réputés aguerris par les épreuves successives de la Guerre civile et de la Résistance, les communistes espagnols disposent d'organisations, de cadres, de matériels. Outre leurs 9 000 militants, ils ont environ 6 000 sympathisants. Tout le long de la frontière pyrénéenne, de nombreux anciens maquisards travaillent dans les chantiers EDF, les entreprises de transports publics et la Société forestière du Midi. Ne pouvant plus compter sur la chute de Franco, les Espagnols seraient prêts à mettre en action leur dispositif militaire. Le PSUC et le PC basque d'*Euskadi* ont repéré et exclu les titistes, et sont devenus en septembre 1949 des sections régionales du PCE dont le siège central a été déplacé de Paris à Prague. Les comités militaires et politiques du PCE sont implantés de Bordeaux à Toulouse et à Béziers. En cas de guerre, les cibles dans l'Hérault seraient les ports, les nœuds ferroviaires et routiers comme à Béziers pendant les grèves de 1947. Une conférence réunit quinze préfets, le 3 mars 1948 à Toulouse. Depuis les grèves, tous les préfets sont en alerte, particulièrement celui de la Haute-Garonne. La défiance de ces hauts fonctionnaires à l'égard des réfugiés politiques espagnols est partagée au ministère de l'Intérieur. Jules Moch, les 26 et 31 mars, signe deux circulaires aux fins d'éloigner de la frontière les nouveaux arrivants espagnols, ainsi que ceux qui sont réputés politiquement dangereux, et de donner aux préfets la possibilité de demander leur expulsion, sans avoir à consulter la commission départementale des expulsions[32]. La reprise des échanges franco-espagnols, décidée le 8 mai 1948, et confirmée le 14 juin 1949, fait des

32. Dulphy Anne, « À l'épreuve de la Guerre froide, les préfets du sud-ouest et les réfugiés espagnols, 1947-1953 », *in* Vaïsse Maurice (dir.), *Les préfets, leur rôle, leur action dans le domaine de la Défense de 1800 à nos jours*, Bruxelles, Bruylant, coll. Histoire, p. 363-371.

réfugiés espagnols des hôtes indésirables. Jules Moch exige par ailleurs l'annulation des délibérations municipales qui condamnent le franquisme. Les polices des deux pays coopèrent. Le consul de France à Barcelone, Jacques Coiffard, très actif, transmet aux RG des dossiers de la police franquiste sur les réseaux transfrontaliers responsables d'attentats. Ainsi le nouveau dirigeant du PSUC pour la Catalogne, Sebastià Piera, arrêté en avril 1947, jugé en octobre à Barcelone par un Tribunal militaire sans avoir été identifié, est suivi sur tout le parcours de son retour vers Paris par la police espagnole qui informe les RG[33]. La synthèse des RG de février 1950 sur le PCE et les communistes étrangers précède une nouvelle série de rapports préfectoraux. Elle soutient l'idée d'un scénario alarmant sur les capacités subversives du PCE. La découverte en février des dépôts d'armes de Barbazan en Haute-Garonne puis de Quillan dans l'Aude en mars, décide le successeur de Jules Moch, Henri Queuille, qui déclenche les 7, 8 et 9 septembre 1950 les mesures coercitives réclamées : une vaste opération policière à l'initiative de l'IGAME de Toulouse et sous la responsabilité de 26 préfets avertis par téléphone au dernier moment. Louis Feyfant, préfet de l'Hérault, reçoit le 7 septembre à 10 h 45 un appel téléphonique du préfet de l'Aude qui lui donne le nom de ceux qu'il convient d'interpeller. Il n'en donne l'ordre qu'à 16h30, parce que, dit-il, « ce n'est qu'à la relation qui m'a été faite, vers 16h, d'un communiqué de la radiodiffusion française, que j'ai saisi clairement la nature et l'importance de l'opération policière à laquelle j'étais appelé à participer »[34]. La rafle, dénommée « Boléro-Paprika »[35], vise 404 personnes. 288 sont appréhendées dont 177 Espagnols (11 résidaient à Paris) qui ne sont pas rapatriables, 59 Polonais et 14 Soviétiques expulsés par Strasbourg, et 13 Italiens expulsés par Menton. Les organisations communistes sont dissoutes et leurs publications interdites en vertu d'arrêtés signés le 7 septembre et le 27 octobre. 84 Espagnols sont transférés en Algérie et 61 en Corse ; les 32 autres sont expulsés vers la Pologne, la Tchécoslovaquie ou la RDA. En juin 1951, 57 Espagnols repartent de Corse et 54 d'Algérie sur deux navires polonais, le *Piast*, et le *Czec*. Piera, interpellé à Paris le 23 novembre 1951, est déporté en Corse avec un petit groupe d'Espagnols. Ils bénéficient de la solidarité des communistes corses. Assignés à résidence, ils doivent gagner leur vie, et se soumettre à une surveillance policière

33. Chaubin Hélène, « Sebastià Piera-Llobera », *Dictionnaire biographique du mouvement ouvrier et du mouvement social*, 2012, vol. 8.
34. ADH, 320W6, rapport de septembre 1950.
35. Pigenet Phryné, « La protection des étrangers à l'épreuve de la Guerre froide », *Revue d'histoire moderne et contemporaine*, avril-juin 1996, p. 296-310.

jusqu'en 1965. En 1952 encore, des Polonais arrivent en Corse (« déportés », lit-on dans *Le sous-sol Lorrain)*, avant leur expulsion vers l'Est.

Les communistes français sont les seuls à réagir. Le Bureau fédéral de l'Hérault adresse une motion aux parlementaires le 23 septembre : « Ces mesures contre des hommes et des femmes qui ont versé leur sang en France, en luttant contre le fascisme et en participant à la libération de notre pays, s'inscrivent dans le cadre de la préparation à la guerre contre les peuples libres »[36]. La cellule communiste du village d'Ardissan a envoyé un long message manuscrit au préfet le 17 septembre, qui accuse Jules Moch et les dirigeants socialistes de préparer la guerre contre l'Union soviétique. De plus, est-il dit, l'augmentation du budget militaire appauvrirait les travailleurs, d'où une sous-consommation de vin et la baisse de son prix à la production (sic). Touche de couleur locale ! Le Secours populaire fait une collecte de solidarité en faveur des communistes espagnols arrêtés et déportés qui est soutenue par *Le Travailleur du Languedoc* du 20 janvier 1951. Elle aurait eu peu de succès. Une caravane part de Perpignan et traverse tout l'Hérault. À Montpellier, 15 personnes seulement l'attendent.

Un rapport des RG de septembre 1950 mentionne que « les récentes mesures prises par le gouvernement français contre le PCE et ses filiales ont été accueillies favorablement dans les milieux républicains espagnols et, en particulier, par les membres de la CNT et de l'*Esquerra* »[37], c'est-à-dire par les libertaires et les nationalistes catalans. Nogués y Biset, l'ancien président des *Cortes*, réfugié à Montpellier, qui se dit « navré de la conduite de ses compatriotes communistes et de ce qui leur arrive »[38], dénonce aussi les responsabilités des communistes français. La colonie espagnole avait appréhendé des mesures contre tous les réfugiés politiques. En général, les milieux catholiques approuvent aussi la répression. Ils y voient « un renforcement de la position des Occidentaux en Europe qui éloignera de leurs frontières le danger communiste »[39]. L'Espagne n'est qu'à demi satisfaite, car les dirigeants communistes les plus importants ont échappé aux recherches. Les députés Antonio Mije et Vicente Uribe, prévenus, se sont réfugiés en Tchécoslovaquie. L'Espagne veut être traitée comme une pièce indispensable à l'édifice occidental : en octobre 1950, le général franquiste Aguirre-Ortiz est invité par le Haut Commissaire américain aux manœuvres des troupes alliées en Allemagne ; il laisse entendre que son gouvernement pourrait mettre 44 divisions à la disposition des Alliés. Dans les milieux proches de l'ex-PCE, on dit craindre que l'Espagne ne devienne le

---

36. ADH, 376W57, RG, Espagnols, 1950-1958.
37. *Ibid.*
38. ADH, 320W6.
39. ADH, 376W57.

lieu de « bases agressives et dépôts de bombes atomiques destinés à attaquer les pays pacifiques amis du peuple espagnol » ; ce sera le thème d'une manifestation de l'association France-Espagne à Montpellier le 14 novembre 1953[40]. Les communistes orthodoxes espagnols ne s'investissent plus désormais que dans les actions du PCF, leur seul interlocuteur. Leur journal devenu clandestin, *Mundo obrero*, continue à circuler. Les militants des cellules espagnoles de Béziers, Montpellier, Sète, Clermont-l'Hérault se disent « prêts à se joindre aux éléments du PC français en vue de participer à une campagne de protestation contre le danger atomique »[41].

L'État français considère également les Polonais comme une force subversive, d'autant plus redoutable qu'elle a le pouvoir de désorganiser des industries stratégiques dans le nord et le nord-est. Pendant les conflits sociaux de 1947 et 1948, les ouvriers polonais ont vécu la scission syndicale comme les Français, et parfois rejoint Force ouvrière qui diffuse en Lorraine un journal en langue polonaise, *Glosu Pracy* (« La voix du travail ») Quelques communistes sont interpellés en février 1948 à Nancy et expulsés en novembre. Il y a peu d'échos dans la presse locale. Le 4 octobre 1948, la CGT lance une grève dans les mines. Jusqu'au 29 novembre, des Polonais des sections de la CGT participent aux piquets de grève. Ceux qui travaillent dans le groupe des Houillères du Bassin des Cévennes et la mine de bauxite de Bédarieux, s'engagent comme les autres mineurs dans ce mouvement ouvertement politique ; le secteur minier est sévèrement quadrillé par un détachement d'infanterie coloniale auquel a fait appel Jules Moch. Quatre mineurs de Graissessac sont expulsés ; d'autres rejoignent FO qui se prononce contre la grève[42]. Le Parti communiste proteste contre l'arrestation des Polonais ayant participé à des piquets de grève. Il rappelle que ce sont d'anciens résistants. Quelques enseignants polonais ont été également expulsés. À Montpellier, un chercheur au CNRS qui militait pour l'usage, à des fins pacifiques, de l'énergie atomique a été révoqué, après avoir protesté contre les expulsions. Ce qui prouverait, selon le Mouvement de la Paix, « la main mise américaine jusque sur notre production scientifique ». En janvier 1950, Maurice Thorez, à Béziers, condamne aussi les arrestations[43]. Les consuls polonais en France sont très actifs et deux d'entre eux se voient refuser l'accréditation. Le vice-consul d'Alès est soupçonné d'avoir encouragé la grève des mineurs[44]. Le consul de Marseille visite la mine de Graissessac en septembre 1949. Devant un audi-

40. *Ibid.*
41. *Ibid.*, rapport du 9 avril 1954
42. ADH, 322W1, rapport du préfet Feyfant du 10 octobre 1949.
43. ADH, rapport préfectoral du 16 janvier 1950
44. ADH, 322W11, cabinet du Préfet, grèves de 1947-1948.

toire d'une quarantaine de mineurs qu'il invite à rejoindre le Parti communiste polonais, il dénonce le Pacte Atlantique. Quelques mineurs quittent la salle ; le consul se dit assuré qu'« ils seront un jour ramenés à la raison »[45].

En 1949, les polémiques franco-polonaises s'aggravent à cause de l'affaire André Robineau : le fils d'un conseiller français à l'ambassade de Varsovie, accusé d'avoir constitué avec les rapatriés de France un réseau d'espionnage, est condamné à 12 ans de prison, et l'un des accusés subit la peine capitale. La France réagit par des arrestations. Au nombre des 19 Polonais expulsés, on compte le responsable du RNP pour l'Est de la France, Stefan Kowalski. En 1950, les associations qui sont dans cette mouvance sont dissoutes. Les sous-sections de la CGT et les Groupes de Langues du PCF accueillent individuellement les militants demeurés en France. Autres inquiétudes : de possibles réactions hostiles au nouveau découpage de la Pologne. L'opinion publique polonaise est divisée sur l'occupation par l'Armée rouge, sur l'intégration du pays au bloc de l'Est, sur le tracé des frontières. Le PCF qui a créé un « Comité de défense des immigrés » accuse le gouvernement d'assurer aux « nazis de Bonn » que la France ne reconnaît pas la frontière de l'Oder-Neisse[46]. L'« Association des originaires de Pologne pour le respect des frontières de l'Oder et de la Neisse », présidée en Meurthe-et-Moselle par un militant de la CGT, est étroitement surveillée par la police. Car, pour les Occidentaux, il faut l'appui allemand[47]. C'est lorsque la situation géopolitique semble irréversible que les nouveaux apports territoriaux sont finalement acceptés comme une juste compensation à la mutilation subie par le pays.

Le brutal impact de la Guerre froide a donc modifié les structures associatives de l'exil. Il a touché spécifiquement les communistes, seules cibles de la répression. Mais après des années de tension, vient lentement l'apaisement. Le PCE et le POUP se réorganisent clandestinement, mais rapatriements et expulsions ont désorganisé les réseaux les plus actifs. Si les retours n'ont concerné que 17 % de la communauté polonaise, les militants les plus efficaces sont partis. Après les rapatriements, 20 % des Polonais de l'arrondissement de Briey resteraient proches des organisations anticommunistes contre 40 % de sympathisants ou partisans de la République populaire ; mais ils ont opté pour une attitude prudente[48].

45. *Ibid.*
46. ADMM, Cab.135.
47. Honti François, « L'émigration de l'Europe centrale et orientale et le réarmement allemand », *Revue de politique étrangère*, vol.17, n° 3, 1952, p. 205-219.
48. ADMM, Cab.14, RG, 9 décembre 1949.

L'immigration polonaise est tarie pour longtemps. Dans les années 1960, elle concerne surtout des intellectuels en recherche de liberté d'expression.

La France a également éloigné les chefs des Espagnols « rouges » antifranquistes. La normalisation des rapports avec Madrid s'est confirmée. Jusqu'en 1965, pour les Espagnols comme pour les Polonais, revenir après un séjour à l'Est a été pratiquement impossible : les dirigeants qui avaient trouvé refuge à l'Est, en Pologne ou en Tchécoslovaquie, risquaient l'arrestation, s'ils tentaient un retour en France. Luis Fernandez, ancien chef des *guerilleros* du Midi et membre du Comité central du PCE, revenu clandestinement en 1954, caché à Paris jusqu'en 1960, est arrêté de nouveau, soupçonné d'espionnage au profit de la Pologne, encore expulsé[49]. Galiano-Gracia, ancien *guérillero*, lui aussi communiste orthodoxe, marié à une Catalane, déplacé en Corse lors de l'opération Boléro-Paprika, est parti en 1951 pour la Pologne. Il ne revient qu'en 1965, et ne milite plus[50]. La Guerre froide a mis en échec les projets antifranquistes des réfugiés, ce qui conduit peu à peu à des découragements et des formes de dépolitisation[51]. L'Espagne a accueilli individuellement les exilés « récupérables » : en janvier 1952, Antonio, le fils de Ramon Noguès est revenu à Barcelone pour y ouvrir un cabinet d'avocat. À partir d'octobre 1954, Madrid a accordé des visas aller-retour valables un mois. France et Espagne cherchent un nouveau cadre réglementaire pour que cesse la fracture entre immigrés économiques et réfugiés politiques. En 1962, le nombre des Espagnols a peu diminué : ils sont 31 849 dans l'Hérault, 28 053 dans les Pyrénées Orientales, 14 568 dans le Gard[52]. Les Polonais ne sont plus que le petit nombre en France : 5 % des étrangers en 1968. La Guerre froide n'est pas terminée, mais si le gouvernement français, en 1965, laisse de nouveau circuler les exclus de 1950 et 1951, c'est parce qu'ils ne représentent plus de danger. Pour les Espagnols maintenus dans l'exil par la survie du franquisme, le refuge identitaire est désormais dans la vitalité culturelle, qui est en grande partie un héritage de la première décennie de Guerre froide. Mariages et *afición* partagée pour les corridas dans les arènes de Céret, Béziers et Nîmes font le reste. Le temps d'une autre génération est venu.

49. Balent André, « Fernández Luis », *Dictionnaire biographique du mouvement ouvrier et du mouvement social*, DBMOS, tome 5, 2009.

50. *Ibid.*, « Galiano-Gracia Manuel ».

51. Cubero José, *Les Républicains espagnols*, Pau, éditions Cairn, 2003.

52. Chanfreau Marie-Catherine, « Espagnols en territoire français de 1813 à 1971 », *Cahiers du Mimmoc*, Université de Poitiers, février 1996.

L'impact des événements de Hongrie octobre – novembre 1956[1]

Nicolas Monod

L'insurrection hongroise d'octobre et de novembre 1956 représente un moment clef de cristallisation des tensions durant les années de Guerre froide, non pas tant dans ses implications internationales, mais plutôt par son impact sur les représentations des contemporains. En effet, autant par son imprévisibilité que par son intensité, et peut-être surtout par son dénouement tragique, elle constitue un puissant facteur en France de mobilisation collective et d'émotion partagée. Or les événements de Hongrie, qui surviennent dans un contexte international tendu dans lequel la France est engagée dans de véritables conflits (Algérie, crise de Suez), ont longtemps été perçus à l'aune du désamour des intellectuels et des compagnons de route du PCF à l'égard de l'URSS[2]. Mais, vu d'en bas, ce temps court - quelques semaines - est avant tout un catalyseur de passions, longtemps contenues, qui s'extériorisent, à travers toutes ces manifestations, spontanées ou non, de compassion, de solidarité et d'indignation.

Outre la presse, source précieuse, car principal vecteur médiatique de l'époque, dont de nombreux articles sont illustrés de photographies et de cartes, les sources consultées sont constituées de tracts, d'affiches, mais

---

1. Synthèse réalisée à partir des travaux d'Olivier Büttner et des correspondants départementaux de l'IHTP : Gérard Bourdin (Orne), Hélène Chaubin (Hérault), Xavier Desbrosse (Marne), Jean-Louis Étienne (Meurthe-et-Moselle), Pascal Girard (Aube), Jean-Claude Lahaxe (Bouches-du-Rhône), Nicolas Monod (Bas-Rhin), Alain Olivier (Mayenne).
2. Si certains noms sont célèbres comme Emmanuel Leroy Ladurie, Annie Kriegel, François Furet, l'historien Marc Lazar nuance et relativise quelque peu l'ampleur de ces prises de distance. Cf. *Le PCF et l'année 1956*, Actes des journées d'études organisées par les archives départementales de la Seine-Saint-Denis, les 29 et 30 novembre 2006. URL : www.gabrielperi.fr/Le-Parti-communiste-francais-et-l. Voir aussi Courtois Stéphane et Lazar Marc, *Histoire du Parti Communiste Français*, Paris, PUF, coll. « Thémis Histoire », Paris, 2000 ainsi que Sirinelli Jean-François, « Un automne 56 », *in* Sirinelli Jean-François, *Intellectuels et passions françaises : manifestes et pétitions au XXe siècle*, Paris, Fayard, 1990, p. 167-191.

aussi des rapports des RG, ainsi que ceux des préfets et de leurs cabinets. Ces derniers témoignent, d'une part, du souci des autorités de mesurer l'impact des événements en France et, d'autre part, de leur surprise devant l'ampleur d'une mobilisation qui, dans certaines villes, dégénère.

Le sort tragique de la Hongrie suscite en France une vague inédite d'empathie, de solidarité et de colère dans l'opinion publique. Il entraîne un désarroi chez les sympathisants et même chez certains militants communistes et cégétistes. Pourtant, si les polémiques sont vives, elles n'en retombent pas moins assez vite dès lors que la « normalité » presque rassurante d'un monde qui reste divisé reprend le dessus dans les représentations. Ainsi, à court terme, chacun reste en apparence campé dans ses certitudes même si le coup de semonce a été, pour les communistes français, extrêmement sérieux.

Une large couverture médiatique

Il faut garder à l'esprit la brièveté autant que l'imprévisibilité des événements qui se produisent en Hongrie à partir du 23 octobre, et qui surviennent à la suite de plusieurs semaines de tensions en Pologne qui ont déjà suscité l'intérêt de la presse occidentale. Or, l'actualité est alors féconde et plutôt « anxiogène » pour une population inquiète de voir la France impliquée dans des théâtres d'opérations belligènes et préoccupée par le risque de pénurie de carburants[3]. Pourtant les événements de Hongrie deviennent vite incontournables et sont l'objet d'une large couverture médiatique (la radio et les actualités cinématographiques prenant aussi leur part[4]), ce qui contribue à la sensibilisation de l'opinion publique.

En région, c'est la presse locale non communiste qui constitue le principal vecteur d'information et qui, de ce fait, contribue à nourrir les représentations. Sensibilisée depuis plusieurs semaines aux soubresauts du

---

3. La crainte de graves complications diplomatiques grandit avec l'insurrection hongroise puis sa répression. Un exemple significatif est donné par la décision prise par le directeur du musée des Beaux-Arts de Besançon de déplacer début novembre du grenier vers les sous-sols, des caisses susceptibles d'abriter une partie des collections, comme en septembre 1939. Archives municipales de Besançon, 181 W 11, correspondance du 11 novembre 1956 du musée des Beaux Arts et d'archéologie de Besançon.

4. Sur les sources radiophoniques, consulter Sorlin Pierre, « Budapest 1956, ou le silence des radios francophones», *Matériaux pour l'histoire de notre temps*, n° 83, 3/2006, p. 50-55. URL : www.cairn.info/revue-materiaux-pour-l-histoire-de-notre-temps-2006-3-page-50.htm.

bloc communiste (procès de Poznań, funérailles de Rajk), elle insiste avant tout sur la volonté de déstalinisation et de désatellisation des peuples de l'Europe de l'Est.

À partir du 25 octobre, les événements s'emballent. Les articles font état de centaines de victimes et soulignent la grande confusion qui règne alors dans le pays. Confusion devient d'ailleurs le maître mot dans les dernières journées du mois d'octobre. Si le terme révèle une réalité incontestable sur le terrain, il traduit aussi l'incrédulité de la presse française face à la tournure prise par les événements. Les journaux publient des cartes de la Hongrie où figurent les régions passées sous le contrôle des insurgés et font état des réactions internationales. La première intervention des chars soviétiques est condamnée sans ambages. Ainsi *Le Provençal* redoute dans son édition du 27 octobre une « épouvantable répression » tandis que le même jour *Le Méridional* évoque les combats de rue dans une Budapest transformée en « chaudron de sorcière » ! Toutefois, la simultanéité des événements hongrois avec ceux de Suez oblige à faire des choix et à « partager » les Unes. Or, à partir du 31 octobre, ce sont les événements en Égypte qui prévalent en première page, d'autant que la France y est engagée militairement. La Hongrie est alors souvent reléguée (provisoirement) en pages intérieures, même si les événements continuent à bénéficier d'une large couverture. Il est vrai qu'Imre Nagy a annoncé successivement la fin du régime du parti unique (30 octobre), puis le retrait de son pays du Pacte de Varsovie (1er novembre). Admirative et étonnée devant l'audace du nouveau gouvernement hongrois, la presse se laisse gagner par l'illusion d'une révolution réussie, illusion souvent teintée malgré tout d'une pointe de prudence. C'est le cas de l'envoyé spécial des *Dernières Nouvelles d'Alsace*, Pierre Cendrey, qui se trouve à la frontière austro-hongroise, lequel se félicite le 1er novembre : « Le miracle continue ! La petite Hongrie, après douze années de domination soviétique, semble avoir triomphé de son colosse [...]. Moscou, selon toutes les apparences, a capitulé et l'insurrection l'a emporté ! »[5]. Les grands titres régionaux ont pris le parti des insurgés, n'hésitant pas, pour certains d'entre eux, à faire référence aux combats de la Résistance en France. Ainsi *Le Provençal* s'appuie sur la mémoire encore vive de l'Occupation pour opposer les « résistants » et les « collabos » hongrois. La formule « FFI hongrois » apparaît même dans son édition du 2 novembre. Ce soutien n'empêche toutefois pas une partie de la presse de rapporter et de déplorer les exécutions sommaires dont sont victimes des membres de l'AVH, l'appareil de répression honni du régime.

L'euphorie est néanmoins de courte durée. Dès le 4 novembre et la reprise en main brutale des Soviétiques, la Hongrie partage à nouveau la pre-

5. *Les Dernières Nouvelles d'Alsace*, 1er novembre 1956.

mière page aux côtés des événements en Égypte. L'incrédulité qui prévalait se transforme alors en indignation et en compassion pour le peuple magyar. Dès lors, les termes « tragédie hongroise » et « peuple martyr » deviennent les leitmotive d'une presse qui ressent durement l'impuissance de l'Occident. Le *Républicain Lorrain* déplore le 5 novembre une « Saint Barthélémy rouge à Budapest où les Russes noient dans le sang la révolte populaire hongroise [...] Le monde entier est horrifié devant l'agonie de la Hongrie. » tandis que le journaliste Pierre Cendrey constate le 6 novembre, dans les *Dernières Nouvelles d'Alsace* : « la Hongrie libre est morte assassinée sous les yeux de l'Occident impuissant », évoquant une « lourde et impitoyable paix des cimetières » ! C'est l'heure des éditorialistes qui stigmatisent la brutalité et le cynisme de l'URSS, dénonçant l'usage disproportionné de la force, ne manquant pas de rappeler à leurs lecteurs, qui, le martyr des ouvriers de Cronstadt[6], qui, celui des officiers polonais de Katyn[7], ou la répression violente dont ont été victimes les ouvriers de Berlin-Est ou ceux de Poznań[8]. Ainsi, Le *Provençal* conclut que « l'empire soviétique » vient de jeter le masque en décidant une intervention « que Staline lui-même n'avait pas osée ». Il assimile la déstalinisation à une « tragique comédie » et prédit que ce qui s'est passé la veille restera « une journée de douleur et de deuil » pour le monde « civilisé »[9]. Parallèlement la presse se fait largement l'écho des manifestations de solidarité et d'indignation qui se produisent alors en France ou ailleurs en faveur des Hongrois.

La presse communiste, entre prudence et reproduction d'un discours imposé

Il est intéressant de s'interroger sur l'attitude de la presse communiste régionale face aux événements de Hongrie. Très présente dans certaines régions (Bouches-du-Rhône par exemple avec la puissante *Marseillaise*), elle se décline aussi dans des éditions locales de *l'Humanité* (c'est par exemple le cas de *l'Humanité d'Alsace-Lorraine*, publiée notamment en allemand). Principale, voire exclusive source d'information des militants et des sympathisants communistes, elle relaye sans surprise les consignes

6. Par exemple Claude Fuzier, éditorialiste de *La Presse Libre*, quotidien alsacien de la SFIO, le 7 novembre 1956.
7. Thierry Maulnier, les *Dernières Nouvelles d'Alsace*, 11 novembre 1956.
8. Claude Fuzier, *La Presse Libre*, 7 novembre 1956.
9. *Le Provençal*, 5 novembre 1956.

venus du haut, s'alignant sur la ligne éditoriale fixée à Paris, mais ne pouvant masquer un certain embarras.

Dans un premier temps, tout comme leurs confrères, les journaux communistes, surpris par la tournure des événements, se montrent prudents. La stratégie est plutôt l'évitement, du moins en première page. La priorité est accordée aux tensions en Afrique du Nord, qui restent sans surprise l'événement phare, l'occasion de toutes les stigmatisations de l'impérialisme occidental. Les événements hongrois sont donc relégués en pages intérieures et sont qualifiés, dès le 25 octobre, de « soulèvement contre-révolutionnaire »[10]. La presse insiste sur les violences, les saccages, les exactions commises par des « bandes incontrôlées ». Elle insiste longuement sur les exécutions sommaires dont sont victimes les forces de l'ordre, mais précise aussi que les « éléments fascistes » échouent grâce à la ferme et rapide réaction des travailleurs et des soldats de la République populaire, soutenus par les troupes soviétiques « alliées »[11]. À partir du 30 octobre toutefois, les rédactions doivent bien reconnaître que la situation est confuse. L'attention portée à la crise de Suez tente de masquer leur embarras sur la question hongroise tant l'évolution de la situation sur place reste alors imprévisible.

À partir du 4 novembre, cette presse militante reproduit sans sourciller la ligne imposée par la direction du PCF. En proclamant la neutralité de son pays, Imre Nagy s'est fourvoyé dans la réaction. L'assaut des contre-révolutionnaires a été écrasé. C'est parce qu'il était confronté à de puissantes bandes fascistes et à des combattants horthystes désireux de restaurer le pouvoir des anciens propriétaires fonciers et des capitalistes que le nouveau gouvernement ouvrier et paysan de János Kadar a été contraint de solliciter l'aide de l'Union Soviétique pour rétablir l'autorité du peuple. Les articles s'appesantissent sur la terreur « sans précédent » que ces « bandes contre-révolutionnaires » auraient fait régner jusqu'au dernier moment dans les rues de Budapest et salue le nouveau gouvernement « ouvrier et paysan » qui a permis d'y mettre un terme[12]. Toutefois, dès le 8 novembre, ce sont bien évidemment les événements en France (manifestations anticommunistes) qui suscitent l'ire de la presse communiste régionale.

---

10. *L'Humanité d'Alsace-Lorraine*, 25 octobre 1956 ou encore *La Marseillaise* du même jour.

11. *La Marseillaise* et *L'Humanité d'Alsace-Lorraine*, 25 octobre 1956.

12. *La Marseillaise*, 5 novembre 1956 ; *L'Humanité d'Alsace-Lorraine*, 6 novembre 1956.

La photographie, un vecteur de mobilisation

Les photographies qui illustrent les articles de la presse sont le plus souvent porteuses d'une mise en scène et d'une dramatisation des événements. Elles constituent de ce fait un révélateur de la ligne éditoriale du journal tout comme un puissant vecteur de mobilisation, voire de manipulation, d'un lectorat avide d'images.

Tous les journaux puisent dans un stock limité de photographies disponibles, vendues par les agences de presse[13] et reproduisent, d'un titre à l'autre, sensiblement les mêmes clichés même si leur taille, leur nature, leur position et leur légende peuvent différer. Si la plupart des titres publient des portraits des principaux protagonistes hongrois et étrangers (Imre Nagy, János Kadar, Ernst Gerö, Pal Maleter, le Cardinal Mindszenty, Nikita Khrouchtchev …), la place accordée à chacun diffère selon la nature politique du journal et la tournure des événements. Rapidement, le portrait de Nagy, surnommé le « Gomulka hongrois », par de nombreux journaux[14] devient la figure joviale et fébrile des nouvelles autorités hongroises.

C'est dans la presse communiste que les photographies sur la Hongrie sont les plus rares (alors qu'elles sont très nombreuses sur les événements de Suez). Excepté le portrait officiel de János Kadar, les seules photographies publiées, par exemple dans *La Marseillaise*, montrent des cadavres de policiers ou de militants communistes abattus lors des combats ou sommairement exécutés par les insurgés. Le message est clair. Il s'agit avant tout de dénoncer la violence des « *bandes fascistes* » et par là même d'accabler et de discréditer l'insurrection auprès des lecteurs.

Pour les autres titres de presse, les photographies sont plus nombreuses et plus variées. Outre les portraits de personnalités, elles sont toutes, implicitement ou non, porteuses d'un message. La figure du jeune combattant anonyme devient emblématique comme pour mieux souligner l'espoir et la fraîcheur que suscite cette révolution. Il s'agit surtout d'insister sur le caractère spontané et massif de l'insurrection et ainsi de faire pièce aux accusations des communistes. La célèbre photographie de la statue de Staline déboulonnée, devant laquelle se masse une foule ou celle du char de l'armée nationale hongroise surmonté d'une foule de jeunes insurgés dont l'un arbore le drapeau tricolore, orné en son milieu des armoiries de saint Étienne se veulent quant à elles les symboles du coup

13. *Associated Press* constitue la source la plus souvent citée.
14. Comme par exemple *Le Républicain Lorrain*, 29 octobre 1956.

porté au totalitarisme soviétique par les insurgés[15]. Toutes ces images ont contribué à nourrir l'illusion d'un succès inattendu de l'insurrection et à susciter l'enthousiasme de l'opinion occidentale pour elle.

Après le 4 novembre, la presse ne publie plus guère de photographies de combat, se contentant de montrer des colonnes de chars prenant position, des façades d'immeubles éventrées ou des débris jonchant les rues. En revanche, elle reproduit largement les images du flot de réfugiés qui parviennent à franchir la frontière avec l'Autriche. Les photographies montrent des civils désarmés, souvent des personnes âgées, des femmes, des enfants, parfois même des nourrissons. Le 7 novembre, le *Nouvel Alsacien* publie, par exemple, une photographie prise dans un camp de réfugiés en Autriche. On y voit un soldat soutenir une femme âgée. Deux jours plus tard, les *Dernières Nouvelles d'Alsace* publient en Une le cliché de trois personnes faisant partie d'un tout premier groupe de réfugiés arrivant à Paris. Une femme en pleurs s'essuie le visage. Incontestablement, la figure de la victime remplace celle du héros. Par leur charge émotive, toutes ces photographies contribuent à susciter la compassion dans l'opinion publique. La figure du réfugié hongrois devient l'emblème d'une révolution écrasée et illustre alors le martyr de tout un peuple qui cède sous le joug de la force.

L'ampleur de la mobilisation de la population en ce mois de novembre 1956 doit être d'autant plus soulignée qu'elle concerne un événement extérieur à la France. Elle se nourrit de la stupeur et de l'impuissance ressentie et se manifeste non seulement par un vaste élan de solidarité, mais aussi par des rassemblements, des hommages, de l'indignation et de la colère qui, le plus souvent, se retournent contre le Parti communiste et ses organisations affidées[16].

UN VASTE ÉLAN DE SOLIDARITÉ

Avant même le début de la répression, la presse reproduit des appels à la solidarité. Ceux-ci émanent d'organisations caritatives, laïques et religieuses tandis que, dans les universités, les étudiants fondent des Comités

---

15. Dans son édition du 1er novembre, les *Dernières Nouvelles d'Alsace* qui publient la photographie précisent : « Abattue par les insurgés, la statue géante de Staline a été découpée en morceaux. Tandis que les combats s'éteignent, la tête gît sur la chaussée d'une grande place de la capitale hongroise… ».
16. Sur les réactions de l'opinion publique : Archives nationales, Paris, Synthèses des rapports mensuels des préfets (ministère de l'Intérieur), F1 C III 1235 : 1956, août à décembre, mois de novembre 1956.

d'Aide aux Victimes et diffusent des appels aux dons de sang[17] ! Bientôt, les centrales syndicales elles-mêmes, CFTC, CGSI et CGT-FO en tête, entrent dans la danse et sensibilisent leurs militants par la diffusion de nombreux tracts[18]. Des collectes sont organisées dans les entreprises. Les municipalités ne sont pas en reste et se joignent au mouvement en mettant à la disposition des organisations caritatives des locaux et du personnel qui vient ainsi grossir la foule anonyme des bénévoles pour trier les dons en nature. Des médicaments, des produits de première nécessité, de la layette, des vêtements, des draps sont recueillis, empaquetés puis envoyés par convois entiers en Autriche. Des appels aux dons en argent sont également lancés par l'intermédiaire d'une presse qui publie les numéros des comptes postaux de la Croix-Rouge et des autres organisations caritatives.

Cet élan de solidarité se prolonge plusieurs semaines et ne faiblit guère, même après l'extinction des principaux combats à Budapest. Au contraire, il redouble à la faveur de l'émotion partagée et de l'arrivée sur le sol national des premiers réfugiés. Des initiatives spontanées sont prises ci et là. De nouvelles quêtes sont organisées. Des municipalités ou des conseils généraux votent, non sans débats parfois virulents avec les élus communistes, des dons en faveur des réfugiés. Ainsi, à Marseille, deux conseillers en arrivent presque à échanger des coups. À Montpellier, le Conseil général devient le lieu d'une confrontation violente entre socialistes et communistes[19] tandis qu'à Reims le conseil municipal du 22 novembre se termine dans un « brouhaha indescriptible » après une vive altercation entre élus[20].

L'État lui-même entre dans la danse. Ainsi, le gouvernement français prend l'initiative d'une journée nationale en faveur de la population hongroise, organisée le dimanche 18 novembre[21]. Dans chaque département, le Préfet est chargé de l'organisation logistique d'une journée à dimension nationale « pour venir en aide à ceux qui ont tout perdu dans leur lutte

---

17. C'est par exemple le cas à Strasbourg, Archives Départementales du Bas-Rhin (ADBR), 544 D 226

18. CSGI : Confédération Générale des Syndicats Indépendants, syndicat proche des gaullistes. C'est toutefois la CGT-FO qui constitue partout le fer de lance de la mobilisation syndicale.

19. Archives Départementales de l'Hérault (ADH), 1162 W 1.

20. *L'Union* (Reims) du 23 novembre 1956.

21. À cette occasion, le président du Conseil Guy Mollet fait publier dans la presse nationale et régionale un appel solennel à la générosité : « Au moment où la Hongrie s'est dressée pour recouvrer sa liberté, Françaises et Français ont vibré à l'unisson de ce peuple héroïque, de ces hommes qui mouraient en chantant la Marseillaise [...]. La journée du dimanche 18 novembre sera une journée de deuil national. Elle sera aussi une journée de solidarité envers la population hongroise ». Cf. par exemple, *Le Nouvel Alsacien* des 18 et 19 novembre 1956.

héroïque pour la liberté » [22]. La presse est mobilisée et les autorités religieuses apportent leur concours. Ce jour-là, les drapeaux sont mis en berne tandis que des quêteurs bénévoles sollicitent les passants sur la voie publique. Des petits insignes aux couleurs nationales hongroises sont alors remis à tous les donateurs. La journée est un incontestable succès de participation, en dépit du refus de certaines municipalités (à majorité communiste) de jouer le jeu, ce qui provoque la colère du ministre de l'Intérieur[23]. « En cette journée dominicale, se réjouit les *Dernières Nouvelles d'Alsace*, les Français n'ont pu détacher leur pensée de leurs frères de Hongrie »[24]. Dans les jours qui suivent, la presse locale publie, commune par commune, la recette réalisée à l'occasion de la quête du 18 novembre et se réjouit de la forte mobilisation de la population. Au même moment, plusieurs convois de réfugiés hongrois, organisés par la Croix-Rouge Internationale, arrivent en France, transitant notamment par les gares de Strasbourg, de Nancy et de Lunéville. Ces trains attirent une foule de curieux et de bénévoles. Des repas chauds sont servis. Des vivres sont distribués. Se pose rapidement la question de l'hébergement de toutes ces personnes, jeunes pour la plupart, d'autant que leur nombre ne cesse de croître. Dans les premiers jours, la Croix-Rouge est submergée par des offres d'hébergement, voire des propositions d'adoption ! Des locaux sont réquisitionnés : des gymnases, des centres de vacances pour enfants. Rapidement, ce sont les autorités préfectorales, sous l'égide du ministère de l'Intérieur, qui prennent les choses en mains, comptant notamment sur le concours de maires, dont certains se montrent volontaires pour les accueillir[25]. La présence de ces milliers de réfugiés, qui se prolonge bien au-delà des événements proprement dits, est aussi le moyen d'inscrire la solidarité de la République dans la durée, alors qu'inévitablement retombent peu à peu la ferveur émotionnelle et les pas-

---

22. Les *Dernières Nouvelles d'Alsace*, 16 novembre 1956.
23. Le ministre de l'Intérieur Jean Gilbert-Jules adresse ainsi aux préfets, le 13 décembre, des instructions pour que ces derniers lui fassent connaître d'extrême urgence les cas de cette nature en le saisissant de leurs propositions motivées à l'encontre des intéressés. Le Ministre écrit notamment : « j'estime absolument intolérable l'attitude de ces magistrats municipaux qui, pour détenir leurs mandats du suffrage universel, n'en sont pas moins les représentants locaux du pouvoir central ». Archives Départementales de la Marne, M 13, 653.
24. Les *Dernières Nouvelles d'Alsace*, 20 novembre 1956.
25. C'est le cas par exemple du maire de Domfront dans l'Orne qui, avec l'accord des autorités militaires, met à leur disposition une caserne désaffectée. Archives Départementales de l'Orne, 525 W.

sions de novembre, d'autant que leur insertion sera facilitée par des cours de langue, l'octroi de bourses et l'affiliation à la sécurité sociale[26].

Ferveur et recueillement

L'émotion ressentie face au drame hongrois, trouve aussi son expression dans des rassemblements pacifiques et dans des temps collectifs de recueillement. Qui prend l'initiative de telles manifestations publiques ? Si certaines d'entre elles sont spontanées, comme le rassemblement des élèves des établissements secondaires mulhousiens, à l'issue de leur cours le 9 novembre, « à la mémoire des étudiants et martyrs hongrois morts pour la liberté »[27], ce sont avant tout les organisations syndicales (et en premier lieu la CGT-FO mais aussi la CFTC, la CGSI, la Fédération Générale des Fonctionnaires…), des partis politiques (MRP, SFIO…), ou d'autres mouvements associatifs (comme la Ligue de l'Enseignement, la Ligue des Droits de l'Homme, l'Action Catholique, l'Association des Familles Nombreuses…) qui organisent ces rassemblements. Le ton des tracts syndicaux est donné. Violemment antisoviétique et anticommuniste, en flétrissant par exemple les « assassins venus des steppes de l'Oural » ainsi que leurs « marionnettes du Parti Communiste dit Français »[28], il laisse présager certains débordements.

---

26. N'oublions pas toutefois que dans leur stratégie défensive, certains militants communistes se livrent à un véritable dénigrement de ces réfugiés, laissant entendre par exemple qu'ils sont d'une moralité douteuse. Toutefois, cette attitude, minoritaire, ne saurait masquer l'élan spontané de générosité de la majorité de la population. En 1958, la France compte près de 13 000 réfugiés hongrois, répartis dans des centres d'accueil dont le plus vaste est celui de Montigny-les-Metz. De nombreuses casernes ont été réquisitionnées par les Préfets. De nombreuses associations et œuvres de bienfaisance contribuent à les accueillir. Par la suite, plusieurs d'entre eux choisissent de quitter la France pour le Canada, les États-Unis, voire l'Australie. Cf. Kecskès Gusztáv, « "De l'autre côté du rideau de fer". La révolution hongroise de 1956 et la politique étrangère française à la lumière de quelques entretiens avec d'anciens diplomates », *Specimina Nova*, Pécs, 1999, p. 155-171. URL : www.coldwar.hu/html/en/publications/kecskes_francia.html. Voir aussi du même auteur, « La politique étrangère française et la révolution hongroise de 1956 », *Matériaux pour l'histoire de notre temps*, n° 83, 3/2006, p. 40-49 ainsi que Dufoix Stéphane, « La réfraction : 1956 en exil », *Communisme*, n° 88/89, 2006-2007, p. 107-133.
27. *L'Alsace*, du 9 novembre 1956.
28. ADBR, 544 D 226.

Les autorités locales apportent leur concours en s'associant aux différentes initiatives ou en facilitant leur réalisation. Le plus souvent, en signe de deuil et de solidarité, des drapeaux sont mis en berne sur les édifices publics, comme sur l'Hôtel de Ville de Nancy par exemple dès le 4 novembre. Le monument aux morts de chaque commune, lieu par excellence de la commémoration du sacrifice des combattants et, partant, de l'exaltation de l'héroïsme et du deuil collectif, devient tout naturellement le point de rendez-vous de ces rassemblements organisés. Or, coïncidence du calendrier, les cérémonies du 11 Novembre permettent de commémorer le 38ᵉ anniversaire de l'Armistice, et en même temps, de rendre hommage aux « martyrs de la liberté » en Hongrie. À quelques nuances près (participation ou non des autorités civiles à des cérémonies religieuses comme c'est le cas en Alsace), les rituels sont identiques partout : des défilés auxquels participent les élus et parfois les enfants des écoles et leurs enseignants, des dépôts de gerbes - souvent aux couleurs nationales hongroises. Puis vient le temps du recueillement qui prend la forme d'une minute de silence, expression ritualisée du deuil partagé en hommage à *tous* les combattants de la liberté. Le tout s'achève par les discours, celui du maire ou de son premier adjoint, celui du président de l'association locale des Anciens Combattants. La plupart confondent dans le même hommage les victimes hongroises et les soldats tombés durant les deux conflits mondiaux, comme pour mieux exalter leur sacrifice commun pour la liberté. Les autorités religieuses ne sont d'ailleurs pas en reste. Le même jour en effet, des prières d'intercession sont dites dans toutes les églises de France, de culte catholique, réformé ou luthérien.

Ainsi, l'émotion unanimement partagée par une grande partie de l'opinion publique et par les autorités est à la croisée de l'empathie, vecteur de la solidarité en faveur des réfugiés, et de la colère, source de vives tensions, aussi bien au sein des équipes municipales, qu'à l'intérieur des entreprises ou même dans la rue. Cette indignation, aiguisée par un sentiment de rage et d'impuissance, se traduit également par des débordements dont l'ampleur surprend même les autorités.

DES MANIFESTATIONS QUI DÉGÉNÈRENT

Les 7, 8 et parfois 9 novembre, Paris, Marseille, Lyon, Strasbourg, Nancy et de nombreuses autres villes de province, même de taille modeste[29], sont le théâtre de manifestations qui, rapidement, dégénèrent en de

29. Comme Alençon dans l'Orne, Archives Départementales de l'Orne (ADO), 158 W 59.

violents affrontements, suscitant durant quelques heures un véritable climat de guerre civile. Des heurts sont signalés dès la veille au soir dans la capitale entre jeunes étudiants et militants communistes.

Le scenario, à quelques nuances régionales près, est identique. Au départ, les manifestations, autorisées par les Préfectures, se veulent pacifiques. À Paris, 30 000 personnes, dont de nombreux parlementaires et élus se rassemblent sur les Champs-Élysées. Ailleurs, comme à Strasbourg, c'est le plus souvent devant le monument aux Morts qu'aboutit le cortège de quelques milliers de manifestants. Or, très vite, des slogans antisoviétiques sont criés. Bientôt, la colère des manifestants se retourne immanquablement contre le Parti communiste français et la CGT qui incarnent à leurs yeux l'URSS honnie. Tandis que le gros de la foule se disperse, de jeunes gens, désireux d'en découdre, se divisent en plusieurs groupes très mobiles, et se « ruent à l'assaut »[30] du siège national ou des sièges locaux du PCF, de sa presse, de ses imprimeries ou de ses librairies défendus le plus souvent par quelques centaines de militants accourus sur place. On se bat à coup de barres de fer, de projectiles et de lances à eau parfois en de véritables batailles rangées. À Strasbourg, les domiciles privés du député communiste Marcel Rosenblatt et de quelques autres dirigeants locaux du PCF et de la CGT sont saccagés. Le lendemain, les forces de police, mobilisées en grand nombre parviennent tant bien que mal à contenir les heurts entre manifestants et contre-manifestants communistes. Mais le bilan est lourd : à Paris, on dénombre des dizaines de blessés, tandis que trois personnes trouvent la mort dans des conditions qui restent encore obscures[31].

À l'évidence, tant les autorités que les organisateurs des défilés ont sous-estimé le risque de débordement et de violences, le plus souvent commises par des groupes peu nombreux, mais déterminés et mobiles. Qui sont ces jeunes gens ? Qualifiés de « bandes fascistes » et de « fils à papa » par la CGT[32], de « jeunes écervelés, lycéens entre 15 et 20 ans »[33], selon le rapport des Renseignements généraux du Bas-Rhin, ou encore « d'étudiants et de lycéens attirés par la perspective d'un chahut monstre », selon le préfet du Bas-Rhin[34], ils semblent peu politisés même si des militants d'extrême droite seraient parvenus à s'immiscer parmi eux pour en découdre avec

30. L'expression se trouve dans le rapport du préfet du Bas-Rhin. ADBR, *op. cit.*
31. Il s'agit de deux militants communistes, Albert Ferrand et François Le Guennec (qui ne succombe que le 10 novembre) et d'un militant de la CGT-FO, Daniel Beaucourt ; cf. Narritsens André, «1956, la CGT et la Hongrie », *Cahiers d'histoire sociale*, nº 98, juin 2006.
32. Tract de la CGT Bas-Rhin du 10 novembre 1956, ADBR, 544 D 226.
33. ADBR, 544 D 226.
34. *Ibid.*

leurs adversaires[35]. À Paris et à Marseille, la presse rapporte ainsi la présence de parachutistes en tenue de combat[36] et d'anciens d'Indochine[37].

Quoi qu'il en soit, ces débordements suscitent la vive désapprobation d'une partie importante de l'opinion et de la presse modérée. Dans son rapport, le préfet du Bas-Rhin écrit ainsi : « La population partage la position du gouvernement et souhaite voir mettre fin à une agitation qu'elle désapprouve profondément »[38]. Ce qui est réprouvé, ce sont avant tout les faits de violence, et notamment la violation de locaux associatifs et de domiciles privés. Des sanctions contre les auteurs des troubles sont même réclamées. Ainsi le bureau strasbourgeois de la Ligue des Droits de l'Homme envoie, le 10 novembre, une protestation au Préfet du Bas-Rhin pour exprimer son regret que « la légitime indignation soulevée par les événements de Hongrie soit mise à profit par des éléments factieux qui n'hésitent pas devant les violations de domicile, les atteintes à la propriété et les agissements incendiaires ». Il déplore aussi que « les manifestants aient donné de la démocratie un visage faux et répugnant, alors qu'ils feignaient de la défendre »[39]. On redoute, à juste titre, que les débordements assombrissent la cause hongroise et ne fassent *in fine* le jeu des communistes.

Si les 7 et 8 novembre restent le point d'orgue de la cristallisation des tensions, si par la suite les débordements dans la rue s'estompent, il n'en reste pas moins qu'on assiste, en ce mois de novembre, à la réactivation d'un climat de tensions et de polémiques qui se prolonge pendant plusieurs semaines.

Un coup de semonce pour les communistes français

À l'épicentre de toutes ces passions figurent le Parti communiste et la CGT dont de nombreux militants et sympathisants sont troublés. En posture délicate, ces organisations ne tardent pas à adopter une stratégie de contre-attaque tous azimuts[40].

Les autorités ont le souci de sonder l'état de l'opinion des militants et sympathisants communistes. Les sources évoquent un « choc psychologique »,

---

35. À Nancy par exemple, les éléments d'extrême droite qui se recrutent dans le milieu étudiant, sont liés étroitement aux partisans de l'Algérie française.
36. Bernard Jean Pierre A., « Novembre 1956 à Paris », *Vingtième Siècle. Revue d'histoire*, n° 30, avril-juin 1991, p. 68-81.
37. Archives Départementales des Bouches du Rhône (ADBDR), 148 W 282.
38. ADBR, 544 D 226, rapport du Préfet.
39. *Ibid.*
40. Voir notamment Dreyfus Michel, « 1956, l'année terrible », in *Communisme*, 1991, n° 29/31, p. 237-247.

allant même jusqu'au doute : « certains ne s'en cachent pas. Ils déclarent nettement qu'ils ne comprennent pas ce qui s'est passé en Hongrie "Nous a-t-on trompés jusqu'à présent ?" »[41]. Beaucoup de militants font profil bas, n'osant exprimer publiquement la position de leur parti, tandis que d'autres noient leur embarras dans l'agressivité : « la plupart d'entre eux se taisent. Seuls les plus acharnés, peu nombreux, ripostent en ayant parfois recours à la menace »[42]. En Lorraine, le sous-préfet de Briey parle de « trouble », celui de Lunéville évoque le « malaise » de nombreux militants qui « attendent »[43]. Plusieurs d'entre eux sont confrontés au doute voire à l'hostilité des ouvriers. Ainsi, aux ateliers de la SNCF à Bischheim (Bas-Rhin), bastion communiste s'il en est, les RG notent que « la plupart des tracts invitant à une réunion interne ont été jetés à terre, tandis que d'habitude, les cheminots les empochaient pour les lire chez eux. À cette occasion, on n'a pas manqué d'exprimer de cinglantes critiques à l'encontre des Russes »[44]. Dans les Bouches-du-Rhône, les ouvriers vont jusqu'à conspuer les leaders du PCF qui s'aventurent dans les entreprises ou sur les chantiers pour justifier l'attitude soviétique[45]. Par ailleurs, ici et là, des mesures de précaution sont prises. En Alsace, devant la poussée du sentiment anticommuniste dans l'opinion, plusieurs cellules décident de suspendre quelque temps la vente des journaux dans la rue de crainte de voir leurs vendeurs molestés par quelques excités[46].

Les militants de la CGT connaissent les mêmes interrogations. Ainsi, le personnel de l'Électricité de Strasbourg, dont le syndicat majoritaire est la CGT décide, à l'unanimité, de travailler le 10 novembre une heure supplémentaire au profit des réfugiés hongrois et vote une motion condamnant « de la façon la plus énergique l'attitude inqualifiable des dirigeants soviétiques qui écrasent dans le sang et la terreur tout un peuple dont la seule faute est l'amour de la liberté »[47]. À Joeuf dans la Meurthe-et-Moselle, le syndicat des Forges désapprouve également avec force la répression soviétique[48]. Dans les Bouches-du-Rhône, des responsables CGT des ports et docks restent cantonnés dans leur local syndical après avoir reçu des jets de clémentines[49].

41. ADBR, 544 D 226, rapport des RG.
42. *Ibid.*
43. Archives Départementales de la Meurthe-et-Moselle (ADMM), RG, W 1304/107
44. ADBR, 544 D 226, rapport des RG.
45. ADBDR, 148 W 282, rapport des RG.
46. ADBR, 544 D 226, rapport des RG.
47. *Ibid.* et les *Dernières Nouvelles d'Alsace*, 10 novembre 1956.
48. ADMM, rapport du 26 novembre 1956.
49. ADBDR, 148 W 282, rapport des RG.

Si ces réactions restent dans l'ensemble isolées, elles n'en sont pas moins significatives d'un sentiment de malaise partagé par de nombreux sympathisants de la gauche communiste, malaise qui n'a d'ailleurs pas épargné certains cadres dirigeants[50]. Du coup, employés et ouvriers deviennent les enjeux d'une véritable joute syndicale. En effet, la CFTC et FO entendent bien exploiter à leur profit la situation[51]. De nombreux leaders considèrent que c'est tout le « psychisme ouvrier » qui est fragilisé par les événements dès lors qu'à l'Est, l'ouvrier n'est plus défendu par le parti[52]. Des encarts sont publiés dans la presse pour inciter les adhérents de la CGT à déchirer leur carte[53]. Toutefois, les violences commises durant les manifestations anticommunistes des 7 et 8 novembre tempèrent cet optimisme : « On craint déjà que les incidents provoqués par les étudiants et les jeunes n'aient légèrement gâté les perspectives aussi favorables », signale à Strasbourg le rapport de police[54]. Il est vrai que le PCF et la CGT entendent bien exploiter ces débordements pour engager une vigoureuse riposte.

La contre-offensive communiste

L'enjeu est de limiter les défections chez les militants et de réduire la désaffection chez les sympathisants. La réaction des responsables du Parti est donc quasi immédiate. L'efficacité de son organisation interne et le zèle de nombreux cadres moyens, dont la loyauté est sans faille, sont mis à profit. Il est vrai aussi que l'actualité fournit très vite les deux principaux angles de riposte.

En premier lieu, l'exploitation systématique des événements de Suez permet à la fois de relativiser ceux de Hongrie et surtout de prétendre que ces derniers sont la manifestation d'une machination ourdie par le monde capitaliste pour détourner l'attention de l'opinion de ce qui se passe au Proche-Orient. Alambiqué, l'argument a néanmoins le mérite d'être enten-

---

50. Voir notamment Narritsens André, « 1956, la CGT et la Hongrie », *op. cit.*, et Kleja'nsky Sarolta, « Le Parti communiste et l'intervention soviétique en Hongrie », in *Le Parti communiste français et l'année 1956*, *op. cit.*, p. 95-104.
51. Il en est de même des partis politiques. Ainsi, le 8 novembre, à Arles, un tract de la section socialiste, après avoir rappelé qu'Imre Nagy est communiste, demande aux travailleurs qui ont leur carte du PCF de libérer leur conscience « avant qu'il ne soit trop tard ». ADBDR, note des RG du 8 novembre 1956.
52. ADMM, W 1304/107, rapport du sous-préfet de Briey, 26 décembre 1956.
53. Par exemple *Le Nouvel Alsacien*, 10 novembre 1956. Il est toutefois évident que ce quotidien proche du MRP avait peu de chance d'être lu par les adhérents de la CGT et que de tels encarts ressortaient avant tout d'une rhétorique polémique.
54. ADBR, 544 D 226.

du par des militants rompus de longue date à la thèse du complot. Dans les conseils municipaux ou généraux, les élus communistes y ont très fréquemment recours quand ils refusent par exemple de s'associer aux minutes de silence ou aux votes de motion de solidarité si elles ne font pas expressément mention des victimes du conflit en Égypte[55]. Un tel argument est rejeté avec vigueur par les éditorialistes de la presse non communiste, à l'image de Claude Fuzier, l'éditorialiste du quotidien socialiste, *La Presse Libre*, qui écrit le 14 novembre : « Mais tous, unanimes, nous jettent à la face "Suez" pour couvrir les cris des insurgés hongrois. Tous, avec un étonnant cynisme, osent en réalité, mettre sur un même pied d'égalité le dictateur Nasser et les ouvriers de Györ et de Debrecen ! ».

L'autre angle est fourni par les violences et les excès commis à l'occasion des manifestations anticommunistes des 7 et 8 novembre. Ils sont en effet aussitôt exploités dans la construction d'une rhétorique habile qui repose sur le triptyque « dramatisation – victimisation - diabolisation ». Ainsi, dès son édition du 9 novembre, la presse militante dans son ensemble dénonce les attaques et les pillages perpétrés par les « fascistes », voire par les « hordes SS »[56]. Les outrances verbales constituent un vecteur efficace de remobilisation des militants. Des tracts sont imprimés et aussitôt distribués, qui dénoncent le complot dont serait victime, en France, le Parti[57]. Ils usent tous de l'amalgame en comparant par exemple la situation de 1956 à celle de 1939[58], et de l'insinuation en laissant entendre que

55. À chaque fois, les échanges sont vifs, comme par exemple aux conseils municipaux de Châlons-sur-Marne où, le 23 novembre, un élu communiste réclame « que [le Conseil] joigne [son] sentiment de sympathie profonde au peuple égyptien qui subit, lui, une épreuve contraire aux principes qui sont inscrits dans la charte des Nations Unies » ; à Nancy le 7 décembre, où un député communiste, présent dans l'auditoire, est expulsé. A Montpellier, au Conseil général, une violente passe d'armes oppose le communiste Étienne Fabre à d'autres élus. Fabre traite ses contradicteurs « d'énergumènes fascistes », avant de rajouter : « Qui se sent morveux, qu'il se mouche. Ce qui m'écœure c'est l'hypocrisie de ceux qui veulent défendre la liberté en Hongrie, mais se refusent à la défendre en France, en Egypte ou ailleurs… ».

56. *L'Humanité d'Alsace-Lorraine*, 9 novembre 1956.

57. C'est le cas par exemple d'un tract imprimé par l'UD du Bas-Rhin, le 10 novembre 1956. ADBR, 544 D 226. Un rapport des RG, daté du même jour, précise que « les communistes continuent d'ailleurs à colporter de fausses nouvelles sur les excès commis afin de semer le trouble dans les esprits et d'obtenir des réactions contre leurs adversaires ». *Ibid.*

58. Rappelons que le 7 novembre, à l'Assemblée nationale, M. Tixier-Vignancour réclame l'interdiction du PCF « à temps pour l'empêcher de nuire davantage à la défense nationale de notre pays ». URL : www.assemblee-nationale.fr/sycomore/fiche.asp?num_dept=7094.

les autorités sont complices des débordements pour n'avoir pas su empêcher les actes de pillage. En même temps, les « fondamentaux » ne sont pas négligés. Les tracts insistent en effet presque tous sur la défense des intérêts des travailleurs, lésés par la vie chère. La CGT et le PCF ont recours également aux autres moyens traditionnels : pétitions, appels à la grève dans le cadre d'une « Grande journée d'union et d'action contre le fascisme », organisée le mardi 13 novembre, ainsi qu'une vaste campagne de presse et de désinformation, où les plumes alertes rivalisent en polémiques avec leurs confrères de la presse bourgeoise[59]. De même, les obsèques au Père Lachaise, devant le Mur des Fédérés, des deux militants communistes victimes des manifestations parisiennes fournissent, le samedi 17 novembre, l'occasion au Parti de resserrer les rangs autour de ses nouveaux « martyrs »[60]. Dans tous les cas, il y a une volonté nette de dramatiser les événements et de les placer dans une dialectique inéluctable d'un affrontement infini entre fascisme et antifascisme.

DES TENSIONS QUI S'ESTOMPENT

Les sources sont concordantes. Dans un contexte délétère, la CGT et le PCF ont su faire front. Certes ces deux organisations n'ont pas été exemptes de débats internes, comme le prouve par exemple la déclaration du Bureau confédéral de la CGT, publiée le 15 novembre dans *Le Peuple*. Prenant acte des divergences d'opinion qui se sont manifestées dans ses organisations, elle adopte une position de neutralité sur la Hongrie tout en rappelant la nécessité de l'unité pour « défendre les libertés que menacent

59. En région, tant dans les Bouches-du-Rhône que dans la Meurthe-et-Moselle ou en Alsace, les éditorialistes de la presse non communiste ne cessent de vilipender l'attitude de la presse du Parti, et notamment *L'Humanité* qualifiée par exemple par Claude Fuzier, l'éditorialiste de *La Presse Libre*, d'« organe officiel de la haine, de la répression et du sang ». Les éditorialistes communistes leur répondent dans une violente joute verbale à distance.

60. Bernard Jean-Pierre A., « Novembre 1956 à Paris », *op. cit.* Plusieurs milliers de personnes assistent aux obsèques, devant le Mur des Fédérés, au Père Lachaise. Voir aussi, du même auteur, *Paris rouge : 1944-1964 : les communistes français dans la capitale*, Paris, Champ Vallon, 1991.

les fascistes et la paix »[61]. De même, la riposte engagée paraît peu efficace. La presse nationale et régionale évoque ainsi unanimement « l'échec », voire le « fiasco » de la journée du 13 novembre, ce que dément, de son côté, la presse militante qui, au contraire, se réjouit des nombreux débrayages et meetings qui ont montré aux « bandes fascistes » la détermination de la « classe ouvrière » à se défendre « contre leurs exactions »[62].

Pourtant, le PCF parvient malgré tout à contenir sa base. Il faut en effet garder à l'esprit que, dans le contexte d'isolement et de stigmatisation dans lequel se trouvait le Parti, toute réserve publique par rapport à ses prises de position pouvait apparaître, sinon comme une forme de trahison, du moins comme une transgression inconcevable pour le plus grand nombre des militants, même les plus tièdes d'entre eux. Critiquer le Parti, c'était prendre le risque de rompre avec ses amis et son cercle familier de sociabilités militantes. Ainsi, de nombreuses enquêtes départementales montrent que, malgré les craintes de certains de leurs dirigeants, ni le PCF, ni la CGT n'ont enregistré une vague massive de désengagements, tout au plus quelques démissions, provenant sans doute d'éléments déjà considérés comme distants. Mieux, ces départs sont parfois compensés par de nouvelles adhésions. Quant à leurs résultats électoraux (élections politiques ou professionnelles), la perte d'influence reste, à court et moyen terme, limitée[63].

---

61. Narritsens Aandré, *op. cit.*, et Kleja'nsky Sarolka, *op. cit.* À voir aussi dans *La Marseillaise* du 22 novembre 1956, le communiqué de la Commission administrative de l'UD des Bouches-du-Rhône, qui précise que la CGT n'a pas à prendre position sur un tel événement. À noter également que des divergences similaires se sont manifestées au sein du Mouvement pour la Paix. Ainsi, le Conseil Départemental des Bouches-du-Rhône doit l'admettre dans *La Marseillaise* du 15 novembre 1956. De même, la commission départementale de l'association France-URSS, réunie le 17 novembre 1956 à Marseille, en présence d'André Langlois, son secrétaire national, reconnaît l'existence de « quelques désertions et de divergences de vues sur la Hongrie mais aussi sur le Moyen-Orient et l'Algérie ». ADBDR, 148 W 282, note des RG.
62. En témoigne par exemple cette petite revue de presse dans les Bouches-du-Rhône : si *La Marseillaise* évoque le lendemain la « puissante riposte des travailleurs », *Le Provençal* et *Le Méridional* parlent « d'échec total » et de « pétard mouillé ! ». Il est vrai que, dans ce département comme dans de nombreux autres, le pourcentage de grévistes n'excède pas 25 % dans les secteurs les plus mobilisés du bâtiment et de la métallurgie et ce, en dépit des intenses efforts des responsables communistes.
63. Par exemple, dans l'Hérault, le rapport préfectoral de janvier 1957 évalue à « environ 2000 unités les pertes de la CGT consécutives aux événements de Hongrie et à l'appui du Parti communiste algérien aux nationalistes » ADH, 406 W 218/2. Toutefois, aux élections professionnelles du 21 décembre 1956 dans le bassin minier de Graissessac, la CGT parvient à rester le syndicat le plus important en nombre de sièges. De même, en Meurthe-et-Moselle, la centrale syndicale conserve une position écrasante dans la sidérurgie, avec en moyenne 75 % des voix aux élections professionnelles ultérieures. Concernant le PCF, selon Marc Lazar, in

Ainsi, dès lors que les passions s'estompent, les interrogations finissent par se dissiper. Au-delà d'une rhétorique agressive qui est l'expression d'une conflictualité surjouée et coutumière en ces temps-là, chacun se réfugie dans ses propres certitudes, conforté dans ses convictions par son réseau de sociabilités professionnelles, amicales ou militantes. En même temps, l'intensité d'une actualité internationale, politique et sociale très chargée concourt fatalement à diluer et par là même à relativiser l'exceptionnalité des événements d'octobre et de novembre 1956[64].

Vu d'en bas, l'ampleur de la mobilisation de l'opinion publique atteste sans doute de l'existence d'une véritable « culture de Guerre froide ». Celle-ci, latente la plus grande partie du temps, s'extériorise à l'occasion d'événements paroxysmiques comme ceux de Hongrie. Elle se nourrit alors des représentations construites en grande partie par la presse et par le bouche à oreille et se fonde, à cette occasion, sur l'identification à un peuple étranger idéalisé, considéré tout autant comme héroïque et martyr. Elle se caractérise aussi par la diabolisation de l'autre camp – incarné en France par le PCF et, dans une moindre mesure, par la CGT - ainsi que par un processus de remémoration des heures tragiques de l'occupation et des combats de la Résistance. Les communistes y opposent quant à eux leur propre « culture de guerre », à la fois similaire dans son processus, mais inversée dans ses termes.

Avec le temps, la tragédie hongroise apparaît surtout comme un véritable coup de semonce pour un parti communiste, isolé et décrédibilisé, resté longtemps incapable de penser le changement et trop longtemps aveugle aux aspirations sociales et politiques des citoyens des pays frères.

Le Communisme, une passion française, Paris, Perrin, 2002, l'année 1956 ne constitue pas une rupture des effectifs. Pour Roger Martelli, auteur d'une étude sur les effectifs du PCF, *Prendre sa carte (1920 -2009) Données nouvelles sur les effectifs du PCF*, Pantin-Bobigny, Fondation Gabriel Péri-Conseil général de la Seine-Saint-Denis, 2010, le PCF est à peine écorné par le choc de 1956, concernant le nombre de ses adhérents. Le rapport préfectoral d'avril 1957 souligne que dans le département de l'Hérault, les adhésions ont compensé les pertes induites par la crise ; ADH, 406W218/2. Concernant ses résultats électoraux nationaux, aux élections législatives du 2 janvier 1956, le Parti est encore le premier de France avec 25,7 % de suffrages exprimés mais à celles du 23 novembre 1958, il recule sous la barre symbolique des 20 %, avec 18,9 % de suffrages exprimés, sans que l'on puisse bien sûr directement imputer cette baisse aux événements survenus deux ans plus tôt. Pour Marc Lazar, l'année 1956 a provoqué en réalité un processus de rupture plus lent, échelonné dans le temps. Mais il faut aussi tenir compte des événements de Pologne et des effets du rapport Khrouchtchev.

64. Voir notamment Kecskès Gusztáv, « La politique étrangère française face à la révolution hongroise de 1956 », *Relations internationales*, 2/2005, nº 122, p. 87-103. URL : www.cairn.info/revue-relations-internationales-2005-2-page-87.htm.

DEUXIÈME PARTIE

Le local au prisme de la guerre froide

Héros de l'Ouest, héros de l'Est : toponymie et Guerre froide de la Libération à nos jours [1]

Xavier Desbrosse

Étudier les liens entre toponymie et Guerre froide correspond en apparence à mettre en relation une pratique mémorielle sans histoire et une histoire sans mémoire, à associer une pratique locale et nationale conformiste avec une période d'instabilité et de fortes tensions internationales. La démarche de la « vue d'en bas » permet de dépasser cette apparente opposition. En se plaçant au carrefour de l'expérience intime, de la vie publique locale et du tumulte des événements nationaux et internationaux, elle articule ces différents aspects [2].

Dénommer une rue est en effet un acte porteur de sens : expression de la liberté des communes, c'est un choix à la fois marquant et peu onéreux. Mais les élus locaux quand ils prennent la décision de rendre un hommage public, se situent dans un champ, celui du souhaitable. La référence toponymique ne doit ni heurter les consciences ni troubler la vie publique. Le personnage honoré doit cependant être exemplaire. Il incarne un message civique.

Il s'agit donc d'être attentif à ces moments ponctuels où « l'émotion de Guerre froide » fait reculer les limites du possible ou du traditionnel. Les acteurs – les conseils municipaux, l'État, mais aussi les associations ou les

1. Les recherches et enquêtes ont été menées en collaboration avec Olivier Büttner. La synthèse s'appuie par ailleurs sur des informations fournies par Gérard Boëldieu (Sarthe), Hélène Chaubin (Hérault), Jean-Louis Étienne (Meurthe-et-Moselle), Jean-Claude Lahaxe (Bouches-du-Rhône), Nicolas Monod (Haut-Rhin), Alain Olivier (Mayenne), Frédéric Stévenot (Aisne). Pour une utilisation exemplaire de la toponymie, cf. Agulhon Maurice, « Une contribution au souvenir de Jean Jaurès : les monuments en places publiques » *in* Agulhon Maurice, *Histoire vagabonde I (Ethnologie et politique dans la France contemporaine)*, Paris, Gallimard, 1988, p. 186-204.

2. Engels Jens Ivo, Monier Frédéric, Petiteau Nathalie, *La politique vue d'en bas : pratiques privées, débats publics dans l'Europe contemporaine (19e-20e siècles)*, Paris, Armand Colin, 2011.

partis – jouent alors un rôle essentiel. Cette histoire « du bas » est donc aussi une histoire des individus et des groupes sociaux insérés dans leurs territoires.

Dans un premier temps, nous décrirons les pratiques des élus dans le contexte de l'après-guerre et du début de la confrontation Est-Ouest. Dans un deuxième temps, l'étude de quatre références – Stalingrad, Roosevelt, Kennedy et Gagarine – permettra de mesurer l'évolution des comportements dans le temps mais aussi dans l'espace. Enfin, dans une dernière partie, nous donnerons des éclairages sur les évolutions des années 1970 à aujourd'hui.

Une toponymie de guerre ? De la Libération à la fin des années 1950

À l'opposé de la tendance planétaire, pendant les fortes tensions des débuts de la Guerre froide, les échos du conflit sont restés largement imperceptibles sur les plaques de rues françaises. Ni atlantisme, ni philosoviétisme, ni anticommunisme ne se manifestent.

L'atlantisme est tout à fait marginal au sortir de la guerre et dans les années 1950. Il n'existe par exemple qu'une seule place « George Marshall » en France, inaugurée à Nice en 1968. L'organisateur du plan du même nom, mort en 1959, accumule pourtant les raisons d'être honoré : officier de premier plan pendant les deux guerres mondiales, il reçoit le prix Nobel de la Paix en 1953. De même, il n'existe aucune rue « Harry Truman » en métropole[3].

La prudence des municipalités va au-delà de cet atlantisme frileux. Deux sentiments associés au conflit que sont l'anticommunisme et le pacifisme sont eux aussi invisibles dans l'espace public. À l'inverse de l'Allemagne de l'Ouest, dont les « rues du 17 juin 1953 » commémorent le soulèvement de Berlin-Est[4], il n'existe pas en France de plaques « antisoviétiques ». La place Kossuth à Paris, dénommée en l'honneur du « héros national hongrois » après les événements de Budapest est un exemple unique dans les années 1950[5]. De même, les « rues de la paix » sont pour l'essentiel antérieures à 1939. Celle de Paris fut baptisée en 1814, après

3. D'après le site « google maps », la seule rue Harry Truman en France se trouve à Saint-Pierre (île de la Réunion). L'ancien président est mort en 1972.

4. À Berlin, la grande avenue devant la porte de Brandebourg porte ce nom.

5. *Journal officiel (JO)*, 27.2.1957. De même, plus tardivement, au Mans, une rue de Tchécoslovaquie est créée en 1968, mais avant les événements, et une rue de Hongrie en 1969.

avoir été « rue Napoléon ». À Nantes, la voie prend ce nom le jour de la signature du traité de Versailles le 28 juin 1919.

Cette prise de distance prudente par rapport aux événements internationaux se poursuit longtemps dans les années 1960. Un exemple à Châlons-sur-Marne est emblématique : quelques temps après la « crise des fusées de Cuba » (jamais évoquée dans le débat), le 7 janvier 1963, un conseil municipal a lieu[6]. Au sein d'un quartier qui accueillait alors les soldats américains de l'OTAN, une élue propose de dénommer une nouvelle voie « rue des États-Unis » ou « Christophe Colomb » ou « de la Paix. » Cette proposition influencée par le contexte international est sèchement rejetée par le conseil qui préfère la figure d'Adolphe Willette. Celui-ci est un dessinateur né dans la commune qui n'avait pas reçu à sa mort en 1926 d'hommage toponymique. Les édiles châlonnais choisissent clairement de se tenir à distance des événements récents. En effet, le débat n'est pas partisan dans la mesure où les élus sont tous gaullistes. Il ne s'agit pas non plus d'une manifestation d'antiaméricanisme, car la même municipalité dénomme un boulevard « Kennedy » dès juin 1964 au sein d'un quartier neuf à l'autre bout de la ville[7].

Expliquer ce comportement homogène des élus français nécessite de décrire le cadre général dans lequel les décisions en matière de toponymie sont prises.

La vigilance idéologique de l'État est d'abord indéniable. Les pratiques mémorielles, en général, et toponymiques en particulier, sont régies par des règlements. Les décrets de l'après-guerre reprennent l'ordonnance du 10 juillet 1816 qui oblige les communes à soumettre au contrôle de l'État tout hommage public local. La forte demande mémorielle, après la Libération, amène l'État à réaffirmer son rôle d'encadrement. Après un premier décret le 12 avril 1946 (gouvernement Félix Gouin), c'est le décret du 12 avril 1948 (gouvernement Schuman) signé par le ministre de l'Intérieur, Jules Moch, qui définit la position de l'État jusqu'en 1968 : s'il s'agit d'une personnalité étrangère ou d'une personnalité française vivante, le ministre de l'Intérieur doit être consulté et statue par arrêté[8]. Dans tous les autres cas, l'autorisation revient au préfet.

Le contenu des décrets de 1946 et 1948, l'exercice plein et entier de cette prérogative par l'État et la concomitance des dates peuvent laisser penser à un « comportement de Guerre froide » du gouvernement. Cette

---

6. Comptes rendus des conseils municipaux, année 1963. Archives municipales de Châlons-en-Champagne (AMCC).

7. AMCC, Conseil municipal du 1er juin 1964.

8. *JO*. Le décret du 6 février 1958, qui abroge l'ordonnance du 10 juillet 1816, reprend pour l'essentiel les dispositions du décret de 1948.

explication est néanmoins réductrice. Comme le souligne Daniel Milo, la réaffirmation de ce droit régalien après un changement de régime est une constante depuis la Restauration[9]. Le contrôle étroit exercé par l'État – qui n'est pas une nouveauté – est donc un comportement d'après-guerre : en se montrant pointilleuse dans sa gestion de la vague d'hommages publics de l'après-1945, la République affirme, avec quelque rigidité, la restauration de son autorité.

Cette disposition de l'État va d'ailleurs dans le sens des attentes des conseils municipaux. Les élus des années de la Libération et des années 1950 rendent massivement hommage aux martyrs de la Résistance et aux soldats de la France libre. Les motivations des édiles sont aisément compréhensibles : ils entretiennent la mémoire de leurs compagnons de lutte en légitimant leur propre pouvoir. Tous les partis se réclament en effet de la lettre et de l'esprit de la Résistance[10]. Par ailleurs, cette politique mémorielle et toponymique prend son sens dans le cadre de la République restaurée : les héros sont autant un rappel de ce que doit le régime à ces hommes qu'un signe de fidélité envers celui-ci.

Plus que le conflit Est-Ouest, c'est avec les réflexes forgés à la Libération que réagissent les Français. Le traumatisme de l'Occupation a laissé de toute évidence des traces. Le régime de Vichy avait été très actif dans le domaine toponymique : de très nombreux conseils municipaux avaient donné dès 1940 le nom du maréchal Pétain à des places ou à de grandes artères. À la différence de Foch ou de Joffre, morts entre les deux guerres, il n'avait pas reçu auparavant d'hommage toponymique. C'est une des raisons pour laquelle la Libération est aussi une période de baptême de nombreuses rues : non seulement, il y a des martyrs à célébrer mais il faut aussi faire disparaître les traces du régime vichyste. Le baptême des rues a donc à voir avec les thèmes de la fidélité nationale et de la trahison. Dans ces conditions, les personnages étrangers sont longtemps des références risquées. Comme l'écrit encore en 1967, le ministre de l'Intérieur au préfet de la Haute-Vienne : « [il apparaît comme] inopportun de laisser disparaître, surtout en

9. Milo Daniel, « Le nom des rues », *in* Nora Pierre (dir.) *Les lieux de mémoire*, Paris, Gallimard, vol. 3, *La Nation*, 1986, p. 283-315.

10. À la différence de la Première Guerre mondiale, après 1940, le statut de la France combattante est très ambigu. Cet état de fait entraîne, si on compare le souvenir des deux guerres, une forte affirmation des références locales aux dépens des nationales et internationales. Dans les Alpes-Maritimes, après 1945, le nombre de références internationales dans la toponymie passe de 18 à 8 %. Voir Panicacci Jean-Louis, « Les lieux de mémoire toponymiques de la Deuxième Guerre mondiales dans les villes azuréennes » *in* Bouvier Jean-Claude, Guillon Jean-Marie (dir.), *La toponymie urbaine. Significations et enjeux*, Paris, L'Harmattan, 2001, p. 89-102.

faveur de personnalités étrangères, des appellations traditionnelles auxquelles la population reste attachée[11]. » Pour beaucoup d'acteurs, le comportement dominant a été la prudence en attendant, selon la formule officielle, que l'histoire « se prononce en faveur » de l'un ou l'autre des deux camps.

Certains lieux ressentent pourtant avec une acuité particulière la Guerre froide. C'est le cas des communes où sont implantées des bases de l'OTAN. Si la toponymie atlantiste y apparaît bien dans l'espace public, les références aux États-Unis sont inversées : les dénominations insistent sur ce que les Français ont apporté aux Amériques et pas l'inverse. La Fayette, Washington ou Benjamin Franklin sont les références les plus souvent choisies[12]. L'hôpital américain de Dommartin-les-Toul est, par exemple, dénommé « Jeanne d'Arc » par les autorités militaires.

Mais à l'intérieur des bases et dépôts américains, les voies privées portent bien des noms anglo-saxons. À Liverdun, les militaires de la base de Toul roulent dans le « village US » sur des avenues *Jaybird* (geai) ou *Hummingbird* (colibri)[13]. Mais ces voies ne sont ni publiques, ni reconnues par la Poste : au départ des troupes américaines, ces dénominations laissent place à une avenue Marin la Meslée et à un boulevard Roland Garros.

Les fiefs communistes sont un autre cas particulier. La période de la Libération est caractérisée par une attention spécifique des élus du Parti communiste français (PCF) à certains symboles. Ceux-ci intègrent l'espace public : le nombre de rues Pierre Sémard en témoigne aujourd'hui encore[14]. Mais la rupture internationale de 1947 fragilise localement les élus du PCF. Ceci restreint le champ de leur activité toponymique aux seules villes communistes. Partout ailleurs, à l'exception de Stalingrad, les références au bloc de l'Est disparaissent totalement à partir de 1947.

Néanmoins, au cœur de la confrontation Est-Ouest, de nombreuses municipalités communistes ont tenté de substituer le volontarisme à l'influence en utilisant la toponymie comme arme politique. L'anniversaire des 70 ans de Staline est l'occasion d'une activité particulière. Entre la fin 1949 et la fin 1950, les initiatives – même si elles sont difficilement chiffrables – se sont multipliées dans les bastions communistes. Le conseil municipal d'Ivry-sur-Seine baptise une rue Staline le 29 novembre 1949[15]. Dans les Bouches-du-Rhône, en octobre 1950, le maire de Roquefort-la-Bédoule est suspendu par le préfet pour avoir inauguré une place honorant

11. Archives nationales (AN), 1978065/21. Lettre du 17 juin 1969.

12. Ces dénominations datent des années 1955-1957. Cf. par exemple *JO* du 1er mars 1957 approuvant une délibération du conseil municipal de Chamarandes.

13. Archives départementales de Meurthe-et-Moselle (ADMM), W 965/365.

14. Il en existe d'autres traces comme par exemple ces trois voies honorant « l'Union soviétique » à Clermont-Ferrand, Issoire et Saint-Florine.

15. Procès-verbal de séance, Archives municipales d'Ivry-sur-Seine.

le chef d'État soviétique[16]. Malgré les refus préfectoraux, d'autres exemples ont existé en région parisienne comme en province[17].

L'exemple de Saint-Junien est à ce titre remarquable. La polémique née dans ce chef-lieu de canton industriel de la Haute-Vienne a été jusqu'à attirer l'attention de *Life magazine* qui en fait un exemple de l'extension de l'influence communiste en France[18]. En 1950, une cérémonie est organisée pour les trente ans du parti et de la gestion communiste de la ville[19]. Marcel Cachin, qui a des liens amicaux avec des élus locaux, préside la fête. À cette occasion, le stade municipal devient le stade Maurice Thorez et le boulevard Gambetta Joseph Staline. Après leur inauguration, les plaques sont cependant volées ou souillées. Le gouvernement et, en particulier, le ministre de l'Intérieur, Henri Queuille, refusent par ailleurs la décision municipale[20].

Au-delà de l'anecdotique, comment comprendre l'initiative de la mairie communiste ? Deux éléments se conjuguent. Le rapport au Parti joue un rôle majeur. Dans le contexte de la Guerre froide, celui-ci exige une fidélité sans faille. C'est la direction parisienne qui a lancé un programme visant à célébrer Staline et Thorez[21]. Le comportement du PCF est alors, dans le contexte de la guerre de Corée, très internationaliste. Cette impulsion pousse la localité à adopter un comportement transgressif vis-à-vis de l'État. Les accents de radicalité révolutionnaire font renaître les passions de la guerre. La ville se situe dans une région de maquis, à une vingtaine de kilomètres d'Oradour-sur-Glane. Le sous-préfet Rix qui refuse en 1950 les dénominations de rue est accusé d'avoir été vichyste[22]. La Résistance locale, passée et présente, entre en résonance avec la lutte internationale des partis communistes en Guerre froide.

La situation de la Libération et des années 1950 sert de matrice aux pratiques toponymiques pendant toute la période. Mais l'attitude de l'État,

---

16. Déclaration du premier adjoint, le 1e octobre 1950, Archives municipales de Roquefort-la-Bédoule.
17. La plupart ont été débaptisées à la fin des années 1950. À Lanester, l'avenue Staline, créée en 1954, est débaptisée en 1978, Archives municipales de Lanester.
18. Article « Communist power in France », *Life Magazine*, 29.1.1951.
19. Granet Thierry, « La guerre des plaques de rues à Saint-Junien », *Le Nouvelliste (Haute-Vienne)*, 4 mai 2010 [http://www.lenouvelliste.fr/actualite/La-guerre-des-plaques-de-rues-a-Saint-Junien-374.html].
20. L'usage dénomme le stade « Le Chalet » et le boulevard Staline devient boulevard Marcel Cachin en 1961.
21. La lettre envoyée aux fédérations ne fait pas allusion à la toponymie. Ce sont les fédérations qui ont eu vraisemblablement le soin de soutenir les initiatives locales. Archives départementales de Seine-Saint-Denis (ADSSD), Relevé des décisions du Secrétariat, 2 Num_4/9.
22. Mazoin Roland, Secrétaire de la Section du PCF de St-Junien, « Les loups aboient mais la caravane passe », *La Délivrance*, 9.9.1950.

franche et bien documentée, attire l'attention en priorité sur les sentiments et les pratiques qui vont dans le sens d'une homogénéité nationale.

En se focalisant sur les marges de manœuvre des conseils municipaux et sur les choix qu'ils opèrent, n'est-il pas possible d'avoir une vision plus différenciée des comportements ? Au carrefour entre expériences personnelles, voire intimes, et pratiques publiques, comment les élus ont-ils exprimé des « sentiments plus spécifiquement de Guerre froide » ?

À l'intérieur d'un cadre où la vigilance gouvernementale s'accorde avec la prudence locale, quelques engouements toponymiques ont laissé des traces. Les marques d'atlantisme ou de philosoviétisme, ponctuelles, brisent alors le conformisme des comportements municipaux. Elles introduisent de la diversité dans un paysage homogène. Ces phénomènes, s'ils se jouent à la marge, ne sont pas d'importance négligeable. Par le biais de quatre exemples représentatifs, nous nous proposons d'en évaluer la portée. L'étude compare deux dénominations de l'après-guerre au sens large, Stalingrad et Roosevelt et deux références caractéristiques des années 1960, John Kennedy et Youri Gagarine[23]. L'analyse des quatre corpus permet d'avancer trois idées.

Stalingrad, Roosevelt et la Libération : deux France

Alors que la quasi-totalité des conseils municipaux ne se hasarde pas sur les terrains des hommages à des personnalités étrangères entre 1945 et la fin des années 1950, il existe deux exceptions de taille : le président Roosevelt et la ville de Stalingrad qui sont intégrés dès 1944 dans le panthéon de la Libération. Le prestige de ces références et leur visibilité dépassent cependant de loin leur importance numérique dans l'espace public : en 2012, il n'existe respectivement que 158 et 166 lieux publics honorant leurs noms. Si on compare ces chiffres à ceux des personnalités françaises, ils sont dérisoires[24].

---

23. La liste exhaustive des voies Stalingrad et Roosevelt (2012) a été fournie par le Service du courrier de la poste. On ne connaît pas les dates de dénomination. Pour Stalingrad, le mouvement continue jusqu'à la fin des années 1950. Concernant Roosevelt, la majorité des dénominations fait suite à sa disparition en avril 1945. Source pour John Kennedy : « hommage public » dans le *Journal officiel* de 1963 à 1968 ; informations rassemblées par Olivier Büttner. Concernant Gagarine, liste exhaustive établie en 2012 grâce aux sites « google maps » et « openstreetmap ».

24. 3633 hommages toponymiques honorent Charles de Gaulle en France en 2009, cf. Oulmont Philippe (dir.), *Les voies « de Gaulle » en France (Le Général dans l'espace et la mémoire des communes)*, Bruxelles, Complexe, 2009.

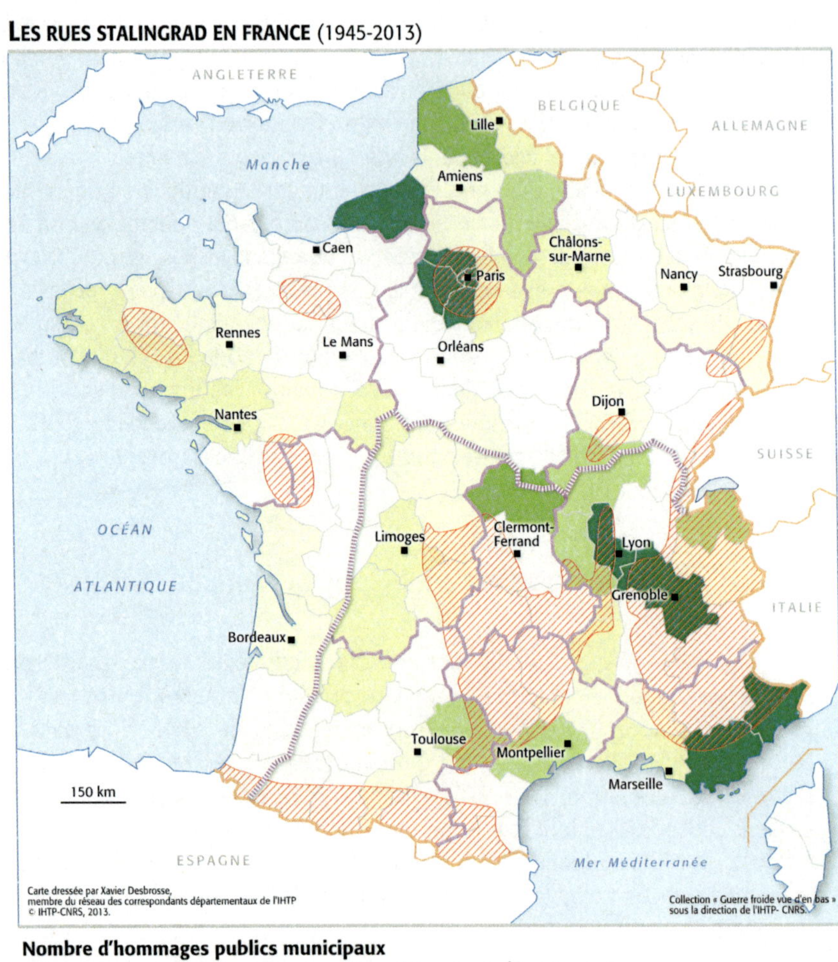

Les rues Stalingrad en France (1945-2013).

LES RUES ROOSEVELT EN FRANCE (1945-2013)

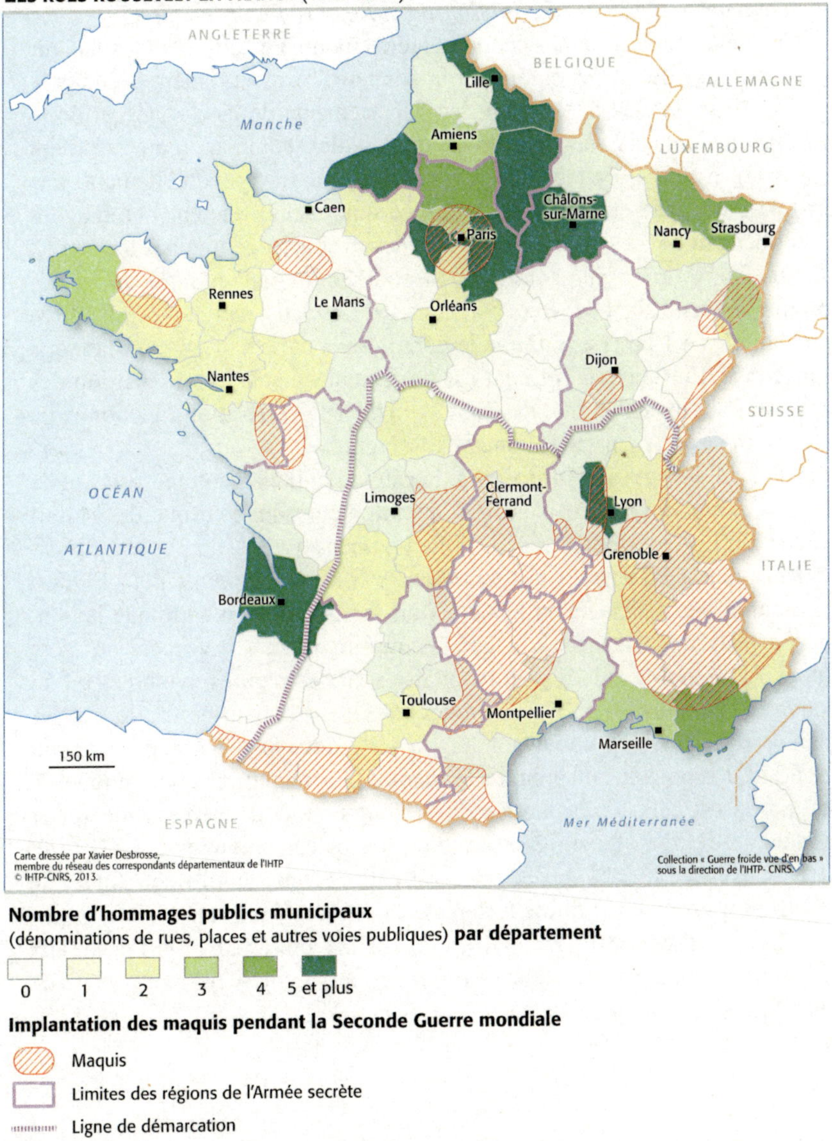

ANGLETERRE
BELGIQUE
ALLEMAGNE
LUXEMBOURG
Manche
Lille
Amiens
Caen
Châlons-sur-Marne
Paris
Nancy
Strasbourg
Rennes
Le Mans
Orléans
Dijon
Nantes
SUISSE
OCÉAN ATLANTIQUE
Limoges
Clermont-Ferrand
Lyon
Grenoble
ITALIE
Bordeaux
Toulouse
Montpellier
Marseille
150 km
ESPAGNE
Mer Méditerranée
Carte dressée par Xavier Desbrosse, membre du réseau des correspondants départementaux de l'IHTP © IHTP-CNRS, 2013.
Collection « Guerre froide vue d'en bas » sous la direction de l'IHTP- CNRS.
Nombre d'hommages publics municipaux (dénominations de rues, places et autres voies publiques) par département
0
1
2
3
4
5 et plus
Implantation des maquis pendant la Seconde Guerre mondiale
Maquis
Limites des régions de l'Armée secrète
Ligne de démarcation

Les rues Roosevelt en France (1945-2013).

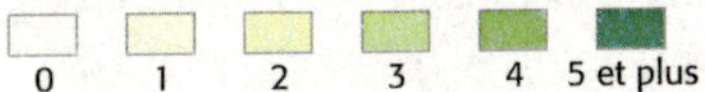

Les cartes représentant la distribution spatiale de ces rues font apparaître nettement le fait que les deux dénominations renvoient à des territoires et à des pratiques différentes. Même si un tiers des villes du corpus (soit 46) ont donné les deux noms à des voies de leurs territoires, deux France se distinguent (*cartes 1 et 2 les rues Stalingrad et Rossevelt en France*).

Les événements de la Seconde Guerre mondiale sont alors un facteur explicatif essentiel. Dans ce qui fut la zone occupée, autrement dit dans le Nord et l'Est du Bassin parisien, les départements de la Gironde et de la Moselle, on constate une surreprésentation des hommages au président américain. Ailleurs, l'atlantisme n'est revendiqué que ponctuellement. Les territoires occupés et libérés par l'armée américaine rendent hommage à leurs libérateurs[25]. La surreprésentation des avenues dénommées Roosevelt (57 soit 36 % du corpus contre 17 % pour Stalingrad) montre qu'on dénomme souvent ainsi la voie par laquelle l'armée américaine est entrée dans la ville. À l'inverse, comme le démontre la carte n° 1, on constate que la présence d'un maquis influent est un facteur de sous-représentation des rues honorant le chef d'État des États-Unis. Cette corrélation fonctionne de façon symétrique pour la référence à Stalingrad.

Par ailleurs et sans surprise, la densité de militants communistes et de voies Stalingrad vont de pair. Les départements du pourtour du Massif central, du Lot-et-Garonne à la Loire en passant par l'Allier, votent massivement pour le PCF après la Libération[26]. Il en va de même pour l'Ouest parisien, le Pas-de-Calais ou le Var. Mais la carte nous montre que la densité de résistants est aussi un facteur amplificateur. Le Vercors en Isère autour de Grenoble et la région lyonnaise sont des régions-symboles où on trouve des hommages à la ville soviétique. Il est tentant de croire que les anciens résistants ont voulu honorer la ville dont la résistance leur avait donné de l'espoir et fait prendre le maquis. La mémoire toponymique de Stalingrad est celle de la France qui s'imagine s'être libérée seule sur le modèle de l'URSS. La surreprésentation des places et boulevards (21 % et 31,2 % contre 13,3 % et 8,8 % pour Roosevelt) confirme l'idée de l'évocation symbolique d'une forteresse assiégée qui résiste.

Le début du conflit Est-Ouest met ensuite fin, comme on l'a vu, aux hommages toponymiques faisant référence aux États-Unis ou à l'URSS. Cette situation change-t-elle dans les années 1960 ?

---

25. Simmonet Stéphane, *Atlas de la libération de la France (6 juin 1944-8 mai 1945)*, Paris, Autrement/Mémorial de Caen/Ministère de la Défense, 2004.
26. *Ibid.*, p. 65. Cf. également Salmon Frédéric, *Atlas électoral de la France (1848-2001)*, Paris, Le Seuil, 2001, p. 52.

Roosevelt, Kennedy : continuité et amplification

La détente des relations entre Washington et Moscou n'est pas le seul événement des années 1960. L'extension urbaine et une volonté de la Poste de dénommer désormais systématiquement les voies pour faciliter la distribution du courrier font se multiplier les dénominations nouvelles. L'ambiance change aussi dans la société : les effets d'une plus grande ouverture – du fait des médias comme la radio ou la télévision – et d'une mobilité accrue se font sentir. Un souffle de modernité touche la toponymie et rend les références traditionnelles moins attractives[27].

La mort brutale de John Fitzgerald Kennedy le 22 novembre 1963 provoque par exemple très vite une multiplication des plaques célébrant sa mémoire : 234 conseils municipaux de métropole ont choisi entre 1963 et 1968 de lui rendre hommage[28]. En cinq ans, le nombre de voies est beaucoup plus important que concernant Roosevelt. 200 villes ont célébré la mémoire de Kennedy alors qu'elles ne l'avaient pas fait pour le vainqueur de 1945. Cependant, John Kennedy est une figure atypique. Il est l'homme des grandes crises de la Guerre froide, en particulier à Berlin et à Cuba. Mais, à la différence d'Eisenhower par exemple, il n'a pas combattu en Europe mais dans le Pacifique pendant la Seconde Guerre mondiale. « JFK » incarne aussi une modernité politique. Le président des États-Unis est une figure de magazines au destin héroïque et tragique. Quelle est la facette du personnage célébrée par les élus municipaux ?

L'observation de la carte des départements dont des communes ont choisi de baptiser une rue Kennedy permet de répondre clairement : c'est le chef de la puissance alliée et protectrice à qui les élus rendent hommage (*Carte 3*, *Les rues J. F. Kennedy en France*). Cette carte laisse en effet apparaître une forte continuité avec celle des rues Roosevelt. On retrouve une vaste moitié Nord allant de la Bretagne à la Lorraine en passant par le Bassin parisien et le Nord-Pas-de-Calais. Plus qu'un élargissement, on pourrait donc parler d'une densification : ce qui avait été pratiqué en 1945 pour Roosevelt se généralise à l'intérieur de limites bien définies. Au sein de cet ensemble, il existe certes des départements moins actifs : la Somme, ceux de la région Champagne-Ardenne et l'Alsace. Pour le reste du pays, le phénomène est diffus à deux notables exceptions près : le littoral méditerranéen de l'Aude à la Provence, et la Gironde.

---

27. Cette réorientation des goûts des municipalités se traduit de trois façons : une pacification générale des références et le recul des références militaires ; l'inflation des références valorisant soit la qualité du cadre de vie, soit la modernité (noms de fleurs ou d'inventeurs) ; l'européanisation des références (Dunant ou Mozart).
28. Source : « hommage public » dans le *Journal officiel* de 1963 à 1968.

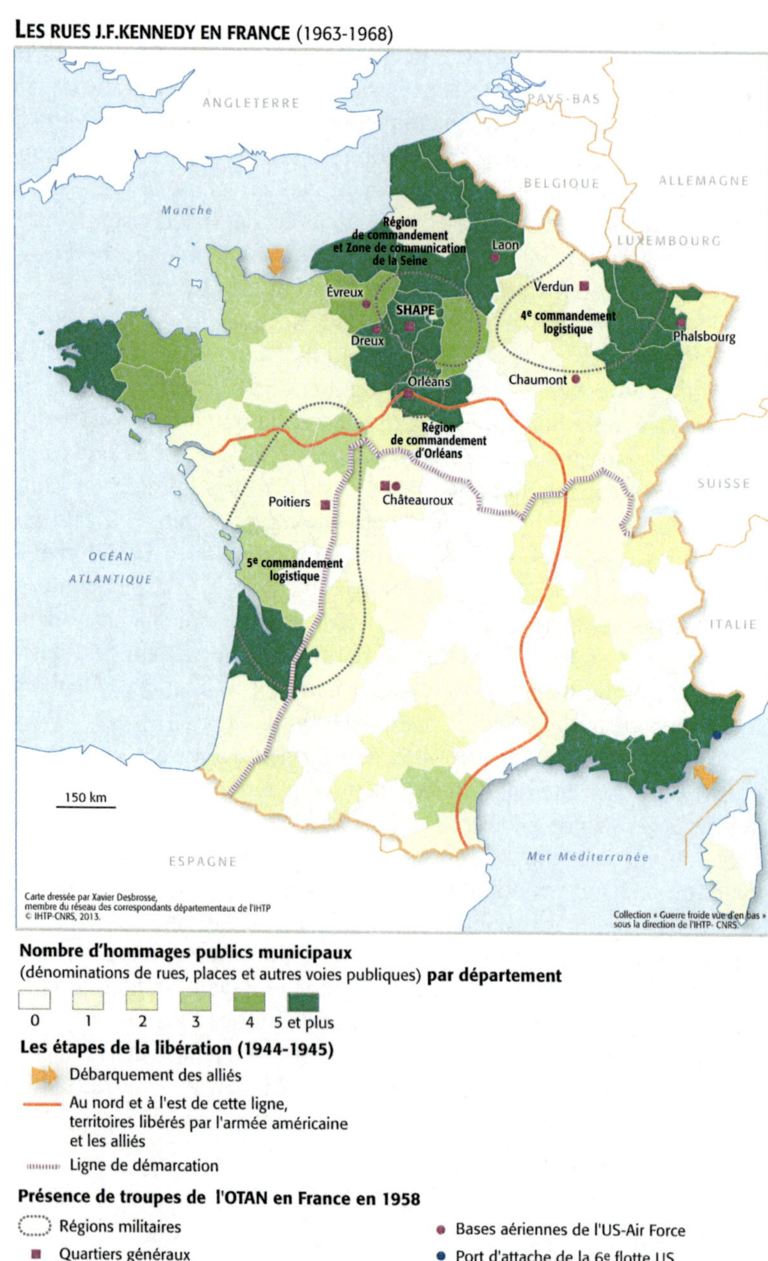

Les rues J.F. Kennedy en France (1963-1968).

Les rues Gagarine en France (1967-2013).

Concernant le nord de la Loire, la ressemblance avec la carte des territoires libérés par l'armée américaine est frappante. La présence de ces troupes à la Libération apparaît à nouveau comme un puissant facteur explicatif : nommer une rue Kennedy est une marque de fidélité. La surreprésentation en Provence rentre dans ce schéma : le débarquement du 15 août 1944 produit les mêmes effets.

L'exception girondine permet de mettre au jour une autre concordance entre cartes. L'atlantisme dont fait preuve un certain nombre de communes du sud-ouest est probablement lié à l'existence de bases de l'OTAN dans la région : la présence ou non de soldats des États unis après 1950 agit comme un catalyseur.

Les inaugurations confirment le fait que la dimension militaire et diplomatique est essentielle : celle d'un viaduc Kennedy à Nancy l'illustre. Cet ouvrage d'art enjambe en centre-ville une vaste zone ferroviaire. Pour l'inauguration de ce symbole de modernisation de la ville en mai 1966, la mairie de droite modérée invite le général Lemnitzer qui est le commandant suprême de l'OTAN[29]. Des officiers et des officiels américains sont conviés. Le général est reçu à l'hôtel de ville et devient, à cette occasion, citoyen d'honneur de la ville de Nancy[30].

Kennedy incarne donc d'abord la figure de l'« allié de la France », avant celle de la modernité. Étant donné que « JFK » n'a pas combattu en Europe pendant la Seconde Guerre mondiale, c'est bien le chef d'État de la Guerre froide qui est célébré. La Détente internationale n'a pas dissout les dispositions atlantistes des élus municipaux. L'atmosphère nouvelle des années 1960 permet surtout aux régions plus atlantistes d'amplifier leur hommage adressé aux États-Unis. La persistance de ce lien avec Washington se manifeste dans les années 1960 et 1970 par le choix de références comme les généraux Patton ou Eisenhower[31].

Gagarine, un succès en trompe-l'œil

Figure secondaire – surtout si on le compare à Stalingrad –, le cosmonaute Youri Gagarine est de son vivant un personnage extrêmement célèbre : après le voyage qui fait de lui le premier homme dans l'espace, le

29. Il est le successeur d'Eisenhower et de Ridgway. Rapport de l'officier de liaison français de la base, mai 1966, ADMM, W 950/ 41.
30. ADMM, W 950/ 41b.
31. Hommages à Patton à Metz (*JO*, 19.5.1963), Saint-Rémy-sur-Avre (*JO*, 4.5.1967) ou encore Laval (*JO*, 27.8.1968).

12 avril 1961, il devient un ambassadeur informel du régime soviétique dans le monde entier. Sa mort accidentelle le 27 mars 1968, lors d'un entraînement à bord d'un avion de chasse, parachève de construire le « mythe Gagarine. » Comme Kennedy, le cosmonaute au destin tragique est à la fois une figure de modernité et de Guerre froide. En effet, si son exploit fut perçu comme une avancée scientifique majeure, beaucoup s'inquiétèrent. Dans le camp de l'Ouest, nombreux furent ceux qui virent en effet dans ce vol dans l'espace la première étape d'une extension du conflit est-ouest.

Soixante villes possèdent en 2013 un espace public dénommé Gagarine (carte 4 ; les rues Gagarine en France). C'est deux tiers de moins que les voies Stalingrad. 14 villes (sur 60 possibles soit 23 %) possèdent les deux appellations[32]. Sur 41 références identifiées, 38 dénominations ont lieu entre 1961 et 1978. 21 sont le fait de mairies communistes (55 %). Cette vague de baptêmes est donc un incontestable succès : il fait sortir du purgatoire la toponymie communiste et plus particulièrement internationaliste. Jusqu'à la fin des années 1960, les villes communistes avaient peu profité de la tendance à l'« européanisation » des références : seules des rues Lénine ou Marx avaient été baptisées. Le pionnier de la découverte de l'espace permet de proposer dans les années 1960 une nouvelle référence acceptable.

Les nombreuses dénominations consécutives à la mort de Youri Gagarine – et sans attendre les cinq ans réglementaires – traduisent une émotion assez largement partagée. Dans des mairies non communistes, de gauche toutefois, le baptême d'une rue « Gagarine » apparaît comme une concession possible aux élus ou aux associations du PCF. Le cosmonaute profite aussi de la nette amélioration de l'image de l'URSS dans l'opinion publique française[33]. L'homme qui est reçu par le président de Gaulle ne saurait être un agent de Guerre froide ! À Carhaix (Finistère) en février 1968, c'est-à-dire avant la mort du cosmonaute, son nom est donné à une rue après une visite à l'Élysée. Le gouvernement ne s'oppose d'ailleurs pas

32. L'enquête repose sur les réponses d'un questionnaire adressé aux mairies et sur le *JO*. Les informations concernent les communes d'Alès, Andrest, Angers, Argenteuil, Aulnoye-Aymeries, Avion, Bègles, Belleu, Bobigny, Bourges, Bron, Calais, Carhaix-Plouguer, Céret, Chaumont, Clermont-Ferrand, Colombes, Déols, Dole, Doué-la-Fontaine, Évreux, Frévent, Guesnain, Guilherand-Granges, Guyancourt, Harfleur, Ivry-sur-Seine, La Seyne-sur-Mer, Lanester, Montdidier, Moyeuvre-Grande, Niort, Oyonnax, Riorges, Saint-Étienne, Saint-Germain-du-Puy, Saint-Juéry, Saint-Junien, Saint-Maximin, Saint-Nazaire, Sevran, Vierzon, Villejuif, Villeneuve-le-Roi, Vitry-sur-Seine, Witry-lès-Reims. Nous remercions les nombreux maires qui ont bien voulu répondre à nos demandes.

33. Les sondages montrent une faible différence entre les personnes hostiles ou favorables à l'URSS. Vaïsse Maurice, *La puissance ou l'influence ? La France dans le monde depuis 1958*, Paris, Fayard, 2009.

à ces initiatives locales[34]. Comme le montre la justification du conseil municipal de la Seyne-sur-Mer dans le Var, à sa mort, le cosmonaute passe pour un découvreur et un scientifique. Le conseil justifie ainsi sa décision : « Considérant que la personnalité de Youri Gagarine, premier homme ayant effectué un vol extra planétaire, appartient de par cet exploit héroïque non seulement à son pays, mais à l'humanité entière, Considérant que ce héros de l'espace laisse une image de héros, humain et généreux aux jeunes générations et à celles de l'avenir,

Considérant qu'il a ouvert une voie nouvelle à l'évolution de l'humanité et des sciences »[35]. C'est bien une image de modernité que Gagarine semble véhiculer. Et celle-ci évacue l'aspect conflictuel de la relation avec l'URSS.

Cette vague de dénominations immédiatement après la mort de Gagarine correspond aussi à une aspiration ancienne des élus communistes : dès le voyage de 1961, une rue à Villejuif et une avenue à Vitry-sur-Seine lui rendent hommage. Le phénomène n'est pas isolé : à Port-de-Bouc en 1961, une salle municipale prend le nom du cosmonaute[36]. En 1962, c'est le cas d'une cité HLM à Drancy. Ces espaces publics qui ne sont pas des rues pouvaient être dénommés sans que le préfet n'intervienne : leur baptême précoce démontre l'enthousiasme de certains élus après l'exploit de Gagarine.

Deux autres éléments peuvent expliquer ce succès. Il y a d'abord eu une impulsion du Parti. On trouve dans le compte-rendu de la réunion du secrétariat du PCF du 17 avril 1968 : « Sections centrales : demander au groupe communiste du Conseil municipal de Paris de poser la question d'une rue ou d'une place Gagarine[37]. » On peut imaginer que les fédérations ont fait de même. La proximité immédiate de rues Gagarine et de grands aéroports nationaux laisse penser qu'il y a eu, là aussi, une volonté particulière. En effet, les communes communistes limitrophes des installations aéroportuaires d'Orly (Villeneuve-le-Roi), de Lyon (Bron) et de Châteauroux (Déols) dénomment toutes une rue dès 1968.

Mais le succès est encore plus grand si on considère que le nom de Gagarine est donné rarement de façon isolée. Certes, souvent, la municipalité communiste tempère le message en dénommant aussi des rues en l'honneur d'astronautes comme Alan Shepard ou Neil Armstrong. Le panachage permet de satisfaire un large spectre d'élus. Mais ces quartiers aux

34. AN, 1978065/21.

35. Conseil municipal de la Seyne-sur-Mer, délibération du 29 avril 1968, Archives municipales de la Seyne-sur-Mer, 2 W 40.

36. Conseil municipal de Port-de-Bouc, 15 avril 1961.

37. ADSSD, Relevé de décisions du Secrétariat, 2 Num_4/14 (1965-1969).

noms de rues choisis autour du thème de l'espace permettent aussi aux municipalités communistes de rendre hommage sur les plaques de rue de leurs communes à des cosmonautes soviétiques vivants comme Alexeï Leonov ou Valentina Terechkova : c'est le cas à Bègles en 1970.

Toutefois, ce succès est aussi un trompe-l'œil. La carte est à nouveau révélatrice : elle montre que le personnage de Gagarine – à la différence de Stalingrad en son temps – ne séduit que peu en dehors des bastions communistes et des communes marquées à gauche. La « ceinture rouge » autour de Paris, le Nord ainsi que quelques bastions du Massif central se dégagent. Les succès ponctuels cachent, si on considère l'échelle nationale, la rétractation de l'influence communiste. À l'inverse de ce qui s'est passé pour Roosevelt et Kennedy, la référence à Gagarine n'a pas connu le succès de celle à Stalingrad. Le lien avec le souvenir de la Libération ne fonctionne pas dans le cas du pionnier de l'espace : la figure pacifique de Gagarine ne rentre en résonance ni avec la Guerre froide ni avec la Seconde Guerre mondiale.

Au final, la Détente et le réchauffement des relations franco-soviétiques permettent surtout aux élus du Parti communiste de célébrer un citoyen soviétique. La carte démontre que le rayonnement territorial du sortir de la guerre a laissé la place au fonctionnement en réseau du parti. L'hommage est donc essentiellement identitaire et militant.

Des années 1970 à nos jours : guerre fraîche ou détente ?

La fin des années 1960 est une rupture, car le contexte réglementaire connaît une importante évolution. Le contrôle de l'État sur les décisions des communes devient plus lâche : le décret du 29 novembre 1968 supprime le contrôle du ministère de l'Intérieur concernant les décisions des conseils municipaux en matière de toponymie. Les préfets deviennent les seuls mais incontournables juges de la pertinence des choix des élus municipaux. Cette tendance est accentuée par la loi de décentralisation du 2 mars 1982 qui fait disparaître la tutelle préfectorale. Le contrôle de l'État s'exerce désormais *a posteriori* ; en cas de litige constaté, c'est désormais au juge administratif qu'il convient de trancher. Le desserrement puis la disparition du contrôle étatique font apparaître des tendances qui restaient depuis les années 1940 étouffées. Avec un nombre de références qui reste limité, la toponymie devient un champ de lutte idéologique : anticommunisme et antiaméricanisme sont les traits saillants de la période.

L'hommage à des personnalités étrangères s'était banalisé dans les années 1960 ; il se politise dans les années 1970. Dans les mairies de gauche, des figures comme Martin Luther King et Salvador Allende honorent des combattants de la liberté ; elles rappellent aussi les travers de la politique intérieure et extérieure des États-Unis. Les municipalités de droite profitent aussi du nouveau contexte. À Fréjus, le 17 décembre 1984, François Léotard, maire de la commune, et Michel Noir, maire de Lyon, inaugurent une avenue Sakharov[38].

La chute du Mur marque ensuite un tournant. Si on ne constate pas de regain d'atlantisme, les références prosoviétiques connaissent alors une démonétisation relative. En 1991, la Seyne-sur-Mer transforme le boulevard Staline – le dernier de France – en Stalingrad[39]. La même année, à Toulon, le quai Stalingrad retrouve le nom de Cronstadt donné au XIXe siècle. À Paris, la partie du boulevard de la Villette, baptisée par arrêté municipal du 7 juillet 1945, « place de Stalingrad » est renommée le 26 novembre 1993 : la dénomination devient « de la Bataille de Stalingrad ».

Mais les événements de 1989 ne mènent pas à une vague de *damnatio memoriae* car la prudence des municipalités pendant la Guerre froide produit alors ses effets : le nombre de rues aux références « intolérables » est très limité. Il resterait, par exemple, une cinquantaine de rues ou avenues Lénine en France. Si ce nombre est important pour un pays d'Europe de l'Ouest, cela ne le place pas dans la même situation que les anciens pays communistes est-européens confrontés à une présence massive de toponymes hérités[40]. L'État français ne se préoccupe d'ailleurs pas de la mémoire toponymique de la Guerre froide[41]. Si des préfets font débaptiser des rues Pétain, l'unique rue Staline demeure à Essômes-sur-Marne dans le sud de l'Aisne[42].

Il y a bien une toponymie de Guerre froide. Mais il s'agit d'un objet historique inattendu. Les élans atlantistes ou philosoviétiques ne se sont exprimés qu'à la marge. Une nouvelle division de la communauté nationale après 1945 est probablement inimaginable pour une majorité des Français : les choix toponymiques sont donc faits au sein des références nationales. La Détente diplomatique révèle le fait que ces craintes de déchirures ne sont pas vaines : les lignes de fractures de la Libération persistent. « Deux France » ont des positions différentes face aux États-Unis et à leur poli-

---

38. Guillon Jean-Marie, « Batailles de mémoires en Provence », *in* Bouvier J.-C., Guillon J.-M., *op. cit.*, p. 123-138.
39. *Idem*, p. 137.
40. « Allemagne : Viens chez moi, j'habite rue Lénine », *Gazeta Wyborcza*, 4.1.2012. Consultable à l'adresse : http://www.presseurop.eu/fr/content/article/1354451-viens-chez-moi-j-habite-rue-lenine.
41. « La simple évocation de la suppression du nom "Pétain" a déjà suscité de vives réactions », *L'Union*, 20.11.2010.
42. Sa dénomination date de la Libération et fait référence aux chefs d'État présents à Yalta : la rue débouche sur les rues Churchill et Roosevelt.

tique extérieure. Une partie de la population s'oppose, au moins par la retenue, à l'atlantisme des gouvernements.

Après la chute du Mur de Berlin, comme dans les années 1950, la toponymie donne l'image d'une mémoire froide du conflit Est-Ouest. Mais désormais, c'est moins la crainte que l'indifférence qui explique ce désintérêt. L'Histoire a néanmoins prouvé que les choses peuvent changer et les passions rejaillir.

Les jumelages entre Guerre froide et enjeux locaux

William Richier

Les jumelages sont l'expression du fédéralisme européen et plongent leurs racines dans l'entre-deux-guerres. Ils prennent leur essor dans les années 1950, portés par l'espoir d'une Europe solidaire et pacifique, à la croisée de l'internationalisme ouvrier et de l'universalisme catholique. Ils seront toutefois vite emportés par les logiques de Guerre froide : le clivage Est-Ouest sépare une Fédération mondiale des villes jumelées soviétophile d'autres organisations très anticommunistes. Le phénomène des jumelages illustre pleinement ce que fut « la Guerre froide vue d'en bas », puisqu'il fait passer les relations internationales des ambassades aux mairies et aux associations municipales. On peut évoquer une véritable « paradiplomatie » de certains édiles. Les enjeux et usages locaux deviennent déterminants, même si s'esquissent des pratiques globales. L'histoire des jumelages embrasse, en même temps, la question des représentations de l'autre et de leurs traductions idéologiques au niveau local, le souvenir des guerres mondiales ou encore l'implantation des organisations à l'échelle municipale. Il convient d'appréhender également les spécificités de la société politique française, caractérisée par un PCF puissant, suscitant à la fois rejet et fascination et solidement implanté dans ses bastions municipaux comme la ceinture rouge parisienne. L'étude des jumelages bénéficie déjà d'une historiographie de grande qualité[1] et les articles des correspon-

---

1. À titre d'exemple on citera : Defrance Corine, « Les jumelages franco-allemands. Aspects d'une coopération transnationale », *Vingtième siècle. Revue d'histoire*, n° 99 juillet-septembre 2008, p. 189-201; Belot Robert, « Le jumelage des villes : avatars d'une "bombe de paix" dans la Guerre froide », *in* Fleury Antoine, Jilek Lubor (dir.), *Une Europe malgré tout : contacts et réseaux culturels et scientifiques entre Européens dans la Guerre froide*, Bruxelles, PIE Peter Lang, 2009 ; Vion Antoine, « L'invention de la tradition des jumelages », *Revue française de science politique*, vol. 53, 2003/4, p. 559-582 ; Bergeret-Cassagne Axelle, *Pour une Europe fédérale des collectivités locales. Un demi-siècle de militantisme au sein du Conseil des Communes et des Régions d'Europe (1950-1999)*, Paris,

dants départementaux de l'IHTP reflètent la diversité des situations locales. Nous avons ajouté l'étude de trois villes de la région parisienne illustrant à la fois des choix (jumelages avec des municipalités d'Europe de l'Ouest, d'URSS et de RDA) et des objectifs différents de participation populaire. Il convient ainsi de distinguer les jumelages tournés vers l'Ouest de ceux qui franchissent le Rideau de fer.

Les jumelages Ouest-Ouest

Le maire gaulliste de Nogent-sur-Marne jumelle sa ville avec Siegburg (RFA) en juillet 1964 puis Yverdon (Suisse) l'année suivante[2]. Dans ses Mémoires, il motive sa première décision par le rapprochement franco-allemand cher à de Gaulle, et la situation d'une sœur voisine de sa capitale, proche du Rhin et riche de traditions festives. Le choix d'une commune germanique suscite toutefois les réticences des anciens combattants. Quant à la Suisse, il la conçoit comme une « nation symbole de paix et de solidarité »[3]. Son adjoint Jean Maudry affirme que l'apparentement avec Yverdon avait pour fonction de « faire passer la pilule allemande auprès de l'opinion »[4]. Les relations sont actives : le jumelage débute par des échanges d'étudiants avec Siegburg dès 1964, et se poursuit par des compétitions sportives, l'envoi de chorales, ou de jeunes Français qui partent travailler dans des usines de la sœur allemande[5]. L'essentiel demeure cependant la participation des villes jumelées à la fête biennale du *Petit Vin Blanc*, attraction phare de Nogent. Lancée en 1954 à l'initiative de Nungesser, elle s'appuie sur la chanson à succès de Jean Dréjac pour célébrer le mythe des bords de Marne à la Belle Epoque. Elle s'inscrit dans la politique d'aménagement du territoire, et vise à faire de Nogent le centre touristique et festif de la banlieue Est. Une délégation de Siegburg assiste aux réjouissances en 1965 puis en 1967 avec celle d'Yverdon. Nungesser a

---

L'Harmattan, 2009 ; Chombard-Gaudin Cécile, « Pour une histoire des villes et communes jumelées », *Vingtième Siècle. Revue d'histoire*, n° 35, 1992, p. 60-66.

2. Une incertitude pèse sur l'année de jumelage avec Yverdon : probablement 1965, peut être 1964.

3. Nungesser Roland, *Du petit vin blanc au Palais Bourbon*, Paris, Albin Michel, 2003, p. 44.

4. Milza Pierre, Blanc-Chaléard Marie-Claude, *Le Nogent des Italiens*, Paris, Autrement, 1995, p. 146.

5. Archives municipales de Nogent. Supplément à *Gazette Sud*, n° 466 bis, janvier 1967, p. 45. Carton 3D9/13 Nogent-sur-Marne (supplément annuel au *Journal du Val-de-Marne*) 1965-1966.

jumelé sa ville avec des sœurs susceptibles d'amener des touristes. La première est un lieu de détente pour les habitants de Bonn et Cologne, la seconde borde le lac de Neuchâtel. À l'occasion de la cérémonie de réception de la chorale de Siegburg à Nogent en septembre 1968, Michèle Dorman entonne le *Petit Vin Blanc* après les discours de bienvenue. La chanson prendra au fil des ans un tour quasi officiel dans les relations de jumelage[6].

Le choix des communes sœurs revêt également une dimension politique. Le 17 juillet 1964, le conseil municipal vote l'appariement avec Siegburg et Yverdon[7] réalisé sous l'égide de l'Union internationale des maires, organisation née en 1950 à Stuttgart afin de favoriser le rapprochement franco-allemand. Elle avait été pensée par des intellectuels suisses soucieux de promouvoir le modèle helvétique en Europe[8]. Le serment de jumelage avec Siegburg[9] évoque la « civilisation occidentale » et son « esprit de liberté » qui « s'est d'abord inscrit dans les franchises qu'elles [les anciennes communes] surent conquérir », il se prononce pour « un monde élargi » qui « ne sera vraiment humain que dans la mesure où les hommes vivront libres dans des cités libres », la « fraternité et l'unité européenne », « entreprise de paix et de prospérité ». Outre le comité de jumelage composé d'élus, les associations chrétiennes jouent un rôle essentiel dans les relations avec Yverdon et Siegburg, particulièrement l'Association catholique d'action sociale ou les chorales Vent d'Est et les Moineaux du Val-de-Marne. À l'été 1967, ces derniers effectuent une tournée à Aoste, Rome (dans un congrès réunissant 54 nations, consacré par une messe du pape Paul VI), Assise, Yverdon[10]. La chorale de Siegburg, invitée en septembre 1968, est accueillie en allemand par le curé Cordier le dimanche matin et chante une messe avec Vent d'Est[11]. L'idéologie sous-jacente à ces jumelages correspond bien aux valeurs de Konrad Adenauer et de la Loi Fondamentale : l'Europe chrétienne, décentralisée et libre-échangiste contre les totalitarismes. Elle est le fruit du Traité de l'Élysée. Mais elle s'oppose implicitement à la politique du chancelier Erhard et du président de la Commission européenne Walter Hallstein. Roland Nungesser a opté

---

6. AM de Nogent, « Siegburg et la fleur de tournesol », *Le Val-de-Marne*, n° 19, novembre 1968, p. 5. Carton 407 W.
7. AM de Nogent, délibérations n° 1143 et 1144, séance du 17 juillet 1964. Registre des délibérations du conseil municipal du 14 mai 1964 au 10 juin 1966, AM de Nogent, I DI/50.
8. Defrance C., article cité, p. 191.
9. AM de Nogent, Serment de jumelage entre Heinrich, maire de Siegburg, et Roland Nungesser, maire de Nogent-sur-Marne du 20 juin 1964. Carton 407 W.
10. AM de Nogent, « Yverdon-Nogent une amitié s'est nouée », *La Gazette du Val-de-Marne*, n° 471, septembre 1967, Carton 407W.
11. *Ibid.*, p. 6.

pour une ville suisse et l'Union internationale des maires (UIM), au lieu du Conseil des communes d'Europe par rejet de la supranationalité.

Au-delà des informations qu'apporte cette étude de cas, les jumelages Ouest-Ouest présentent, à côté de quelques dénominateurs communs, une grande diversité. Les motivations économiques sont essentielles dans les appariements Ouest-Ouest. En 1955, Montpellier se jumelle avec Louisville aux États-Unis sous l'égide du Monde bilingue et prévoit d'y organiser une journée des vins du Languedoc qui ont du mal à se vendre. La ville américaine est de son côté le siège de Brown-Forman, multinationale des alcools. En mai 1957, Montolivet, village du canton de la Ferté-Gaucher, se jumelle avec la commune belge d'Onoz dont le bourgmestre, le comte de Beauffort fut le chef de cabinet de son oncle Charles d'Aspremont, ancien ministre belge de l'Agriculture, à une époque où l'Europe verte se prépare. Évreux est appariée à Rugby (Angleterre) en 1959 et à Rüsselsheim (RFA) en 1961, deux villes au tissu industriel très dense. En 1963, Grenoble s'associe à Innsbruck en vue de préparer les Jeux olympiques d'hiver. Les jumelages à Montolivet et Évreux se constituent sous la houlette du Conseil des Communes d'Europe, très lié à la CEE. Il est à l'origine de la Communauté européenne du crédit communal, créée en 1954 pour faciliter les opérations d'emprunts des collectivités locales en relation avec l'exécutif du Marché Commun[12]. Le CCE touche d'importants financements, notamment du Quai d'Orsay et des Communautés européennes[13].

Le CCE organise certainement des appariements discrets dans le domaine stratégique. Jean Bareth secrétaire-général du CCE, soutient le jumelage entre Fontainebleau et Constance, respectivement siège du SHAPE et d'une garnison française (1960). Il s'agit du premier jumelage entre une ville de Seine-et-Marne et une commune de RFA. On observe de réelles réticences des municipalités françaises à s'associer à leurs homologues allemandes. La cérémonie de jumelage n'est organisée à Évreux qu'en octobre 1961, après que le maire socialiste de Rüsselsheim eut apporté une aide financière à la ville normande afin de réparer les dégâts causés par un ouragan en juin. Le Limousin, marqué par le souvenir d'Oradour-sur-Glane, ne connaît aucun jumelage avec une ville allemande avant 1969[14]. Corine Defrance montre que les années 1958 et 1963, qui vont de la nais-

12. Bergeret-Cassagne A., *op. cit.*, p. 143.
13. *Ibid.*, p. 69-70.
14. Chombard-Gaudin Cécile , « Des dates et des lieux en Bourgogne Languedoc Roussillon et Limousin », *Mappemonde*, n° 4, 1995, p. 12.

sance de la Ve République au traité de l'Élysée, marquent l'essor des jumelages franco-allemands[15].

De manière générale, les motivations politiques qui conduisent aux jumelages Ouest-Ouest sont fondées sur la défense du monde libre, et ses valeurs telles qu'elles étaient notamment portées par les milieux fédéralistes européens de la Résistance socialiste ou chrétienne dont les membres, réfugiés en Suisse, publient en 1944 la *Déclaration des Résistances européennes.* Ses principaux auteurs sont Ernesto Rossi, Altiero Spinelli et Henri Frenay. Cette mouvance trouve ses sources chez les non-conformistes des années 1930, nébuleuse d'inspiration chrétienne, décentralisatrice, européenne, en quête d'une troisième voie. Ils sont également influencés par des intellectuels anglo-saxons tels que Barbara Wootton et William Beveridge membres du mouvement *Federal Union* en 1938 ou l'Américain Clarence Streit auteur en 1939 de *Union Now*[16]. Les socialistes et les chrétiens entretiennent des relations avec les États-Unis, par le biais des exilés ou de *l'Office of Strategic Services.* En 1942, Allen Dulles se rend en Suisse pour le compte de l'OSS afin de nouer des contacts avec les Résistances européennes et de collecter des renseignements sur le Reich[17]. Au sein du Département d'État, John Foster Dulles, Bullit et Kennan conçoivent le projet d'une fédération européenne, tournée contre l'URSS. Peu entendus par Roosevelt, ils ont cependant l'oreille de Truman. Dulles envisage d'intégrer l'Allemagne dans une Europe fédérale, elle-même incluse dans une union atlantique. Elle serait organisée autour de la Ruhr et du Rhin. Malgré les relais dont disposent les États-Unis dans les milieux fédéralistes européens, ces derniers se méfient de l'Allemagne, restent attachés au maintien de la Grande Alliance et croient dans une Europe « Troisième Force » au-delà des Blocs. L'Union européenne des fédéralistes espère s'implanter dans les pays de l'Est jusqu'à ce que le coup de Prague ne dissipe ses illusions[18]. Le CCE[19], le Monde bilingue et, de toute évidence, l'UIM partagent l'ambition de développer les échanges, particulièrement dans le domaine commercial, et les projets mutuels de reconstruction entre villes jumelées d'Europe occidentale. Ils bénéficient du soutien officiel du Vatican, de financements patronaux, et puisent leurs

---

15. Defrance C., article cité, p. 197.

16. Heyde Veronika, *De l'esprit de la Résistance jusqu'à l'idée de l'Europe*, Bruxelles, Euroclio, 2010, p. 114.

17. *Ibid.*, p. 177 et suivantes.

18. Vayssière Bertrand, « L'Europe aux Européens : les tentatives fédéralistes de s'implanter à l'Est dans l'après-guerre », *in* Fleury Antoine et Jilek Lubor (dir.), *Une Europe malgré tout : contacts et réseaux culturels et scientifiques entre Européens dans la Guerre froide*, Bruxelles, PIE Peter Lang, 2009, p. 205.

19. Conseil des communes d'Europe.

cadres chez les catholiques de gauche issus de la Résistance, généralement des revues *Esprit* et *Témoignage chrétien.* Ces organisations ne dissimulent pas leur commune appartenance à la Communauté atlantique et leur hostilité à l'égard du bloc de l'Est.

Le Monde bilingue est fondé à Paris en août 1951 par Jean-Marie Bressand, Henri Frenay, André Voisin, etc. L'association reçoit notamment le soutien de Daniel-Rops, de Michel Debré, et le parrainage du Président de la République Vincent Auriol[20]. Elle se donne pour but de promouvoir, dès l'école primaire, l'enseignement de l'anglais aux enfants francophones et celui du français aux anglophones en laissant aux jeunes Européens le choix entre l'une et l'autre de ces langues. Ainsi les citoyens du Monde libre auraient tous une seconde langue maternelle qui serait celle de Molière ou de Shakespeare. Le jumelage entre Luchon et la ville anglaise d'Harrogate en 1952 étrenne l'expérience. En 1954, c'est au tour d'Arles et d'York (États-Unis). L'association reçoit le soutien d'Eden, ministre britannique des Affaires étrangères et d'Eisenhower, comme commandant en chef de l'OTAN puis en tant que Président des États-Unis. On constate que le Monde bilingue est très proche des milieux de la défense français et anglo-saxons. Les officiers y sont nombreux, Bressand est lui-même capitaine et son livre met régulièrement en évidence l'intérêt du bilinguisme franco-anglais dans les armées[21]. Après la guerre, les Britanniques ont formé militairement les Français et échangé avec eux des renseignements stratégiques[22]. Il est suggéré dans l'ouvrage de Bressand que l'usage des deux langues s'impose au sein de la Communauté européenne de défense. Cela répondrait au vœu de Paris consistant à faire de la France le troisième pilier de l'OTAN. La volonté de muer Luchon en ville bilingue rappelle le projet d'Union franco-britannique de fusion des souverainetés qu'avait proposé le Royaume-Uni à la France en 1940, et faciliterait le soutien logistique de Londres aux maquis comme cela se pratiquait pendant la guerre. Le Monde bilingue est à l'évidence un de ces réseaux d'actions civiques atlantiques qu'ont déployés les Anglo-Saxons en Europe de l'Ouest au début des années 1950. Ces organisations clandestines devaient préparer la résistance en cas d'occupation soviétique[23]. Les jumelages permettent de drainer des informations à l'échelle internationale[24].

---

20. Bressand Jean-Marie, *Jean-Marie Bressand présente le monde où l'on s'entend*, Paris, le Monde bilingue, 1953, p. 55.
21. *Ibid.*
22. Sanderson Claire, *France, Grande-Bretagne et défense de l'Europe 1945-1958 : l'impossible alliance ?*, Paris, Publications de la Sorbonne, 2003, p. 204-206.
23. Zorgbibe Charles, *Histoire de l'OTAN*, Bruxelles, Editions Complexe, 2002, p. 121-123.
24. Sanderson C., *op. cit.*, p. 227.

L'Union internationale des maires que nous avons déjà présentée a parrainé le jumelage de Montbéliard et Ludwigsburg (1950)[25]. Le Conseil des Communes d'Europe est créé à Genève en 1951. Il regroupe alors 26 représentants de collectivités locales originaires de 9 pays et régions : France, RFA, Benelux, Italie, Suisse, Sarre et Danemark[26]. Il est imprégné de la pensée du Suisse Adolf Gasser et d'Emmanuel Mounier, et entend défendre les libertés communales et les droits de la personne contre les totalitarismes. L'influence catholique est si forte qu'il faut attendre l'échec de la CED en 1954 pour que les socialistes y adhèrent. Defferre devient le président de la section française en 1957. Le CCE est très lié à l'Europe supranationale des Six, et promeut les partenariats économiques entre municipalités et régions d'Europe de l'Ouest. Le CCE matérialise les projets des frères Dulles visant à bâtir une Europe organisée autour de la Ruhr et du Rhin et tournée contre l'URSS.

Les jumelages avec l'Est : deux études de cas

Pantin offre l'exemple d'un jumelage avec l'arrondissement de Dzerjinski, à Moscou, conclu tardivement (1966) et mené sans grand enthousiasme par les maires communistes successifs Jean Lolive (1959-1968) puis Fernand Lainat. Dans un courrier du 4 octobre 1965[27], qu'il adresse vraisemblablement aux membres du conseil municipal, le Premier magistrat annonce que sa commune entretient depuis plusieurs années « des rapports amicaux avec des villes étrangères » et notamment avec Dzerjinski, « rapports qui devraient [...] préparer le jumelage de notre commune avec ces cités ». Il a reçu une invitation des autorités de la ville soviétique et souhaite agréger à la délégation municipale les partis, organisations et personnalités représentatifs de Pantin. Cet œcuménisme correspond à l'esprit de la FMVJ qui entend intégrer, sans exclusive aux jumelages, les diverses sensibilités qui animent les cités, puis y faire participer la population. Les archives de Pantin n'ont pas gardé trace de relations antérieures à 1965, mais il est possible que les deux villes aient établi des liens discrets peu après l'élection d'un maire communiste en 1959, afin de préparer un jumelage en temps

25. Defrance C., article cité, p. 191.
26. Bergeret-Cassagne A., *op. cit.*, p. 7.
27. Archives municipales de Pantin, Lettre de Jean Lolive et V. Etcheverry du 4 octobre 1965. Carton 282W24.

utile. Une délégation pantinoise arrive à Moscou le 4 novembre 1965[28]. Elle est reçue par le Premier vice-Président du Soviet de Moscou, comme si elle représentait la ville de Paris, et retenue jusqu'au 13 novembre, soit deux jours de plus que le programme initial. Ses membres participent même aux manifestations de la Place Rouge pour le 48e anniversaire de la Révolution d'Octobre. Le rang protocolaire qui leur est accordé les oblige, et les incite probablement à voir la capitale soviétique sous un jour très favorable. Moscou leur apparaît comme une municipalité très démocratique comptant un député pour 6 000 habitants, des arrondissements dotés chacun d'une assemblée élue, tandis que Paris ne totalise que 90 conseillers municipaux. On a construit 125 000 logements de type HLM pour l'année 1965, contre un peu plus de 10 000 dans le département de la Seine dont la population est équivalente à celle de Moscou. Le Plan a permis d'édifier des hôpitaux, des crèches, d'étendre un métro plus vaste qu'à Paris et d'améliorer la desserte en eau potable, grâce à une fiscalité plus légère qu'en France. Cela tient à la planification socialiste, élaborée démocratiquement, dans le seul intérêt des populations, à l'opposé du plan capitaliste au service des monopoles. Les thèmes qu'aborde le compte-rendu du voyage sont le quotidien des élus municipaux français. Pantin compte plus de 3000 familles sans logis et mal logés[29], et l'adoption du Ve Plan, en novembre 1964, avait suscité une vague de critiques de la part de la gauche unie derrière la candidature de François Mitterrand. Un contre- plan de Julien Ensemble, préfacé par des syndicalistes FO, CGT, CFDT[30], dénonçait une planification insuffisamment contraignante et vidée de son contenu par un ministre des Finances donnant la priorité à la lutte contre l'inflation[31]. À un mois des élections présidentielles, le voyage des élus pantinois à Moscou a évidemment pour but de renforcer l'anti-gaullisme au niveau local et d'affaiblir le Président de la République. Le 26 mai 1966, Jean Lolive et Mikaïl Kouznetsov, au nom de Dzerjinski, signent à Pantin une convention de jumelage, au moment où les relations franco-soviétiques s'améliorent.

Mais les Français semblent réticents aux appariements. Les initiatives viennent généralement des Russes, et, en 1970, le comité de jumelage se fixe encore pour objectif d'intégrer toutes les idéologies qui existent dans

---

28. AM de Pantin, *Compte-rendu de la délégation du comité de jumelage municipalité Dzerjinski-Moscou par le maire Jean Lolive*, novembre 1965, Carton 282W24.
29. AM de Pantin, entretien du lundi 23 mai. Jumelage Pantin-Dzerjinski. Carton 282W24. Il s'agit très certainement du 23 mai 1966.
30. Ensemble Julien, *Le contre-plan*, Paris, Le Seuil, 1965. Les syndicalistes sont respectivement Maurice Labi, Pierre Le Brun et René Bonéty.
31. *Ibid.*, p. 26-27.

la population[32]. L'appariement avec la ville italienne et communiste de Scandicci n'est conclu qu'en 1969, et celui d'une ville de RDA ne le sera jamais malgré les pressions amicales des Allemands. Le premier document concernant l'Allemagne de l'Est à Pantin est une lettre de Fernand Lainat au maire de Francfort-sur-l'Oder du 18 octobre 1969, expliquant pourquoi il n'a pu honorer l'invitation de son homologue[33] et une note de réunion du 28 octobre[34] indique « problème : Francfort ou Spremberg ». Les archives du fonds de l'association France-RDA à Bobigny prouvent que des contacts ont été noués dès 1966. En octobre[35], 7 militants de l'UL-CGT de Pantin sont invités par la FDGB de Spremberg et y rencontrent le maire qui leur remet un courrier invitant son homologue français. La note évoque un éventuel jumelage et en décembre une exposition sur la RDA est organisée à la Bourse du travail de Pantin. Ce type de relations officiellement nouées entre syndicats est caractéristique des relations établies de manières informelles entre les villes communistes françaises et leurs homologues de l'Est, en vue d'un éventuel jumelage susceptible d'être évoqué au moment opportun, pendant une campagne présidentielle par exemple. En juin 1970, les *Échanges franco-allemands* animent une exposition sur la RDA à la mairie de Pantin[36]. Spremberg semble avoir été oubliée par la suite, et il est seulement question d'une rencontre sportive avec Scandicci et Francfort lors de la réunion du comité de jumelage du 22 janvier 1970[37].

Les archives de la mairie nous renseignent sur le caractère complexe qu'entretiennent les comités de jumelage avec les sociétés d'amitiés en relation avec les pays de l'Est. La FMVJ conçoit les jumelages comme un instrument de culture populaire, à caractère éducatif strictement apolitique. Le Parti cherche à impliquer les sociétés d'amitié dans les relations entre cités. Le maire Fernand Lainat est membre du comité départemental de France-URSS et son camarade et adjoint Marcel Lepron anime un comité local de 27 membres en 1969-1970[38]. Ce dernier prévoit de se joindre à la

---

32. AM de Pantin, réunion du comité de jumelage du 9 décembre 1970. Carton 282W24.

33. AM de Pantin, lettre de Fernand Lainat, maire de Pantin, au bourgmestre de Francfort-sur-l'Oder, le 18 octobre 1969. Carton 282W25.

34. AM de Pantin CR du voyage de Scandicci, 28 octobre 1969. Carton 282W25. Il s'agit probablement d'une réunion du comité de jumelage.

35. Archives départementales de Bobigny, note d'information Pantin novembre 1966. Carton 38J92, Fonds France-RDA.

36. AD de Bobigny, dépliant *« Où va la RDA ? Les Echanges franco-allemands vous invitent ».* Carton 38J92, Fonds France-RDA.

37. AM de Pantin, lettre de Fernand Lainat, Président du comité de jumelage, maire de Pantin, 16 janvier 1970 : réunion du comité de jumelage du 22 janvier 1970.

38. AM de Pantin, etat d'organisation France-URSS en Seine-Saint-Denis au 8 septembre 1971. Carton 282W25, Dossier France-URSS.

municipalité et au comité de jumelage pour accueillir la délégation soviétique attendue pour le 22 juin[39]. En même temps, un courrier du comité départemental de France-URSS au maire de novembre 1970 traduit la colère d'un responsable de l'Association informé par un adjoint d'un prochain séjour à Dzerjinski d'une délégation du comité de jumelage[40]. Il regrette que la municipalité ait fait appel à la société d'amitié pour obtenir les visas et l'ait ignorée pour organiser le voyage.

À ce mariage de raison entre Pantin et Dzerjinski, le jumelage entre Argenteuil et Dessau offre au contraire les qualités exemplaires d'un modèle du genre. Le 12 octobre 1959, Argenteuil a conclu un traité d'amitié avec Dessau. Il s'agit du premier jumelage entre une ville française et une consœur de RDA[41]. Il se caractérise par son dynamisme : Victor Dupouy maire communiste depuis 1935 n'a pas oublié les bombardements qu'a subis sa commune pendant la guerre et s'applique à promouvoir un jumelage modèle sous l'égide de la FMVJ. Selon l'édile, les représentants d'Argenteuil en quête d'une ville étrangère ont rencontré ceux de Dessau lors d'un congrès de l'Union internationale des pouvoirs locaux qui se tenait à Berlin-Ouest en juin 1959[42]. Il est plus probable cependant que des relations discrètes aient été nouées dès 1956[43]. Le 18 septembre 1959, le conseil municipal décide à l'unanimité l'adhésion de la commune à la FMVJ et la constitution d'un comité local de jumelage[44]. Le 12 octobre, un traité d'amitié est signé à Dessau, à l'occasion du Xe anniversaire de la RDA. En

39. AM de Pantin, lettre de Marcel Lepron pour le comité local de France-URSS le 20 juin 1970. Carton 282W25, Dossier France-URSS. La venue de la délégation est finalement ajournée.

40. AM de Pantin, lettre de Pierre Liard, secrétaire général à Fernand Lainat, maire de Pantin, 3 novembre 1969. Carton 282W25, dossier France-URSS. Pierre Liard est membre du comité départemental. Lors de la réunion du comité national d'octobre 1970, il est élu secrétaire national délégué à la promotion des voyages. Comme le suggère le compte-rendu du comité départemental du 13 novembre 1970, il n'occupait pas jusque-là de responsabilité nationale.

41. « Les jumelages entre les villes de France et de RDA se multiplient, mais... », *Rencontres franco-allemandes*, n° 7, novembre 1960, p. 12.

42. AM d'Argenteuil, « Pourquoi un comité de jumelage ? Une interview de Victor Dupouy, Président du comité de jumelage, Maire d'Argenteuil », *La Renaissance d'Argenteuil*, 27 février 1960, in *30ème anniversaire du comité de jumelage d'Argenteuil : pour la paix et l'amitié (1959-1989)*, p. 9. Carton 86W16.

43. AM d'Argenteuil, Lettre du député communiste Léon Feix à Maurice Couve de Murville, ministre des Affaires étrangères, 19 septembre 1966. Carton 61 W5, Léon Feix écrit: « Le vif désir qu'a la Municipalité d'Argenteuil de pouvoir recevoir les représentants de DESSAU s'explique par les liens étroits d'amitié établis depuis 1956 entre les deux villes ».

44. AM d'Argenteuil, extrait du registre des délibérations du conseil municipal le 18 septembre 1959. Carton I4W264.

novembre, un comité de jumelage de 55 organisations locales est constitué sous la présidence de Victor Dupouy[45]. Il devient définitif le 12 février 1960, et le 29, Victor Dupouy en déclare l'existence au préfet[46]. En novembre, Argenteuil avait prié la FMVJ de lui trouver des sœurs anglaises et italiennes, et entamé des pourparlers avec Noguinsk, ville de la banlieue de Moscou en vue d'un jumelage[47] qui n'aura jamais lieu. Le 1er mai 1960, Mary Gunns, maire d'Oldbury signe un traité d'amitié à Argenteuil, le 12 juin, c'est au tour de Gemma Enzo, adjoint communiste au maire socialiste d'Alessandria. Dès l'été 1960, Argenteuil envoie des enfants chez ses trois sœurs et en reçoit (à l'exception des Allemands)[48] tandis qu'en mars 1961, une première délégation de femmes est envoyée à Dessau[49].

Il est très rare qu'une ville de la FMVJ se jumelle avec une commune de l'Est avant une sœur anglaise. En général, c'est l'inverse qui se produit. À l'évidence, le Parti communiste avait prié Victor Dupouy d'apparier Argenteuil pour le Xe anniversaire de la RDA. Il a ensuite agi très vite pour nouer d'autres jumelages. Ses choix correspondent pleinement à l'esprit de la FMVJ et de son président, le chanoine Kir. Pour prévenir toute nouvelle guerre capitaliste venant de RFA, il cherche à nouer des contacts avec les Alliés (Grande-Bretagne[50], URSS) et les Résistants d'hier et de demain (commune italienne gérée par des socialistes, des communistes et des démocrates-chrétiens[51] ; Allemagne ouvrière et socialiste), et compte sur la

45. AM d'Argenteuil, traité d'amitié entre les villes d'Argenteuil (France) et Oldbury (Grande-Bretagne) du 1er mai 1960. Carton I4W264.
46. AM d'Argenteuil, Lettre de Victor Dupouy à M. le Préfet du 29 février 1960. Carton I4W264.
47. AM d'Argenteuil, procès-verbal de la réunion du conseil municipal le lundi 9 novembre 1959. Carton I4W264.
48. AM d'Argenteuil, STS 1960 : « La jeunesse d'Argenteuil fait connaissance avec les jeunes Anglais et les jeunes Italiens » par Simone Liénard, adjoint au maire d'Argenteuil. Il s'agit probablement d'un discours. Carton 14W264.
49. AM d'Argenteuil, « Une première délégation de travailleurs d'Argenteuil se renseigne à Dessau sur les organisations sociales, de santé et scolaire », compte-rendu de 1961. Carton 3D23-27.
50. Lire à cet égard : « Depuis le 1er mai Argenteuil est officiellement jumelée à Oldbury », *La Renaissance d'Argenteuil*, nº 783, 7 mai 1960, AM d'Argenteuil, carton 3D23-27. L'article est sous-titré « Entente cordiale ».
51. « Nos amis Italiens sont là », *La Renaissance d'Argenteuil*. AM d'Argenteuil, carton 3D23-27, date du journal non indiquée, probablement le nº 788 du 11 juin 1960. Parmi les délégués italiens qui se sont rendus à Argenteuil pour signer le traité d'amitié figure l'élu communiste William Valsesia, ancien FTP français.

participation des masses[52]. C'est la raison pour laquelle un comité de jumelage, tel celui d'Argenteuil, doit être représentatif.

En janvier 1961, ce dernier comprend 54 organisations[53] parmi lesquelles l'Association des anciens combattants volontaires la Résistance, Orgemont sport, Société d'horticulture, la JOC, la symphonie d'Argenteuil, l'Action catholique générale féminine, le syndicat des Communaux, le PCF, le PSA, l'UGS, l'Union touristique les Amis de la nature, l'aéroclub, les déportés du travail et réfractaires, l'Amicale des Bretons d'Argenteuil, les Scouts de France, la Croix-Rouge, Estudiantina, le Billard Club, France-URSS, le SNI, les associations de parents d'élèves, les unions locales CGT et CFTC, l'ARAC, I'UFF, l'Union des vieux travailleurs, les Amitiés franco-chinoises, la Fédération nationale des déportés, internés, résistants, patriotes, le Mouvement de la paix, l'Union progressiste, les syndicats des architectes, etc. Cet œcuménisme justifie à la fois la représentativité et l'apolitisme du comité de jumelage, puisque l'on trouve aux côtés d'associations très diverses, le PCF et la gauche non communiste, notamment chrétienne. En pratique, la municipalité et ses nombreuses organisations satellites (Mouvement pour la Paix, UFF, ARAC, CGT, etc.) garantissent au Parti communiste le contrôle du comité de jumelage. Plus de 900 Argenteuillais se rendent à Dessau entre octobre 1959 et novembre 1970[54] parmi lesquels des élus, des féministes, des chrétiens, des socialistes, d'anciens déportés, des joueurs de football, des enseignants, des syndicalistes, etc. En 1969, à l'occasion du Xe anniversaire du jumelage et des vingt ans de la RDA, Thea Rauschild, maire de Dessau, et Simone Liénard, adjointe et secrétaire du comité de jumelage d'Argenteuil, sont décorées par la « Ligue de l'Amitié entre les peuples de RDA »[55].

Le comité de jumelage d'Argenteuil est extrêmement actif, y compris dans les relations commerciales avec Dessau. Ainsi sa commission économique se donne pour but de faire connaître aux Argenteuillais les produits

---

52. Comme le dit Félix Kir dans son appel aux maires du monde au printemps 1959 « Le jumelage a pour but de mettre en relation les classes populaires. Pratiquement, et l'histoire est là pour le confirmer, ce sont les masses populaires qui sont capables de maintenir la paix » : in *Le bureau de la Fédération mondiale des villes jumelées et les membres de la commission permanente vous invitent à adhérer à la Fédération mondiale des villes jumelées*. AM d'Argenteuil, carton 14W264.
53. « Chronique des villes jumelées », *Rencontres franco-allemandes*, n° 8 janvier, 1961, p. 16.
54. AM d'Argenteuil, lettre de Roger Bahier, secrétaire du comité de jumelage, 7 novembre 1970. Carton 61W5.
55. AM d'Argenteuil, « Haute distinction pour le maire ». Carton 3D23-27.

fabriqués dans la ville sœur[56]. En 1969, il est prévu de construire dans la commune un hall d'exposition de machines fabriquées en RDA[57]. De surcroît, cette dernière se sert des jumelages pour importer des technologies, des savoir-faire, voire des marchandises. En août 1968, 9 apprentis du bâtiment, encadrés par le directeur d'un collège d'enseignement technique, sont invités à Dessau[58] pour construire un HLM lors d'un séjour travail-loisir[59]. À la fin des années 1960, des urbanistes d'Argenteuil font des exposés dans la commune sœur[60]. Cette dernière demande que les Français lui envoient une délégation de chefs d'entreprises pour septembre 1970[61]. À l'inverse, en 1969, Argenteuil prie son amie de recevoir des artisans en difficultés plutôt que des commerçants[62]. La RDA fournit un marché captif et peu exigeant qui pourrait sauver des PME de la faillite.

Le traité d'amitié Argenteuil-Dessau du 12 octobre 1959 prévoit la constitution d'un comité d'amitié dans chaque commune, placé sous la direction du maire et chargé de collaborer notamment avec les associations culturelles avec l'étranger[63]. Cette clause, qui n'apparaît pas dans les pactes conclus avec Oldbury et Alessandria, est destinée aux Échanges franco-allemands nés en avril 1958. Mais ces derniers ne figurent pas sur la liste fondatrice du comité de jumelage lors de la réunion du 9 novembre 1959 à laquelle France-URSS s'était rendue[64]. En janvier 1961, cette clause n'est toujours pas mentionnée[65]. On trouve très peu de traces d'un

56. « Chronique des villes jumelées », *Rencontres franco-allemandes*, n° 8, janvier 1961, p. 20.
57. AM d'Argenteuil Lettre de Simone Liénard à Gérard Auerswald du 11 juin 1969. Carton 14W264.
58. AM d'Argenteuil, carton 14W26. Il est entendu qu'ils paient le déplacement. Voir lettre de Simone Liénard du 30 avril 1968.
59. AM d'Argenteuil, *Ibid.* Voir aussi la lettre de Simone Liénard du 21 mars 1968. Carton 14W264. Le directeur est M. Despierre.
60. AM d'Argenteuil, lettre de Simone Liénard à Thea Rauschild, maire de Dessau, 29 mars 1968, et lettre de Victor Dupouy, maire d'Argenteuil, à Thea Rauschild, maire de Dessau, 7 août 1969, carton 14W264.
61. AM d'Argenteuil Lettre de Roger Bahier, secrétaire du comité de jumelage, à Thea Rauschild, maire de Dessau, 2 juin 1970. Carton 14W264.
62. Lettre de Simone Liénard à Thea Rauschild, maire de Dessau, 18 janvier 1969. AM d'Argenteuil, carton 14W264,
63. Traité d'amitié entre les villes de Dessau (République Démocratique Allemande) et d'Argenteuil (France), 12 octobre 1959. AM d'Argenteuil, carton 14W264.
64. AM d'Argenteuil, procès-verbal de la réunion du 9 novembre 1959, salle de la bibliothèque, sous la présidence de M.Victor Dupouy, maire d'Argenteuil, carton 14W264.
65. « Chronique des villes jumelées », *Rencontres franco-allemandes*, n° 8, janvier 1961, p. 16.

comité local, hormis dans l'organisation d'une exposition en 1969[66], et dans un document datant peut-être du début des années 1960[67] : le bureau directeur s'est réuni le 24 octobre « afin de discuter des incidents créés dans le comité de jumelage » par l'exposition et les conférences sur la RDA réalisées par les EFA « que le compte-rendu du journal *La Renaissance* attribuait au patronage du comité de jumelage », car « aucune manifestation politique, de quelque origine soit-elle n'est admise au Jumelage qui voulant avant tout autre chose, comme l'a justement fait remarquer Monsieur le Maire, réaliser cette coexistence pacifique si prônée !, se doit de faire régner déjà à notre base cette entente sans laquelle il ne peut y avoir de travail efficace ». Ainsi « les organisations qui peuvent prêter à confusion avec le jumelage soit les Échanges franco-allemands ou France-URSS prendront grand soin de se réserver l'exclusivité de leurs activités ». À l'évidence, Victor Dupouy a délibérément écarté les EFA du comité de jumelage afin d'éviter les conflits en son sein et de respecter au mieux l'apolitisme, cher à la FMVJ, quitte à négliger une clause du traité d'amitié probablement imposée par Dessau et le PCF.

LES JUMELAGES AVEC L'EST : UNE DIPLOMATIE PAR LE BAS

L'échec de la CED en août 1954 conduit les Occidentaux à réarmer la RFA, et à l'intégrer dans l'OTAN en mai 1955. Cela inquiète d'autant plus Moscou que Bonn n'a pas reconnu ses frontières orientales, et en juillet Khrouchtchev proclame la doctrine des deux États allemands. Les principaux enjeux de l'évolution du Monde bilingue sont ainsi scellés. En 1955, l'association accueille des progressistes (Pierre Cot), des gaullistes de gauche (le général Billotte, René Capitant) et défend le principe d'un équilibre entre les pays anglo-saxons et le bloc de l'Est. En avril 1957 elle devient la Fédération mondiale des villes jumelées et, en septembre 1959, le chanoine Kir signe, sous ses auspices, un pacte d'amitié. Elle éveille l'hostilité du CCE et de la SFIO[68]. Khrouchtchev est conscient de la fragilité du glacis, et s'inquiète que la RFA, réarmée et redevenue la première

66. AM d'Argenteuil, « Une place d'un nouveau quartier d'Argenteuil sera la place Dessau », document manuscrit, ni daté ni signé. Carton 3D23-27.
67. AM d'Argenteuil. Extrait du procès-verbal de la réunion du bureau directeur, comité de jumelage d'Argenteuil, carton I4W264. Malheureusement non daté. Les archives des journaux *La Renaissance* ou *L'Eclair* permettraient d'établir une date précise à cet événement survenu en octobre.
68. Voir Vion A., article cité.

puissance industrielle du continent, reconstitue son *Hinterland* en renouant des relations commerciales avec des démocraties populaires, lasses de la férule soviétique. Le frêle régime d'Ulbricht, pas même reconnu par les Occidentaux, et qui perd massivement sa main-d'œuvre qualifiée via Berlin, est le plus vulnérable. Moscou entend obtenir la reconnaissance de la RDA, l'instauration d'organismes pan-allemands, la neutralisation de Berlin et la démilitarisation de l'Europe centrale, y compris de l'Allemagne, ce qui aurait pour effet de mettre Bonn et Paris à la merci de l'armée Rouge. Dès 1955, l'URSS entreprend de coordonner les plans des démocraties populaires et de les spécialiser afin de les préserver d'une relation de dépendance économique vis-à-vis de la RFA et des États-Unis. Parallèlement, Moscou cherche à développer les échanges avec l'Europe de l'Ouest et à importer des technologies occidentales pour assurer le succès du Plan septennal (1959-1965). Cela suppose à la fois de multiplier les partenaires commerciaux pour réduire la part de la RFA qui est en 1959 la principale exportatrice ouest-européenne en direction de l'Est.

Les projets du Kremlin s'articulent autour d'une double stratégie : le chantage nucléaire et le discours lénifiant de la coexistence pacifique dont les jumelages sont l'expression. Les sociétés d'amitié sous influence communiste en sont l'adjuvant nécessaire, et si France-URSS ou France-Hongrie est ancienne, la création des Échanges franco-allemands en avril 1958 atteste la primauté de la question berlinoise dans la politique soviétique. Comme l'indique une note interne au PCF: « Il faut rappeler que c'est en 1958 que la direction du Parti a décidé la création des EFA et a demandé aux camarades à qui elle a confié cette responsabilité, d'œuvrer afin de placer cette organisation, immédiatement après France-URSS, compte tenu de l'importance et de l'urgence du problème »[69]. Les comités de jumelage et les sociétés d'amitié cherchent à attirer des milieux sociaux et des sensibilités politiques non communistes, notamment les anciens résistants, les pacifistes, les progressistes, les partisans des États-Unis d'Europe et les nostalgiques de la Grande Alliance. La gauche dissidente, mendésiste ou chrétienne est particulièrement visée. La présence du Doyen Châtelet à la tête des EFA, ou de Charles Hernu au sein du Comité national n'est pas fortuite. Lors du 6e congrès des villes jumelées à Paris en septembre 1967, le catholique La Pira, ancien maire de Florence, engage toutes les villes du monde à coopérer au sein de la FMVJ contre « les im-

69. Note au secrétariat fédéral sur l'activité dans la Fédération concernant l'amitié franco-allemande, Archives départementales de Seine-Saint-Denis, fonds France-RDA 38J2.

périalismes, les racismes et fascismes sans cesse renaissants »[70], s'inscrivant dans la politique extérieure du Kremlin. Les sociétés d'amitié et les jumelages reçoivent le soutien de gaullistes de gauche, tels que le général Billotte, cofondateur de l'UDT, membre de la FMVJ, ministre des DOM-TOM de 1966 à 1968, et régulièrement sollicité pour demander des visas. En pratique toutefois, les jumelages et sociétés d'amitié semblent attirer surtout des opposants au Général[71].

La FMVJ et les sociétés d'amitié parviennent à toucher des secteurs traditionnellement très éloignés du PCF tels que les entrepreneurs et des élus de droite. Le radical Emile Roche, Président du Conseil économique et social, proche des milieux d'affaires se rend à la première réunion du Sénat du conseil économique et culturel des villes jumelées (filiale de la FMVJ, condamnée comme telle par le Conseil de l'Europe en 1961), pour y défendre le principe du libre-échange avec la RDA[72]. La FMVJ et les sociétés d'amitié permettent à Moscou d'étendre son réseau d'influence à toute l'Europe de l'Ouest, et particulièrement à des pays où l'on craint la reconstitution d'une grande Allemagne dans ses frontières de 1937. Comme l'indique une note interne du PCF à propos d'une délégation à Eisenhüttenstadt de syndicalistes de ses villes sœurs Willenhall et Drancy : « que des militants du Labour Party viennent en RDA grâce à la charnière française ne peut qu'aider à faire lever le barrage que les sociaux-démocrates de RFA font peser sur la RDA[73] ». L'Allemagne de l'Est est présentée aux entrepreneurs et aux centristes comme une démocratie parlementaire[74], un double de la RFA acquis au libre-échange comme l'est en principe l'Allemagne de Erhard. La foire de Leipzig est systématiquement mise en valeur. En septembre 1964, elle est organisée sous le thème : « Pour un commerce étendu au monde entier et pour la coopération économique ». Elle semble compléter le *Kennedy Round* qui s'est ouvert en mai[75]. Il n'est guère étonnant, dès lors, que la « cinquième puissance industrielle d'Europe »[76], puisse vivre également son « miracle écono-

70. *« La Renaissance »* du 16 septembre 1967, dossier « Petrodvoretz – Petrerhof » Archives municipales du Blanc-Mesnil.

71. Le nom de François Mitterrand apparaît pour la première fois dans le numéro d'octobre 1962 des *Rencontres franco-allemandes.*

72. *Rencontres franco-allemandes*, n° 8, janvier 1961.

73. Note d'André Renard au secrétariat fédéral le 8 juillet 1965, AD de Seine-Saint-Denis, fonds France- RDA 38J2.

74. Bories Emile, « Les partis en RDA », *Rencontres franco-allemandes*, n° 7, novembre 1960, p. 13.

75. *Rencontres franco-allemandes*, n° 29, octobre 1964, p. 11.

76. *Rencontres franco-allemandes*, n° 5, juin 1960, p. 2.

mique »[77]. Plus globalement, l'image des pays de l'Est s'adapte au public visé : lors du séjour des élus pantinois à Moscou en novembre 1965, celle-ci devient l'éden des édiles de la région parisienne. Si les jumelages avec l'Est entrent bien dans le cadre de la diplomatie soviétique, ils font également des municipalités les acteurs locaux d'une diplomatie par le bas. Ainsi la municipalité jumelée remplit la fonction essentielle de support logistique. Elle soutient des organisations satellites du PCF, associe les non-communistes, et sert de relais à l'implantation d'autres types de jumelages avec l'Est : écoles, universités, associations de loisirs, de culture, entreprises, notamment grâce aux différentes commissions qui composent le comité de jumelage (CJ)[78]. Sont privilégiées les relations avec les milieux culturels, enseignants (afin de toucher les milieux socialistes[79] et les parents d'élèves), les industriels, commerçants et artisans. Les jumelages sont généralement pensés à l'échelle d'un département, voire d'une conurbation dominée par une métropole[80]. Les communes de banlieues dirigées par le PCF se jumellent avec des villes de l'Est, tandis qu'au même moment les sociétés d'amitié préparent un appariement dans la métropole (Paris-Berlin, Lyon-Leipzig, Lille-Erfurt). À terme, il s'agit de jumeler des départements français à leurs homologues de l'Est. En région parisienne, les EFA cherchent systématiquement à marier les gares avec celles de RDA. Les obstacles officiels aux jumelages avec l'Est sont nombreux, procédant à la fois de l'État et de la FMVJ. L'Allemagne de l'Est n'est pas reconnue par la France avant 1973 et le gouvernement se méfie de l'URSS. Les visas sont refusés aux Allemands de l'Est invités par les villes jumelées, et les maires de Glashütte et Eisenhüttenstadt se rendent en Seine-Saint-Denis pour la première fois en juillet 1968[81]. Le maire communiste de Malakoff, Léo Figuères, adresse au Préfet une demande de jumelage avec un quartier de Moscou en mai 1965 que l'intéressé ne transmet au

---

77. Débat organisé par le comité EFA de Drancy et animé par Jacques Farkas en novembre 1969. Voir l'affiche « En l'honneur du 20e anniversaire de la République démocratique allemande ». AM Drancy, carton « Eisenhüttenstadt 1968 à 1970 ».

78. Jeunesse et enfance, sports, affaires culturelles, enseignement, syndicats et jumelages, entreprises à Saint-Denis, voir également le comité de jumelage de Saint-Étienne-du-Rouvray avec Novaïa Kakhovska en URSS, *in* Gomart Thomas, *Double détente : les relations franco-soviétiques de 1958 à 1964*, Paris, Publications de La Sorbonne, 2003 p. 138.

79. AD de Seine-Saint-Denis. Note du 21 décembre 1967 sur la réunion du 19 décembre des militants des comités de jumelage et des responsables des comités EFA de Seine-Saint-Denis par André Renard. Fonds France-RDA 38J2.

80. Particulièrement la région parisienne, le Rhône et Nord-Pas-de-Calais dans les contacts avec la RDA.

81. AD de Seine-Saint-Denis, *La Voix de l'Est*, 24 juillet (?) 1968, fonds France-RDA 38J87.

ministère de l'Intérieur qu'en août 1966. En 1968, le quai d'Orsay n'a toujours pas donné sa réponse. Le Blanc-Mesnil, qui a conclu un jumelage avec Petrodvorets (URSS) en 1961, ne peut accueillir de délégation de sa ville sœur avant septembre 1967 faute de visas. La Charte de la FMVJ interdit l'utilisation des jumelages à des fins partisanes ou politiques. C'est pour garantir la neutralité théorique de ces derniers que le PCF compte sur les sociétés d'amitié. Celles-ci, qui ont vocation à attirer les masses, doivent être représentées au sein des comités de jumelage, et s'appuyer sur ses réalisations concrètes pour agir politiquement. En d'autres termes, le comité de jumelage est cantonné à des tâches techniques, et fortement contrôlé par le PCF. Mais ce schéma est difficile à mettre en œuvre. À Pantin et Argenteuil, l'association France-URSS et les EFA sont respectivement tenus à l'écart par les municipalités communistes. En 1969, sur les 11 villes jumelées avec la RDA en Seine-Saint-Denis, deux comités EFA naissent dans l'année (Bagnolet et Montfermeil[82]) et quatre communes s'en dispensent encore (Bobigny, Dugny, Saint-Denis, Villetaneuse[83]).

Les sociétés d'amitié sont jugées politiquement très connotées. Leur rôle devient décisif lorsque la commune n'est pas appariée avec un pays de l'Est. Le PCF crée alors une association locale d'amitié qui reçoit pour mission de préparer un jumelage et se conduit comme un comité de jumelage. À Amiens, le comité d'amitié avec Görlitz est créé en 1963 et animé par Roger Kiintz, responsable local du Mouvement pour la Paix, de France-URSS et candidat communiste aux élections municipales de 1965. Le comité local d'Amiens, jumelé avec un comité de Görlitz, envoie 15 enfants dans la ville sœur en 1963, et mène une activité intense. *Rencontres franco-allemandes* présente cette relation comme un véritable jumelage[84] alors que celui-ci n'est voté par le conseil municipal que le 12 juin 1971, juste après la victoire du communiste René Lamps aux élections de mars[85]. L'histoire des sociétés d'amitié en l'absence d'un comité de jumelage mériterait une étude approfondie.

L'organisation des jumelages avec l'Est au niveau local est donc une tâche ingrate. Dans le cas de la RDA, l'État n'accorde aucune subvention

82. Note au secrétariat fédéral sur les perspectives concernant le futur comité départemental des Echanges franco-allemands par André Renard le 20 mars 1969, AD de Seine-Saint-Denis, fonds France-RDA 38J Dossier 2 courriers.
83. AD de Seine-Saint-Denis. Note à Jacques Denis sur les relations EFA-comités de jumelage par André Renard le 18 avril 1969, fonds France-RDA 38J Dossier 2 courriers.
84. *Rencontres franco-allemandes*, nº 31, décembre 1964, p. 2.
85. Cahon Julien, « René Lamps un instituteur et un élu communiste à l'épreuve du pouvoir local et de la gestion municipale », http://chs .université-parisl.fr.

aux municipalités. Les relations avec le pays d'Ulbricht représentent une surcharge de travail, un coût important, et il n'est pas facile de convaincre les Français des vertus pacifistes de la RDA. Les relations entre les Français et les villes jumelées est-allemandes ne sont en effet pas toujours aisées. La culture démocratique des premiers se heurte aux valeurs et pratiques d'un État totalitaire. Les Allemands de l'Est n'arrivent pas quant à eux à comprendre que les communes françaises sont politiquement contraintes par les statuts de la FMVJ, et exigent d'elles qu'elles copient sans discernement la propagande soviétique. Le contrat d'amitié signé entre Gera et Saint-Denis le 9 mars 1963 évoque le combat des citoyens de cette dernière contre « la dictature de De Gaulle ». Une note manuscrite commente : « vœux pieux et inacceptable pour la FMVJ »[86]. Les communes de RDA sont très réticentes devant des jumelages qui leur sont imposés par l'État. Rüdersdorf, partenaire de Pierrefitte, tarde systématiquement à répondre aux courriers de sa sœur française ou omet de signer le contrat d'amitié de l'année 1968-1969[87]. Il avait fallu trois ans pour qu'Eisenhüttenstadt finisse par accepter son appariement. Les séjours des Français en RDA sont parfois malaisés. Les jeunes gens qui se rendent à Potsdam en 1969, rechignent à la discipline militaire du camp, se plaignent de l'éducation politique qu'ils subissent et se voient opposer des annulations ou des refus lorsqu'ils demandent à visiter une boulangerie[88]. Les jumelages participent d'un idéal européen gagé sur la paix, la reconstruction et la coopération afin de rompre avec les désastres des deux guerres. Ce projet d'amitié entre les peuples subit les déchirures de la Guerre froide, et la nature des appariements s'avère très différente, selon qu'ils émanent d'États démocratiques ou totalitaires.

86. AD de Seine-Saint-Denis. « Contrat d'amitié entre la ville de Gera et la ville de Saint-Denis », 9 mars 1963, fonds France-RDA 38J98 Saint-Denis-Gera.

87. AD de Seine-Saint-Denis. Lettre de Roger Fréville à André Renard le 19 mars 1969, fonds France-RDA 38J92 Pierrefitte.

88. AD de Seine-Saint-Denis. Compte-rendu anonyme du voyage à Potsdam en août 1969, p. 3. Il s'agit d'un séjour vacances-loisirs de jeunes gens d'Aubervilliers, fonds France-RDA 38J86 Aubervilliers.

Les bases américaines sur le territoire français. Une illustration de la Guerre froide

Mireille Conia

Aux lendemains de la Seconde Guerre mondiale, l'installation de bases américaines, en France, n'est pas séparable de l'atmosphère qui préside à l'instauration de l'ordre bipolaire. En instituant l'OTAN, les États-Unis ont entrepris de jeter les bases d'une solidarité d'intérêts entre l'Amérique du Nord et l'Europe occidentale, face à l'adversaire qu'est devenue l'URSS. Ils ont, ainsi, établi une stratégie d'alliance défensive. Parallèlement, ils mettent en œuvre une option offensive, pour faciliter la diffusion de leur modèle économique, accélérer l'enracinement d'un système des valeurs démocratiques et libérales, la propagation des pratiques de la société de consommation, la modernisation des structures d'aménagement. Les enjeux internationaux en viennent à se surimposer à une impression de continuité, vécue en Europe en ouvrant sur des champs de mutations socioéconomiques et géopolitiques. En France, la présence des militaires américains, de leurs familles apparait comme un révélateur de changements potentiels, alors que la question coloniale et les nécessités de la reconstruction sont au premier plan des préoccupations nationales. Des accords bilatéraux prévoient, en effet, le stationnement sur le sol français d'un total de 45 000 hommes en 1952 avant d'atteindre le plafond de 62 000[1]. Les débats idéologiques vont

1. Sur les bases américaines en France, voir Bergeret-Cassagne Axelle, *Les bases américaines en France, impacts matériels et culturels, 1950-1967*, Paris, L'Harmattan, 2008 ; Bize Gérard, *La base aérienne de Toul-Rosières BA 136*, APRAA, 07/510, 2004 ; Boussard Catherine, « Chaumont à l'heure américaine », *Les Cahiers Haut-Marnais*, nº 264-265, 2012, p. 71-81 ; Derule Gérard, « Histoire de la base de Toul-Rosières », in *Reflets journal de la BA 136*, sd ; Domange Gérard, « Verdun, l'OTAN et la base américaine, 1950-1967 », in *Verdun ville militaire*, Verdun, « Connaissance de la Meuse », Imprimerie Frémont, 2000 ; Extrade Serge, Lachaise Francis, Rivière-Dernoncourt Martine, *La Rochelle, base américaine de l'OTAN, 1950-1967*, (La Rochelle), Editions ABC DIF, 2008 ; Facon Patrick, « Les bases américaines en France (1945-1958), entre les nécessités de la sécurité et les

connaitre un renouveau et plus largement se diffuser. Il nous semble, dès lors, intéressant de nous interroger sur les axes de cohérence politique qui se dégagent de ce contexte singulier, en privilégiant notamment les comportements adoptés par les populations pour affronter les contradictions de l'heure. En conséquence, nous nous attacherons à montrer l'influence de cette présence étrangère dans les transformations des villes d'implantation, puis nous développerons les éléments de confrontations en lien avec le choc de modes de vie différents, enfin nous chercherons à montrer l'affirmation de la construction d'une opinion publique, autour des questions posées par la rencontre de peuples unis par l'Histoire.

Des territoires en construction : des bases, des villes

Sur le territoire français, s'implantent bases et lieux d'approvisionnement en lien avec l'organisation d'un dispositif reliant les ports de l'Atlantique à la frontière allemande. Il rassemble des établissements principaux et toute une architecture de dépôts relais pour l'intendance, le ravitaillement en munitions

---

impératifs de la souveraineté nationale », *Matériaux pour l'histoire de notre temps*, 1992, nº 1, p. 27-32 ; Hoehn Jean-Pierre, « Chambley Air Base, 1953-1957 », *Air Fan*, nº 146, janvier 1991, p. 14-23 ; Labrude Pierre, Thiebaut Pascal, « L'hôpital militaire américain "Jeanne d'Arc" de Dommartin-les-Toul (1953-1967-2007). Origine, évolution, état actuel, avenir », *Etudes touloises*, nº 126, 2008 ; Laurent Didier, « Inauguration de la base de Chambley », *Aviation Magazine*, nº 190, 21 juin 1956 ; Loubette Fabrice, *Les forces aériennes de l'OTAN en Lorraine 1952-1957*, Metz, Editions Serpenoise, 2008 ; Loubette Fabrice, « Les forces de l'OTAN en Meuse », *in* Martin Philippe, Cazin Noëlle (dir.), *Meuse en guerres*, Bar-le-Duc, Société des Lettres, Sciences et Arts de Bar-le-Duc, 2010, p. 295-317 ; Michelot Francis, « Une enclave américaine en Haute-Marne, Chaumont Air Base », *Les Cahiers Haut*-Marnais, nº 264-265, 2012, p. 3-70 ; Pottier Olivier, *Les bases américaines en France (1950-1967)*, Paris, L'Harmattan, 2003. En complément de ces travaux et de nos recherches, des renseignements nous ont été fournis par certains correspondants départementaux de l'IHTP, en particulier Jean-Louis Étienne, Marie-Claude Albert et Jean-Luc Gillard. Les principales sources utilisées sont Archives nationales (AN), 19770119 (mission centrale d'assistance aux armées alliées, bulletin documentaire nº 12, octobre/novembre 1953, ministère de l'Intérieur) ; Archives départementales de la Meurthe-et-Moselle (ADMM), W 950/228, 1805 W 114, W 950/364-367 (1965-1967), W 950/368 (1959–1960), W 1580/1-5, VC 2705-2706-2735-2735bis, W 950/40-41bis-42,46,176, W 1216/102 (sous-préfecture de Toul) ; Archives départementales de la Haute-Marne (ADHM), 559 W 14260, 17183, 17259, 17260, 819 W 26399, 26400, 26297 ; Archives départementales de la Vienne, 1 W 4082, 4084 ; Archives municipales de Chaumont, 10 H 74 ; Archives municipales de Châtellerault, III a 45.

et carburants, nécessaires à tout fonctionnement opérationnel. La France constitue, en effet, une *Communication Zone*, divisée en deux zones de commandement, une zone arrière et une zone avancée, ce qui renvoie nettement à la poursuite d'une logique d'affrontement. Cette importance stratégique justifie la présence de 13 bases. L'Est de la France, considéré comme une première ligne potentielle face au monde communiste, en abrite le plus grand nombre, 5 pour la seule région Lorraine. Les autres localisations se justifient dans une logique d'accompagnement : ainsi, dans la Marne, l'installation de postes de radars, de dépôts d'essence liés au passage d'un pipe-line dans la région de Sézanne, d'un lieu de stockage de munitions sur le site de Troisfontaines, près de Vitry-le-François, des projets d'aérodrome comme celui de Vatry, un dépôt médical attestent de cette structuration des installations autour des pôles lorrain et haut-marnais. Dans le Loiret, un centre pour la logistique est installé dans une caserne à partir de 1952 pour régler les problèmes de l'approvisionnement.

L'accueil réservé aux Américains par les populations est souvent chaleureux. En Lorraine, les souvenirs de la Libération sont encore très proches. Dans la Vienne, le choix du site du camp de Saint-Ustre est largement approuvé. En Haute-Marne, l'héritage de la Première Guerre mondiale est mis en avant : « l'amitié ne se confine pas seulement dans le souvenir du passé, elle vit dans le présent et se prolonge dans l'avenir. Les dix ans de cette statue [de la Liberté] représentent beaucoup et sont cependant peu de choses au regard de l'histoire déjà bicentenaire de l'amitié franco-américaine forgée sur les champs de bataille et dans la lutte pour les idéaux communs par une conception identique de l'homme et de ses valeurs. Cette amitié est une réalité évidente[2]. » Les mêmes discours de bienvenue sont prononcés à Orléans.

Cependant leur présence interpelle : « il y a une [présence américaine] ; la majeure partie de la population ne s'en aperçoit que fortuitement […] à certains signes […] pourquoi sont-ils là ? Et que viennent-ils faire ? (S'ils sont là) c'est parce ce que nous les avons appelés pour nous aider à mettre en état de défense notre territoire […] nous étions incapables de le faire tout seuls[3]. » Ces interrogations justifient la diffusion de brochures, le « tour de France de la Caravane de la Paix ». Des élus du Toulois vont faire un voyage à Berlin-Ouest. L'association « France-États-Unis » organise des conférences. Toute cette activité de promotion vise essentiellement à justifier la présence de ces troupes venues d'Outre-Atlantique.

Les villes choisies doivent souvent procéder à des aménagements. Ainsi, à la fin de l'année 1951, deux officiers américains venus de

---

2. Archives départementales de la Haute-Marne, 819 W 26400.

3. Article de Pierre Driou dans *L'Est Républicain*, 14 décembre 1951.

Wiesbaden sont reçus à la Préfecture de la Haute-Marne, en présence des Services des Ponts-et-Chaussés pour lancer la phase de travaux nécessaires à l'établissement d'une base tactique. En vertu des accords bilatéraux, la France peut, en effet, être amenée à financer des achats de terrain ou les constructions ou viabilisations qui sont, dans ce cas, concédées à des entreprises françaises. À Chaumont, une quarantaine d'entre elles ont participé à la soumission des lots[4]. Se pose la question de la souveraineté nationale sur les installations. Le drapeau tricolore et la bannière étoilée qui flottent parfois côte à côte, est une réponse partielle.

À Chaumont, la prise de possession par les troupes américaines du site est un événement d'importance puisque le Secrétaire d'État à l'Air, Pierre Montel est présent[5]. Pourtant, l'ensemble ne semble pas totalement opérationnel : « des tentes, des préfabriqués, des latrines, des lavabos et des douches primitives. Des routes sans revêtement » se rappelle Bob Jones, mécanicien affecté sur la Base en 1952, d'où l'expression de « ruche bourdonnante » employée par les journalistes locaux pour évoquer la poursuite du chantier[6]. Pourtant, le 48e Figther Bomber Wing y prend ses cantonnements avec 80 chasseurs bombardiers à réaction servis par 2 500 militaires (*Photo entrée de la base*). Cet escadron, promu le 28 juillet 1958, 48th Tactical Fight Wing, renforce l'importance stratégique de la Base destinée à « constituer une escale lors de transfert de troupes depuis les USA vers un théâtre d'opération européen ; être un point de départ de représailles massives et entièrement nucléaires ; enfin, stocker des bombes atomiques »[7]. Le 6 juillet 1960, cette unité part pour l'Angleterre mais, avec la crise berlinoise, une escadre de réserve, issue de la Garde nationale du New Jersey en prend de nouveau possession. Elle quitte la base le 15 juillet 1963. En 1966, Chaumont Air Base demeure seulement une base de soutien pouvant devenir opérationnelle en 24 heures avec 633 personnes, familles compris.

Chaque implantation semble établie sur le même modèle. Dans la Vienne, la base se présente sous la forme d'une organisation spatiale structurée. Outre les bâtiments qui sont militairement affectés, les aménagements, il faut ajouter des équipements secondaires pour les services et répondre aux besoins des personnels, d'où l'emploi de nombreux civils français. Au Camp de Saint-Ustre, ces équipements sont à l'image d'une « petite ville » et accueillent jusqu'à 1 300 salariés en 1964[8]. À Chaumont-Semoutiers, cela représente environ 1 000 employés.

---

4. Cf. Michelot F., *op. cit.*, p. 35.
5. *La Haute-Marne Libérée*, 21-22 mai 1952.
6. Témoignage évoqué *in* Michelot F., *op. cit.*, p. 30.
7. *Ibid.*
8. Contribution de Marie-Claude Albert et Jean-Luc Gillard sur la Vienne.

Entrée de la base de l'US Air Force, Chaumont, Haute-Marne, 1955 Source : Archives du 61e régiment d'artillerie, Chaumont, Haute-Marne

Entrée de la base de l'US Air Force, Chaumont, Haute-Marne, 1955.

Les composantes du monde du travail s'en trouvent souvent modifiées. Dans la Vienne, en 1956, année de plein emploi, les patrons locaux se plaignent d'une concurrence déloyale du camp américain qui débauche la main d'œuvre en la rémunérant plus cher. En Haute-Marne, dès juillet 1952, des petites annonces dans la presse locale font état de nombreux emplois à pourvoir : « la base de Semoutiers embauche des caissières, comptables, dactylos et secrétaires ayant une bonne connaissance de l'anglais. Ecrire ou se présenter Mr COX American Express, Chaumont, ou Hôtel Terminus entre 18 et 20 heures ». Généralement, ce sont des tâches subalternes qui sont proposées, souvent à des femmes[9]. « Petit paysan émigré hollandais qui venait de ma campagne, j'avais galéré depuis mon enfance. Arrivé sur la base, on m'a rapidement confié des responsabilités, je suis devenu cadre et je gagnais 3 à 4 fois le salaire d'un Français moyen [...] On était payé par chèque, du jamais vu chez nous, où tous les salaires étaient encore payés en espèces. On a tous été obligés d'avoir un compte en banque. Les Américains avaient aussi des *traveler's* chèques, qu'ils pouvaient utiliser à l'agence de voyage de la base, installée dans la

9. Michelot F., *op. cit.*, p. 40.

banque[10]. » Ces nouvelles pratiques vont ainsi contribuer à soutenir une économie en croissance, portée aussi par une démographie positive.

Le secteur de l'habitat s'en trouve également déséquilibré. « La présence de 300 familles américaines et d'une abondante main d'œuvre a engendré une crise du logement aiguë et – loi de l'offre et de la demande – une considérable augmentation des loyers, tant en ce qui concerne les appartements que les chambres meublées. Il convient de noter, à ce propos, que la crise affecte non seulement l'agglomération chaumontaise mais toute la région, car les familles américaines ne sont pas fixées dans la seule ville de Chaumont, la pénurie de logements l'interdisant[11]. » Les familles sont, dès lors, contraintes de se loger dans les alentours : « Par exemple, Bricon héberge dix foyers américains pour 39 individus dont 19 enfants, tandis que Châteauvillain en comprend 26 pour 78 personnes, Arc-en-Barrois, 15 pour 55 individus et Luzy 16 pour 50 ressortissants d'Outre-Atlantique, soit 13 % de la population de ce village. Ainsi, en 1954, 142 foyers américains représentant 465 personnes … sont réparties dans la campagne haut-marnaise[12]. » Une indemnité spéciale a été aussi versée aux membres de l'USAFE, notamment aux officiers d'où une surenchère sur un marché déjà en tensions, entrainant inévitablement une hausse des loyers[13].

Le contexte de reconstruction pèse considérablement, et la décision prise en 1955 d'édifier deux ensembles pavillonnaires à Chaumont résout partiellement la question du logement et du dynamisme de l'économie locale. Le quartier « La Fayette », composée de pavillons confortables avec jardin privatif, destinés aux sous-officiers, sort de terre. Le terrain, donné par la commune de Chamarandes, est ensuite acquis en 1959 par la ville de Chaumont. Les familles américaines s'y installent dès 1956. Le 16 juillet 1957, ce nouveau quartier est baptisé « village Lafayette » lors d'une cérémonie officielle, au cours de laquelle « des pelletées de terre symboliques, jetées par le colonel Smith et M. Noirot, maire de Chamarandes, consacrèrent cette nouvelle alliance d'un grand nom français et d'une cité champignon »[14]. Les 108 logements pour officiers du village « Pershing » sont, quant à eux, achevés en 1959. La présence de ces lotissements entraîne des transferts de population, confortant la croissance démographique de la ville de Chaumont, aux dépens des communes périphériques. À proximité, une

10. Témoignage cité par Boussard C., *op. cit.*, p. 75.

11. Extrait d'un rapport des Renseignements généraux du 2 mars 1954 au Préfet de la Marne, Archives Départementales de la Haute-Marne, 559 W 17259.

12. Michelot F., *op. cit.*, p. 46.

13. Note des Renseignements généraux du 6 avril 1954, Archives Départementales de la Haute-Marne 559 W 17259.

14. Délibération du Conseil municipal de Chaumont du 7 décembre 1958 et *La Haute-Marne Libérée*, 17 juillet 1957, cités *in* Michelot F., *op. cit.*, p. 48.

école est construite, réservée aux seuls enfants américains. Elle sera, à leur départ, cédée à la Municipalité. Dans la Vienne, la mixité de l'habitat se pose. Les militaires sont essentiellement hébergés sur la base jusqu'à la fin de 1954. Les officiers célibataires continuent à y résider. Le financement de « housing areas » par le Ministère du Logement, sur vote du Congrès américain, traduit l'option de mieux gérer localement les programmes de construction. Pourtant, l'intégration reste difficile. Une distance persiste entre les composantes de la population quelles que soient les générations, ce que note le Préfet de la Vienne : « les rapports des Forces américaines avec la population de mon département sont bons dans la mesure où ils existent »[15].

Cette stratégie d'aménagement s'accompagne d'un effet vitrine avec l'enracinement dans des références patrimoniales communes. Un arrêté du ministère de l'Intérieur, daté du 23 février 1957, avalise une délibération du Conseil municipal de Chamarandes, autorisant les dénominations de Franklin, Lindbergh, Pershing pour des rues de la cité américaine[16]. Pratique courante dans nombre de ces cités comme en témoigne les exemples de Phalsbourg et de Sarrebourg. C'est aussi un autre moyen pour donner du sens à la période comme l'indique la décision de dénommer le village de la base de Toul-Rosières « Régina », pseudonyme d'une résistante du Toulois, Suzanne Kricq ; à Verdun, c'est la mémoire d'un héros de 1916 qu'on choisit de rappeler.

Cet apport de population à haut niveau de vie devient également un soutien incontournable pour l'économie locale. Ils paient, notamment, l'impôt foncier. Hors du marché locatif de l'immobilier, leurs dépenses sont estimées à 150 francs par mois et par Américain, dans les bars, restaurants, dancings, cinémas à la programmation spécifique de westerns, les maisons de tolérance, les garages, les commerces de luxe.

LA COEXISTENCE CULTURELLE, CHOC DE MODERNISATION

Pour susciter une homogénéité socioculturelle et les conditions d'une connaissance réciproque, les Américains créent des organes de communication pour accroître leurs liens avec la population. *The Chaumont Gazette, US Air Force Aerospace Power for Peace* présente des articles rédigés dans les deux langues. Sur la première page, un blason associe une représentation stylisée du

---

15. Lettre du Préfet de la Vienne au Chef de la Mission centrale de liaison pour l'assistance aux armées alliées en date du 26 février 1955, Archives Départementales de la Vienne, 1 W 4084.
16. *Journal Officiel*, 1er mars 1957.

viaduc de Chaumont, avec en arrière-plan le bras de la statue de la Liberté portant un flambeau allumé et une devise, en français, « Je maintiendrai ».

Les autorités américaines sont toujours conviées aux cérémonies commémorant un passé commun, à l'exemple de celle du 11 Novembre. Se définit ainsi le cadre du rapprochement avec les instances décisionnelles et les populations. C'est, en effet, le 11 novembre 1954 dans un contexte de commémoration symbolique, à la charge émotionnelle forte, qu'elles y participent pour la première fois, à Chaumont. La présence en tête du cortège de la musique américaine aux côtés de nombreuses formations d'harmonies locales, de la Musique de l'École de Gendarmerie, témoigne de cette dynamique d'association illustrée par une étape devenue régulière devant le monument franco-américain, rappelant leur engagement en 1917. Le choix en 1954 de l'appellation « Statue of Liberty Wing » pour le baptême de l'unité 48°FBW traduit également les liens forts qui se sont tissés avec les Chaumontais, à l'origine, du reste, de cette initiative. Les Américains sont, de leur côté, régulièrement présents aux commémorations locales ou aux prises d'armes. Ils organisent leurs propres cérémonies patriotiques comme l'*Independance Day*. Les emblèmes des deux nations sont placés à la façade des Mairies dans la Vienne. Durant la guerre du Vietnam, lors de décès de soldats stationnés au Camp de Saint-Ustre, la sonnerie aux morts retentit. De même, ils rendent hommage au Président Kennedy, au moment de son assassinat, et mettent en berne les drapeaux à la base de Chaumont, lors des obsèques du maréchal Juin[17].

Les Américains reconnaissent l'importance de l'autorité du Préfet, représentant de l'État. Le Préfet de la Haute-Marne, Marcel Diébolt visite, officiellement, en 1956, les nouvelles installations de Chaumont Air Base[18]. Un comité de liaison est, parallèlement, institué, composé de représentants des services de l'État responsables de la sécurité publique, de la justice, de la protection civile, des Ponts-et-Chaussées et de la Mairie de Chaumont. Huit militaires et un civil américains sont associés à cette instance. Cette initiative semble spécifique. Les questions traitées relèvent du quotidien avec, en priorité, les questions de sécurité routière. Les chiffres de vente de voitures neuves aux Américains fournis par un garagiste de Chaumont, soit un montant annuel de 50 millions de francs ou le montant des réparations d'atelier pour environ 5 millions de francs par an font du secteur automobile l'un des plus dynamiques des économies locales. La presse relate, avec force détails, les accidents graves provoqués par des conducteurs américains, souvent perçus comme intrépides. Ils sont souvent décrits comme détachés ou irresponsables, malgré les dégâts matériels ou humains occa-

17. Archives Départementales de la Haute-Marne, 819 W 26297.
18. *Le Petit Haut-Marnais Républicain*, 1er février 1956.

sionnés[19]. De plus, les difficultés de circulation apparues contribuent à entreprendre une réflexion globale sur la mobilité et la fluidité du trafic.

« Le comportement des Américains à l'époque de leur arrivée a été tout d'abord un sujet d'étonnement pour les Chaumontais ». Ces derniers découvrent de « grands gaillards », descendant de leurs immenses voitures, habillés de tee shirt, en plein hiver, des officiers supérieurs lisant des « comics », leurs épouses, leurs filles, portant des socquettes blanches, faisant leurs courses, bigoudis sur la tête, vêtues de « jeans »[20]. Leur goût prononcé pour les couleurs est un sujet d'étonnement. Dans la Vienne, ils apportent de nouvelles méthodes de management du personnel, d'organisation du travail, de rapports hiérarchiques, privilégiant la participation, la promotion au mérite, les récompenses, les diplômes, de nouveaux systèmes d'évaluation avec des grilles de notation, une aide aux analyses de situation. La technologie s'insinue dans tous les domaines. En fait, ils reproduisent globalement leur conception de la vie quotidienne, exportant leur modèle de consommation, ce qui se traduit dans la nature de leurs achats ou loisirs : bourbon, coca-cola, lait en brique, cigarettes blondes, grosses voitures rutilantes, musique country et rock-n-roll, films de guerre, de science-fiction, westerns, dessins animés.

Il y a un net décalage avec la société française. Ils donnent l'image d'une société d'abondance mais aussi de « gâchis ». La jeunesse apparaît la plus admirative. Les employés civils sont sensibles aux changements produits. Par contre, la population des milieux ruraux reste dubitative. Cependant, insensiblement, l'américanisation progresse sans pour autant qu'il faille surestimer l'acculturation.

Les Américains veulent incarner l'image d'une force de soutien et non d'occupation, en opposition avec certaines perceptions de leur présence. Les moments de contacts sont dès lors privilégiés, à l'exemple des journées « portes ouvertes », organisées le jour de l'*Armed Force Day*. En 1954, 10 000 Chaumontais les ont fréquentées, 30 000 l'année suivante, attirés par les baptêmes de l'air dans les avions gros porteurs. À Toul-Rosières, en 1961, 75 000 visiteurs sont comptabilisés. Des échanges existent lors des animations proposées : le 17 janvier 1957, Sidney Bechet et ses six musiciens se sont produits au Théâtre municipal de Chaumont[21]. La réalisation de plusieurs chars pour la manifestation populaire, « la Cavalcade », illustre leur volonté d'être reconnus comme des acteurs, à part entière, de la vie locale, Il en va de même à Châtellerault, à l'occasion d'expositions ou de

19. *Le Petit Haut-Marnais Républicain*, 8 novembre 1954.
20. *La Haute-Marne libérée*, 28 juillet 1982, Archives Municipales de Chaumont 10 H 74.
21. Michelot F., *op. cit.*, p. 58.

prestations musicales. Ayant leurs propres services de sécurité, ils sont sollicités par les autorités préfectorales de la Vienne comme de la Haute-Marne pour intervenir lors d'incendies ou d'inondations. Ils s'investissent dans des actions de solidarité, des œuvres de bienfaisance, organisent des Arbres de Noël dans des orphelinats, font des dons au profit de vieillards nécessiteux. Ils font des efforts pour s'inspirer du mode de vie français : dans les rubriques de *The Chaumont Gazette*, des recettes sont transcrites comme celle des « petits pains au chocolat ». L'intitulé a été écrit en phonétique pour en faciliter la prononciation.

La délinquance est un facteur déstabilisant, en particulier le proxénétisme. L'afflux de prostituées venant de Paris, d'Allemagne, mais aussi des environs, en fin de semaine ou les jours de paie, donne à cette activité illégale une dimension « quasi-industrielle », selon les analyses locales. Cette situation n'est pas sans interpeller. Mais elle est souvent amplifiée, gérée au cas par cas, avec des réponses judiciaires adaptées.

L'absorption fréquente et exagérée d'alcools entraine des dérives comportementales, d'où de nombreuses rixes. On peut en déduire une cartographie des lieux de plaisirs et de distraction, en nombre élevé, étant donné la démographie des communes d'implantation. Ainsi, la *Red Cross*, en 1955, est reconnu, à Chaumont, comme un lieu d'accueil ouvert aux deux communautés. « Selon les chiffres publiés dans le journal *La Haute-Marne Libérée*, environ 155 000 personnes l'ont fréquentée de 1955 à 1960, soit 80 à 85 personnes par jour, plutôt américaines que françaises[22]. » Il y a aussi la répétition des tapages nocturnes, dégradations, bagarres, délits. Ainsi, à Chaumont, le vol de drapeaux tricolores, les 14 et 15 juillet 1956 sur la façade de la Banque de France, le monument aux Morts de la Guerre de 1870 et celui des deux guerres mondiales est objet de scandale. Les trafics de drogue, l'utilisation d'armes à feu, y compris par des mineurs, sont constatés, délits réglés par coopération entre la Gendarmerie, la Police et la *Military Police*. Les enquêtes se soldent la plupart du temps par des sanctions communément acceptées.

La possibilité d'installer la *Military Police* dans les locaux du Commissariat de police, proche du camp de Saint-Ustre a, du reste, entrainé une vive réaction de la part des autorités préfectorales : « lors de l'arrestation, il y a quelques mois, de plusieurs jeunes gens d'un parti d'extrême-gauche, surpris en train de peindre des inscriptions anti-américaines dans les rues de la ville, ces jeunes gens ont été conduits au Commissariat de Police : quel n'aurait pas été leur étonnement de se trou-

22. *Ibid.*

ver en même temps, qu'en face des gardiens de la paix français, en face d'un M.P. ; n'est-ce pas là un aliment précieux pour leur propagande[23] ? »

Les Américains, en tant que citoyens étrangers, dépendent de deux statuts successifs : l'accord Bidault-Caffery de 1948 et la convention multilatérale de Londres en 1951, dont les dispositions leur sont globalement favorables. Ainsi, en 1960, les gendarmes de Toul, amenés à intervenir au village américain de Toulaire à Liverdun sont très mal accueillis par un sous-officier prétendant que seule l'*Air Police* est habilitée à enquêter dans la cité. Cette altercation a donné lieu à une information dans le bulletin quotidien de la base. L'officier de liaison en a profité pour faire un rectificatif sur le rôle respectif des gendarmes et de l'Air Police avec un rappel sur le mode de fonctionnement judiciaire qui est une concession du Sous-Préfet de Toul, « très désireux d'avoir de bonnes relations avec le commandement américain », mais il faut que cette faveur ne soit pas considérée comme un droit[24].

Cependant, la coexistence de deux groupes culturellement opposés s'inscrit, de prime abord, dans une logique de rapprochement : des amitiés naquirent, des idylles se nouèrent : « comment veux-tu résister, les Américains tournoyaient en avion autour de nos maisons alors que nos copains venaient nous voir en vélo » ; « alors que je nettoyais le théâtre de la base vers midi (avec la fameuse cireuse !), un *GI* est entré sans faire de bruit, il m'a fait peur. Se voulant rassurant, il m'a dit tout simplement vouloir apprendre le français… et quelques mois après, nous habitions ensemble à Montsaon »[25]. En général, les couples mariés partent pour une autre garnison en Europe ou aux USA. Des jeunes filles célibataires vont aussi chercher à émigrer afin de s'assurer de meilleures conditions de vie. De nombreux enfants naturels vont naître. Il n'est pas rare, non plus, de voir revenir en France, des couples mixtes pour passer leur retraite.

À Chaumont, la proportion grandissante de soldats noirs suscite des manifestations de ségrégationnisme au sein de la communauté américaine. En effet, en 1964, sur 464 militaires, dont 27 officiers, 20 % sont de couleur noire, selon les Renseignements généraux. L'officier de liaison note, de son côté, qu'il s'agit d'une faible proportion, évaluant à plus de 25 à 30 % le nombre de ces soldats. Des attitudes hostiles et discriminantes sont exportées par quelques militaires blancs. Elles sont dénoncées comme un fait isolé mais font, cependant, l'objet de lourdes sanctions. L'auteur des faits a été licencié, rapatrié aux USA, ses comparses, deux jeunes caporaux, « qui s'étaient, selon toute vraisemblance, laissés entrainer par leur

23. Lettre du Sous-Préfet de Châtellerault au Préfet de la Vienne du 22 novembre 1952, Archives Départementales de la Vienne, 1 W 4082.

24. Archives Départementales de la Meurthe-et-Moselle, VC 2706.

25. Témoignages transcrits *in* Boussard C., *op. cit.*, p. 70 *sq*.

camarade ont été dégradés ». Sanction qui se veut dissuasive à cause de son impact financier. Ce simulacre de cérémonie du Ku Klux Klan fait surtout craindre « que dans des délais plus ou moins rapprochés ces manifestations qui jusqu'ici n'ont eu aucun écho à l'extérieur de la base, se concrétisent par des affrontements en ville, notamment dans les débits de boissons fréquentés habituellement par les soldats US, particulièrement au Select Bar à Chaumont, établissement qui reçoit les militaires américains sans distinction. » « Quelques échanges de propos hostiles auraient eu lieu entre noirs et blancs dans un bar », « mais il s'agit d'un établissement qui a toujours été fréquenté par les noirs ». Cette altercation serait le fait de militaires blancs récemment arrivés, peu habitués aux usages du lieu. Cependant, les Renseignements généraux, craignant une propagation des incidents, consultent l'officier de liaison convenant de concert que la situation est à relativiser. L'armée continue à jouer un rôle d'acceptation d'un système de valeurs et de creuset social.

Par conséquent, les officiers de liaison peuvent être considérés comme les gardiens vigilants de la souveraineté française sur les bases américaines. Leur mission est délicate. Ils ont parfois des difficultés à la mener à bien par manque de moyens ou de soutien de la part des autorités françaises tant civiles que militaires. Ils rendent compte de leur action mensuellement, tant au Préfet qu'au Général, commandant la région militaire[26].

DES CHOIX POLITIQUES, UNE OPINION PUBLIQUE À CONVAINCRE

En juin 1956, l'inauguration de la base de Chambley par le général Challe, commandant la Première Région Aérienne illustre l'influence du climat de Guerre froide. À l'occasion du transfert des installations à l'OTAN et à l'USAFE, deux attitudes s'affrontent : pour les Américains, cette remise des installations correspond à la fin d'une période d'efforts intensifs pour rendre les infrastructures totalement opérationnelles et ils le font constater par les Français ; pour ces derniers, cette terre de Lorraine fait partie intégrante du territoire et la cérémonie ne peut être que franco-américaine. Deux conceptions de collaboration différentes apparaissent donc.

Les officiers américains n'interviennent pas dans les débats nationaux. Mais ils s'étonnent de la mansuétude dont jouissent les communistes. Ils ne comprennent pas les orientations de la politique étrangère du gouvernement français, entre autres l'accueil enthousiaste réservé à Khrouchtchev dans notre pays, ou le manque de fermeté dans l'affaire de l'avion U2. Ils ne se

26. Cf. également Archives Départementales de Meurthe-et-Moselle, VC 2705.

prononcent pas non plus sur la politique d'indépendance nationale conduite par le général de Gaulle et son choix de l'arme atomique, et marquent du respect à son égard. Ils s'interrogent, en revanche, sur la construction européenne, la création de l'axe Paris-Bonn, la non-entrée de la Grande-Bretagne dans la CEE. Ils adoptent, en tout cas, une posture d'observateurs attentifs.

Des enjeux politiques s'imposent et ils transparaissent dans les réactions de l'opinion publique. Des formes d'opposition se développent à l'échelle locale, révélant l'émergence d'un antiaméricanisme. Il touche les milieux de la droite nationale, les partisans du général de Gaulle, le PCF, au travers de ses organisations satellites ou alliées, et la gauche neutraliste. Le PCF rejette, en fait, le Plan Marshall et le pacte atlantique dans des propos sans ambiguïté, rapportés dans la presse engagée à l'exemple d'« armée d'occupation », de mise en place « d'un dispositif d'occupation préparatoire à la guerre atomique »[27]. Le journal *La Voix de l'Est* véhicule cette propagande en décrivant la Lorraine comme une « colonie américaine », la Meurthe-et-Moselle étant destinée à ne plus être « qu'une terre brûlée », une « poudrière » car elle est « truffée de dépôts de munitions »[28]. L'image rejoint la vigueur du propos : l'édition du 20 janvier 1951 présente en arrière-plan un fonds de photos de bombes atomiques et de ruines : « la guerre contre l'URSS, voilà ce qu'on nous prépare ! ... avec la complicité gouvernementale, les Américains veulent faire de la Meurthe-et-Moselle une plate-forme d'attaque contre l'Union Soviétique. »

Le contexte d'après-guerre est habilement exploité : en Haute-Marne, « des pèlerinages du souvenir » d'anciens résistants ou déportés, de toutes tendances politiques sont entrepris. L'exploitation partisane de l'agression d'un ancien déporté par un soldat américain, en Meurthe-et-Moselle, a pour objectif de créer une certaine pression morale. Mais il faudra attendre la guerre du Vietnam pour alimenter un véritable antiaméricanisme affirmé par les slogans « Paix au Vietnam » ou « US GO HOME ». Ces inscriptions sont lisibles sur la nationale 4, à proximité du camp américain de la forêt de Haye et dans le Pays Haut[29]. Lors d'un bal, une altercation entre jeunes Chaumontais et soldats américains prend la dimension d'un incident politique avec interpellation des autorités locales. Réglée de manière violente sous l'emprise de l'alcool, sur fond de conquêtes féminines, elle sert à rappeler des mots d'ordre nationaux : « Un tel comportement prête à bien des réflexions au sujet de ce qui se passe au Vietnam ; il oblige également la population chaumontaise à réfléchir sur la façon dont doit être assurée sa

27. Rapport du 11 juin 1952. Archives Départementales de Meurthe-et-Moselle, W 950/22.
28. *La Voix de l'Est*, 1er septembre 1951.
29. Avril 1965. Archives départementales de Meurthe-et-Moselle, W 950/41b.

sécurité, face à cette armée d'occupation qui compromet l'indépendance nationale dont se gausse tant le gouvernement. Plus que jamais, et après cette épreuve qu'elle vient de subir la Jeunesse communiste de Chaumont affirme PAIX AU VIETNAM US-GO HOME »[30].

Le discours politique du parti communiste démontre qu'il a intégré des préoccupations internationales. En 1957, une campagne est ainsi orchestrée contre la nomination à l'OTAN du général Speidel, seul survivant des généraux conspirateurs contre Hitler en 1944, impliqué également dans la répression à l'époque de l'occupation, ce qui en fait un personnage controversé. Elle renvoie à un passé inacceptable pour un parti qui veut incarner l'image de la Résistance et réaffirmer des positions pacifistes.

La propagande communiste s'articule dès lors sur deux mots d'ordre : la paix en Algérie et la lutte contre l'installation sur le sol national de fusées américaines. En Haute-Marne, elle prend la forme d'un affichage, tant à Chaumont qu'à Saint-Dizier. Un rassemblement départemental est, en outre, organisé dans la cité préfecture. Le Comité fédéral, réuni le 26 janvier 1958, devait discuter, à l'origine, de la préparation des élections cantonales. Il va préférer privilégier le débat sur l'opposition aux armes atomiques et favoriser la ligne du manifeste de la Paix de Moscou, réclamant l'arrêt des explosions expérimentales d'armes thermonucléaires, l'interdiction de la fabrication et de l'usage d'armes de destruction massive : « En Haute-Marne, les militants devront s'attacher en particulier au renforcement du mouvement de la Paix au sein duquel, coude à coude avec les patriotes de toutes opinions, ils travailleront au succès des campagnes contre l'installation des rampes de lancement atomiques sur notre sol, contre les dangers que représentent les bases militaires USA de Chaumont et de Troisfontaines, pour la paix en Algérie. »

Le conflit proprement dit de la guerre d'Algérie s'invite encore plus directement dans l'actualité de l'heure. En effet, en 1956, une affaire de vol de munitions au dépôt de Troisfontaines suscite une interrogation soulevée dans *Le Petit Haut-Marnais Républicain* : « les camps américains de l'Est sont-ils écumés par les fournisseurs des fellaghas ? ». Ce dépôt de munitions désigné comme l'un des plus importants d'Europe est très mal gardé, ce qui inquiète la population des villages alentours, d'autant que la disparition de 12 tonnes de munitions est reconnue par le Colonel, commandant le dépôt de Troisfontaines. Elle fait l'objet d'une enquête conjointe entre la DST et les services américains. Rassurants, ces derniers déclarent que les obus volés ne sont pas utilisables sans des détonateurs spécifiques. La polémique enfle quand on évoque aussi la possibilité que des rebelles algériens aient suivi des

30. Tract, archives départementales de la Haute-Marne, 819 W 26400. Dans l'original, tout ce passage est écrit en majuscules.

cours d'armement sur le site même de Troisfontaines. Faut-il voir, dans le traitement de ces informations, une volonté de faire intervenir dans l'actualité politique une puissance étrangère à un moment particulièrement délicat, envenimant encore davantage un climat de tensions ?

Les autorités locales ont généralement entretenu de bons rapports avec les représentants américains. Trois facteurs sont avancés, en fonction de la situation, dans la Vienne, la Haute-Marne et la Meurthe-et-Moselle. Le développement économique engendré, le respect des décisions étatiques tout à fait acceptables pour ces élus locaux et un certain pro-américanisme ont contribué à entretenir des relations de bon voisinage. Il convient aussi d'évoquer l'adhésion à des aspects consensuels, centrés sur les valeurs de liberté et de démocratie.

La décision du général de Gaulle de retirer la France de l'État-Major intégré de l'OTAN en 1966 entraine la nécessité de prévoir une politique de réinsertion sur les marchés locaux de l'emploi des personnels civils licenciés. Les syndicats ouvriers ne sont jamais parvenus à jouer le rôle véritable de partenaire social, seule FO ayant été autorisée par les Américains. À Verdun, sur 1700 civils français salariés en 1963, 800 sont membres de cette organisation. Il faut donc compter sur la détermination des autorités pour trouver les solutions adaptées. La réaffectation des sites en Lorraine a été plus rapidement envisagée, des éléments de l'Armée de l'Air devant occuper certaines installations et assurer partiellement le maintien d'un potentiel de dynamisme pour l'économie locale. Dans le Toulois, 3 700 personnes sont cependant touchées et doivent envisager de changer de profession. Le reclassement des employés civils apparait très délicat en Haute-Marne du fait d'un tissu industriel très diffus. C'est pourquoi le personnel de la base de Chaumont-Semoutiers est resté longtemps dans l'incertitude de son destin. L'implantation, dans la Vienne, d'une usine Hutchinson sur le site du camp de Saint-Ustre a permis le maintien de 900 emplois.

En conclusion, l'implantation des bases américaines renvoie à un schéma de confrontation, de rapports de forces qui contribue à perpétuer une ambiance de guerre mais qui renouvelle l'expression des antagonismes. La crainte de voir à tout moment dégénérer la situation, le possible emploi d'armes nouvelles dont l'arme atomique au titre de la dissuasion, éloignent la perspective de conflits de type conventionnel, confortent la mise en place d'un maillage territorial destiné à préserver des intérêts nationaux et globaux. L'aspect le plus déterminant demeure l'influence de la présence des troupes américaines sur la construction d'une opinion publique engagée. Les références faites sur leur influence comme grille de lecture des débats placent sur un autre plan les confrontations des échanges, au plan national, entrainent des prises de position, entrent dans le jeu des partis notamment du PCF. Leur souvenir reste longtemps vivace voire embelli car il est associé à une perception de changement, de prospérité pour dépasser une certaine indifférence largement constatée également. L'impact économique sur les circuits de consommation locaux, le marché de l'emploi sont à considérer dans la préservation d'équilibres encore délicats. L'usine Hutchinson dont l'activité perdure depuis son implantation sur le site du camp de Saint-Ustre, le 61e RA successeur du 403e RA, implantés successivement sur l'emplacement de la base de Chaumont-Semoutiers, sont les témoins de ce tournant des années 1960 qui fonde une nouvelle géopolitique européenne mais surtout atteste d'un renouvellement en matière de développement local. L'option du « vu d'en bas » a donc offert l'opportunité de prendre conscience de l'impulsion donnée par un choc de cultures sur la modernisation rapide de la société française.

La Guerre froide à travers les bulletins paroissiaux. Le cas de la Mayenne

Alain Olivier

Au sortir de la Seconde Guerre mondiale, le département de la Mayenne compte 256 000 habitants répartis en 276 communes et 296 paroisses. Selon le recensement de 1946, la population rurale atteint 75 % de l'ensemble départemental. Lors des élections municipales de 1953, ce pourcentage, en net recul, est toutefois encore proche de 50 %[1]. Dans nombre de communes, l'influence conjointe du clergé et des grands propriétaires fonciers – d'origine noble le plus souvent – demeure déterminante et continue de peser sur la vie politique locale ainsi que sur les structures économiques et sociales du département, comme l'atteste la permanence du statut de métayage. Dix ans après la loi du 13 avril 1946 réformant la condition agricole, 17 % des surfaces agricoles de la Mayenne relevaient encore de ce type de contrat. Quarante ans plus tôt, dans son étude classique, André Siegfried en tirait les conclusions politiques et sociales : « Là où règne la grande propriété, le peuple paysan est maintenu dans un état de sujétion matérielle et morale, auquel il lui est impossible d'échapper. Et naturellement, la pression est irrésistible quand il s'y ajoute encore l'action du clergé »[2]. Ce que confirmera Georges Macé dans sa thèse sur la Mayenne : « Le métayage dans l'ouest est le régime d'exploitation qui provoque le plus la dépendance sociale et politique de l'exploitant »[3]. Rappelons, enfin, que l'étude de Paul Bois sur *Les Paysans de l'Ouest*, montrait combien cette structure socio-économique déterminait aussi la transmission mémorielle des faits historiques[4]. Même s'il y a déjà

1. Archives départementales de la Mayenne (ADM), 367 W 36.
2. Siegfried André, *Tableau politique de la France de l'Ouest* [1913], Paris, Imprimerie nationale, 1995, p. 117.
3. Macé Georges, *Un département rural de l'ouest : la Mayenne*, Thèse de doctorat d'histoire contemporaine, Université de Rennes, 1982, II, p. 21.
4. Bois Paul, *Paysans de l'Ouest*, Paris, Editions de l'EPHE, 1960.

des appels périodiques de l'Évêché pour susciter des vocations, le diocèse de Laval – avec ses grand et petit séminaires – dispose encore à l'époque d'un clergé nombreux. Même dans les paroisses les plus modestes, le curé pouvait compter sur la présence d'un vicaire. L'enquête, menée en 1947 par le chanoine Boulard et le sociologue Gabriel Le Bras, avait dressé la fameuse carte religieuse de la France rurale[5]. Le département de la Mayenne figurait, comme la majorité de l'Ouest, dans la catégorie « A », c'est-à-dire des « pays chrétiens » comptant au moins 45 % d'adultes (21 ans et plus) pratiquants.

Dans les mois qui précèdent les élections municipales de 1953, les rapports du Préfet nous décrivent une vie politique très atone en Mayenne. Un rapport des Renseignements Généraux (RG) en date du 16 janvier 1953, souligne la maigreur des effectifs politiques : « Il n'y a en Mayenne que deux adhérents à un parti politique pour cent électeurs. L'insignifiance de ce taux d'adhésion est tout à la fois un facteur et un effet de l'atonie de la vie politique »[6]. Un autre rapport du 24 janvier 1953 propose une explication : « En fait la crainte atavique de cette population devant tout engagement, jointe à des préoccupations presque exclusivement terriennes, expliquent le climat politique de cette région où l'on répugne à militer ouvertement »[7]. Ce que relevait une étude des RG en mars 1958 semblait relever d'une caractérologie régionale profondément ancrée : « Le caractère mayennais, calme, réservé, un peu méfiant, exclut les idées et les partis extrémistes ; cette position politique moyenne de la population du département, si on veut la situer dans la gamme des partis politiques, laisse apparaître des tendances modérées, de gauche et de droite, dont les conceptions politiques et sociales diffèrent peu, mais qui sont séparées nettement par la question confessionnelle. Toutefois, l'anticléricalisme de la gauche n'est souvent qu'une attitude publique. Les paysans, de beaucoup les plus nombreux, se tiennent dans leur quasi-totalité, en dehors des organisations politiques. Pour toutes ces raisons, le parti communiste n'a jamais eu la faveur des populations mayennaises »[8]. Aux élections législatives de 1936, le score du Parti communiste français oscillait entre 0,5 % et 2,6 % selon les circonscriptions. Le contexte de l'après-guerre permet au PCF de connaître un succès relatif en Mayenne : 3000 adhérents en 1947 et près de 10 % des voix aux élections de 1951. Toutefois, cette poussée locale du PCF s'essouffle rapidement comme semble l'indiquer un rapport des RG en janvier 1953 pointant la faiblesse des partis de gauche : « Le nombre des

5. Le Bras Gabriel, *Etudes de sociologie religieuse*, Paris, PUF, 1955, t. 1, p. 325.
6. ADM, 367 W 36.
7. ADM, *ibid.*
8. ADM, 449 W 4.

adhérents du parti communiste est passé de 3000 en 1947 à environ 500 à l'heure actuelle. Dans la même période, la SFIO a reculé de 600 à 250 membres[9]. » On comprend donc que, malgré la vaillance de ses militants, le parti communiste avait beaucoup de mal à former des listes pour les élections municipales de 1953. Le PCF n'était en mesure de présenter des candidats que dans sept communes, et une liste homogène dans seulement trois villes, les plus importantes du département : Laval, Mayenne, Château-Gontier. Cette position de faiblesse du parti communiste était-elle irrémédiable ? Cinq ans plus tard, un autre rapport des RG s'efforçait de répondre à cette question : « Le parti communiste se heurte en Mayenne à l'opposition des forces de la vieille société rurale et à l'absence de conscience de classe. Il semble qu'il ne pourra se délivrer de la stagnation et de l'impuissance, sans une transformation de la structure professionnelle et sociale de la population[10]. »

Le département de la Mayenne, en raison de sa configuration sociopolitique singulière, offre un terrain privilégié pour étudier la manière dont la Guerre froide a été perçue et reçue au niveau local. Nous avons choisi pour cela d'analyser les bulletins paroissiaux, en considérant qu'ils représentaient un corpus cohérent d'informations et de jugements produits et diffusés par le clergé. Nous estimons également que ces bulletins paroissiaux constituaient à l'époque un vecteur important de la socialisation mayennaise, susceptible d'influer les paroissiens ainsi que les opinions publiques locales. La Guerre froide a-t-elle donc « percolé » jusque dans ces textes ? Si oui, quelles en sont les principales représentations

Sources d'information et contenu des bulletins paroissiaux

Afin d'éclairer le contenu des bulletins paroissiaux, il faut commencer par essayer d'identifier ce que lisent les curés mayennais de l'après-guerre. Comment s'informaient-ils de la marche du monde en ces débuts de Guerre froide ? La presse locale est évidemment un canal privilégié. Un curé de paroisse ne pouvait pas ignorer le quotidien le plus lu de la région, *Ouest-France*, et plus précisément son édition mayennaise. Les prêtres lisaient également des journaux locaux plus conservateurs et considérés comme proches de l'Évêché : l'hebdomadaire *Le Courrier de la Mayenne* et *Les Nouvelles de Bretagne et du Maine* qui paraîtront dans une édition

9. ADM, 367 W 36.
10. ADM, 449 W 4 ; rapport de mars 1958.

quotidienne jusqu'en 1955. Comme leurs collègues des autres évêchés, les curés mayennais lisaient aussi, régulièrement ou épisodiquement, certaines revues influentes de la presse catholique auxquelles ils avaient été initiés durant leurs années de formation au séminaire : les deux hebdomadaires *L'Ami du Clergé* et *La France Catholique*, ainsi que *La Documentation catholique* qui paraissait tous les quinze jours. Pour les prêtres des paroisses, la revue la plus prisée était sans doute *L'Ami du Clergé*. Voici comment s'exprimaient les responsables de cette revue imprimée à Langres : « Sur le plan doctrinal, notre but sera toujours de donner à nos confrères absorbés par leur écrasant ministère paroissial une orientation sûre, s'inspirant des enseignements de l'Église et spécialement du Souverain Pontife. Nous ne négligerons pas, cependant, l'information générale si flatteusement appréciée des lecteurs de notre "causerie sur les revues" et complétée par notre abondante bibliographie[11]. » Dans certains bulletins paroissiaux, on retrouve aussi des emprunts à l'autre hebdomadaire catholique *La France Catholique*. Cette revue avait été l'organe de la Fédération nationale catholique dirigée par le Général de Castelnau. La Fédération était née en 1924 pour lutter contre la politique anticléricale du Cartel des gauches. En 1959, le directeur de la revue, Jean de Fabrègues, s'exprimait ainsi dans un article consacré à la nécessité d'une presse catholique en France : « Il ne peut y avoir aucune séparation absolue entre la direction générale de la Cité et la Foi [...] Les totalitarismes sont, au XXe siècle, les enfants directs des laïcismes qui ont prétendu réduire la vie des hommes au domaine terrestre[12]. » Les prêtres consultaient sans doute moins *La Documentation catholique*, car les textes officiels du Vatican leur parvenaient déjà par un autre canal, *La Semaine religieuse*, bulletin officiel de l'Évêché, qui s'imposait à eux comme une lecture incontournable.

Dans la majorité des cas, les bulletins sont réalisés dans des imprimeries localisées loin des paroisses. Pour les paroisses mayennaises, il s'agit souvent d'imprimeries situées hors du département, au Mans ou surtout à Coutances, dans la Manche, où se trouve l'imprimerie Notre-Dame. Les curés ont parfois à s'en expliquer quand des paroissiens font des remarques ou des critiques sur le contenu du bulletin. En novembre 1955, le curé d'Argentré fait la mise au point suivante dans son éditorial introductif : « Dans le bulletin, votre curé ne rédige que la première page dont il est responsable. Les pages 2, 3, 4 font partie d'un fonds commun rédigé par un

11. *L'Ami du Clergé*, 3 janvier 1952, éditorial de début d'année, Bibliothèque diocésaine de Laval.

12. *La France Catholique*, 11 septembre 1959, Bibliothèque de l'Institut Catholique de Paris.

éditeur de la Manche et répandu dans bien des paroisses de l'ouest[13]. » Quels sont les objectifs que les curés de paroisses assignent à leurs bulletins ? Voilà ce qu'écrivait le curé de Saint-Germain d'Anxure dans son premier éditorial d'octobre 1949 : « Il aura toute une page réservée à Saint-Germain d'Anxure. C'est ce qui fera son intérêt. Il vous mettra au courant de la vie de la paroisse. La paroisse n'est-elle pas une grande famille où tout le monde se connaît, où les nouvelles des uns intéressent les autres, surtout les événements familiaux : naissances, décès, mariages, etc. De plus, ce petit bulletin vous permettra de garder bien des souvenirs que, sans cela, on oublie vite[14]. » À l'évidence, les paroissiens sont habitués à des bulletins dont l'horizon ne dépasse guère les limites de leur paroisse. Malgré leur cadre local, les bulletins paroissiaux distillent régulièrement quelques informations et commentaires de nature géopolitique. Ce sont eux qui nous permettront d'envisager une Guerre froide vue d'en bas et médiatisée par l'outil de socialisation du clergé.

Condamnation de la situation de Guerre froide qui prévaut après 1947

Certains bulletins dénoncent les rivalités et les égoïsmes des grandes puissances comme étant les causes de la Guerre froide. Au moment d'offrir ses vœux aux paroissiens, l'éditorial du mois de janvier est souvent l'occasion pour le prêtre d'élargir son propos à l'échelle du monde et de s'exprimer *Urbi et Orbi*. C'est ce que fait le curé d'Aron dans son bulletin de janvier 1951. Sans citer ni les pays, ni les conflits en cours, ni les alliances, il livre néanmoins sa vision du monde en ces premières années de Guerre froide : « Si l'on jette un coup d'œil sur le monde, on constate que tout ne va pas pour le mieux. À l'ONU où les représentants de tous les peuples sont réunis, tous parlent de la paix, mais tous ne l'entendent pas de la même manière. Les uns se renfermant dans un silence inquiétant poussent d'autres peuples à la guerre tout en restant eux-mêmes dans les coulisses. Les pays étrangers leur servent de champ d'expérience. Ils gardent sur le pied de guerre un nombre impressionnant de divisions et consacrent une très grande part de leur revenu national aux choses militaires. Les autres qui avaient travaillé aux œuvres de paix, à la reconstruction, se sentant menacés, se réarment et s'unissent pour faire face à un agresseur éven-

13. Bulletin paroissial d'Argentré, novembre 1955, archives diocésaines (A. Dioc.) de Laval.

14. *L'écho* de Saint-Germain d'Anxure, octobre 1949, ADM, 3 pe 216 1.

tuel. On use de part et d'autre des subtilités de la diplomatie pour arriver au résultat escompté. Quel est ce résultat ? Est-ce la paix tout court ou bien est-ce la paix dans l'esclavage et la domination du plus fort…[15] ? »

Dans la recherche des causes de la guerre et de la Guerre froide, certains curés invoquent des origines plus lointaines. Pour eux, ces conflits ne sont que la conséquence d'un long processus de déchristianisation. Dans son éditorial de vœux en janvier 1951, le curé de La Croixille propose ainsi cette analyse : « Nous devons tous nous rappeler que la paix est un cadeau de Dieu, tout comme la guerre est don du démon : on a forcément la paix quand on accepte Dieu, on a forcément la guerre quand on refuse Dieu. Depuis plus d'un demi-siècle, les chefs des nations, en France comme en de nombreux pays, ont exclu Dieu de toutes les organisations officielles : on a vidé les âmes de la doctrine divine à base d'amour et de paix ; qu'y a-t-on mis à la place ? Rien, sinon une doctrine matérialiste et athée à base d'égoïsme et de haine qui s'incarne actuellement dans le communisme. Maintenant nos dirigeants nous demandent de barrer la route au communisme : très bien, mais cela ne peut se faire qu'en mettant Dieu dans nos vies, dans nos consciences, dans nos organisations officielles qu'elles soient nationales ou internationales[16]. »

En s'exprimant de la sorte, les prêtres s'inscrivent dans la ligne des positions officielles de l'Église. Un congrès de *Pax Christi*, consacré à la Guerre froide, se tient à Assise en septembre 1952. Dans les conclusions du congrès, on trouve à la fois une définition et un refus de la Guerre froide : « La Guerre froide est un état systématique d'hostilité dans lequel tous les moyens, excepté la violence armée, sont employés en vue d'affaiblir et même d'annihiler l'adversaire. Elle empêche le rétablissement d'une paix normale et vicie le jeu des institutions internationales qui ont pour but d'organiser la paix. La Guerre froide est un état malsain que le chrétien ne peut approuver, même comme un palliatif. Un catholique réprouve en particulier la violence faite aux âmes par la propagande hypocrite et déloyale qui est l'arme principale de la Guerre froide. Il ne saurait demeurer inerte en face de cette situation[17]. »

---

15. Bulletin paroissial d'Aron, janvier 1951, ADM, 3 pe 91.
16. *L'écho paroissial* de La Croixille, janvier 1951, ADM, 3 pe 97 1.
17. *La Documentation Catholique*, numéro du 16 novembre 1952, Bibliothèque diocésaine de Laval.

Deux grandes puissances évoquées de façon très différente

Les États-Unis sont souvent évoqués dans les bulletins paroissiaux de l'après-guerre. Ceux-ci sont nombreux à présenter des séries de « brèves » regroupées sous un titre généraliste comme « Autour du monde ». La première colonne reprend en général des informations chiffrées sur les pays où le catholicisme peut progresser. Les États-Unis figurent presque toujours en bonne place dans cette rubrique. Dans les bulletins, les États-Unis ne sont presque jamais présentés comme une puissance rivale de l'URSS, désireuse elle aussi d'étendre le plus possible son influence dans le monde. Parlant des États-Unis, le curé de Pré-en-Pail semblait plus rassuré par leurs principes chrétiens que par leur force de frappe militaire. C'est ainsi qu'il utilise, dans son éditorial de janvier 1951, une déclaration du Président Truman : « L'arme la plus puissante de la démocratie n'est ni le canon, ni le char, ni la bombe. C'est la foi, la foi dans la fraternité et la dignité de l'Homme respectueux de Dieu. Mais qui donc a prononcé de si belles paroles ? Un Évêque ? Non ! Mais bien un chef d'État. C'est le Président Truman, chef de la grande démocratie américaine », et le curé de Pré-en-Pail d'ajouter : « Les mots Dieu et le Christ ne lui écorchent pas la bouche comme à nos gouvernants. Il est vrai que lui, il y croit[18]. » Dans le bulletin commun aux paroisses de Belgeard, Bourgnouvel et la Bazoche-Montpinçon, on signale aux paroissiens, en août 1950, « qu'une messe sera célébrée le 13 août pour la mémoire des Américains tombés sur notre territoire au moment des combats libérateurs du 6 au 13 août 1944 ». Alors que la guerre de Corée vient de commencer, le responsable du bulletin déclare : « Ce sera pour tous une occasion de prier pour la paix du monde, à un moment où nos alliés combattent encore pour la cause mondiale[19]. » L'auteur de ces lignes a sûrement du mal à se souvenir que les États-Unis et l'URSS avaient été alliés dans la lutte contre les forces de l'Axe !

Il en va tout autrement de l'URSS – d'ailleurs plus souvent appelée Russie – qui est présentée de manière assez systématique comme une puissance malfaisante, dangereuse. On lui reproche très tôt les méthodes utilisées pour constituer un bloc autour d'elle après 1945. Dans son éditorial, le curé de La Baconnière dressait le bilan de la situation en janvier 1948 : « Le marxisme intensifie son étreinte et fait peser sur tous les pays de l'Europe centrale, une pression brutale qui dégénère peu à peu en persécution. Esthonie (sic), Lettonie, Lithuanie (sic), Yougoslavie, Albanie,

18. *L'ami des familles*, janvier 1951, ADM, 3 pe 190 1.
19. *Id.*, août 1950, ADM, 3 pe 30 1.

Pologne, Ukraine, Hongrie, Roumanie, tous ces pays ont dû tour à tour subir le joug des gouvernements communistes imposés de force par Moscou »[20], et prolonge l'anathème contre l'anticléricalisme du régime qui s'exprimait déjà dans les années trente. La diabolisation de l'URSS est alors monnaie courante dans les bulletins paroissiaux, et s'efforce de susciter la peur des paroissiens. C'est notamment le cas face aux événements d'Algérie. Au moment où le conflit change de dimension avec l'envoi des soldats du contingent, le curé de Saint-Poix veut en expliquer à ses paroissiens « les raisons profondes » : « Regardez une carte d'il y a 25 ans et vous verrez les avancées du communisme dans le monde. Il saute aux yeux que l'Algérie constitue le dernier barrage qui protège l'Europe. Que ce barrage saute, ce qui reste de l'occident sera vite englouti : les mâchoires de l'étau se refermeront sans grand peine… On oublie trop que les divisions soviétiques sont déjà seulement à 250 km de la frontière française ! Nous vivons une heure grave. Elle engage plusieurs générations ; non seulement le sort de la France, mais celui du monde libre et sans doute de l'humanité entière. C'est une bataille de Poitiers que nous livrons de Constantine à Oran. Sauver l'Algérie, c'est sauver la paix. Un homme qui tombe là-bas peut sauver des centaines de vies humaines que broierait, dans un proche avenir, une nouvelle avancée de la marée rouge »[21]. Cette évocation de l'URSS vire parfois au dénigrement systématique, surtout quand il n'y a aucune mention des sources utilisées. En mai 1952, sous le titre « N'est-ce pas caractéristique ? », *L'Écho paroissial* de Méral décrit les conditions de détention à Spandau pour les dignitaires nazis : « Chacune des nations s'est engagée à assurer une servitude : les Américains, un chirurgien ; les Anglais, un dentiste ; les Français, un aumônier. Ils demandèrent aux Russes : et vous ? Le fossoyeur s'il en est besoin, répondit le représentant des soviets[22]. » En fait, ces accusations sont tirées d'un article de Romain Roger paru dans *Les écrits de Paris* en janvier 1952. Cet article est parvenu jusqu'au curé de Méral car il avait été repris par la revue *L'ami du clergé* en date du 6 mars 1952.

La dénonciation de l'Union Soviétique atteint un point culminant lors de l'écrasement du soulèvement hongrois en novembre 1956. Avec l'appui de l'Évêché, les curés mayennais interviennent massivement, portant à son paroxysme le ressenti de la fracture de la Guerre froide chez leurs paroissiens. Au mois de novembre 1956, le curé de la paroisse lavalloise de Saint-Vénérand donne le ton de la plupart des bulletins : « Mes chers paroissiens, à l'heure où j'écris ces lignes, des nouvelles alarmantes nous arrivent de

20. Bulletin interparoissial *Le Lien*, n° 8, janvier 1948, A. Dioc. de Laval.
21. Bulletin paroissial de Saint-Poix, juillet 1956, A. Dioc. de Laval.
22. *L'écho paroissial* de Méral, mai 1952, ADM, 3 pe 163 1,2.

Hongrie. Un petit peuple de quelques millions d'habitants, jadis foyer d'un christianisme fervent, mais tombé depuis dix ans sous le joug implacable de la tyrannie communiste, vient tout d'un coup de se redresser dans un unanime sursaut qui paraît bien être celui du désespoir. Des millions d'ouvriers affamés sont descendus dans la rue, las d'un régime qui ne leur a apporté que l'esclavage et la misère. Les chars soviétiques sont intervenus, mitraillant à bout portant des milliers de ces malheureux qui réclamaient la liberté[23]. » En janvier 1957, le curé de Méral conclut ainsi un long article sur « Le drame de la Hongrie » : « Ceci, hélas ! nous montre ce que feraient les communistes de chez nous et leurs 150 députés s'ils prenaient le pouvoir. Prions pour la Hongrie martyre et pour la sauvegarde de notre pauvre France dont le laïcisme officiel a ouvert la porte au communisme. Si l'enseignement libre disparaissait chez nous, il serait la première victime ; mais toutes les autres libertés y passeraient ensuite. Il ne nous resterait plus que nos yeux pour pleurer[24] ! » L'anticommunisme des bulletins paroissiaux mayennais se nourrit d'une double critique : celle, d'abord, chrétienne du matérialisme de l'idéologie soviétique, celle, ensuite, conservatrice d'un régime politique abhorré en raison de son idéal révolutionnaire.

Le soutien constant aux « Églises du silence »

Dans la quasi-totalité des bulletins paroissiaux, on trouve des informations sur « L'Église du silence », c'est-à-dire sur les persécutions subies par les Églises chrétiennes dans les pays du bloc communiste. Dans ces échos des persécutions à l'Est, les noms qui reviennent le plus souvent sont ceux des hauts dignitaires, devenus des personnalités emblématiques de la résistance, dans la mesure où les régimes communistes n'arrivent pas à les faire plier : Monseigneur Beran, Archevêque de Prague, Mgr Stepinac, Archevêque de Zagreb, le Cardinal Wyszynski, Primat de Pologne et, plus souvent encore, le Cardinal Mindszenty, Primat de Hongrie. Les sources de ces informations sur l'Église du silence ne sont pas toujours mentionnées. Quand elles le sont, il s'agit souvent de sources vaticanes (Radio-Vatican ou *L'Osservatore Romano*), d'agences de presse comme Reuter, du Centre d'information catholique (CIC) ou, plus banalement, du bulletin officiel diffusé par l'Évêché.

Les bulletins dénoncent le caractère massif et systématique des persécutions. C'est ce que fait celui de la paroisse d'Hardanges en janvier 1949 : « Les rideaux de fer ou autres ne sont pas si épais qu'ils ne laissent filtrer

23. Bulletin de la paroisse de Saint-Vénérand, novembre 1956, ADM, 3 pe 148 1.
24. *L'écho paroissial* de Méral, janvier 1957, ADM, 3 pe 163 1,2.

certains échos qui nous bouleversent. Des cris montent des nations qui ont perdu la liberté. Qu'elles s'appellent Pologne, Tchécoslovaquie, Albanie, Hongrie, Bulgarie, Roumanie, Estonie, Lituanie ou Lettonie, elles souffrent de leur foi persécutée, de leurs biens spoliés, de leurs prêtres et de leurs enfants emprisonnés ou brimés… Avec des générations sans foi, le soviétisme espère forger de magnifiques brutes »[25]. Ces persécutions conduisent inévitablement à faire des comparaisons avec les origines du christianisme. En février 1952, le curé de Saint-Samson consacrait son éditorial à ceux qui « souffrent et meurent pour leur foi » : « Il faut savoir qu'en ce moment, la persécution sévit dans de nombreux pays, aussi sournoise et aussi violente qu'aux premiers temps de l'Église. Ces pays sont ceux que la dictature du communisme sans Dieu a asservis : les pays d'Europe centrale et la Chine… Ces martyrs du XXe siècle sont bien dignes des Apôtres et des premiers martyrs, qui fondèrent l'Église au prix de leur sang[26]. » Pour les prêtres qui écrivent dans les bulletins, ces persécutions des chrétiens de l'Est justifient pleinement l'attitude de l'Église face au communisme. Le quotidien communiste *Ouest-Matin*, imprimé à Rennes, avait fait paraître une édition pour la Mayenne à partir du 1er mai 1950. Dès le mois de juin, le curé de La Croixille tient à réagir à la Une de son bulletin, en s'appuyant sur les condamnations déjà prononcées par la Papauté : la lettre encyclique de Pie XI, en date du 19 mars 1937, déclarant que le communisme est « intrinsèquement pervers » ; le décret du Saint-Office du 1er juillet 1949 précisant qu'il n'est pas permis de « publier, répandre ou lire des livres, revues, journaux ou feuilles volantes qui soutiennent la doctrine ou l'action des communistes »[27]. Deux ans plus tard, le même journal communiste est violemment mis en cause par le curé de la paroisse de Brécé qui s'en prend au « mauvais journal » et se demande « comment concevoir que des chrétiens lisent et soutiennent de leur argent et de leur concours, un journal qui approuve et justifie la guerre à la religion, les persécutions contre le Cardinal Mindszenty, les évêques, les prêtres, les fidèles de Hongrie, Pologne, Tchécoslovaquie, Chine, etc. »[28]. La dénonciation des persécutions est également l'occasion de fustiger l'attitude des chrétiens « progressistes ». Alors que l'émoi provoqué par les événements hongrois est encore très grand, le curé de Saint-Vénérand s'en prend aux « progressistes » : « ces chrétiens égarés qui ont pensé et pensent encore qu'on peut faire un bout de chemin avec les ennemis de sa foi, qu'un compromis est possible

25. Bulletin paroissial d'Hardanges, janvier 1949, ADM, 3 pe 117 1.
26. *Chez Nous*, février 1952, ADM, 3 pe 229 1.
27. *L'écho paroissial* de La Croixille, juin 1950, ADM, 3 pe 97 1.
28. *La paroisse de Brécé*, 30 mars 1952, ADM, 3 pe 40 3.

entre le christianisme et le communisme[29]. » La Guerre froide fait donc l'objet, à travers ses événements les plus dramatiques d'une lecture asymétrique, où morale et politique se conjuguent pour délivrer des messages clairs aux paroissiens sur la topographie du Bien et du Mal.

Une lecture partielle et partiale de l'Histoire

C'est une constante dans les bulletins de considérer la Révolution française comme le socle du malheur, un tournant fatal dans l'histoire de l'Humanité. Le curé-doyen de la Cathédrale, ancien Supérieur du grand séminaire, partageait pleinement cette vision de la période révolutionnaire. Il suffit de lire son éditorial de janvier 1949 : « Ce fut une des grandes erreurs de la Révolution française. Dieu exclu, toute puissance, a-t-on dit, vient du peuple ; en conséquence, ceux qui exercent l'autorité dans la société, ne l'exercent que par délégation du peuple qui peut la révoquer quand bon lui semble. La loi n'est plus l'expression de la raison ; elle n'exprime que la puissance du nombre, la volonté prédominante d'un parti politique. Le résultat, il apparaît dans une fulgurante clarté : entre les fils d'une même patrie, au geste de la main fraternellement tendue, se substitue celui du poing fermé, symbole de la violence et de la haine. Ceux-là mêmes qui furent souvent les ardents promoteurs de cette laïcisation à outrance, sont effrayés des conséquences de leurs actes ; et ils réclament le retour aux forces morales. Ces forces morales, quelles sont-elles ? Où les trouver ? Mes chers paroissiens, le rempart de toute civilisation, vers lequel se tournent les regards aujourd'hui, c'est l'Église catholique, avec sa doctrine, ses multiples institutions naturelles et surnaturelles, elle instruit et sanctifie les âmes[30]. » Un tel diagnostic conduit à une représentation de la Guerre froide en termes de fracture non seulement politique mais aussi morale, ainsi que l'exprimait le curé de La Baconnière : « À l'heure actuelle, le monde est écartelé entre deux doctrines nettement opposées : le marxisme ou communisme athée, générateur de discordes et de haines, et le christianisme, semeur de paix et de charité[31]. » Ce manichéisme est toujours présent près de dix ans plus tard chez le curé de Saint-Vénérand : « On se tromperait étrangement si l'on ne voyait dans le conflit actuel que l'affrontement de deux conceptions économiques : le collectivisme et le capitalisme. La lutte prend des proportions plus vastes. Elle va beaucoup

---

29. Bulletin paroissial de Saint-Vénérand, décembre 1956, ADM, 3 pe 148 1.
30. Bulletin paroissial de la Cathédrale, janvier 1949 A. Dioc. de Laval.
31. Bulletin interparoissial *Le Lien*, n° 8, janvier 1948, A. Dioc. de Laval.

plus loin. Deux conceptions de la vie humaine s'opposent d'une façon contradictoire. L'indifférence n'est pas possible. Il faut prendre parti : on est pour ou contre Dieu[32]. »

Alors que la guerre est encore toute proche dans les mémoires, cette vision de l'Histoire s'accompagne parfois de relents pétainistes. Dans les turbulences de l'automne 1947, le curé de la paroisse rurale de La Baconnière écrivait à ses paroissiens : « Nous sommes à une heure particulièrement grave. Redressement ou catastrophe ! Si les campagnes qui, depuis 20 ans surtout, se laissent prendre aux idées matérialistes, accentuent encore leur descente, la catastrophe est inévitable. Si au contraire, paysans de France, votre bon sens vous dicte de revenir à la doctrine du Christ et aux disciplines de l'Église, vous sauverez le monde ! Mais n'est-il pas déjà trop tard[33] ? » La résurgence est encore plus nette chez son collègue de la paroisse de la Trinité à Château-Gontier : « Nous vivons sur une poudrière prête à sauter. Sortant d'une catastrophe, on courbe le dos en attendant la suivante. En juin 1940, quand la défaite s'est abattue sur notre pays, nous avons dit : "Étions-nous donc tombés si bas ?" Hélas oui ! Et la cause de notre effondrement, il ne faut pas aller la chercher ailleurs que dans l'abandon de la foi et de la morale… Nous étions devenus un peuple sans doctrine »[34]. Ces prises de position montrent l'influence des revues de la presse catholique dont nous avons parlé précédemment. Il n'est que de lire par exemple ce qu'écrivait le doyen de la cathédrale à propos de « La Hongrie Martyre » : « Je vous écris ces lignes, au soir du dimanche 11 Novembre, le cœur douloureusement serré par les tragiques événements de Hongrie, et les menaces de guerre au Moyen-Orient… Qu'il me soit permis de signaler, sur ce point, les remarquables articles du journal *La France Catholique* qui établissent avec clarté, précision et grande hauteur de vues, le machiavélisme vraiment démoniaque de ceux qui martyrisent la Hongrie et se posent en champion de la paix au Moyen-Orient, en faisant tout ce qu'il faut pour y allumer la guerre[35]. »

A-t-on réellement les moyens d'évaluer la perception de la Guerre froide dans un département comme la Mayenne ? Si on s'en tient aux rapports mensuels du Préfet, on peut vraiment se poser des questions sur la réception des considérations géopolitiques de la Guerre froide et sur l'intérêt que leur porte la population. Dans son rapport d'avril 1948, le Préfet dit que « les habitants de la Mayenne n'attachent qu'un intérêt restreint à la politique extérieure dont la complexité rebute la plupart d'entre

---

32. Bulletin paroissial de Saint-Vénérand, décembre 1956, ADM, 3 pe 148 1.
33. Bulletin interparoissial *Le Lien*, nº 5, octobre 1947, A. Dioc. de Laval.
34. *La voix du faubourg*, juin 1950, ADM, 3 pe 64 1.
35. *La Cathédrale*, journal mensuel de la Cathédrale de Laval, 15 novembre 1956, A. Dioc. de Laval.

eux »[36]. Dans la même veine, un rapport des RG affirme en mars 1954 que « les problèmes de la C.E.D. laissent la majorité de l'opinion publique indifférente. En règle générale, elle ignore de quoi il s'agit exactement »[37]. *A contrario*, le rapport du Préfet pour février 1948 avait noté que « les événements de Tchécoslovaquie ont été suivis attentivement par une grande partie de la population qui ne manque pas de faire le rapprochement entre la situation actuelle et celle qui a précédé la guerre de 1939 »[38]. En juillet 1950, le rapport préfectoral relève « des inquiétudes dans l'opinion à la suite du recul des États-Unis en Corée ; de nombreuses familles commencent à faire des stocks de produits de première nécessité ». Quant au rapport du Préfet pour le mois de novembre 1956, il sort vraiment du lot : « la répression russe en Hongrie a soulevé un sentiment d'indignation quasi général. Un vaste mouvement de solidarité en faveur des réfugiés hongrois se dessine[39]. » Cette mobilisation exceptionnelle de l'opinion doit tenir compte de la faiblesse du parti communiste en Mayenne. Mais n'est-elle pas aussi – surtout ? – la démonstration du poids de l'Église, du clergé, dans les années cinquante ? Dans le contexte des années d'après-guerre, le clergé des paroisses mayennaises était, à coup sûr, un vecteur d'opinion très important. Pour beaucoup de Français, en particulier dans le monde rural, le discours du curé constituait une des rares occasions où le monde de la Guerre froide pouvait être publiquement évoqué. La fréquentation de l'église était plus massive qu'aujourd'hui et ce, à tous les âges de la vie. Analysant les taux de « pascalisants » et de « messalisants » de 1830 à 1961, Fernand Boulard livrait ce commentaire : « Vu à travers sa pratique religieuse, le diocèse de Laval apparaît ainsi exceptionnellement homogène et stable… peu de différences d'une zone à l'autre et continuité du niveau par commune, pendant cent trente ans[40]. » Le clergé des années cinquante est encore nombreux et influent. Lorsqu'il s'engage à défendre une cause, avec l'appui de l'Évêché, comme lors des événements hongrois de 1956, son influence est assurément décisive sur l'opinion des paroissiens.

La Guerre froide est donc dénoncée dans les bulletins paroissiaux comme un « état malsain », condamnable. Plutôt que la paix américaine ou soviétique, c'est « la paix du Christ » qui y est revendiquée, comme l'exprimait en novembre 1948 le curé de Rénazé : « On cherche la paix entre les nations en essayant de faire un savant équilibre entre des intérêts

---

36. ADM, 293 W 27.
37. ADM, 404 W 101.
38. ADM, 293 W 27.
39. ADM, 404 W 102.
40. Boulard Fernand, *Matériaux pour l'histoire religieuse du peuple français XIXe-XXe siècles*, Paris, Editions du CNRS, 1982, t. 1, p. 121.

contradictoires, en se partageant les zones d'influences, en imposant ses idées par la force ou par la peur… La paix du Christ ne connaît pas ces discussions d'intérêts : on la trouve en état désintéressé ; elle ne connaît pas ces recherches d'influence et ces ambitions : elle déclare bienheureux les petits et les humbles ; elle ne connaît pas l'emploi de la force : elle triomphe dans la bonté et le pardon ; elle ne connaît pas la peur : elle est faite d'amour pour tous les hommes[41]. » Les bulletins paroissiaux évoquent une vision binaire du monde, un affrontement de deux blocs, au sein duquel le bloc « occidental », le « monde libre », est présenté comme un bloc essentiellement chrétien, passant ainsi sous silence les autres religions. Le christianisme se targue d'être le plus sûr rempart contre l'avancée de « la marée rouge ». Pour le clergé paroissial, les persécutions religieuses subies dans les pays communistes en constituent la preuve manifeste. Quant à la France de la IVe République, les prêtres répètent à leurs paroissiens que c'est un pays fragile, vulnérable, dans la mesure où la laïcisation fait le lit du communisme. Il semble donc que l'opinion publique locale en Mayenne témoigne d'un intérêt sélectif à l'actualité internationale de Guerre froide. Une sélectivité dont il conviendrait de vérifier si elle est en partie le résultat du travail de sélection opéré par les médiateurs du clergé dans leurs bulletins paroissiaux. N'est-ce pas prendre le risque de surestimer le poids de ces textes ? Une enquête plus poussée devrait toutefois être entreprise sur l'exposition médiatique de la Guerre froide en France et dans ses provinces, afin de déterminer avec précision la hiérarchisation médiatique des événements de Guerre froide. En ce qui nous concerne, nous avons pu montrer que les bulletins paroissiaux procédaient à ce double travail de jugement et de hiérarchisation des faits, délivrant ainsi à leurs lecteurs une grille de lecture catholique des événements. De manière plus générale, nous pouvons émettre l'hypothèse selon laquelle la « vue d'en bas » de la Guerre froide est travaillée et déterminée par les différents opérateurs sociaux et culturels. Le cas de la Mayenne aura mis l'accent sur un agent et un support particulier, confirmant la diversité des appropriations locales de la Guerre froide.

---

41. *Le trait d'union de Renazé*, novembre 1948, A. Dioc. de Laval.

Les fêtes de Jeanne d'Arc à Orléans et la Guerre froide

Danielle Chevallier

Chaque année, depuis presque six siècles, Orléans célèbre sa délivrance du siège anglais par l'armée de Jeanne d'Arc le 8 mai 1429. Le déroulement des fêtes a plusieurs fois varié mais elles n'ont été interdites ou réduites qu'en de rares occasions ; la dernière, entre 1941 et 1944, quand les autorités d'occupation ont imposé qu'elles se limitent à un simple dépôt de gerbe au pied de la statue de Foyatier place du Martroi. Depuis 1945, on célèbre le même jour la capitulation de l'Allemagne nazie, les cérémonies étant dissociées même si on ne manque pas de faire remarquer cette extraordinaire coïncidence du calendrier.

Les fêtes sont devenues « religieuses, civiles et militaires » après la Première Guerre mondiale. En 1920, Jeanne d'Arc est successivement canonisée et la Chambre bleu horizon instaure la Fête nationale de Jeanne d'Arc. Le 8 mai il y a deux temps forts : le matin une messe à la cathédrale au cours de laquelle un invité ecclésiastique prononce le panégyrique de la sainte, et l'après-midi, un défilé de cinq kilomètres dans les rues avec, dit-on, une moitié de la ville qui défile sous les regards de l'autre moitié. Il est de tradition, puisque le calendrier républicain se calque sur le calendrier orléanais, que le président de la République nouvellement élu vienne présider les cérémonies. Entre 1947 et 1982 presque tous ont répondu à l'invitation ; Vincent Auriol en 1947, le général de Gaulle en 1959. René Coty devait venir en 1958 mais il a dû y renoncer en raison des événements, Valéry Giscard d'Estaing en 1979 et François Mitterrand en 1982. Sinon le maire invite un ou plusieurs ministres voire le Premier ministre (Michel Debré en 1960 et Georges Pompidou en 1963). De nombreux invités étrangers sont également présents, principalement des ambassadeurs. On peut constater qu'ils appartiennent tous au camp occidental. Ce sont d'abord des hôtes britanniques et américains, puis le cercle s'élargit aux autres pays d'Europe occidentale au gré de la construction européenne et des jumelages. Seule l'Espagne franquiste reste absente. Deux discours attendus sont prononcés : un par le maire d'Orléans auquel répond celui de l'invité. Notons que, de 1952 à 1966, les troupes américaines stationnées à Orléans participent au défilé militaire qui clôture les fêtes.

Les orateurs prononcent toujours un discours autour des thèmes de la solidarité entre les Français et de l'unité, thèmes qui sont liés à l'héroïne. En tout cas, le thème de l'unité reste récurrent jusqu'en 1958 ; tous les orateurs exhortent les Français à dépasser leurs querelles stériles. C'est ce temps de l'union que semble regretter le maire d'Orléans en 1947, avec la fin du tripartisme et la naissance du RPF, lorsqu'il évoque la Libération : « Il n'y avait partout que des amis, des frères. Il n'y avait ni communistes, ni MRP, ni catholiques, ni juifs ni libre-penseurs, ni bourgeois, ni ouvriers. Il n'y avait que des Français délivrés, sauvés, unis, comme à toutes les grandes heures de notre histoire ». À partir de 1947 et l'entrée dans la Guerre froide, les communistes sont souvent fustigés comme diviseurs et mauvais Français. Et eux-mêmes se mettent à l'écart. Comme le dit Antoine Prost dans un article de 1998, les fêtes de Jeanne d'Arc « c'est une rencontre entre le temps long de la tradition locale et le temps court de la conjoncture politique nationale et internationale. Les conflits s'y expriment à l'intérieur d'une volonté de consensus ; un maire de droite peut accueillir un président de gauche et réciproquement[1] ». On ne doit donc pas s'attendre à des prises de position trop tranchées et trop précises susceptibles d'alimenter des réactions excessives.

En étudiant ces fêtes, on peut quand même chercher à savoir si la Guerre froide et ses crises sont évoquées, si les orateurs sont tentés d'utiliser l'exemple de Jeanne d'Arc pour faire un parallèle entre la situation au XVe siècle et les problèmes rencontrés par leurs contemporains. De ce point de vue, la période 1947-1967 et même la décennie des années 1970 peut se diviser en deux temps : avant et après la venue du général de Gaulle en 1959, lorsqu'il annonce vouloir dépasser la vision d'un monde bipolaire. Cela se traduira à Orléans par le départ des Américains en 1966.

---

1. *La France démocratique, mélanges offerts à Maurice Agulhon*, Paris, Publications de la Sorbonne, 1998. Sur la mémoire de Jeanne d'Arc, cf. également Winock Michel, « Jeanne d'Arc », *in* Nora Pierre (dir.), *Les lieux de mémoire*. Tome 3, *Les France*, Paris, Gallimard, 1992, « Quarto », 1997, p. 4427-4473, Contamine Philippe, « Jeanne d'Arc dans la mémoire des droites », *in* Sirinelli Jean-François (dir.), *Histoire des droites en France*. Tome 2, *Cultures*, Paris, Gallimard, 1992, p. 399-435, Krumeich Gerd, *Jeanne d'Arc à travers l'Histoire* (1989), Paris, Albin Michel, « Histoire », 1993, Beaune Colette, *Jeanne d'Arc. Vérités et légendes*, Paris, Perrin, 2008.

LES FÊTES À L'HEURE DE LA GUERRE FROIDE (1947-1958)

Les fêtes sont placées sous l'autorité du maire, personnalité invitante. Les deux maires qui dominent la période sont Pierre Chevallier (1944-1951) et Pierre Ségelle (1954-1959). Tous deux sont issus du mouvement de Résistance Libération Nord, le second a été déporté. Pierre Chevallier appartient à l'UDSR. Il professe des opinions anticommunistes et antisoviétiques, et entretient de nombreuses amitiés aux États-Unis, en particulier avec d'anciens libérateurs d'Orléans - il fait un voyage à Chicago dès 1947 - qui permettent à Orléans, « ville meurtrie », bombardée en 1940 et 1944, de bénéficier d'aides matérielles conséquentes dans les années d'après-guerre. Des liens durables s'établissent avec La Nouvelle-Orléans et Orléans se « jumelle » avant l'heure avec Wichita (Kansas) à l'instigation d'Operation Democracy, organisation non gouvernementale, créée dans l'État de New-York en 1947 pour apporter un supplément d'aide au Plan Marshall à des « villes-sœurs », d'abord en France puis en Europe occidentale. Pierre Ségelle, lui, est membre de la SFIO. Il a été ministre de la Santé du 17 décembre 1946 au 27 janvier 1947, et ministre du Travail et de la Sécurité sociale du 28 octobre 1949 au 7 février 1950. Il est pro-européen et atlantiste, soutient Pierre Mendès France, ne soutient pas la CED ni l'entrée de la RFA dans l'OTAN. De même, il ne veut pas du jumelage d'Orléans avec une ville allemande sous son mandat.

En lien direct avec le climat de Guerre froide, cinq thèmes peuvent être isolés dans les prises de parole. En premier lieu, la nécessité de l'union, et notamment de l'Europe occidentale, seule capable de la protéger face au bloc de l'Est : « Ce qu'il faut pour défendre la paix, c'est la volonté de se défendre, et la force suffisante. Nous les trouverons dans l'union des différents pays d'Europe occidentale » déclare Pierre Chevallier en 1951.

Le deuxième thème est la reconnaissance d'une France éprise de liberté envers ses libérateurs. Devant des invités britanniques et américains, il s'exclame en 1948 : « Qu'ils me permettent de voir dans leur visite [...] la promesse d'une paix et d'une fraternité européenne dans le concert plus vaste encore des nations libres », précisant au maire de Wichita, la même année : « Vous avez vu flotter sur notre hôtel de ville les couleurs de votre pays, mais sachez qu'elles flottent déjà dans nos cœurs ». Dans ce domaine, les invités de la Ville ne sont pas en reste, à l'image de Mgr Roncalli, nonce apostolique, en 1952 - « Nous sommes heureux de témoigner notre gratitude envers le peuple fraternel des USA qui, de nouveau, après avoir libéré la ville de Jeanne, la ravitailla, l'aida à se reconstruire » – ou de Gaston Monerville, cette même année : « si une partie de notre pays est mal conseillée, une grande partie de la jeunesse, une grande partie du pays prouve que la France n'est pas un pays ingrat et qu'elle veut rester fidèle à ses amitiés, fidèle aux nations libres ».

Le troisième thème récurrent reste la volonté de la France de contribuer au maintien de la paix dans le monde. « Au moment où une détente semble se manifester dans la situation internationale, je voudrais y mettre au surplus un argument, une adjuration pathétique pour le maintien de la paix dans le monde » (Pierre Chevallier, 1948) et de nombreux invités martèleront ce message au cours de la décennie, tel Vincent Auriol en 1947.

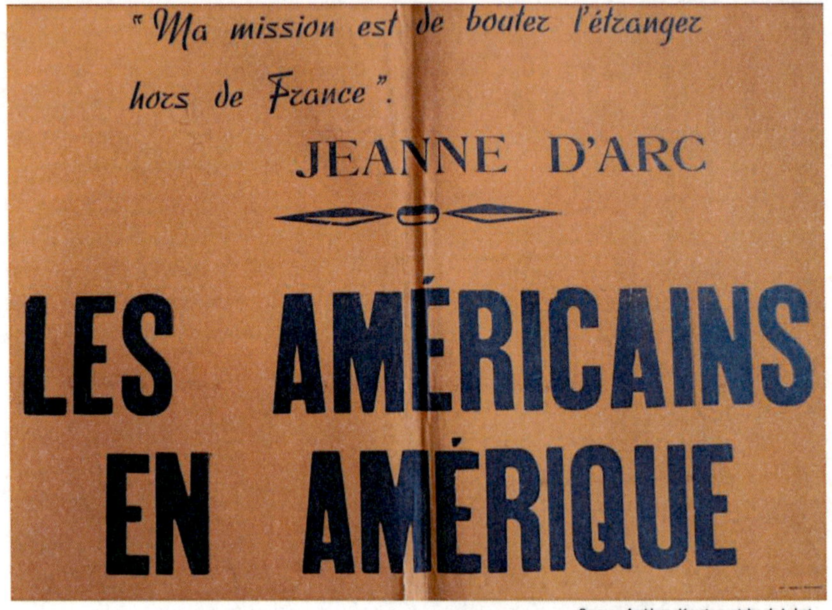

Source : Archives départementales du Loiret

Tract distribué par le PCF dans les années 1950.

Lié à ce troisième thème, le quatrième rappelle la nécessité des engagements internationaux de la France. « Puisque vous retrouvez ici les représentants de plusieurs nations européennes, je suis heureux de dire combien nous devons la reconnaissance au Plan Marshall qui nous a permis de subsister après le terrible fléau de la guerre », déclare le maire en 1948, et René Pleven, alors ministre de la Défense nationale, lui fait écho en 1951 : « Être assez forts, assez organisés, pour toujours imposer notre volonté de paix. C'est là, vous le savez, Monsieur le Maire le premier objectif des nations groupées d'abord par le Pacte de Bruxelles et qui, par le Pacte de l'Atlantique s'efforcent de constituer entre elles un système de défense naturelle, fondé sur la mise en commun de leurs ressources et la juste répartition des efforts. »

Le dernier thème, enfin, est consacré à la dénonciation de l'ennemi intérieur et extérieur. À partir de 1947 le contexte international et l'engagement de la France dans des guerres coloniales exacerbent les oppositions. Les élus communistes du Conseil municipal essaient de faire entendre leur différence. En 1948 ils remettent au Maire de Wichita deux lettres dont une ouverte au Président Truman, éditées par les Combattants de la Paix et de la Liberté. En 1951, l'Union des femmes françaises (UFF) est interdite de défilé car sa secrétaire générale a déclaré à la tribune d'un meeting : « Ce ne sont plus les Français qui commandent à Orléans, mais les Américains et le général Young est devenu le véritable maire d'Orléans », et des tracts allant dans le même sens ont été distribués (Photographie). Cette année-là, pour la première fois, les officiers américains sont présents immédiatement à gauche des officiers français, Orléans s'apprêtant à accueillir le commandement de la « ligne de communication » entre l'Atlantique et la zone américaine en RFA. En définitive, *La République du Centre* s'est contentée de fustiger « un demi-quarteron d'iconoclastes et de barbouilleurs ramassé dans la nuit (qui) avait été sagement mis au clou jusqu'à midi (car) la seule contre-manifestation effective fut l'envol clandestin d'une grappe de ballons revêtus de slogans auxquels on ne prête plus attention ». À partir de 1952, les troupes américaines défilent en tête des troupes à pied. Et les communistes lancent une pétition pour protester contre la présence des Américains à Orléans, et plus largement en France et en Europe. En 1953 l'association France-URSS proteste contre l'absence du drapeau soviétique aux cérémonies de la victoire, et les élus communistes refusent de participer aux cérémonies « en raison de la présence indécente, au cours d'une fête consacrée à une héroïne de l'indépendance nationale, d'un détachement des troupes d'occupation » (il s'agit évidemment des troupes américaines). Ce geste se reproduira jusqu'en 1966. Le général américain commandant de la ligne de communication se fait un plaisir chaque année de rappeler qu'il adhère complètement aux idéaux de Jeanne, par exemple en 1952 : « l'événement que vous commémorez a inspiré depuis plus de cinq siècles tous les peuples soucieux de leur liberté et de leur intégrité nationale. Le peuple des États unis considère la Pucelle d'Orléans non seulement comme un valeureux chef militaire, mais aussi comme une des grandes figures de l'histoire. Par ses exploits et son brillant exemple, elle a fait progresser la cause de la liberté et le droit des nations à vivre et à prospérer selon leurs propres lois ».

Charles de Gaulle, président de la République, à la fête de Jeanne d'Arc, Orléans, 1959

Source : *La République du Centre*

Le Général de Gaulle à la Fête de Jeanne D'Arc : Orléans 1959.

Les personnalités qui s'expriment par des discours ne se privent pas, sans les nommer, de viser les opposants communistes et les régimes qu'ils soutiennent. Le maire d'Orléans le fait dès 1947 : « Pour notre part, nous ne pouvons accepter que la France renonce à ce patrimoine (l'Union française). Pour cela, faut-il au moins que soit maintenue l'unanimité nationale et que les ennemis de l'Union française, et par conséquent de la France, ne trouvent pas dans la métropole elle-même, un encouragement à leur agitation ». Trois ans plus tard, René Pleven emploie un ton naturellement plus violent : « Les premières réalisations commencent et c'est ce qui explique la colère, les entreprises des diviseurs. Les manœuvres qui tentent après le mensonge de saper le moral de la France, de ses armées, qui s'efforceraient par la violence de saboter les fabrications militaires ou les arrivages de matériel que nous recevons de nos alliés se heurteront à notre volonté implacable de faire triompher la loi. Mais nous sommes parfaitement informés des projets qui, dans l'espoir de désunir l'opinion nationale et surtout étrangère, visent à créer des incidents sanglants. Ceux qui prendraient la responsabilité de telles entreprises doivent être avertis qu'ils n'échapperaient pas à leur châtiment. »

Tout s'infléchit avec la visite du général de Gaulle en 1959.

SORTIR DE LA GUERRE FROIDE ?

Dans le cadre d'un voyage dans la région, de Châteauroux à Tours, le nouveau Président fait halte à Orléans les 7 et 8 mai 1959. Le nouveau maire, élu en 1959, est Roger Secrétain. Lui aussi est un ancien de Libération Nord, nommé à la Libération, directeur du quotidien local *La République du Centre*. Il a appartenu à l'UDSR et fut élu député du Loiret à la mort de Pierre Chevallier en 1951. Non réélu en 1956, il se consacre à la politique locale et à la ville d'Orléans qu'il veut élever au rang de capitale régionale en la faisant profiter de la décentralisation. Il s'est rallié au général de Gaulle (Photo Général de Gaulle).

Face à l'évêque et au Général, le maire prononce un discours dans lequel il affirme son espoir dans la paix et la liberté, et sa foi dans l'Europe en construction : « si Jeanne d'Arc revenait, elle ne se contenterait plus d'aller de Vaucouleurs à Chinon, d'Orléans à Reims. Elle entreprendrait une chevauchée de capitale en capitale pour convaincre les nations qu'elles n'ont plus de sujets de querelles, intérêt ou prestige, égoïsme ou prétention, mais un bien à défendre en commun, un bien qui est notre civilisation, notre idéal de liberté, le respect que nous avons de la personne humaine, et tout ce qui fait le motif profond de notre vie [...] Saluons, à travers leurs diplomates, leurs édiles ou leurs musiques, nos amis des bons et mauvais jours, Anglais,

Américains, Canadiens, Néerlandais, Belges et ceux qui, venus d'Allemagne et d'Italie, oubliant des querelles périmées, sont avec nous, au coude à coude, pour faire l'Europe et assurer à la face du monde le droit qu'ont les peuples libres à préférer à l'asservissement la liberté et la démocratie ».

Le général de Gaulle répond en présentant un projet qui s'inscrit dans un cadre élargi au monde entier et qui dépasse la division entre les deux blocs. C'est en effet pour lui l'occasion de donner à la France un grand dessein : « La rénovation française ce n'est pas pour la France seulement que nous la voulons et que nous la faisons. C'est au profit de tous les hommes entre les grands peuples qui détiennent les grands moyens de la civilisation moderne. Entre ces peuples, quel que soit d'ailleurs leur régime, une sorte de confrontation va avoir lieu incessamment. Dans cette épreuve, dont peuvent sortir toutes sortes de choses, même la guerre, une guerre qui serait la destruction de tous, y compris de ceux qui l'auraient provoquée, il peut résulter une fois de plus une sorte de désillusion ; ou bien il peut résulter, et je l'espère, quelque accord, quelque entente, quelque modus vivendi. S'il en est ainsi, il faut qu'entre ces peuples s'établisse une coopération pour le bien des autres hommes, de tous ceux qui n'ont pas encore et loin de là les moyens des grands pays. Il faut que les pays reçoivent l'aide de leurs frères. C'est cela que la France va proposer dans cette confrontation, certaine en le faisant d'être fidèle à son propre génie, à sa propre vocation, certaine aussi d'être comprise par plus de deux milliards d'hommes qui méritent tout comme les autres d'être élevés vers la dignité, vers la prospérité et la fraternité. »

Ainsi, alors que le maire reste dans l'Europe occidentale de la Guerre froide en train de se construire, le général de Gaulle dépasse celle-ci en assignant à la France un projet mondial au-delà des deux blocs.

Après la visite du Général, des invités importants vont se succéder : Michel Debré, Premier ministre, en 1960 ; André Malraux, ministre de la Culture, en 1961 ; Jacques Chaban-Delmas, président de l'Assemblée nationale en 1962 ; Georges Pompidou, Premier ministre, en 1963 ; Christian Fouchet, ministre de l'Éducation nationale, en 1964 ; Edgar Faure, ministre de l'Agriculture et Louis Jacquinot, ministre d'État, en 1966. Les interventions prononcées lors de ces cérémonies plaident surtout en faveur de la construction européenne. André Malraux fait même de Jeanne d'Arc la première Européenne, tandis qu'Edgar Faure appelle, en 1956, à « faire de cette guerrière pacifique une militante internationale. Auprès de son étendard flotte désormais le drapeau européen. Le culte que nous lui rendons est celui de la fraternité et de la paix. » Dans le même temps, la ville d'Orléans se lance dans la réalisation de jumelages, avec Trévise en Vénétie en 1960, et avec Münster en Rhénanie du Nord-Westphalie en 1961.

Mais le monde, ses divisions idéologiques et leurs prolongements en France ne sont pas oubliés. Jacques Chaban-Delmas s'écrit ainsi, en 1962 : « Ceux-là doivent bien comprendre que dans le monde tel qu'il est, alors que des menaces subsistent, et des menaces qui n'ont rien d'illusoire, d'un côté est rangé le matérialisme et de l'autre ce qui ressort de l'esprit. Et c'est à l'origine de cette chrétienté, dont les limites correspondent aujourd'hui aux limites d'un univers qui veut conserver ses valeurs profondes, exprimées en termes démocratiques après la souveraineté nationale, la souveraineté populaire, la liberté des hommes et la justice donnée enfin à tous. »

En 1967 le climat des fêtes se ressent de la sortie de la France du commandement intégré de l'OTAN et du départ des Américains d'Orléans. Pour la première fois depuis 1952 les troupes américaines ne défilent pas et leurs officiers supérieurs sont absents des cérémonies. De même, les délégations des villes « amies » (La Nouvelle-Orléans et Wichita) ont annulé leur venue. Le maire Roger Secrétain en profite pour réaffirmer que l'amitié franco-américaine doit surmonter cette crise au nom de la dette que la France et tout particulièrement Orléans ont envers l'Amérique.

En définitive, si la Guerre froide s'invite bien aux fêtes de Jeanne d'Arc à Orléans, les protagonistes en restent à l'affirmation de principes généraux, des valeurs qui soudent le camp occidental sans évoquer précisément les crises qui secouent le monde bipolaire : rien sur la Hongrie, ni sur le mur de Berlin, ni sur la crise des fusées à Cuba. Ces fêtes sont bien rassembleuses, à l'image de Jeanne d'Arc et d'une ville que l'on dit très modérée. En 1961, quelques jours après le putsch des généraux, André Malraux avoue même : « Le gouvernement a souhaité qu'aujourd'hui son représentant ne prenne la parole que pour un hommage à la seule figure de notre histoire sur laquelle se soit faite l'unanimité du respect. »

Les enjeux de la Guerre froide et leurs implications dans un département frontalier : la Meurthe-et-Moselle, 1947-1967

Jean-Louis Étienne

La forme originale de la Meurthe-et-Moselle résulte des vicissitudes de l'histoire. Ce département, créé en 1871, s'étire de la frontière belgo-luxembourgeoise au massif vosgien. L'agriculture y tient une place non négligeable, mais n'occupant pas plus de 7 % des actifs entre 1954 et 1960, alors que 52 % sont mineurs et ouvriers de la sidérurgie et de la métallurgie. L'industrie, anciennement implantée, y est très diversifiée, et ce sont surtout les trois bassins miniers ferrifères et sidérurgiques du Pays Haut (Longwy et Briey) et de Nancy (avec Pompey et Neuves-Maisons) qui créent la richesse : 60 millions de tonnes de minerai de fer sont extraites en 1961. Après la Seconde Guerre mondiale, la reconstruction de l'outil industriel dure une décennie, et la production économique ne retrouve son niveau de 1938 qu'en 1950. Les années 1950-1960 connaissent une forte croissance démographique, résultant d'un solde naturel et d'un solde migratoire positifs : la population augmente ainsi de 528 000 habitants en 1946 à 705 000 en 1968. Mais le manque de main-d'œuvre nécessite le recours aux immigrés : de 43 000 en 1946, les étrangers passent à 56 000 en 1962 (surtout Italiens et Polonais). Le chef-lieu, Nancy, est un pôle industriel et tertiaire, qui compte 113 000 habitants au lendemain de la guerre (pour la seule ville), et en dénombre 133 000 en 1962.

Limitrophe du Reich allemand de 1871 à 1918, et de 1940 à 1945, la Meurthe-et-Moselle a vécu deux périodes d'occupation allemande, et a connu les combats des deux guerres mondiales : c'est un pays de casernes, de fortifications et de cimetières, où les regards sont constamment tournés vers le voisin allemand. Le Lorrain est souvent considéré comme patriote, voire nationaliste, mais d'un nationalisme « défensif », et la Meurthe-et-Moselle est une terre républicaine, modérée, laïque, même si l'Église catholique demeure influente auprès des classes moyennes et du monde paysan. Au lendemain de la guerre, la population accorde une large confiance au général de Gaulle, comme en témoigne le succès du « non » au référendum de mai 1946. Les élections suivantes confirment l'avance de la droite et du centre droit. Toutefois, une poussée bien réelle de la gauche cache en fait une « irruption » du communisme. Dans un département qui n'a jamais été une terre socialiste et où le radicalisme disparaît précocement, le parti communiste, qui sort renforcé de sa participation à la Résistance, joue ainsi le rôle de « fondateur de la gauche ». Dès 1945, il obtient un député en la personne du résistant Kriegel-Valrimont, et atteint 24 % des suffrages en novembre 1946. Sans être un département « rouge », la Meurthe-et-Moselle présente la particularité de juxtaposer, à une importante majorité modérée et conservatrice de l'opinion, une forte minorité communiste, bien délimitée professionnellement (mineurs, sidérurgistes, cheminots) et géographiquement (Pays Haut). Lorsque surgit la Guerre froide, la population subit encore les séquelles du conflit précédent et reste hantée par le retour d'un danger allemand. La relative proximité avec l'Europe centrale, la présence d'une nombreuse population immigrée, le retour des Américains, plus tard l'arrivée des réfugiés hongrois vont concourir à impliquer l'opinion dans les enjeux de la Guerre froide. Ceux-ci sont-ils clairement perçus ? Dans une population d'une grande diversité socio-culturelle, interpellée par la montée du communisme, quelle est donc la réception de la Guerre froide, de ses enjeux politiques et idéologiques ?

Le temps des ruptures : comment le rideau de fer s'installe dans les esprits

De quel poids respectif pèsent les événements nationaux et internationaux des années 1947-48 dans la mise en place d'un clivage idéologique amorcé antérieurement avec l'irruption du communisme ? Ce « communisme du fer »[1], dont le nombre de militants est de l'ordre de cinq mille en 1947[2], est de source principalement syndicale, l'adhésion à la CGT précédant en effet le militantisme politique. À la tête de la centrale, le courant ex-unitaire contrôle les syndicats des mines, de la métallurgie et des cheminots. Dès lors, peut-on considérer les grèves de 1947-48, jugées « fondatrices » par certains,

1. Bonnet Serge, *L'Homme du fer, mineurs de fer et sidérurgistes lorrains*, tome 3, Metz, éd. Serpenoise, 1984. On lira également avec profit, Noiriel Gérard, *Longwy. Immigrés et prolétaires, 1880-1981*, Paris, PUF, 1984.
2. Le chiffre de 6993, repris des archives du PCF par Roger Martelli, « Prendre sa carte », Fondation G. Péri, 2000, semble excessif.

comme une tentative de sabotage du plan Marshall ? Il est vrai que seuls le PCF et ses alliés considèrent l'aide américaine comme une « mainmise des trusts anglo-saxons sur l'Europe », dans le but de la « vassaliser ». Les grèves de 1947 sont largement suivies : les sept mines du bassin de Longwy sont touchées. La CGT fait passer les mots d'ordre, mais la discipline syndicale est observée sans enthousiasme, voire avec réticence (refus du vote à main levée). À Longwy, les usines sont paralysées par quatre cents manifestants qui s'empoignent avec les non-grévistes et les forces de l'ordre. Le caractère politique du mouvement n'est pas attesté, même si une enquête policière évoque une circulaire interne postérieure du PCF évoquant « l'éventualité d'une nouvelle grève insurrectionnelle »[3]. Dans son ensemble, la population envisage, au contraire, l'aide américaine avec espoir, dans ces temps de grandes difficultés matérielles, et « la classe populaire ne croit pas à la malignité du plan Marshall »[4].

En 1948, les événements de Prague et de Berlin contribuent à creuser le fossé idéologique. Si les communistes interprètent le « coup de Prague » comme une « victoire de la démocratie internationale », l'opinion, en accord avec les analyses de la presse régionale, se montre incrédule quant à la version officielle du processus politique et de la mort du ministre Masaryk. Quant aux images filmées du blocus de Berlin, elles ont pour effet de confronter la population à la matérialité d'un rideau de fer, perçu jusqu'alors comme un concept lointain. N'est-il pas distant de seulement 200 kilomètres ? Les grèves de l'automne 1948 touchent les mines et la sidérurgie, et prennent une tournure radicale après l'échec des réunions paritaires. À Villerupt, des accrochages violents opposent six mille manifestants aux forces de l'ordre, tandis qu'à Longwy des cadres sont pris en otages. L'originalité de ces troubles tient à la participation décisive des femmes ; celles-ci, conduites en particulier par l'épouse du leader CGT Marcel Dupont, « une nouvelle *passionaria* », se montrent « furieuses et d'une folie hystérique »[5]. Cette dynamique syndicale explique la montée en puissance du courant communiste, mais n'est pas sans susciter des répliques. Au sein de la CGT, les grèves ne font que concrétiser des tensions préexistantes, qui aboutissent à la création d'un noyau Force ouvrière, autour de René Peeters, ancien président du Comité départemental de Libération. Un congrès départemental fondateur a lieu à Nancy en avril 1948. Les militants non communistes cherchent à évincer les éléments communistes lors des élections professionnelles, ceux-ci reprochant à la tendance FO de saboter les grèves.

3. Archives départementales de Meurthe-et-Moselle (ADMM), RG Longwy, 7 février 1948, W 950/238.

4. *La Croix de l'Est*, 7 mars 1948.

5. ADMM, Police, 13 novembre 1948, W 1277/205.

Pour les uns, FO symbolise le « parti américain », pour les autres, la « CGTK » est soumise au Kominform. Au discours communiste s'oppose bientôt le discours du RPF, principal vecteur de l'anticommunisme. Le respect qu'inspire aux Lorrains le général de Gaulle, fait citoyen d'honneur de la ville de Nancy (malgré le désaccord des élus communistes), associé au recul du MRP et au ralliement d'anciens sympathisants de Vichy, conduisent le RPF à des succès électoraux inattendus (23 % des voix aux législatives de 1951). Communistes et gaullistes s'affrontent régulièrement dans le Pays Haut, où selon la police des groupes d'action RPF, équipés d'armes récupérées des FFI, seraient mis sur pied dans deux communes, afin de faire face à une éventuelle « tentative insurrectionnelle »[6].

Dans ce climat passionnel, « l'étranger », surtout s'il est suspecté d'être communiste, est souvent considéré comme un « ennemi de l'intérieur ». Le cas des Polonais mérite de retenir l'attention. En 1945, sont dénombrés 17 000 ressortissants, près de 13 000 sont encore présents en 1949, dont 8 500 domiciliés dans le seul arrondissement de Briey. Ces immigrés manifestent un vif attachement à leur langue, à leur culture, pour beaucoup à la foi catholique, et génèrent un riche tissu associatif. En vertu des accords franco-polonais de 1946, un rapatriement (ou une « réémigration » pour les autorités de Varsovie) est planifié sur la base du volontariat. Pour beaucoup, le choix entre la « mère patrie » et la « terre d'accueil » est délicat, voire douloureux ; il est fréquent qu'au sein d'une famille, parents et enfants se divisent. Les Polonais, placés au centre d'enjeux géopolitiques qui les dépassent, sont sensibles à la propagande émanant des associations favorables à la nouvelle Pologne (Parti ouvrier unifié polonais, communiste, « Aide à la patrie » ou « *Grunwald* »), ou sont, au contraire, à l'écoute des organisations catholiques ou fidèles à l'ancien gouvernement polonais de Londres. Les transferts les plus importants ont lieu de 1946 à 1948, et concernent trois à quatre mille personnes. Le rapatriement est pris en charge par la Croix-Rouge polonaise et par la SNCF qui organise des convois ferroviaires, de nature à en rappeler d'autres de sinistre mémoire. Les relations plus tendues entre les deux pays (démantèlement du réseau Robineau en Pologne en 1949) sont à l'origine de mesures répressives à l'égard des organisations favorables à la nouvelle démocratie populaire. Il est vrai que le traditionalisme religieux des Polonais ou leur exigence d'un enseignement particulier dans les écoles primaires communales contribuent à les rendre suspects tant aux yeux du clergé paroissial que des laïcs. Le départ des plus militants et la multiplication des naturalisations instaurent un climat plus serein à partir de 1950-51.

---

6. ADMM, Sûreté nationale, 22 mars 1948, W 1304/105.

Confrontés au rideau de fer, les catholiques ne restent pas indifférents. L'Église réitère sa condamnation du marxisme athée et dénonce de manière récurrente les « persécutions » exercées contre les croyants. L'évêque de Nancy, Mgr Fleury, fait lire en chaire une lettre de protestation contre les arrestations des primats de Hongrie et de Pologne (une des rares évocations de la Guerre froide constatée dans les bulletins paroissiaux). Les Lorrains sont attentifs aux déclarations du cardinal Tisserant, Nancéien d'origine et doyen du Sacré Collège, qui en tant que légat du pape, préside à Nancy en juillet 1949 le quatorzième Congrès eucharistique national ; à cette occasion, il est pris à partie par le PCF pour avoir affirmé que « la persécution est la conséquence de l'idéologie soviétique ». Consciente que la déchristianisation du monde ouvrier facilite l'expansion du communisme, l'Église lance en 1947-48 des missions, et tente, sans grand enthousiasme, l'expérience des prêtres ouvriers. Ces religieux, au nombre de trois ou quatre seulement dans le département, analysent avec lucidité et perspicacité les mentalités ouvrières et les raisons de l'attrait exercé par les communistes. Ils soulignent l'importance de l'usine comme univers de vie quotidien, qui « nivelle, uniformise et endoctrine »[7], et qui est propice à faire naître les colères les plus explosives. L'usine est bien un véritable « laboratoire émotionnel ». Pour ce prolétariat, être communiste ne signifie pas adhérer à une pensée doctrinaire, mais « consiste à voir dans le parti la seule force capable d'améliorer la situation matérielle de la classe ouvrière »[8]. Les préjugés règnent : la papauté adhère au « parti américain » ; donc le curé, qui vit bourgeoisement, est un « agent du capitalisme ». Il y a les bons et les méchants, et « le méchant est celui qui s'oppose à l'URSS » ! L'Église doit donc chercher à reprendre pied dans l'usine ; pour cela, il convient de réactiver la doctrine sociale de l'Église, de faire appel aux associations catholiques laïques (« Action catholique ouvrière », « Mouvement populaire des familles »). Pour certains militants catholiques, une collaboration avec la CGT est concevable, mais dans la seule optique de la lutte pour la dignité des travailleurs, comme cela s'est déjà produit lors des grèves de 1948. Sur le terrain politique, l'abbé Pierre, ancien résistant, élu député en 1945 sous l'étiquette MRP, affronte les communistes avec détermination, lors de réunions publiques et de cérémonies commémoratives, tout en partageant certains de leurs objectifs sociaux. Par ses propos chaleureux et son souci des difficultés matérielles, il force la sympathie de nombreux foyers ouvriers et brouille les clivages durcis par la Guerre froide.

---

7. ADMM, rapports des abbés Pfaff et Legendre, 51 J 1405/2 (Fonds Bonnet).
8. *Ibid.*

LA PRISE DE CONSCIENCE : VERS UNE PERCEPTION PLUS AIGUË DES RÉALITÉS DE LA GUERRE FROIDE

La guerre et ses séquelles s'éloignant, l'opinion locale manifeste une écoute plus attentive aux problèmes du monde et se sent davantage concernée par les enjeux de la Guerre froide. L'expression apparaît dans l'été 1948, tant sous la plume des autorités que dans la presse : « c'est bien de la Guerre froide qu'il s'agit, et son champ de bataille est Berlin »[9]. Les Lorrains n'observent que de loin la guerre d'Indochine, vue au travers du prisme colonial, mais dénoncée par le PCF comme la « sale guerre » et assimilée à la « guerre hitlérienne ». Plus tard, le désastre de Diên Biên Phu, à l'origine d'une vague de pessimisme, est l'occasion, le 8 mai 1954, d'associer, sur la base américaine de Toul, l'héroïsme des combattants français et l'implantation des forces de l'OTAN : le conflit indochinois est bel et bien devenu un conflit de la Guerre froide. La guerre en Corée, et l'établissement d'un autre rideau de fer le long du 38e parallèle conduisent la population à comprendre que l'affrontement ne se cantonne pas aux frontières européennes. L'opinion locale, selon les rapports préfectoraux, se « refuse à admettre que les Sud-Coréens soient les agresseurs, et se montre disposée à considérer comme légitime l'intervention des États-Unis »[10]. Une sourde angoisse naît, d'une part, de la détermination américaine (menace de Mac Arthur d'utiliser l'arme atomique, rôle du général Ridgway, le « tueur microbien ») et, d'autre part, des réactions à attendre de Moscou et de Pékin. Plus consciente des dangers et du risque d'isolement de la France, l'opinion locale en vient à accepter le Pacte atlantique, présenté comme garant de la sécurité du pays, même si la CGT le considère comme « un plan de guerre, impérialiste, antisoviétique, anti-ouvrier et anti-démocratique »[11].

Mais comment se ranger aux vues américaines sans rien céder d'un anti-germanisme ambiant et traditionnel, allant de la plus vive hostilité, au sein de la droite nationale, à une méfiance prudente chez les modérés ? Déjà, l'épisode des péniches chargées de sucre à destination de la zone d'occupation française en Allemagne, et immobilisées par des manifestants à Verdun et à Frouard en septembre 1947, avait suscité une vive émotion, tout autant spontanée qu'orchestrée par les syndicalistes de la CGT et les communistes, et avivée des ressentiments antiallemands prompts à ressurgir. Alors que la construction d'une Europe intégrée n'intéresse guère que

9. *La Croix de l'Est*, 1er août 1948.
10. ADMM, Rapport du préfet, 18 août 1950, W 950/228.
11. ADMM, Tract, W 950/239.

les démocrates-chrétiens, les socialistes ou quelques patrons d'industries, l'opinion locale est quasi unanime à se dresser contre l'éventualité d'un réarmement allemand et le projet de CED. Le PCF et ses alliés sont bien entendu les plus virulents à s'opposer au relèvement d'une Allemagne qu'ils qualifient de « réactionnaire, dirigée par les capitalistes et les anciens nazis ». *La Voix de l'Est* (journal du PC) n'affiche-t-elle pas une photo de la Wehrmacht accompagnée de la légende : « Qui veut revoir cela sur le cours Léopold[12] ? » Au début de 1954, se constitue un « Comité des Lorrains contre la CED », sorte d'alliance contre nature associant des gaullistes, des communistes et des nationalistes, et dont le président d'honneur est Louis Marin, président du Conseil général de 1946 à 1951 et de la Fédération républicaine, patriote intransigeant, que le préfet Samama qualifie « d'homme le plus représentatif des sentiments de la population »[13]. Le 27 décembre 1954, à l'exception du socialiste P.-O. Lapie, les cinq autres députés du département votent contre l'entrée de l'Allemagne dans l'OTAN, mais semblent désavoués par une partie de leurs électeurs. Comment assurer la sécurité du pays face au communisme sans l'aide américaine ? Comment accepter l'Alliance atlantique sans rien céder sur la question allemande ? Autant de contradictions que les citoyens locaux, qui mesurent mal le rôle désormais secondaire de la France, parviennent difficilement à surmonter.

L'éventualité d'un conflit majeur facilite l'éclosion du Mouvement de la paix, dont il convient de se demander s'il a été, et dans quelle mesure, un relais du parti communiste ? Les prémices en reviennent à la CGT et au PCF, qui lancent des appels en direction des autres syndicats et des associations patriotiques, en usant d'une argumentation portant sur la nécessité de défendre la paix face aux « horreurs » de la bombe A, quelles que soient les convictions politiques : « le problème actuel n'est pas d'être pour Moscou ou Washington, mais pour la guerre ou la paix »[14]. La journée du « vote pour la paix » du 2 octobre 1949, sous forte surveillance policière, ne rencontre toutefois qu'un succès mitigé, mais la propagande s'amplifie en 1950 lorsque le PCF et la CGT incitent à signer l'Appel de Stockholm, et protestent contre la révocation de Joliot-Curie, le « savant de la paix », ou organisent le « relais de la jeunesse pour la paix » (en vue du festival de Berlin en 1951). Bien qu'interdits, deux Conseils communaux des combattants de la paix et de la liberté voient le jour ; à la fin de 1949, est constitué un Conseil départemental, présidé par le radical-socialiste Deville, mais au sein duquel se côtoient universitaires communistes, chrétiens progressistes et neutralistes. Auprès des associations patriotiques réceptives aux initiatives du Mouvement, le

---

12. *La Voix de l'Est*, 17 octobre 1953.
13. ADMM, Rapport du 8 septembre 1949, W 1131/62.
14. ADMM, RG Longwy 17 février 1949, W 950/95.

combat pour la paix est assimilé au combat pour la Résistance, comme veulent le signifier les « Journées de la paix » organisées à Champigneulles, au cours desquelles les participants prêtent le « serment des partisans de la paix » devant la stèle rappelant le sacrifice de soixante-deux fusillés. Le meeting de Nancy du 3 février 1952 attire cinq mille personnes, en présence de prêtres (dont l'abbé Pierre), du grand rabbin et d'une délégation venue d'Oradour-sur-Glane. L'Appel de Stockholm embarrasse particulièrement les catholiques progressistes. Par la voix de l'évêque, Mgr Lallier, l'Église met en garde les fidèles et tente de réactiver le mouvement *Pax Christi*. Mais certains militants de l'Action catholique ouvrière, du Mouvement populaire des familles ou de la CFTC n'hésitent pas à donner leur signature, à l'instar de René Boudot, sidérurgiste qui représente le bassin de Longwy au Congrès des peuples pour la paix à Vienne en 1952. Nombre de curés des paroisses du Pays Haut sont directement sollicités par la CGT ; à celle-ci, qui fait valoir la présence d'hommes d'Église au sein du Mouvement, le curé de Trieux répond : « mais ce sont les communistes qui sont aux postes de direction ! »[15]. Le préfet, de sensibilité socialiste, déclare, peut-être exagérément, que « la campagne pour la paix, et la signature de Stockholm n'ont eu aucun écho »[16]. Sans aller jusque-là, on peut conclure à un large désintérêt des populations. Lors du procès des époux Rosenberg, les troupes américaines des bases et dépôts sont consignées par crainte de manifestations hostiles. Mais la population, du moins celle qui est informée, semble se rallier largement à la thèse de la culpabilité probable des « espions ». Un « Comité nancéien pour la défense des époux Rosenberg » sous l'impulsion d'israélites, associe à son action le Mouvement de la paix et *Pax Christi*, et lors du meeting du 15 juin 1953, le président du comité se contente de mettre l'accent « sur les conditions douteuses du procès », dans une salle décorée de drapeaux français et américains[17].

Deux crises majeures vont plus particulièrement activer la prise de conscience de la Guerre froide, et renforcer une fois de plus le clivage idéologique. Lors des émeutes ouvrières de Berlin-Est, le syndicat FO s'empresse de rappeler que « lorsque les communistes sont au pouvoir, la classe ouvrière n'a plus aucun droit », lançant une polémique avec les militants communistes locaux. Avec la révolution de Hongrie, les Lorrains vivent véritablement au rythme de la Guerre froide, car, très rapidement, une large couverture médiatique sensibilise les populations locales. Les termes utilisés pour évoquer le peuple hongrois (« rebelles », « insurgés ») et la répression (« Saint Barthélémy rouge », « sanglante agonie de la liberté

15. ADMM, Police, W 950/95.
16. ADMM, Rapport de juillet 1950, W 950/228.
17. ADMM, RG, W 1131/29.

hongroise ») ainsi que les images (chars soviétiques à Budapest, combats de rues) génèrent une forte charge émotionnelle, une vive sympathie pour les insurgés et une inquiétude certaine quant à la suite des événements. L'arrivée des réfugiés à l'automne 1956 transplante la tragédie hongroise au cœur des préoccupations quotidiennes ; de la fin de novembre 1956 à août 1957, le département accueille près de deux mille personnes, totalement démunies et logées provisoirement dans trois casernes. La confrontation subite avec ces fugitifs, jeunes pour la plupart, fatigués, inquiets, déclenche une réaction immédiate de compassion et d'empathie. Partout, des minutes de silence, des messes, des dépôts de gerbes aux monuments aux morts témoignent de la solidarité des populations locales à l'égard de la Hongrie martyrisée. Toutes les formes d'aide sont mises en œuvre, tant de la part des autorités que des entreprises ou des organisations politiques, syndicales et religieuses. L'indignation se retourne rapidement contre les communistes : comment croire, comme ceux-ci l'affirment, que ces réfugiés sont des fascistes antirévolutionnaires et des nostalgiques de Horthy ? Le 8 novembre à Nancy, un cortège conduit par un « Comité d'action universitaire », rassemble étudiants et représentants de la municipalité. Plusieurs milliers de personnes se recueillent devant le monument d'Alsace-Lorraine, puis la manifestation dégénère sous l'impulsion d'éléments radicaux (de tendance Algérie française) qui tentent de forcer les locaux du PCF et de la CGT. A-t-on cherché à instrumentaliser l'affaire hongroise en vue d'affaiblir un parti communiste, sorti renforcé des législatives de janvier (27 % des voix) ? Toujours est-il que celui-ci est affecté par cette crise, de même que la CGT ; troublés, désorientés, certains militants essaient de susciter des débats internes, ou quittent leurs formations. Pourtant, un seul syndicat, la CGT des mines, prendra position publiquement contre l'intervention soviétique. La polémique perdure un moment, avec FO, avec la presse locale, notamment l'hebdomadaire *Lorraine Magazine*, qui prétend dévoiler « la vérité sur la Hongrie »[18], tandis que le PCF s'efforce de faire diversion en dénonçant la crise de Suez, la répression en Algérie et les questions sociales.

Les associations patriotiques de résistants et déportés n'échappent pas non plus au clivage Est/Ouest. Malgré des tensions croissantes, un relatif consensus se maintient toutefois entre ces associations, et nombre de cérémonies du souvenir les réunissent sous le signe de la fraternité : anniversaires de la Libération, transfert solennel des cendres de déportés au monument de la Résistance à Nancy (1950), hommage aux troupes américaines pour le vingtième anniversaire de la libération des camps. Au cours de l'année 1949, le consensus s'étiole et la polémique enfle ; face à la FNDIRP, largement menée par les communistes, la FNDIR soutient que

18. *Lorraine Magazine*, novembre 1956.

« le titre de déporté ne peut figurer au crédit d'un seul parti politique »[19]. Aux propos du colonel Manhès, président national de la FNDIRP, qui affirme à Jarny-Homécourt que « ceux qui ont financé la guerre d'Hitler... préparent une nouvelle guerre », répondent les gens de la FNDIR qui dénoncent la présence dans la haute administration de la RDA d'anciens déportés communistes qui « ont été les fidèles serviteurs des SS dans les camps »[20]. En 1950, la commission mise sur pied par David Rousset dans le but d'enquêter sur la persistance de camps de concentration, y compris en URSS, reçoit le soutien des seules FNDIR et associations « gaullistes ». Si les structures associatives sont saisies par la Guerre froide, le consensus mémoriel l'est aussi. Au-delà du souvenir, la mémoire devient un enjeu politique, avec ses rituels, ses lieux cérémoniels privilégiés : par exemple, le monument des fusillés de La Malpierre ou le camp de Thil pour la gauche, le monument de la Résistance à Nancy pour les gaullistes. Le PCF et ses satellites font référence aux dates mythiques (1848, 1934) et aux figures illustres de l'histoire... y compris Jeanne d'Arc et le général Giraud (mort en 1949) « qui n'a rien de commun avec tel général politicien qui n'a pas fait et n'a pas voulu faire la guerre... sauf au micro »[21]. Au-delà de la mémoire, c'est l'histoire qui est révisée à la lumière de la Guerre froide, et sur ce point le cas de Victor Dojlida est emblématique. Ouvrier polonais, résistant MOI/FTP, rentré de déportation à l'âge de vingt ans, Dojlida est animé d'un désir de vengeance (de justice selon lui) à l'égard des gens de Vichy, patrons, policiers et juges, dont certains sont encore en place. Incapable de se réinsérer socialement, il multiplie les délits, malgré la sollicitude d'anciens compagnons de misère (dont le ministre Michelet). Condamné à plusieurs reprises, il est montré de moins en moins comme résistant, et déporté, mais comme un « bandit », voire « un étranger et un criminel »[22]. Il ne sortira de prison qu'en 1989 ! Au début des années 1950, les Lorrains de Meurthe-et-Moselle sont conscients de l'existence de deux mondes différents et opposés, et l'opinion locale semble s'accommoder d'une certaine « normalité » de la Guerre froide.

19. *Le Déporté résistant*, février 1949, éditorial de Jean Bertin, président départemental.

20. *Le Déporté résistant*, février 1949.

21. *La Voix de l'Est*, 19 mars 1949.

22. *L'Est Républicain*, 29 avril 1948, plaidoirie de l'avocat général en Cour d'assises.

La cohabitation : ou comment s'adapter à une configuration mondiale jugée durable

Du côté communiste, on cherche à établir une proximité plus étroite avec le monde soviétique et les démocraties populaires, tandis que les milieux modérés de droite et de gauche s'accommodent de l'appartenance au camp atlantique, et acceptent, voire souhaitent, la présence de forces militaires. Les communistes du département ont réussi à forger une véritable « mystique ouvrière », avec ses dogmes, ses valeurs, ses meetings, sa presse, ses slogans et ses héros, parmi lesquels Staline[23] en personne. Son 70e anniversaire, puis sa mort seront l'occasion d'hommages grandioses, rendus avant tout au « vainqueur de Stalingrad ». Les gestes sincères et émouvants des militants (envoi de cadeaux, messages de reconnaissance) ne doivent pas occulter la mise en scène d'un culte de la personnalité orchestré par la Fédération. Au palais des fêtes de Nancy, le secrétaire Louis Dupont s'incline devant le portrait de Staline encadré d'une garde d'honneur : « nos yeux ne se détachent pas de ce visage exprimant la simplicité et la bonté »[24]. Le parti et ses partenaires, dont l'association France-URSS, propagent en Meurthe-et-Moselle comme dans toute la France, une vision héroïsée et idéalisée du monde communiste, grâce à la projection de films (*Salut à Moscou*, *Oural*, *Cœur d'acier*) ou par le biais de témoignages rapportés par des militants. Gilbert Schwartz, déporté politique, membre actif de la FNDIRP, dresse ainsi un tableau de la RDA, un pays « où avec quelle ardeur, avec quelle conscience chacun travaille, car chacun sait que l'usine est son usine, que c'est son avenir qu'il forge »[25]. Malgré les « dissensions internes » des années 1949-50, et l'émergence éphémère de tendances dissidentes, à l'encontre desquelles Laurent Casanova, membre du Comité central, de passage à Nancy, met en garde la Fédération, celle-ci reste fidèle à la ligne stalinienne. Selon le préfet Samama, les sanctions qui frappent Marty et Tillon « sont approuvées sans réserves par les sections et cellules »[26]. Dans son bastion du Pays Haut, les positions du PCF demeurent solides : 41 % des voix dans le canton de Longwy en 1956, deux députés de 1956 à 1958. Le Parti s'est construit, parallèlement à son socle syndical, une assise municipale durable grâce à d'importantes victoires électorales, et la conquête de neuf municipalités dans le Pays Haut. Systématiquement, les élus

---

23. Montebello Fabrice, « Joseph Staline et Humphrey Bogart, l'hommage des ouvriers », *Politix*, nº 24, 1993, p. 142.
24. *La Voix de l'Est*, 21 mars 1953.
25. *La Voix de l'Est*, 14-21 octobre 1950.
26. ADMM, Rapport du 12 janvier 1953, W 950/228.

communistes introduisent des questions de politique générale, donc des enjeux de Guerre froide, dans les débats. Ces municipalités se bousculent pour tenter d'accueillir Khrouchtchev en 1960, et reçoivent avec fierté Alexis Leonov, le premier « piéton de l'espace », dont l'exploit spatial traduit « avant tout le succès du socialisme et du pouvoir des travailleurs ».

La pratique du jumelage vise, quant à elle, à « promouvoir l'amitié entre les peuples et la paix », mais aboutit souvent à pérenniser localement le climat de Guerre froide. Sur la période 1954-1967, on dénombre vingt-huit jumelages. Ceux qui sont conclus avec des communes de l'Est relèvent des années 1960 : huit communes (Auboué, Villerupt, Piennes...) signent neuf jumelages (huit avec la RDA, un avec la Tchécoslovaquie). L'initiative en revient souvent aux maires, et sept de ces jumelages sont placés sous le patronage de la Fédération mondiale des villes jumelées, qui se veut apolitique. Si les élus membres de la FNDIRP, du Mouvement de la paix et chrétiens progressistes approuvent l'initiative, les débats sont cependant houleux dans certains conseils : à Longlaville, les sept élus socialistes s'opposent au projet de jumelage. La pratique du jumelage facilitant « le déploiement des conflits idéologiques sur les scènes locales »[27], les autorités font de l'obstruction systématique, refusent les visas d'entrée, en arguant du fait que la RDA n'est pas reconnue par la France, et que ces échanges n'ont aucune motivation culturelle, mais relèvent bien d'une « opération de caractère politique »[28]. Les jumelages fonctionnent donc « à sens unique » ; en 1967, la délégation de Radebeul (RDA) n'est toujours pas autorisée à gagner Auboué, tandis que des délégations lorraines peuvent accéder à l'Europe de l'Est. Le préfet émet un rappel à l'ordre au maire de Longlaville, qui a fait arborer le drapeau de la RDA à l'occasion d'une exposition. Au-delà des aspects folkloriques, le jumelage implique clairement un engagement politique.

Dans les milieux modérés, majoritaires, la venue des Américains conforte-t-elle l'appartenance au camp occidental, voire une connivence sur des objectifs partagés ? Avec trois bases aériennes, dont deux opérationnelles (Toul-Rosières et Chambley), dotées d'armes nucléaires de 1956 à 1959, deux dépôts de l'*US Army*, et diverses autres installations, la Meurthe-et-Moselle est placée en première ligne du dispositif militaire de l'OTAN. Le retour des Américains (qui ne sont pas des inconnus depuis 1917 et 1944) ne suscite aucune hostilité déclarée, ni à l'égard de l'Alliance atlantique, ni à l'encontre des soldats américains. Seules les expropriations et la lenteur des indemnisations provoquent un certain mécontentement ; mais, rapidement, les retombées économiques et financières

---

27. Vion Antoine, « L'invention de la tradition des jumelages », *Revue française de science politique*, vol. 53, n° 4, 2003, p. 570.
28. AN, Fontainebleau, versement 19780663.

deviennent intéressantes pour les entreprises locales, les commerçants et les propriétaires de logements. La croissance des effectifs et l'arrivée des familles (plus de onze cents pour la base de Rosières) nécessitent la construction de cités pavillonnaires à l'urbanisme américain : Toulaire, Regina Village... En termes d'emplois, le seul secteur de Toul ira jusqu'à compter 3 400 salariés civils. La présence américaine est également à l'origine d'un véritable choc culturel. Durant les premières années, les contacts entre Américains et Français sont réduits et sans chaleur particulière, d'autant que les bases vivent en totale autarcie. Les Lorrains sont d'ailleurs mal informés : « pourquoi sont-ils là, que viennent-ils faire ?, c'est parce que nous les avons appelés à nous aider »[29]. Chez les Américains, il convient de surmonter les préjugés à l'égard des Français, et de répondre à leurs récriminations à propos du bruit des avions, des trop nombreux accidents de la route, des rixes sur la voie publique ou dans les débits de boissons. Mais, très vite, s'affirme une volonté réciproque de compréhension et de coopération, soutenue par l'attrait qu'exerce le mode de vie américain et le désir d'ouverture que manifestent certains officiers américains francophiles, surtout chez les réservistes de la *National Air Guard* arrivés en 1961. Fêtes nationales et cérémonies militaires sont prétextes à vanter la fraternité d'armes et l'amitié franco-américaine ; lors des défilés, la foule applaudit ceux qui sont présentés comme « nos alliés ». Le point d'orgue du travail de séduction est atteint avec les « journées portes ouvertes » sur les bases ; le 18 juin 1961, entre 50 000 et 75 000 spectateurs se pressent au meeting aérien de Rosières. La présence d'un *Civiliant Consultant* français sur les bases, chargé des contacts extérieurs contribue à « dépouiller les relations franco-américaines de leur raideur officielle »[30]. Mieux encore, les nombreux mariages mixtes ne sont-ils pas la meilleure expression de la proximité relationnelle entre Français et Américains ?

La population locale considère, à l'instar des gouvernements, que l'appartenance à l'Alliance atlantique ne doit en aucun cas limiter l'indépendance et la souveraineté nationales. Le rôle de l'officier de liaison, à la tête d'un détachement restreint, est justement d'être le gardien vigilant de la souveraineté territoriale sur des bases qui ne peuvent être perçues comme des enclaves étrangères. De ce fait, des litiges éclatent à propos des contrôles douaniers, de la circulation des étrangers et des compétences juridictionnelles respectives concernant les crimes et délits. D'ailleurs, les multiples manifestations d'entente et de sympathie ne sont pas appréciées de tous. Catholiques et communistes se rejoignent parfois dans le même rejet du cinéma américain, jugé immoral et violent. Le curé

---

29. *L'Est Républicain*, 14 décembre 1951.
30. ADMM, rapport de Chambley, décembre 1955, W 950/41.

de Rosières fait savoir son indignation à ses paroissiens, quand des jeunes filles de la localité participent à une fête à la base, une semaine après Diên Biên Phu, « alors que des Français sont tués, blessés, prisonniers... hommes de Rosières, on vous a pris vos champs, ne permettez pas que l'on s'amuse avec vos femmes et vos jeunes filles »[31]. La méconnaissance des objectifs et des dispositifs de l'OTAN laisse le champ libre à la propagande hostile du PCF. Selon le préfet, seuls les communistes se signalent : tracts, affiches, graffitis *US Go Home* fleurissent dans les années 1950-52, avant de réapparaître vers 1965-66. Ceux-ci ne cessent de dénoncer « une armée d'occupation », vouée à faire du département une « terre brûlée», une « poudrière » et une plate-forme d'attaque contre l'URSS. Rien cependant ne permet de conclure à un impact mesurable de cette propagande dans la progression (relative) des communistes au cours des élections de 1953 et 1956. Après quelques années d'assoupissement qui succèdent à l'alerte maximale de 1956, les bases se réveillent au moment des crises de Berlin et de Cuba ; mais les missions nucléaires sont abandonnées au profit de la reconnaissance aérienne et du soutien aux forces stationnées en Allemagne. Peu diserts sur les questions politiques, les Américains se cantonnent dans une stricte neutralité. Anticolonialistes affichés, ils redoutent néanmoins la victoire d'un FLN « acquis au communisme ». Ils sont surpris, voire dépités devant le succès populaire rencontré par Khrouchtchev lors de sa venue dans la région. À l'égard de De Gaulle, leurs sentiments sont partagés : réserve, incompréhension, mais aussi respect et considération. Lorsque les Américains quittent la Lorraine, laissant un marché de l'emploi gravement déprimé, c'est avec un regret partagé, et « on a l'impression que leur départ entraîne un resserrement des liens franco-américains »[32]. C'est le moment choisi pour la visite du général Lemnitzer, commandant du SHAPE, venu à Nancy inaugurer un viaduc auquel est donné le nom de Kennedy ; le maire Weber remercie les Américains en termes chaleureux. Leur souvenir restera associé à l'image de prospérité laissée par les « Trente Glorieuses »

L'adaptation à l'état de Guerre froide semble se traduire par une modification des appréhensions suscitées par les événements. L'opinion locale paraît passer d'un réflexe de peur irrationnelle à une appréhension plus raisonnée et mieux maîtrisée. Durant ces vingt années, ce sont plutôt des émotions successives, des angoisses ponctuelles, qui surgissent sur un fonds d'indifférence assez large et d'inquiétude latente. La guerre de Corée, les crises de Hongrie et de Cuba sont propices à des dynamiques émotionnelles qui ne conduisent qu'exceptionnellement à des phénomènes de panique. En 1950, *La Voix de l'Est* publie une photo montage de la place

31. ADMM, RG 11 mai 1954, W 950/276.
32. ADMM, rapport de Chambley, juin 1966, W 950/41.

Stanislas sous un champignon atomique, évoquant Hiroshima. En 1961, *Le Sous-sol lorrain*, organe de la CGT, titre « La guerre atomique pour Berlin ? » En réalité, la population redoute plus « une guerre » qu'une conflagration atomique. Si le PCF joue de la peur atomique, le Mouvement de la paix ou l'Église montrent un souci réel d'information : des conférences abordent les implications scientifiques et morales de l'arme atomique. Il semble qu'avec la présence des forces de l'OTAN, puis la politique gaullienne d'indépendance nationale (appuyée sur une force nucléaire), la peur du danger atomique s'atténue et fasse place à un sang-froid lucide, dans un contexte moins tendu, celui de la coexistence pacifique. « La survie pour 7000 francs par personne » annonce une publicité vantant les qualités d'un abri antiatomique à la foire de Nancy en 1964. La Guerre froide ne serait-elle devenue qu'un banal objet de consommation ?

La Guerre froide n'est donc pas passée inaperçue des Lorrains, mais la nature exacte et l'ampleur de son ressenti sont difficilement mesurables. Les rapports des autorités officielles n'accordent qu'une place secondaire aux réactions de la population locale face aux événements internationaux. Celle-ci prend conscience rapidement de la nouvelle conjoncture mondiale, sans percevoir pleinement la complexité des enjeux, et tout en s'illusionnant sur l'influence réelle de la France. Les Lorrains, en priorité concernés par les séquelles de la guerre et attentifs aux questions coloniales, ne sont pas indifférents à la confrontation entre les deux blocs, de plus en plus fréquemment à « la Une » des quotidiens. Parallèlement à un vif ressenti émotionnel au moment des crises les plus aiguës, mais qui ne va pas jusqu'à la peur physique, existe une appropriation plus analytique, plus « intellectuelle », perceptible au travers des éditoriaux ou des discours des acteurs locaux. Les comportements individuels vont de l'indifférence à la curiosité, de l'inquiétude à l'angoisse, du recueillement à la violence, au gré de la gravité des événements, ainsi que de l'exploitation médiatique et politique qui en est faite. La désinformation, la propagande, la manipulation, l'utilisation de l'image participent à la construction de ce ressenti, en proposant alors une interprétation faussée, partiale, sectaire des événements. Il est évident que le clivage entre modérés et communistes, tout à la fois cause et conséquence de ce ressenti, ainsi que la présence américaine ou l'arrivée des réfugiés hongrois proposent des visions divergentes des deux blocs et incitent les Lorrains (Français et étrangers) à s'interroger sur les choix à opérer. Pour autant, la Guerre froide ne semble pas avoir influencé au point de la modifier une configuration politique largement déterminée par les questions nationales et locales.

La paix et les chasseurs : les motions des conseils municipaux des Bouches-du-Rhône

Jean-Claude Lahaxe

Les délibérations des conseils municipaux, l'échelon institutionnel de la vie démocratique française le plus proche des populations, permet une analyse « vue d'en bas » de la Guerre froide[1]. La recherche de la représentativité a tout d'abord imposé l'exploration des archives municipales des sept villes qui comptaient à l'époque plus de 10 000 habitants, car le système électoral y favorisait une vie politique plus intense en permettant à plusieurs formations politiques de se retrouver au sein d'un même conseil. Il était également indispensable de compulser les registres des villes industrielles du bord de l'Étang de Berre, ceux des communes minières et agricoles du bassin de Gardanne et de ses environs, ceux des localités à prédominance rurale de l'intérieur des terres ou situées en bord de mer. L'analyse des registres de 47 communes révèle que trois thèmes furent à l'origine de la majorité des motions rédigées durant ces vingt années de Guerre froide par des conseillers municipaux communistes majoritaires ou d'opposition : le danger allemand, la dénonciation des guerres successives en Indochine, le refus de la bombe atomique[2]. Les majorités non communistes furent amenées à réagir à des résolutions similaires proposées par le groupe d'opposition PCF ou déposées en mairie par l'un des « mouvements de masse » proches de ce parti. Des contextes locaux particuliers permirent toutefois l'émergence d'une réalité plus complexe qu'un simple clivage bipolaire.

1. Pour un exemple particulier, cf. Pernot Jean-Marie, « Engagements dans la Guerre froide » *in* Bressol Élyane, Dreyfus Michel, Hedde Joël, Pigenet Michel (dir.), *La CGT dans les années 1950*, Rennes, Presses universitaires de Rennes, 2005, p. 435-447.
2. Les conseillers communistes regroupaient souvent plusieurs de ces thèmes dans une même motion.

Les motions communistes

L'importance de la présence des trois thèmes majeurs de cette période varie durant ces vingt années. La question allemande est évoquée dans 14 des 19 motions liées à la Guerre froide proposées en 1947 par des conseillers municipaux communistes. Avec 18 des 22 résolutions adoptées entre septembre 1949 et juillet 1950, l'interdiction de la bombe atomique devient la préoccupation principale. L'Indochine et la CED, avec respectivement 26 et 28 motions, sont les sujets prioritaires entre octobre 1950 et août 1954. Puis, entre 1955 et 1964, l'activisme retombe. Durant cette période, seules 38 résolutions sont votées pour dénoncer la force de frappe française et le danger allemand. Les bombardements américains sur le Nord Vietnam permettent de retrouver, en partie, le niveau de mobilisation du début des années cinquante. Entre 1965 et 1967, 17 des 20 motions adoptées exigent leur arrêt immédiat.

Prolongeant la ligne germanophobe suivie depuis 1945, toutes les motions communistes s'appuient sur un patriotisme affirmé, voire sur des accents nationalistes. Et toutes insistent sur la renaissance d'une menace à l'est du Rhin.

Le texte proposé le 27 décembre 1947 par l'opposition communiste d'Aubagne accuse le gouvernement Schuman de poursuivre une politique « de démission nationale et de guerre » en se pliant à la volonté américaine de relever prioritairement la Ruhr. Le 13 octobre 1961, la venue de troupes allemandes « sur notre territoire national » est qualifiée d'« honteuse présence » par le conseil de Saint-Chamas. Dès le 24 février 1947 à La Ciotat, la reconstitution de l'industrie lourde allemande est associée à la fabrication d'armes qui menaceront la paix « à bref délai ». À partir de décembre 1950, la CED est accusée de diviser l'Europe en deux camps ennemis, d'entraîner la perte des souverainetés diplomatique et militaire de notre pays et de conduire à sa désindustrialisation. La dangerosité attribuée à l'Allemagne monte encore d'un cran à la suite de la signature, le 24 octobre 1954, des accords de Paris. Dès le 31, le conseil de Port-de-Bouc, réuni en séance extraordinaire, prédit que la reconstitution de l'armée allemande débouchera sur une invasion de la France plus terrible que les trois précédentes. Elle entraînera surtout une nouvelle course aux armements « aux conséquences incalculables pour l'avenir de l'Humanité ». Cette vision est reprise le 13 octobre 1961 par le conseil de Saint-Chamas qui affirme que la Bundeswehr, dirigée par d'anciens hitlériens, constitue l'« ennemi mortel de la France et de la paix », car elle dispose d'armes atomiques tactiques et souhaite acquérir des bombes thermonucléaires.

Si la coexistence pacifique n'atténue pas cette mise en avant systématique du danger allemand, l'image du peuple allemand évolue partiellement dans quelques-unes des motions des années soixante. Un premier pas est franchi lorsque, le 13 mars 1957, le groupe majoritaire communiste de La Fare-les-Oliviers déclare voir dans la nomination du général Speidel à la tête des forces terrestres du secteur Centre Europe de l'OTAN une mesure « choquante et inopportune », de nature à compromettre la compréhension « nécessaire » entre les peuples français et allemands victimes « de la barbarie nazie ». Et le 25 novembre 1960, le conseil de Berre-l'Étang réclame « une véritable réconciliation » permettant l'instauration « d'une paix solide en Europe et dans le Monde ».

Les dénonciations entre 1949 et 1954 de la guerre d'Indochine puis, de 1965 à 1967, celles des bombardements sur le Nord-Vietnam reposent sur deux constantes. Elles visent à susciter un élan de compassion en faveur des victimes de ces conflits. Elles opposent une poignée de profiteurs de guerre à la volonté de paix des peuples. Ces bases communes n'empêchent pas pour autant les élus communistes d'analyser différemment les deux conflits.

Les appels réclamant l'arrêt de la « sale » guerre brossent souvent la figure héroïsée d'Henri Martin. Les huit vœux réclamant sa libération, rédigés entre le 30 août 1950 et le 30 juillet 1953, valorisent le « vaillant et courageux marin de France » qui subit sa peine avec « un courage extrême et une dignité sublime » en dépit de l'altération de son état de santé[3]. Ce portrait permet de justifier l'idée que c'est parce qu'il dit la vérité sur la situation en Indochine que ce « patriote » est maintenu en prison. Les motions exigeant l'arrêt immédiat des bombardements américains sur le Nord-Vietnam parlent de raids meurtriers perpétrés contre des populations civiles, de « crime »[4] et même de « génocide »[5]. L'agression contre ce petit peuple « héroïque » viole de surcroît les accords de Genève de 1954 et bafoue ses droits à disposer de lui-même.

La seconde constante de ces motions est l'imputation de toutes ces violences à une minorité de profiteurs bafouant le désir de paix des populations. Pour satisfaire leur soif de profits, « l'impérialisme français »[6] et « une minorité de trafiquants et de financiers »[7], poursuivent une guerre « inutile, coûteuse, meurtrière »[8] et maintiennent en prison les partisans de la paix. Pour des motifs similaires, les « impérialistes yankees » et leurs « satellites »[9] continuent leur agression en dépit de la mobilisation des forces pacifiques du monde entier, y compris aux États-Unis.

---

3. Port-de-Bouc, 5 et 27 décembre 1952.
4. Port-Saint-Louis, 29 décembre 1967.
5. Aureille, 8 septembre 1967.
6. Aix-en-Provence, 30 octobre 1950.
7. Berre, 26 janvier 1953.
8. Berre-l'Étang, 3 juin 1949.
9. Aureille, 8 septembre 1967.

Ces constantes introduisent cependant des analyses foncièrement différentes des deux conflits. La Guerre froide n'apparaît jamais dans les motions votées entre 1949 et 1954. En dépit des nombreuses directives émises par le secrétariat national du PCF, douze durant le seul second semestre 1950, la liaison entre les conflits coréens et indochinois n'est jamais effectuée[10]. L'intervention des États-Unis dans la « sale » guerre est passée sous silence. Le souci de maintenir une présence de la France est par contre régulièrement exprimé. Dans les motions de 1949, les négociations avec Ho Chi Minh sont censées permettre la signature d'un traité loyal « dans le cadre de l'Union française »[11]. Les résolutions de 1954 réclament des accords économiques et culturels « répondant aux intérêts des peuples d'Indochine et de France »[12]. En revanche, les motions votées entre 1965 et 1967 s'inscrivent résolument dans un contexte international. L'intervention américaine menace la paix mondiale et l'arrêt des combats favorisera une détente internationale propice à un « désarmement simultané et contrôlé dans le cadre de la coexistence pacifique »[13].

Troisième front permanent de l'activisme des élus communistes, la dénonciation de l'arme nucléaire connaît trois phases distinctes. En 1949 et 1950, elle s'intègre dans les campagnes mondiales successives contre « la » bombe. En 1958-1959 puis en 1963-1964, elle vise la force de frappe française. Enfin, entre 1965 et 1967, elle est quelquefois associée aux bombardements américains au Vietnam.

Toutes ces résolutions reposent sur la même opposition entre prédictions alarmistes et perspectives d'espoir. En 1949, les conseils de Berre-l'Étang et de Port-de-Bouc affirment que la zone où se situe leur commune, « en raison de sa situation géographique et portuaire »[14] sera une des premières à être frappées, mais que le pire peut être évité puisque les peuples sont, « dans leur immense majorité »[15], hostiles à la guerre. Le manifeste lu les 14 janvier et 8 février 1950 par un opposant communiste à La Ciotat et à Aix-en-Provence met en avant l'opposition faite par Pasteur entre « la science et la paix » et « l'ignorance et la guerre » pour demander aux Français d'imposer la mise

10. Le manque d'intérêt que les militants marseillais du PCF accordent à ce conflit explique par ailleurs l'échec des mobilisations en 1950 et en 1951 contre le départ de soldats français pour la Corée.
11. Berre-l'Étang, 3 juin 1949.
12. Berre-l'Étang, 30 avril 1954.
13. Port-Saint-Louis-du-Rhône, 30 avril 1965.
14. Port-de-Bouc, 12 avril 1949. Ce scénario sera repris du 22 au 27 mai suivant par le quotidien communiste *La Marseillaise*. Cf. Lahaxe Jean Claude, *Les communistes à Marseille à l'apogée de la Guerre froide (1949-1954)*, Aix-en-Provence, Publications de l'Université de Provence, 2006.
15. Berre-l'Étang, 12 septembre 1949.

hors-la-loi de la bombe atomique. La disparition de cette « affreuse » menace permettra de s'engager dans la voie du rétablissement de la confiance internationale, du désarmement et de la paix. Elle mettra un terme à la misère engendrée par la course aux armements. Les trois résolutions votées entre janvier et mai 1958 en réaction à la possibilité d'une installation sur le territoire national de fusées américaines prédisent que la vie disparaîtra en France si rien n'est fait pour empêcher les futures rampes de lancement de devenir des « cibles atomiques »[16]. Le 18 juillet 1966, le conseil de Port-de-Bouc évoque lui aussi la perspective d'une « horrible » guerre thermonucléaire que seul le succès des pacifistes permettra d'écarter définitivement.

L'activisme des conseillers municipaux communistes fut bien réel, tout au moins jusqu'au milieu des années cinquante. Par les thèmes abordés et le vocabulaire utilisé, leurs motions répondirent aux attentes de la direction nationale de leur parti. Il serait pourtant erroné de limiter cette implication à un simple suivisme. Ces élus évitèrent aussi de reprendre dans leurs résolutions celles des directives qui leur semblaient trop éloignées des préoccupations des habitants de leur commune. En dépit de ses limites, un tel engagement ne pouvait pourtant que susciter de vives réactions de la part des municipalités non communistes.

Contrecarrer l'activisme communiste

Confrontées aux motions communistes, les majorités municipales non communistes ne réagissent pas d'une manière unanime. Beaucoup d'entre elles utilisent l'article 72 de la loi du 5 avril 1884 interdisant aux conseils de se prononcer sur des sujets politiques pour rejeter ces textes sans les examiner. Là où se côtoient des représentants de plusieurs partis politiques[17], certaines majorités acceptent parfois de débattre avec leur opposition. Dans ce cas, comme lors du dépôt de motions par des délégations, les réactions des majorités varient en partie en fonction du sujet de la motion et du contexte local.

Le 29 juillet 1948 à La Ciotat, un conseiller SFIO et un MRP demandent au maire socialiste d'appliquer systématiquement la loi à l'avenir « pour éviter des discussions stériles ». S'appuyant sur la lettre du sous-préfet du 4 novembre, les maires MRP de Salon et RPF de Marseille proposent, le 19 novembre et le 4 décembre 1948 de ne plus tenir compte dorénavant des

16. Roquefort-la-Bédoule, 24 janvier 1958.

17. C'est en particulier le cas à Aix-en-Provence, Arles, Aubagne, La Ciotat, Marseille, Martigues et Salon-de-Provence. Entre octobre 1947 et mars 1959, aucune de ces villes n'est administrée par le PCF.

motions politiques. L'utilisation de la loi de 1884 s'avère très vite une arme particulièrement efficace. Elle contribue à limiter à trois le nombre de vœux déposés durant ces vingt années à Salon, à un seul ceux soumis aux conseils d'Arles et d'Aubagne. Elle permet à la majorité de La Ciotat de repousser sans examen treize textes entre le 5 mars 1949 et le 8 juin 1953. Les dépôts de motions deviennent exceptionnels à partir du milieu des années cinquante.

Parce qu'elle ravive de douloureux souvenirs, la question du réarmement allemand conduit plusieurs majorités non communistes à réagir de manière moins abrupte face au dépôt d'une motion par l'opposition PCF ou par un mouvement « de masse ». Celle de La Ciotat accepte ainsi, le 29 décembre 1950 et le 17 mars 1952, de débattre avant d'utiliser l'article 72. Le 25 novembre 1952, conscient que les traumatismes liés à l'Occupation sont encore vifs dans la commune, Laurens Deleuil, le très anticommuniste maire de Marignane, atténue son rejet d'une motion hostile au réarmement allemand émanant de l'Association des déportés et internés résistants et patriotes, proche du PCF, en déclarant qu'il est conscient qu'il s'agit là d'un « angoissant » problème. Le 1er février 1954, la coalition majoritaire d'Aix-en-Provence vote une résolution communiste souhaitant la réussite de la conférence de Berlin, car elle estime que ce texte correspond « à la pensée unanime et au désir constant de tous les braves gens ». L'absence d'une majorité municipale stable et le souvenir de l'exécution par les nazis de sept habitants de la commune donnent lieu à deux réactions opposées. Le 12 juin 1954, la proposition du groupe PCF de dénoncer le réarmement allemand auquel conduirait la CED se heurte à l'abstention unanime de la majorité. Le 12 février 1955 en revanche, en réponse à deux résolutions émanant d'anciens résistants et déportés et de l'UFF présentées par l'opposition communiste, le maire socialiste se déclare favorable, à titre personnel, au désarmement de l'Allemagne. Ces deux textes, ainsi que l'appel d'un élu de la majorité en faveur d'un arrêt généralisé de la course aux armements et de l'application de la coexistence pacifique entre toutes les nations, sont facilement adoptés en fin de réunion.

Les débats prennent une tout autre tournure lorsqu'est abordée la question indochinoise. À Aix-en-Provence et à Marseille, respectivement le 30 octobre et le 27 novembre 1950, un élu RPF demande une minute de silence en l'honneur des soldats morts à Cao Bang « pour le maintien et le prestige de la France dans ses possessions d'outre-mer »[18]. Les communistes s'associent à ces hommages tout en dénonçant la poursuite de la guerre « impérialiste ». Les conseillers RPF leur rétorquent que c'est la France qui est attaquée. Les deux propositions communistes en faveur de la paix sont repoussées. Des débats similaires se déroulent par la suite chaque fois

18. Marseille, 27 novembre 1950.

qu'une majorité municipale propose d'envoyer des colis ou d'attribuer une subvention aux « enfants » de la commune qui combattent en Indochine[19].

Les motions dénonçant la bombe atomique donnent lieu à des débats beaucoup plus étoffés. Le 8 février 1950 à Aix-en-Provence, les élus de la majorité s'interrogent tout d'abord sur l'opportunité de débattre d'une résolution du Mouvement de la paix[20]. Pourquoi voter ce texte alors qu'aucune motion n'a jamais pu éviter les guerres ? À cette interrogation, un élu majoritaire rétorque que la crainte des gaz a empêché leur utilisation lors du dernier conflit mondial et que « la même grande peur » écartera le risque atomique. S'opposer à l'arme nucléaire ne revient-il pas à faire le jeu de l'URSS ? Un conseiller RPF estime que le texte examiné comporte des paragraphes « tendancieux » émanant de Moscou. Un autre élu se déclare prêt à le voter à condition qu'une mention précise que l'URSS devra aussi détruire sans délai ses propres bombes. Un conseiller MRP réclame la destruction, sous strict contrôle de l'ONU, de tous les engins de destruction, « armes bactériologiques et toxiques » comprises. Un élu socialiste estime que l'interdiction ne doit pas se limiter à une seule arme, « aussi terrible soit-elle », mais à la guerre elle-même. Des réactions similaires sont enregistrées le 29 avril 1966 à Gémenos à la suite du dépôt d'une proposition de motion par les élus communistes. Le groupe majoritaire intègre une partie du texte à un appel demandant aux dirigeants des nations « qui se disent civilisées » de tout faire pour aboutir à un désarmement général.

Durant toute la période, les conseillers non communistes associent la disparition de la bombe à l'adoption de mesures susceptibles de garantir les libertés fondamentales dans le monde. Le 14 janvier 1950, le groupe MRP de La Ciotat émet le vœu que tout citoyen soviétique ou américain puisse se rendre dans le pays de l'autre grâce à la levée des « rideaux de fer ». Il réclame aussi la garantie des libertés d'information et d'expression « afin que personne ne soit jeté en prison ou en camps de concentration pour ses opinions ». Ce vœu est associé, le 8 février suivant à Aix-en-Provence, à l'appel formulé par un élu MRP en faveur du respect du droit international par « toutes les nations » et de l'organisation d'une fédération des peuples « libres et pacifiques ». Un conseiller socialiste se déclare favorable à la création des États-Unis d'Europe, « prélude à la création des États-Unis du Monde ». Le 29 avril 1966, la majorité de Gémenos demande la fin de la soumission d'une nation par une autre et la possibilité pour chaque peuple de se donner, « librement et démocratiquement », le gouvernement de son choix. En dépit de la critique implicite des pays du bloc de l'Est qu'ils contiennent, les élus

19. Aix-en-Provence, le 17 janvier 1951. Salon-en-Provence, le 11 mai 1951 et le 30 décembre 1952.

20. Le contenu de ce texte a été détaillé dans la partie précédente.

communistes, après avoir défendu avec acharnement leurs propositions initiales, finissent toujours par voter en 1950 et en 1966 les synthèses majoritaires. S'estiment-ils satisfaits d'avoir obtenu une condamnation unanime de l'arme atomique qui pourra être exploitée par la presse de leur parti ?

Les sujets abordés dans les motions déposées par des délégations déterminent en partie les réactions des maires non communistes. Le contexte politique local pèse aussi sur leurs décisions, un contexte qui les conduit par ailleurs à ne pas se focaliser sur les seules questions internationales.

La Guerre froide n'explique pas tout

Trois points ont été retenus afin de déterminer les parts respectives des facteurs locaux et de la Guerre froide dans le comportement des municipalités des Bouches-du-Rhône. Est-il possible de parler d'homogénéité à propos de celles qui furent contrôlées en permanence par le PCF ? Quelles furent les raisons qui conduisirent une majorité à s'opposer, ou à s'entendre, avec son opposition communiste ? Existe-t-il des caractéristiques propres aux communes qui demeurèrent à l'écart des questions internationales ?

Motions votées par les municipalités tenues par le PCF entre 1947 et 1967

Communes	1947/1954	1955/1964	1965/1967	TOTAL
Moins de 500 habitants				
Aureille	0	0	2	2
Entre 500 et 1500 habitants				
Le Rove	2	1	0	3
Roquefort-la-Bédoule	28	6		34
Entre 1501 et 2500 habitants				
La Bouilladisse	1		0	1
La Fare-les-Oliviers	4	11	0	15
Mallemort	2	0	0	2
Entre 2501 et 10 000 habitants				
Berre-l'Étang	20	12	3	35
Port-de-Bouc	13	3	1	17

Bien qu'administrées sans interruption durant ces vingt années par un maire communiste, ces huit communes ne répondent pas de manière similaire aux attentes du secrétariat national du PCF. Regroupant moins de 2 500 habitants, quatre d'entre elles votent moins de cinq motions durant toute la période. Leur faible population et la prédominance des activités agricoles expliquent sans doute cette implication limitée et épisodique. Roquefort-la-Bédoule, 1 770 habitants seulement en 1968, est cependant l'une des municipalités communistes les plus actives du département. La présence d'une importante activité autour de la production de chaux et de ciment contribue sans doute à un tel niveau d'engagement.

Le niveau de l'implication militante dépend aussi d'autres facteurs. Les populations de Port-de-Bouc et de Berre-l'Étang dépassent nettement le seuil des 10 000 habitants en 1968. Dans ces deux communes, de nombreux ouvriers travaillent dans de grosses entreprises des secteurs de la raffinerie et de la construction navale. L'implication des deux municipalités apparaît cependant bien différente. Jusqu'au milieu des années cinquante, un nombre similaire de résolutions est voté par chacune d'entre elles. Leurs maires n'hésitent pas à sortir du cadre législatif. Celui de Berre annonce, lors de la réunion du conseil du 23 septembre 1949, qu'une urne sera installée en mairie pour que les habitants de la commune puissent participer au vote pour la paix qui vient pourtant d'être interdit le jour même par le préfet Baylot. Celui de Port-de-Bouc participe, en août 1950, à une manifestation au cours de laquelle une effigie de Jules Moch est brûlée et il fait irruption, le 25 mai 1952, dans le commissariat local pour protester contre l'arrivée en France du général Ridgway. Mais l'engagement des deux municipalités diverge par la suite. Celle de Berre demeure la seule dans le département à se mobiliser réellement contre la guerre du Vietnam alors que la motion votée le 18 juillet 1966 est l'unique texte de portée internationale voté à Port-de-Bouc entre le 3 juin 1955 et le 31 décembre 1967. Les différences de niveau des sanctions infligées au début des années cinquante, une suspension d'un mois pour le maire de Berre et deux de trois mois[21] pour celui de Port-de-Bouc, expliquent sans nul doute ces implications ultérieures différentes.

Des facteurs locaux spécifiques pèsent d'autre part sur l'activisme des conseils composés en partie de non-communistes. Durant toute la période, celui de La Bouilladisse se contente d'adhérer, le 9 avril 1949, au congrès mondial des partisans de la paix. Dans cette localité, le maire communiste sortant déclare en 1953 que son programme « communal » est fait « pour le

21. Ces aggravations des sanctions furent décidées par le ministre de l'Intérieur. Il convient de signaler que la municipalité de Berre fut la seule du département à voter une motion de soutien à René Rieubon.

rouge comme pour le blanc ». Avec 11 motions votées, le conseil de La Fare-les-Oliviers est le seul de ce groupe de huit dont l'activisme augmente entre 1955 et 1963. Plusieurs de ces textes le démarquent en outre de la ligne politique prônée par le PCF. Pierre Mendès France est ainsi félicité pour sa réussite à Genève. Le désir de vivre en paix avec le peuple allemand est évoqué à plusieurs reprises. L'interdiction des explosions atomiques est associée au respect des libertés à travers le monde. Une minute de silence est observée le 27 novembre 1962 en l'honneur du président Kennedy. Le conseil de La Fare-les-Oliviers est par contre le seul à accorder autant d'importance au voyage de Nikita Khrouchtchev, avec en particulier une page entière du registre des délibérations réservée au récit enthousiaste de sa traversée de la commune[22].

Marseille et Martigues illustrent l'importance du contexte local à l'issue des Municipales de 1947. À Marseille, avec 25 conseillers contre 24, le RPF dépasse le PCF. La SFIO obtient 9 sièges, le MRP 5 seulement. En se maintenant lors des trois tours du scrutin, le socialiste Gaston Defferre permet au RPF Michel Carlini de l'emporter sur Jean Cristofol, le maire communiste sortant. Le 27 octobre, la première réunion du nouveau conseil se déroule dans une ambiance particulièrement tendue du fait de la présence dans la salle de nombreux partisans des différents groupes politiques. Toujours vives, les polémiques donnent lieu à des interpellations où se mêlent, souvent dans la confusion la plus grande, arguments politiques et attaques personnelles, en particulier sur le comportement des uns et des autres durant l'Occupation. Le 12 novembre, alors que débute à Marseille le mouvement social qui paralysera la France durant plusieurs semaines, le maire doit être évacué de l'hôtel de ville par la police. Cette dernière sera chargée jusqu'au début de 1948 d'assurer le bon déroulement des réunions ultérieures du conseil.

À Martigues, à l'issue des mêmes élections, le PCF, le RPF et la SFIO ont respectivement 12, 9 et 6 élus. L'entente entre ces deux derniers partis permet à un socialiste d'évincer Francis Turcan, le maire communiste sortant. L'absence de majorité véritable conduit le conseil à réagir souvent au coup par coup. Le 30 décembre 1948, trois des cinq propositions du groupe communiste sont adoptées à l'unanimité : une motion exigeant « le paiement par l'Allemagne des justes réparations qui nous sont dues », le refus de l'installation à Fontainebleau « d'un état-major étranger » et l'envoi de félicitations à Frédéric Joliot-Curie « pour la magnifique réalisation scientifique et technique que constitue la première pile atomique de France ». Mais, lors de cette même séance, les socialistes dénoncent avec les communistes le soutien apporté aux écoles confessionnelles par le général de

22. Voir le chapitre consacré à ce voyage *in* Gomart Thomas, *Double détente. Les relations franco-soviétiques de 1958 à 1964*, Paris, Publications de la Sorbonne, 2003.

Gaulle avant de s'associer au RPF pour repousser une résolution hostile à Jules Moch. Les élus de Martigues se distinguent surtout les 23 novembre 1948, 15 avril 1949 et 24 octobre 1951 en étant les seuls dans le département à affirmer, à l'unanimité et en dépit des directives du sous-préfet d'Aix-en-Provence, leur volonté de continuer à voter des motions politiques afin « de participer pleinement à la vie publique de la Nation »[23].

Dix des quarante-sept communes étudiées se tiennent totalement à l'écart des polémiques internationales de cette période. Elles sont dans l'ensemble peu peuplées. Trois d'entre elles seulement dépassent le cap des 10 000 habitants en 1967. Les activités agricoles y restent prédominantes. Dans ces communes, la personnalité des maires compte plus que leur appartenance politique qu'ils évitent soigneusement, ainsi que leurs opposants, de mettre en avant lors des élections. Le 10 octobre 1947 à Châteauneuf-les-Martigues, s'affrontent ainsi la liste « socialiste républicaine résistante d'intérêt local » conduite par le maire sortant et celle « d'union républicaine et résistante de défense des intérêts communaux » formée par le PCF. Dans quatre communes, le poste de maire est occupé durant toute la période par une seule personne[24]. Les municipalités, y compris celles qui s'impliquent dans les polémiques de la Guerre froide, sont avant tout soucieuses de répondre aux aspirations de leurs administrés. Des aspirations qui correspondent à une société en mutation où se côtoient traces du passé et désirs de modernité. Les conseils organisent les tournées des bouilleurs de cru, règlementent les pacages et défendent les intérêts des chasseurs. Leurs sociétés ne sont jamais oubliées lors des votes du budget municipal. Un arrêté préfectoral visant à restreindre leurs zones traditionnelles de battues est dénoncé. Des exonérations de taxes sont accordées aux appelés d'Algérie en permission. Pour faire face à l'augmentation de la population, les maires décident aussi la construction d'écoles, de stades et de logements.

La Guerre froide apparaît cependant quelquefois derrière ce souci de gérer l'espace public de la commune. Le 14 octobre 1947 à Aix-en-Provence, la décision du conseil unanime d'appeler « Stalingrad, Président Franklin Roosevelt et Coventry » trois artères de la ville reflète encore l'union forgée durant la Résistance. La volonté de deux municipalités communistes de contribuer au culte de la personnalité de Staline correspond au pic de la Guerre froide. Afin de fêter le 70e anniversaire du dirigeant soviétique, celle de Roquefort-la-Bédoule décide, le 3 décembre 1949, de donner le nom du vainqueur du nazisme et du « meilleur combat-

23. Séance du 23 novembre 1948.
24. Deux de ces maires sont même en place depuis 1929.

tant de la Paix » au principal carrefour du village[25]. En 1950 à Port-de-Bouc, hors réunion du conseil toutefois, le nouveau stade est dédié au « premier communiste du monde » qui en URSS met en pratique les théories du « vrai » socialisme. Le 15 avril 1961, c'est par contre au nom de « l'amitié des peuples » que le conseil de cette commune demande à son autorité de tutelle l'autorisation de baptiser le nouveau gymnase municipal « Youri Gagarine », ce « sportif » « digne de l'admiration de la jeunesse ».

Est-il possible, pour conclure, de déterminer les parts respectives de la Guerre froide et des affaires locales dans l'activité des conseils municipaux des Bouches-du-Rhône entre 1947 et 1967 ?

Dans 25 communes, la Guerre froide fut à l'origine de 215 motions proposées par des élus communistes ou déposées par des délégations liées à ce parti. Cet important activisme déclencha de vigoureuses réactions de la part de l'autorité préfectorale. En vertu de la loi d'avril 1884, celle-ci frappa de nullité 19 motions et 10 réunions. Six maires furent suspendus. De leur côté, les municipalités anticommunistes repoussèrent 21 résolutions. En revanche, elles ne mirent pas à profit de graves crises comme le blocus ou la construction du mur de Berlin pour voter des condamnations de l'Union soviétique. Mais plusieurs d'entre elles dénoncèrent cependant l'invasion de la Hongrie en 1956.

Le poids des questions internationales doit cependant être relativisé. Durant ces vingt années, dix communes les ignorèrent totalement. Seules quatre municipalités communistes votèrent plus de dix motions liées à la Guerre froide. Les contextes locaux furent souvent à l'origine des différences de niveau de l'anticommunisme des élus majoritaires. Ils conduisirent aussi l'administration préfectorale à annuler systématiquement les motions de portée internationale votées à Berre-l'Étang et à Port-de-Bouc et à ne pas réagir à celles adoptées dans de petites communes rurales comme Orgon.

Le climat de coexistence pacifique réduisit nettement les tensions. Parmi les 214 motions inspirées par le PCF, 106 furent rédigées entre 1948 et 1953, 69 seulement entre 1954 et 1964. Les six suspensions de maires se produisirent entre le 3 décembre 1947 et le 19 août 1953. Entre le 14 décembre 1947 et le 16 février 1953, les majorités anticommunistes rejetèrent 19 des 21 motions repoussées durant ces vingt années. La détente contribua aussi à accroître l'importance du contexte local. Tous les conseils munici-

25. En 1950, le maire est suspendu trois mois pour avoir fait réinstaller les plaques au nom de Staline enlevées sur ordre du préfet Jean Baylot. À propos du culte de la personnalité lié à l'anniversaire de Staline, voir le court métrage *L'homme que nous aimons le plus*. Ciné-Archives, Archives Françaises du Film, Bibliothèque nationale de France.

paux, quelle que soit leur tendance politique, s'efforcèrent, surtout dans les années soixante, de répondre aux attentes nouvelles d'une population croissante. Cet effacement de la défense de la paix au profit de la prise en compte du contexte local reste particulièrement perceptible dans l'évolution du positionnement des élus communistes. En mars 1965 par exemple, Aubagne, Septèmes-les-Vallons et Saint-Mitre-les-Remparts, trois des quatre communes conquises par le PCF, ne dénoncent pas les bombardements américains sur le Nord-Vietnam. Le 27, la municipalité d'Aubagne se limite à indiquer son attachement à la paix afin que les investissements programmés ne soient pas perdus en cas de guerre. Rien dans les déclarations prononcées ce jour-là n'indique que ce conflit pourrait être nucléaire et que la ville pourrait servir de cible. Pour les conseillers municipaux de cette commune, comme pour tous ceux du département, les tensions de ces années de Guerre froide étaient sans doute en train de s'estomper.

TROISIÈME PARTIE

Représentations, émotions et mémoire

Passions françaises et culture de Guerre froide

Joëlle Beurier

Comment retrouver les pensées du peuple de France durant la Guerre froide ? Pour dire les choses autrement, comment décrire la Guerre froide par le bas quand les sources sont majoritairement diplomatiques et renvoient largement au point de vue des grands de ce monde ? La presse illustrée est une entrée tout à fait passionnante dans l'imaginaire d'une nation, dans la mesure où, largement lue par les citoyens en complément de la presse écrite, elle ajoute aux faits et à leur analyse, la mise en images du discours. Par ailleurs, elle s'affiche comme un outil à la charnière entre l'information événementielle et une forme de distraction du public, créant pour cela le langage spécifique du photojournalisme, qui informe tout en jouant sur les émotions. En 1962, *Paris-Match* comme tous les magazines illustrés, est lu collectivement, en famille ou dans les lieux semi-publiques (coiffeur, professions médicales), circulant dans des cercles bien plus larges que celui des abonnés ou des lecteurs réguliers. Bien qu'en régression depuis 1960 - il tirait en 1958 à 1 800 000 exemplaires - son succès tient au fait que l'image d'actualité est encore rare : ce n'est qu'au début des années 1960 que la télévision commence son entrée de masse dans les foyers, et il faut attendre une décennie pour que sa généralisation soit enfin avérée. Voir l'actualité passe donc par la photographie, support essentiel de la presse illustrée, dont *Paris-Match* constitue l'acteur principal en France.

Mais peut-on considérer que le magazine illustré véhicule une vision vue du bas sur l'information qu'il propose ? En tant que vecteur principal d'une information visuelle essentiellement accessible par ses reportages, le magazine doit trouver un juste milieu entre la dimension factuelle de l'événement et les attentes de son lectorat. Depuis 1949, date de sa reparution après la Seconde Guerre mondiale, Jean Prouvost accorde à l'image une place essentielle entre narration factuelle et émotionnelle[1]. Par sa vocation généraliste, le magazine

1. Blandin Claire, « L'image au cœur de l'entreprise de presse de Jean Prouvost », *in* Beurier Joëlle, Taveaux-Grandpierre Karine (dir.), *Le photojournalisme, de 1930 à nos jours*, Rennes, Presses universitaires de Rennes, 2014, p. 71-81.

aborde tous les sujets, pour faire entrer dans les chaumières l'actualité de la planète comme les affaires intérieures, jonglant avec le fait divers et l'actualité artistique avec la même faconde, élargissant ainsi aux centres d'intérêt les plus variés, l'information qu'il donne à voir au public, cherchant à rester en prises avec les passions françaises sous toutes leurs formes. À ce titre, il offre une entrée sur les représentations les plus collectives de la Guerre froide.

L'année 1962 est idéale pour aborder les rapports entre le plus célèbre illustré français et la Guerre froide. En effet, elle est particulièrement riche d'une actualité liée à cet événement puisque, malgré une détente relative depuis l'arrivée de Nikita Khrouchtchev aux commandes de l'URSS en 1956, on atteint, entre la crise de Berlin en août 1961 et la crise des fusées en octobre 1962, un apogée dans l'opposition Est-Ouest. 1962 est donc une bonne entrée sur la manière dont la population française vit la Guerre froide. Pour la sonder, nous nous concentrerons sur les discours visuels et les textes publiés dans ce domaine. Depuis la Grande Guerre, les photographies d'actualité ont été codifiées ; concrètement, leur intensité violente révèle la gravité d'un événement dans la conscience nationale[2]. En décortiquant ainsi les formes visuelles liées à la Guerre froide, nous serons à même de décider de sa place dans l'imaginaire collectif français. Nous verrons tout d'abord que les épisodes de Guerre froide, en 1962, sont présentés sous une forme plus ou moins anxiogène qui n'obéit pas à la chronologie des faits. Si, dans la réalité géopolitique, le premier semestre 1962 apparaît relativement calme tandis que le second met le monde au bord du gouffre avec la crise des fusées de Cuba, c'est exactement le schéma inverse qui domine la presse magazine où un premier semestre journalistiquement dramatisé précède un second semestre à la violence largement euphémisée. Ce paradoxe journalistique renvoie à la place secondaire de la Guerre froide dans les représentations françaises, simple prisme de lecture d'une actualité nationale bien plus essentielle.

DES REPRÉSENTATIONS VISUELLES *A CONTRARIO* DES ÉVÉNEMENTS DE GUERRE FROIDE

Curieusement, en 1962, la représentation violente de la Guerre froide est totalement déconnectée de l'ampleur réelle des événements.

Frappe tout d'abord le fait qu'au cours de l'année 1962, l'hebdomadaire crée une dramatisation conflictuelle sur la Guerre froide

2. Beurier Joëlle, *Photographier la Grande Guerre France-Allemagne*, Rennes, Presses universitaires de Rennes, 2014.

alors que les relations politiques Est-Ouest apparaissent calmes. À plusieurs reprises, il fabrique un face-à-face entre les deux Grands, dont émanent des degrés variables de tension. Ainsi, au détour d'un reportage touristique sur le Danube, la légende d'un paysage idyllique rappelle la tension Est-Ouest en arrière-plan : « cette photo est une carte de géographie : ici commence le rideau de fer »[3]. Plus étonnamment, sa veine people, censée incarner légèreté et superficialité, l'antithèse même de l'événement historique guerrier, est en prise sur la Guerre froide. Un sujet sur les stars de la vie internationale évoque comment « Un déjeuner chez Jackie a libéré Powers », Francis Gary Powers, le pilote du fameux avion Lockheed U-2 abattu le 1er mai 1960 lors d'une reconnaissance clandestine au-dessus de l'URSS[4]. La photographie de gauche montre en pleine page deux femmes riant aux éclats, Mme Salinger, femme de « l'éminence grise de Kennedy », avec la fille de N. Khrouchtchev. Elle fait face au récit par Paul Mathias de l'échange des espions russe et américain. On assiste ainsi, d'un point de vue médiatique, à une « guerrefroidisation » des thèmes les plus anodins, introduisant la tension au cœur du divertissement géographique ou people des Français.

À un degré supérieur d'intensité, on relève également des propos nettement agressifs, voire guerriers, dans le domaine des avancées technologiques, principalement spatiales. Ainsi, le 3 mars 1962, le lancement en orbite autour de la terre de l'astronaute Glenn est présenté comme « la revanche de tout un peuple » sur l'URSS[5]. Les visages souriants, tendus vers le ciel, les mains jointes comme en prière du public en liesse, exprimeraient la victoire enfin remportée, la vengeance même sur l'adversaire : « une femme se jette à genoux sur le sable en disant : "ma prière est enfin exaucée". À cette seconde, l'Amérique est tout entière débarrassée du "complexe de Gagarine" qui, depuis le 12 avril 1961, la hantait. Quand Glenn ajouta quelques minutes plus tard : "Quel spectacle ! Tout est magnifique !", chaque Américain sentit que le temps de la longue humiliation venait enfin de se terminer. » Si la course de l'espace fut réelle, le lecteur est en droit de supposer que les Américains photographiés expriment tout d'abord le soulagement et leur joie que leur compatriote n'ait pas explosé en vol, comme le racontent d'ailleurs les pages suivantes insistant sur les heures d'angoisse vécues par la famille de Glenn durant le vol. Si la course technologique est bien l'échelon inférieur d'une opposition Est-Ouest, le vocabulaire employé et la dramatisation iconographique affichée pour narrer la première mise en orbite, sont porteurs d'une violence contenue

3. *Paris-Match*, 10 février 1962.
4. *Paris-Match*, 17 février 1962.
5. *Paris-Match*, 3 mars 1962.

bien supérieure à celle du reportage sur la crise des fusées, en novembre 1962. En mars 1962, les Soviétiques demeurent des adversaires.

Ils deviennent même des ennemis quand l'hebdomadaire invente, visuellement, un événement conflictuel qui n'existe pas. Le 28 avril 1962, deux reportages en double page présentent les ténors de la vie politique internationale. Le premier évoque tout d'abord le bloc communiste sino-soviétique, à travers les figures de Mao et de Khrouchtchev : « K a gagné : Mao admet qu'on peut éviter la guerre », reproduisant les débats entre les frères communistes sur la nécessité ou pas de la coexistence pacifique avec l'Occident ; sur le même mode, la double page suivante poursuit la métaphore du conflit, dans le bloc capitaliste cette fois-ci, et montre John Kennedy debout et incisif, face à un homme assis et hésitant : « Kennedy triomphe aussi : il fait plier les rois de l'acier »[6]. Le registre lexical est celui du combat : « victoire », « triomphe ». De même, le texte précise que le président américain se trouve sur « le porte-avion atomique le plus grand du monde » pour des exercices militaires, comme pour donner une tonalité militaire à ses propos économiques. Enfin, le parallélisme binaire de la syntaxe et de la typographie renforce l'illusion d'un face à face entre Khrouchtchev et Kennedy, qui ne renvoie pas à la réalité des faits rapportés par les articles : celle d'une opposition politique sino-soviétique d'une part, et celle d'une controverse économique interne aux États-Unis d'autre part. Au contraire, la succession des deux doubles pages liant apparemment les deux sujets - alors que les deux reportages n'entretiennent aucun rapport de sens - crée virtuellement l'illusion d'un face à face international de Guerre froide. *Paris-Match* fabrique donc un conflit larvé entre les deux Grands quand il n'existe pas. Par le vocabulaire et la maquette, il fabrique dans l'esprit du lecteur français, une opposition frontale et agressive inexistante. Ainsi, en 1962, l'information sur la Guerre froide est déconnectée de la réalité chronologique et l'hebdomadaire invente une intensité émotionnelle aux accents guerriers, sans prise réelle sur l'actualité.

Mais peut-être la confrontation inventée et la tension fabriquée ne relèvent-elles que d'une tactique de vente pour fabriquer du scoop ; une manière de créer de l'angoisse dans une stratégie commerciale fondée sur le sensationnel ? On pourrait le penser avec le reportage du 6 janvier 1962, où *Paris-Match* accumule arbitrairement les ingrédients de la dramatisation photojournalistique. Dans ce premier numéro de l'année, la Guerre froide apparaît dans le traumatisme des familles séparées par le récent mur de Berlin, construit en août 1961[7]. Le vocabulaire du titre est hyperbolique : « le défi de Noël devant le mur de la honte ». Il joue sur le registre des émo-

6. *Paris-Match*, 28 avril 1962.
7. *Paris-Match*, 6 janvier 1962.

tions extrêmes, ici celui de l'affrontement et de la transgression morale. Les thématiques sont également puissantes, la double page suivante présentant le murage d'une fenêtre de Berlin-Est en gros plan, dont ne sortent plus en haut que la main du maçon et sa truelle, sans vie. En vis-à-vis, à l'ouest, un père grimpé sur un pilier exhibe son jeune fils à la famille restée de l'autre côté. Le vis-à-vis est constant derrière la thématique de l'emprisonnement et du traumatisme des séparations. *Paris-Match* fait le choix de clichés s'étalant en doubles ou en pleines pages. Les contrastes en noir et blanc sont fortement outrés, renforçant la tonalité douloureuse de l'information. La communication iconographique est renforcée par le pathos textuel : « De ces fenêtres de l'Est, on ne sautera plus, même pour mourir » ou bien « fugitif présent de Noël : le petit garçon montré à sa grand-mère, en face, à l'est ». Étonne ici le fait que *Paris-Match* ait fait le choix d'un numéro de nouvel an sur Berlin, sans lien naturel avec l'actualité immédiate, comme pour aller réveiller l'émotion pendant la trêve de Noël.

Cette mise en tension de certaines thématiques de la Guerre froide surprend d'autant plus qu'*a contrario*, l'événement le plus dangereux de la période, la crise des fusées qui dura du 14 au 28 octobre 1962, est présenté sous un jour totalement apaisé. Dans l'esprit de tous, politiques et ambassadeurs ou témoins épars qui ont suivi l'événement à la radio le souffle coupé, celle-ci reste le moment le plus fort de ces années. Pourtant, la couverture de *Paris-Match* est bien éloignée de ce climat d'une haletante intensité psychologique, et le numéro du 3 novembre 1962 relate plus une promenade militaire aux Caraïbes que le prélude d'une nouvelle guerre mondiale. Certes, le magazine évoque immédiatement l'événement comme l'antichambre d'une troisième guerre mondiale. L'importance qu'il lui accorde transparaît dans la longueur de l'article (vingt-neuf pages), en plus des titres clairement militaires des deux premières doubles pages : « Ces bateaux qui ont failli déclencher la guerre », « L'île est bloquée. Pour la base US, c'est l'état de guerre ». L'hebdomadaire est ici en conformité avec l'angoisse qui a étreint les populations et le souvenir qui lui a fait suite. Mais la violence du climat psychologique de l'événement n'est pas relayée par l'atmosphère que véhiculent les images publiées par *Paris-Match*. Danger et menace du titre sont en effet rapidement contredits par l'évacuation de la tension, au plus haut sommet de l'État américain. Ainsi, deux clichés juxtaposés montrent le président Kennedy, tête baissée sur le micro, épongeant la sueur de son front, sa main cachant presque tout le visage (page de gauche) ; en regard, sur la page de droite, sous le désormais célèbre cliché aérien révélant la position des différents missiles, le président américain, de profil, éclate de rire dans un fauteuil confortable. La légende se fait même explicite, pour limiter l'impact angoissant de la première photographie de la tension extrême : « Kennedy : Il a pris la décision la plus grave de sa vie, puis soudain, il s'est détendu ». Le magazine choisit ainsi, tant sur le plan lexical que dans la mise en page iconographique, d'évacuer immédiatement la tension. Certes, le lecteur français est déjà informé de l'issue heureuse de la crise, dénouée quelques jours plus tôt. Toutefois, le lectorat du magazine n'est pas tenu plus de quelques secondes en empathie avec l'angoisse présidentielle, et la rapide évacuation du choc psychologique tranche avec le mode de communication habituel de *Paris-Match*.

De même, alors que les premiers titres portent la trace de la guerre, très peu d'images l'évoquent, et bien maladroitement. Aucun des *topoï* visuels de la violence de guerre, en vigueur depuis 1915, n'est ici présenté. Le cliché de la ruée des troupes sur un champ de bataille, quatre pages après le début du reportage, est intitulé « Cuba où commence l'affrontement des Américains et des Russes ». Malgré le titre évocateur, les troupes avancent, mais ne courent pas, les corps ne sont pas courbés comme dans une attaque réelle. Le lecteur n'est pas projeté photographiquement dans l'urgence d'une véritable attaque. Du reste, en déchiffrant le sous-titre, il apprend que l'image montre un entraînement à Guantanamo et bien évidemment pas la sortie des troupes qui n'a pas eu lieu. Le magazine propose ainsi quelques succédanés de photographies de guerre, mais bien peu convaincantes. De même, quelques pages plus loin, un canon rappelle qu'il peut tirer ; mais, photographié de face, devant des marines sereins, il se révèle au repos et sans danger réel. Plus clairement, à aucun moment de son reportage, l'hebdomadaire ne cherche à faire monter la tension chez le spectateur, par l'illusion visuelle de l'action que produisent photographiquement le mouvement, la fumée ou le chaos. Textuellement, jamais l'angoisse de la violence ou de la menace ne saisit le lecteur à la gorge.

Au contraire, *Paris-Match* publie des images de paix pour informer sur la plus grave crise de la Guerre froide. Les guetteurs cubains épiant « chaque geste des marines » sourient presque à l'objectif ; les principales troupes d'invasion sont de jeunes ingénieurs russes, musclés et bronzés, qui feuillettent des magazines en caleçon de bain, accompagnés de leurs épouses glamour qui s'adonnent à la photographie : « Dans les palaces de la Havane, les techniciens ont succédé aux milliardaires américains » du temps de Batista, sous une forme bien peu guerrière[8].

Ce sont donc uniquement les images techniques qui vont véhiculer l'aspect militaire du conflit, reprenant en cela un *topos* visuel, permettant depuis le début du XXe siècle, d'aseptiser la guerre[9]. Se racontent surtout

---

8. *Paris-Match*, 3 novembre 1962.

9. Bussemeyer Marianne, *Deutscher illustrierte Presse: eine soziologischer Versuch*, Heidelberg, 1930.

les préparatifs « à bord du porte-avion atomique Enterprise »[10], pour contrer un éventuel passage en force des navires russes : avions qui décollent, câbles qui pendent, pistes de décollage et casques de protection sur les oreilles, prière à l'heure fatidique, les clichés indiquent la préparation à la guerre à l'intérieur du bateau plus que la guerre elle-même. Les dernières pages du magazine, en couleurs, représentent alors la vie, l'animation, mais pas plus que les titres, les images ne reflètent la tension de l'angoisse. Comme dans tous les reportages de guerre, la focalisation sur les aspects techniques occulte la violence et évacue le danger d'une mort éventuelle.

Un tel reportage peut sembler conforme à la réalité de l'événement, non seulement dépassé et résolu à la date de publication, mais où pas une goutte de sang ne fut versée. Pourtant, alors que la marque de facture de *Paris-Match* repose sur l'intensification permanente des moindres sujets, en des périodes parfois déconnectées de toute tension réelle, le magazine refuse explicitement, pour l'événement le plus dangereux de la période, les jeux de maquettes, de contrastes, de formats, les titres sensationnels et les images provocantes qui constituent sa griffe. Cet étonnant refus de la dramatisation psychologique signale une décision éditoriale dont il faut comprendre le sens.

D'AUTRES GUERRES PLUS IMPORTANTES

Pour comprendre l'utilisation de la violence médiatique en 1962, il convient de s'interroger d'abord sur sa place habituelle dans *Paris-Match*, en particulier en ce qui concerne la représentation des guerres.

Paris-Match se caractérise justement par la recherche systématique de l'événement guerrier dans son actualité intérieure ou internationale. La violence y est déclinée sous diverses formes et à différents degrés. C'est même l'une des marques de fabrique de l'hebdomadaire, qui cherche systématiquement à propulser l'actualité dans une dimension historique, souvent conflictuelle ou morbide, pour fabriquer le sensationnel qui fait vendre. La place des événements armés y est donc quantitativement importante. Pas un numéro n'est publié sans un reportage illustrant une action violente. Il peut s'agir, en janvier 1962, d'un reportage au titre sans appel : « Nous avons assisté à la fin de Goa ». La décolonisation des Indes portugaises y apparaît dans des files de prisonniers encadrés par des soldats en armes[11]. Le reportage peut concerner également la révolte d'une prison brésilienne où les gardiens menacent de leurs armes les prisonniers couchés à terre. En 1962, la représentation des

10. *Paris-Match*, 3 novembre 1962, Une.
11. *Paris-Match*, 13 janvier 1962.

événements violents oscille entre 17 % et 50 % des pages du numéro[12]. Armements, prisonniers, les *topoï* visuels de la guerre sont récurrents. Sans rentrer dans le détail des pratiques journalistiques qui favorisent la montée en tension des lecteurs, retenons que, de manière systématique, *Paris-Match* fait ses choux gras de l'événement conflictuel.

Les guerres françaises du XXe siècle sont ainsi particulièrement représentées. À partir du 2 juin 1962, la Seconde Guerre mondiale fait l'objet de cinq suppléments de seize pages narrant « les cinq journées qui ont décidé du sort de la guerre par Raymond Cartier ». Ces reportages sont factuels et épurés d'agressivité. Il n'en va pas de même du reportage du 12 mai 1962, illustrant les dernières audiences du jugement en appel d'Eichmann, avant son recours en grâce. L'article s'ouvre sur une double page en noir et blanc. À gauche, dans une photographie excessivement contrastée, des prisonniers derrière des barbelés s'agitent, tournés vers la page de droite, vers la photographie de la salle du procès[13]. Le *topos* du barbelé inflige un choc visuel au lecteur, évoquant l'univers concentrationnaire et la souffrance extrême. Il est renforcé par le titre, « Eichmann est-il digne du bourreau », qui induit, en même temps que l'idée de sa prochaine exécution, celle des souffrances extrêmes qu'il infligea aux déportés. La titraille renchérit dans la dramatisation, et créé un suspense vital : « Une voyante de Buenos Aires avait prédit à l'ancien SS qu'il ne survivrait pas à son cinquante sixième anniversaire. Une polémique s'élève entre les philosophes du monde entier sur le sort de celui qui fit exécuter six millions de Juifs » ; « Le temps se ratatine. Entre la potence et lui, il n'y a plus guère qu'une demi-douzaine d'audiences de la cour d'appel, suivies d'un éventuel recours en grâce auprès du chef de l'État. Le dernier mot – probablement un NON – lui laissera tout juste le temps de maudire son époque, son destin et peut-être ses juges » : le parti pris est clair et le magazine affiche sa position. Pourtant, il maintient le suspense en évoquant les tergiversations présentes et potentielles. Le contraste excessif du noir et blanc des images et des textes, le registre de l'hyperbole et l'utilisation de l'oxymore entre « bourreau » et « digne », inscrivent les péripéties du procès dans la grande Histoire. Par l'outrance visuelle, par l'exagération émotionnelle ainsi fabriquées, les lecteurs sont renvoyés brutalement dans l'événement traumatique encore récent. Par la violence du ton, des propos, des images, le magazine donne l'illusion aux Français d'assister à la suite de la guerre, presque en direct, par la mise à mort annoncée du coupable.

Le premier conflit mondial est également sollicité, et sa violence est rappelée à propos d'un fait divers brutal, l'explosion de la poudrière du

12. Respectivement pour les numéros du 3 février 1962 et du 2 juin 1962.
13. *Paris-Match*, 12 mai 1962.

Banc-Rouge qui eut lieu le 9 avril 1962, en Ardèche. Celle-ci fut entendue à plus de 30 kilomètres à la ronde, tua dix-huit personnes, et traumatisa durablement la région. Deux semaines plus tard, le 21 avril 1962, *Paris-Match* reproduit, dans une double page en noir et blanc, un champ de vignes où les ceps alignés ressemblent à des croix blanches. Derrière s'élève une colonne de fumée grise. Dans sa partie haute, la double page suivante montre des hommes en capote et casque Adrian. Vus de dos, ils semblent se recueillir au-dessus des croix : « comme un champ de bataille, la terre de Saint Just d'Ardèche recèlera longtemps encore des pièges mortels : les obus et détonateurs qui n'ont pas explosé. Pendant que le village enterre ses morts, les soldats explorent les vignes pas à pas ». Dans la partie basse de la double page, des femmes, le fichu sur la tête, pleurent, collectivement. Tous les éléments iconographiques et textuels sont rassemblés pour provoquer la résurgence des images de la Première Guerre mondiale, des champs de croix aux soldats en uniformes, des larmes d'une société et d'un territoire, tout entier traumatisés par un événement aux traces durables. L'image des soldats parcourant le champ de vigne renvoie plus particulièrement à la scène du film d'Abel Gance, *J'accuse*, sorti en 1919, où ceux de 14 reviennent hanter les vivants pour leur rappeler leur devoir. Les liens entre les événements sont ténus et se limitent à la violence d'une explosion. Pourtant, les codes référentiels sont démultipliés et propulsent le fait divers de 1962 dans la violence de 14-18. Ce tissu référentiel rappelle autant la prégnance du devoir de mémoire envers ceux de 14[14] qu'il met en évidence le remploi de *topoï* visuels renvoyant à la guerre totale, pour susciter l'émotion médiatique. Ainsi, la violence de guerre est construite, dans le magazine, pour évoquer des événements à l'importance factuelle toute relative, avec surtout une intensification émotionnelle qu'on ne retrouve pas pour l'événement majeur de la Guerre froide qu'est la crise des fusées. À côté de l'explosion de la poudrière ou du procès Eichmann, la crise de Cuba semble le théâtre d'un fait divers, presque un non-événement.

La guerre d'Algérie, enfin, fait l'objet d'une couverture particulièrement violente. À partir du 3 février 1962, la brutalité sanglante des attentats de l'OAS, perpétrés en métropole ou en Algérie, donne lieu à des images profondément choquantes. Semaine après semaine, affluent les clichés les plus terrifiants de la violence de guerre. Depuis la Grande Guerre, toute évocation visuelle d'un conflit passe par la publication de soldats dans l'action, d'armements, d'explosions, et même de corps déchiquetés, de paysages bouleversés et de représentations d'assaut. Identiquement à l'année 1915 où le tabou de la publication du corps – et plus fortement encore celui

14. Audoin-Rouzeau Stéphane, Becker Annette, *14-18, retrouver la guerre*, Paris, Gallimard, 2000, p. 197-258.

du corps français - est transgressé, en 1962, le magazine exhibe les détails choquants des affres de la guerre. Les dégâts matériels sont assénés dans leur crudité. Ainsi, le 17 février 1962, dans la chambre ravagée de la petite fille blessée dans l'attentat de l'OAS, le petit lit et le landau sont abandonnés sur un sol jonché de débris[15]. Un mois plus tard, le 17 mars, une double page exhibe le « no man's land d'Oran »[16]. Les *topoï* visuels habituels disent la guerre : la rue vide, barrée de barbelés, où demeurent quelques objets abandonnés, illustre une ville assiégée. Les explosions, matérialisées par les débris fumants d'une voiture (24 mars)[17] ou la violente lumière d'une explosion (10 mars)[18], se multiplient. Plus brutalement, le corps abîmé est montré sans ambages. Le 3 février, il est tout d'abord blessé, comme le visage en sang d'une secrétaire du Quai d'Orsay où « l'explosion vient d'avoir lieu »[19]. Le 17 février, la blessure est plus profonde au visage de la blessée : l'œil, déchiqueté, n'est plus visible dans une bouillie sanguinolente qui dégouline sur son visage. Les cadavres abondent également. Ils gisent dans des flaques de sang, le 3 février[20]. Le 10 mars, ils sont simplement recouverts d'un journal ouvert[21], d'un linceul le 24 mars, abandonnés dans la rue et que contemplent les passants : « c'est peut-être un parent, mais ils ne s'arrêtent plus » [22]. Les corps semblent dégingandés, comme dans le cliché d'un lambeau de pèlerine accroché dans un arbre, rappelant le cadavre soufflé des guetteurs des guerres passées (24 mars)[23]. Enfin, les familles sont éplorées et pleurent leurs morts[24]. Une nouvelle fois, *Paris-Match* réutilise les *topoï* les plus brutaux pour dire la violence de guerre et raconter la fin du dernier conflit colonial de la France.

La violence visuelle constitue donc l'arrière-plan culturel de l'année 1962, associée aussi bien aux événements militaires qu'aux faits divers. Pourtant, de la Guerre froide, la violence est pratiquement absente ; quand elle existe, elle n'est qu'une tension psychologique, déconnectée des événements réels. La violence visuelle ne serait-elle alors que la résultante du nombre des corps produits par l'événement ? L'hypothèse séduit par son évidence, mais les chiffres la contredisent : toute actualité mortelle, voire morbide, n'engendre pas systématiquement la représentation de cadavres.

15. *Paris-Match*, 17 février 1962.
16. *Paris-Match*, 17 mars 1962.
17. *Paris-Match*, 24 mars 1962.
18. *Paris-Match*, 10 mars 1962,
19. *Paris-Match*, 3 février 1962.
20. *Paris-Match*, 3 février 1962.
21. *Paris-Match*, 10 mars 1962.
22. *Paris-Match*, 24 mars 1962.
23. *Paris-Match*, 24 mars 1962.
24. *Paris-Match*, 24 février 1962.

Lors de l'explosion du Banc-Rouge, les corps éparpillés des dix-huit victimes ne furent que suggérés par la référence historique à 14-18, dont le public connaît alors parfaitement le caractère mutilatoire. Ainsi, la représentation sensationnelle de l'événement n'est pas proportionnelle à sa violence sur le terrain. Qu'est-ce qui explique alors l'étonnante couverture de la Guerre froide dans le magazine illustré ?

GUERRE FROIDE ET CULTURE DE GUERRE CENTENAIRE

En précisant la chronologie des dramatisations/apaisements dans la présentation médiatique de la Guerre froide, il ressort que ce n'est ni sa présence dans l'actualité internationale, ni le degré de violence que les événements recèlent, qui justifie son appropriation par les Français, via le magazine. L'actualité de la Guerre froide est en réalité lue et déformée par le prisme d'une culture de guerre nationale, profondément ancrée dans les mentalités.

En effet, de janvier à avril 1962, on trouve dans les différents reportages, un substrat de violence psychologique non négligeable. Comme nous l'avons montré, l'information la plus légère est associée à la Guerre froide et le magazine dramatise le sujet ; les succès spatiaux sont présentés sous le jour d'une compétition agressive entre les deux Grands ; même les événements mineurs, et parfois malgré l'absence de lien entre les deux blocs, sont le prétexte à la fabrication d'une opposition marquée par un vocabulaire guerrier.

Durant cette période, la violence imprègne les sujets les plus anodins. L'éditorial du 6 janvier 1962 est ainsi intitulé « Neige et fascisme ». Il présente une information de saison qui porte sur les « champs de neige », les « vacances » et le « désir de respirer un peu d'air pur » à la montagne, dans un registre lexical explicitement guerrier, en total décalage avec le sujet : « Assiégés par la violence et encerclés par les propagandes contradictoires, les Français viennent d'opérer une sortie victorieuse qui leur a permis d'occuper leurs positions d'hiver sans d'autres pertes, traditionnelle, hélas ! des batailles routières de fin d'année »[25]. De la même manière, les informations heureuses sont systématiquement associées à un épisode négatif qu'il eût été pourtant possible et simple d'occulter. Le 24 février 1962, *Paris-Match* couvre l'ouverture de la coupe du monde de ski à Chamonix. La Une fête la victoire d'un compatriote : « NOTRE COUVERTURE, Bozon, champion du monde : voir à l'intérieur notre reportage sur les drames et les triomphes français de Chamonix »[26]. D'emblée, la titraille embraye non pas sur les

25. *Paris-Match*, 6 janvier 1962.
26. *Paris-Match*, 24 février 1962, Une.

succès, mais sur ce qui vient les limiter, et consacre deux pages entières au drame de « la petite Marielle » Goitschel, arrivée deuxième dans la finale. En parallèle, les numéros de février, puis de mars, multiplient les images des attentats perpétrés en métropole comme en Algérie, sous les dehors les plus crus précédemment révélés, et l'ensemble de l'information du magazine est sombre et violent. Cette période correspond aux attentats perpétrés par l'OAS jusqu'au mois d'avril 1962, date où le référendum sur l'indépendance algérienne est approuvé à plus de 90 % par la population métropolitaine et augure d'un processus de résolution de la violence.

En conséquence, de mai à décembre 1962, on assiste à la disparition des tensions de manière générale, et à la présentation d'une Guerre froide sous des dehors apaisés. Elle devient presque un non-événement, plus un fait divers social ou culturel qu'un événement historique conflictuel. Aux antipodes de la dramatisation antérieure, elle apparaît par exemple sous la forme d'une détente culturelle, voire d'une espèce de circulation d'hommes et d'influence entre les deux blocs. Le 5 mai 1962, les ballerines du Bolchoï sont comparées aux Girls du lido : « Décidément, il y a quelque chose de changé à Moscou » (première double page) ; « On dirait les Girls du Lido. Ce sont les étoiles de la chorégraphie soviétique » (deuxième double page)[27]. L'idée de la supériorité culturelle de l'Ouest y est évidente, mais elle s'exprime par l'humour et induit une circulation de l'Ouest vers l'Est, bien plus qu'une compétition ou un affrontement. Le 12 mai 1962, la circulation des ressortissants et des influences s'accentue ; les hommes semblent passer entre les deux blocs en toute liberté : une double page évoque « Un poète russe en liberté », c'est-à-dire un jeune écrivain soviétique passé à l'Ouest et riant aux éclats avec des jeunes écossais[28]. Quelques pages plus loin, « La coqueluche de Moscou : cette pianiste française » qui se promène tranquillement dans les rues de la capitale soviétique où elle vient passer un concours, sourit devant le mur où deux fois son portrait « a été découpé et retiré par des admirateurs anonymes »[29]. Rires et sourires entre l'Est et l'Ouest conduisent alors au plus haut sommet de l'État, vers « ce virtuose qui a bouleversé K » dans le numéro du 2 juin 1962[30].

Plus clairement encore que dans le domaine culturel, les épisodes liés à la conquête de l'espace reprennent un ton purement scientifique. Le 12 mai 1962, la « préparation du voyage sur la lune prévu pour 69 » donne lieu à une titraille neutre, sans photographies : « voici contrôlé par le grand savant Wernher von Braun le récit heure par heure du premier voyage

---

27. *Paris-Match*, 5 mai 1962.
28. *Paris-Match*, 12 mai 1962.
29. *Paris-Match*, 12 mai 1962.
30. *Paris-Match*, 2 juin 1962.

terre/lune/terre effectué en 1970 par trois cosmonautes américains »[31]. Quelques semaines plus tard, la préparation de l'astronaute se focalise d'abord sur les transformations de la vie familiale : les enfants que l'on vient embrasser dans leur sommeil, la complicité du couple, révélant d'abord la tendresse et la sérénité familiale avant une efficacité virile dans le travail scientifique. Clairement, après avril 1962, tous les épisodes artistiques ou technologiques précédemment dramatisés du sceau de la Guerre froide, deviennent des faits divers internationaux, pacifiés et plaisants.

Ainsi, l'articulation chronologique autour de la résolution du conflit algérien domine les représentations sur la Guerre froide. Leur éventuelle dramatisation n'est pas connectée aux tensions internationales, mais semble bien plutôt liée à l'actualité nationale dense de l'année 1962, et à la fin douloureuse du conflit franco-algérien. La Guerre froide n'existe qu'à travers le prisme de l'actualité française. Quand la vie intérieure est douloureuse et tendue, en particulier à cause des attentats de l'OAS et durant toutes les négociations d'Évian, jusqu'à leur ratification lors du référendum du 8 avril 1962, l'ensemble de l'actualité est comme gangrené par le climat anxiogène qui sévit en France. La concurrence technologique se fait guerre larvée, et les relations Est-Ouest reviennent sur le devant de la scène, sans lien avec le réel, sous une forme globalement belliqueuse. En revanche, quand la vie française est en voie d'apaisement, la tension retombe progressivement au fil des numéros ; la conquête de l'espace redevient compétition technologique, sans vengeance ni violence ; les relations Est-Ouest se limitent à des circulations d'influence culturelle. Cette tournure pacifiée est telle que même un événement international aussi menaçant que la crise des fusées, n'est pas investi d'un potentiel menaçant. Dès lors, on peut dire que la Guerre froide, dans les représentations françaises, s'achève avec les accords d'Évian.

En 1962, la co-variation statistique entre la violence du conflit algérien et le reste de l'actualité révèle que la société française baigne dans un climat de « culture de guerre », dont la violence irrigue, par capillarité, tous les sujets de l'actualité[32]. La Guerre froide n'est qu'un sujet parmi d'autres, bien éloigné des tensions principales qui angoissent les Français : angoisse de la mort anonyme et aveugle, qui frappe en Algérie comme en métropole ; angoisse surtout face à l'avenir de la Nation, tout entière menacée d'implosion. « La France réduite à deux camps, voilà le danger », titre Tournoux le 17 février 1962 en pleine période d'attentats, et il rappelle plus loin que « tout est en place pour l'affrontement ». C'est le spectre de

31. *Paris-Match*, 12 mai 1962.
32. Pour une définition précise de la notion de culture de guerre, voir Audoin-Rouzeau S., Becker A., *op. cit.*

la guerre civile qui connote d'anxiété toute l'information en France. La Guerre froide ne produira jamais une telle information angoissée dans la mesure où elle n'a jamais menacé de partition le corps national.

La Guerre froide apparaît donc, dans les représentations françaises, comme un événement secondaire. Soit elle est un épiphénomène presque ludique, cantonné à l'art, l'aéronautique ou la politique extérieure ; soit elle reste une variable de lecture, le prisme d'une culture de guerre éminemment française, qui se caractérise depuis près de cent ans par l'angoisse, ravivée encore une fois en 1962, de la partition du corps national.

La Guerre froide vue des campus

Alain Monchablon

Le phénomène de Guerre froide ne pouvait manquer d'affecter le monde étudiant. Disposant de loisirs et de moyens d'information, les jeunes intellectuels en formation ne pouvaient rester à l'écart de ses soubresauts. L'organisation qui se voulait leur syndicat unique, et les représentait auprès des autorités politiques et universitaires, l'UNEF, rassemblait de fait toutes les sensibilités politiques et sociales. Elle ne pouvait qu'être la caisse de résonance des effets de la Guerre froide dans la jeunesse universitaire. En outre, l'UNEF avait, depuis avant 1939, une pratique des relations internationales étudiantes. Avait alors existé une Confédération Internationale des Étudiants, où l'UNEF tenait une place essentielle. Il n'est donc pas surprenant que lorsque se constitua, en 1946, une nouvelle Union Internationale des Étudiants (UIE), les responsables de l'UNEF y aient eu, avec d'autres, un rôle fondateur. L'évolution ultérieure de l'UIE, installée à Prague, en fit un des acteurs de la Guerre froide chez les étudiants. Ce n'est pourtant pas à une étude des relations internationales de Guerre froide dans le monde étudiant qu'on voudrait se livrer ici[1]. De façon plus limitative, il s'agira d'interroger les effets de la Guerre froide sur les étudiants en France et leur appropriation de celle-ci dans leurs propres débats et combats. Le lieu principal où convergent ceux-ci est bien évidemment l'Union Nationale des Étudiants de France, sur laquelle documentation et études ne manquent pas[2]. On ne dispose malheureusement pas d'études fines sur l'effet Guerre froide dans les associations locales ou corporatives d'étudiants. On verra que si la Guerre froide envahit rapidement le mouvement étudiant, y suscitant d'âpres oppositions et des révolutions de palais, le phénomène s'estompe progressivement au profit des querelles liées à la décolonisation.

---

1. Voir Kotek Joël, *La Jeune Garde, la jeunesse entre KGB et CIA, 1917-1989*, Paris, Le Seuil, 1998.
2. Voir principalement Fischer Didier, *L'Histoire des étudiants en France de 1945 à nos jours*, Paris, Flammarion, 2000. Une étude de l'Union des Grandes Écoles (UGE), née en 1947 et distincte de l'UNEF jusqu'en 1957, n'apporterait pas de conclusions différentes.

UN EFFET GUERRE FROIDE QUI S'IMPOSE

L'unanimisme apparent qui avait présidé à la refondation de l'UNEF au printemps 1946[3] se retrouve dans la naissance de l'UIE en août de la même année. Les étudiants français ont contribué à la Charte de l'UIE et aux règles statutaires qui doivent la gouverner[4]. Le président en exercice de l'UNEF, Pierre Trouvat, est en même temps l'un des deux vice-présidents élus de l'UIE, la présidence revenant à un étudiant tchèque libéré des camps. En décembre 1947 encore, malgré la dénonciation du plan Marshall par le secrétariat installé à Prague, le Groupement national des étudiants RPF, qui vient de se constituer, souhaite « que chacun voie ce qu'il peut faire pour tenir sa place dans ce vaste mouvement fraternel qu'est l'UIE »[5]. Puis la situation évolue rapidement, en fonction de la conjoncture internationale comme du jeu des acteurs étudiants. D'une part, les étudiants communistes de Paris se sont dotés en décembre 1947 d'un périodique, *Clarté*, rédigé par Annie Besse, Arthur Kriegel, et Jacques Hartmann, qui affiche à partir de 1949 son vif intérêt pour le syndicalisme étudiant[6]. De leur côté, les étudiants gaullistes entendent bientôt combattre à l'UNEF « le noyautage séparatiste et évincer systématiquement tous les candidats favorables à l'UIE soviétisée. Il est normal enfin que nous assurions le succès des candidats hostiles à l'actuel bureau de l'UNEF dont la faiblesse souvent complaisante à l'égard des manœuvres communistes et des ambitions SFIO est notoire »[7]. La polarisation sur des thèmes de Guerre froide est donc en marche chez les étudiants. L'UNEF elle-même, bien que gaullistes et communistes soient alors absents de ses instances dirigeantes[8], est affectée par l'alignement précoce de l'UIE sur les positions soviétiques : le secrétariat de l'UIE reste étrangement silencieux sur le coup de Prague de février 1948 et la vague d'arrestations et de renvois de l'Université, qui suit aussitôt chez les étudiants tchèques. Du coup, le vice-président américain, Bill Ellis, absent au

---

3. Morder Robi (dir.), *Naissance d'un syndicalisme étudiant. 1946, la Charte de Grenoble*, Paris, Syllepse, 2006.

4. Bouchet Paul, « Lyon-Paris-Prague-Genève-Lyon », *in* Morder Robi, Rolland-Diamond Caroline (dir.), *Etudiant(e)s du monde en mouvements*, Paris, Syllepse, 2012, p. 163-173.

5. *Espoirs*, bulletin des étudiants RPF, 3 décembre 1947. Cité *in* Lavaud Robert, *Les étudiants et la politique*, mémoire IEP de Paris, 1958, p. 21.

6. Kriegel Annie, *Ce que j'ai cru comprendre*, Paris, Robert Laffont, 1991, p. 419.

7. Circulaire nº 14 de Pierre Dumas, président du Groupement national des étudiants RPF, 3 décembre 1948, ICDG, boîte nº 7, 4-RPF-Etudiants, cité dans Fischer D., *op. cit.*, p. 71.

8. À l'exception du guadeloupéen Henri Bangou, vice-président Outre-mer de 1949 à 1950.

moment des faits, rend publique sa démission un mois après, entraînant la désaffiliation des étudiants suédois, danois, belges et suisses. La question de la place de l'UNEF à l'UIE ne pouvait qu'être posée au congrès annuel, tenu à Nice au printemps 1948. Le congrès s'en trouve émaillé d'incidents : un responsable explicitement hostile à l'UIE, Boissieras, est élu au bureau comme vice-président chargé de l'international ; Trouvat, réélu à la présidence, met sa démission dans la balance, à quoi Boissieras répond par la menace de quitter l'UNEF avec un tiers des Associations Générales d'Étudiants : finalement, ce dernier est maintenu au bureau, mais écarté des affaires extérieures. Les dirigeants de l'UNEF ne se résolvent pas à la rupture, et font adopter par le congrès ce que *Clarté* qualifiera de « compromis de coulisse » : retrait de l'UNEF du comité français de la FMJD[9], et demande d'éclaircissements au secrétariat de l'UIE[10]. À leurs yeux, l'UIE doit pouvoir rester un pont entre les étudiants. On ne peut parler ici de neutralisme, mais de l'attachement à l'unité du monde étudiant et de la volonté d'échapper à la fracture de Guerre froide. Autant d'espoirs vite déçus : l'UIE répondit aux demandes de l'UNEF par une lettre ouverte aux étudiants français dénonçant l'UNEF pour son supposé silence sur la guerre d'Indochine.

Au congrès de 1949 au Touquet, la question de l'UIE est au centre de débats passionnés et nocturnes, qui ont mobilisé les représentants des groupes politiques : « Au congrès lors des débats sur l'Union internationale, le jeu a été mené en sous-main par des organisations politiques extrémistes. Des observateurs de ces mouvements opposés allaient même jusque dans la salle des séances (en principe réservée aux seuls délégués) donner des ordres ou des conseils et mener leur propagande »[11]. Les dirigeants de l'UNEF ont beau faire valoir que l'UIE reste un gage de coopération internationale, moyennant des garanties sur son fonctionnement démocratique, que la quitter ramènerait l'UNEF à des points de vue nationalistes et conservateurs[12], le congrès décide de quitter l'UIE[13]. Seule

---

9. Fédération Mondiale de la Jeunesse Démocratique, fondée en 1945, plus ouvertement dépendante de l'URSS que l'UIE.

10. Eclaircissements inutiles pour *Clarté* (nº 6, 17 avril 1948), qui estime que « le délégué de l'UIE a détruit les calomnies en produisant les résultats de la commission d'enquête ».

11. *Grenoble Université*, journal de l'Association générale des étudiants de Grenoble, nº 2, 1949. Il s'agit bien sûr des étudiants du RPF, et des Étudiants communistes, le ton de *Clarté* s'étant depuis peu fait moins critique envers les « arrivistes » et « politiciens » de la direction de l'UNEF. Annie Kriegel indique dans ses Mémoires s'être rendue alors pour la première fois au congrès de l'UNEF (Kriegel A., *op. cit*, p. 419).

12. Fischer D., *op. cit.* p. 159.

concession, conformément aux statuts, la désaffiliation ne prend effet qu'au bout d'un an, et le texte voté affirme sa fidélité aux principes qui ont présidé à la naissance de l'UIE, comme le refus d'une union internationale concurrente. Les artisans du retrait sont des étudiants RPF non connus alors comme tels, et l'un d'eux accède au bureau de l'UNEF. Le président sortant, P. Trouvat doit renoncer à se représenter, mis en cause pour avoir pris la parole sur la guerre d'Indochine à un meeting dans la cour de la Sorbonne : depuis des semaines les étudiants RPF diffusent un tract le stigmatisant, intitulé « Ho Chi Minh président de l'UNEF ! ». Malgré son retrait de l'UIE, la polarisation de Guerre froide n'est pas complète à l'UNEF : au printemps 1950, l'intense campagne menée par les communistes pour faire signer l'appel de Stockholm est un succès : Didier Fischer estime à 40 000 le nombre des signataires étudiants, soit un quart des effectifs [14]. Signèrent à titre personnel les principaux responsables de l'UNEF, à l'exception du président de la Corpo de droit de Paris, J-M. Le Pen, et de quelques responsables d'AGE proches du RPF. En revanche l'UNEF en tant que telle à l'issue d'un long débat, ne prit pas position.

L'effet Guerre froide atteint son maximum au sein du mouvement étudiant en 1950. Le président élu au printemps, Gérard de Bernis, resté fidèle aux orientations de ses prédécesseurs [15], a été mandaté pour diriger la délégation de l'UNEF, en simple observateur, au 2e congrès de l'UIE à Prague, en août. Il y réitère les critiques envers le caractère partisan de l'UIE, déplore l'absence forcée des étudiants yougoslaves, fait admettre qu'il est d'autres moyens de défendre la paix que l'appel de Stockholm, et finalement s'abstient, avec les délégations britannique et danoise, sur la résolution finale [16]. Pourtant, trois mois plus tard, au Conseil d'administration de l'UNEF des 10 et 11 novembre, une révolution de palais le contraint à la démission, ainsi que l'ensemble de son bureau. Une lettre confidentielle adressée par Pierre Dumas à Jacques Soustelle donne la clé de ce renversement : « Le CA [de l'UNEF] a siégé à Paris, à la Mutualité les 11 et 12 novembre. Les étudiants RPF y ont remporté un grand succès en renversant le Président et le vice-président (progressistes très communisants) et avec eux tout le bureau et

---

13. Seule organisation occidentale à l'UIE hors l'UNEF, la britannique *National Union of Students*, choisit de rester à l'UIE ; la présence communiste, souvent inavouée, y est alors beaucoup plus forte qu'à l'UNEF. Voir Kotek J., *op. cit*, p. 227.

14. Fischer D., *op. cit.*, p. 165.

15. En 1949, il a dénoncé le procès Rajk en Hongrie comme « un assassinat ». *Clarté* (nº 24, 3 mai 1950) lui reproche de vouloir se rendre en Yougoslavie pour « enquêter ». Le numéro suivant (nº 25, 25 mai 1950) fait le même reproche à P. Trouvat.

16. *Grenoble Université*, nº 11, novembre 1950.

enfin en provoquant l'élection d'un nouveau bureau très anticommuniste dans son ensemble [...] Samedi 11 novembre à 21 heures, le conseil aborde l'examen des questions internationales (la mission des "observateurs" de l'UNEF en août dernier). Aussitôt Gaudibert, délégué de l'AGE de Montpellier (avec qui j'avais eu la veille un long entretien) déclare avoir reçu par la poste un tract-lettre sur ce sujet et qui paraît susceptible de faire gagner du temps en "centrant" aussitôt le débat. De nombreux autres délégués, (à qui une de nos amies, Mlle Petit, vient de les distribuer) reconnaissent avoir aussi ces textes. Gaudibert dépose sur le bureau un dossier contenant les originaux de tous les documents cités (que je lui avais remis la veille) et d'une lecture du bulletin d'information ci-joint. Il prend même l'initiative de terminer en déclarant "signé Pierre Dumas". Les délégués communisants crient qu'il s'agit du responsable national des étudiants RPF. Entraînée par un groupe de nos amis que j'avais réunis le matin même, la majorité déclare n'y voir aucun inconvénient "puisque les faits mentionnés sont vérifiés et que le problème est bien posé par ce texte". Le Conseil demande à de Bernis de répondre aux quatre questions posées. À une heure du matin, ces réponses sont jugées insuffisantes pour le disculper et le Conseil vote une motion demandant à Gérard de Bernis, président, de démissionner (par 36 voix contre 14 et 3 abstentions). Avec une majorité plus écrasante encore, il demande la démission de Blanchet, vice-président, puis celle du bureau entier. Dimanche matin, de Bernis, Blanchet, puis le bureau remettent leur démission au CA »[17]. Le document produit, intitulé « L'UNEF aux mains de la 5e colonne soviétique », dénonçait l'attitude de G. de Bernis, qui « méritait la prison », pour s'être levé, à l'instar de l'ensemble du congrès, à l'arrivée de la délégation nord-coréenne.

Cette révolution de palais, qu'on a parfois et à tort imputée à la faconde de J-M. Le Pen, n'a pu avoir lieu que par une dramatisation orchestrée dans un contexte tendu, celui de la guerre de Corée qui venait de commencer. L'impact général de la Guerre froide avait fragilisé la majorité de l'UNEF sur le terrain international. En outre, si les premiers dirigeants de l'UNEF d'après-guerre restaient attachés à l'existence de l'UIE, les partisans de celle-ci reconnaissaient qu'« il n'y a jamais eu qu'une minorité d'étudiants français partisans de l'UIE ; en 1947 et 1948 la majorité était plutôt indifférente. Lorsque la désaffiliation de l'UNEF a été votée en 1949, aucun des délégués opposés à cette mesure ne soutenait l'UIE sans

17. Archives ICDG, boîte n° 8, 4-RPF-Étudiants, cité par Didier Fischer, « Entre secret et mémoire, les étudiants gaullistes et leur prise du pouvoir à l'UNEF à la fin des années 40 », *Matériaux pour l'histoire de notre temps*, n° 58, avril-juin 2000.

réserve »[18]. On en a un autre exemple à Grenoble, association étudiante pourtant restée favorable à l'UIE : « J'ai été amené à succéder à P. Burk au début de l'année civile 1953, en cours de mandat. P. Burk était contesté, car il était resté en liaison avec l'UIE. Ses relations étaient personnelles avec le secrétaire général Jacques Vergès et quasi-organisationnelles avec l'UIE[19]. Que P. Burk ait conservé des contacts avec l'UIE, alors que l'UNEF avait rompu avec elle, le mettait en difficulté. À Grenoble même, cela lui fut reproché »[20]. Ce renversement de majorité à l'automne 1950 aboutit à bien plus qu'à un changement d'équipe dirigeante, dominée pour quelque temps par le RPF, à une réorientation d'ensemble du mouvement étudiant. Les tensions et oppositions politiques étaient certes depuis longtemps le pain quotidien de l'UNEF. Mais cela se passait sans polarisation politique complète, il demeurait un espace de jeu entre les principaux acteurs. C'est la Guerre froide qui introduisit au sein du mouvement étudiant ce partage binaire. Puis on passa du clivage sur les questions internationales à une remise en cause par la nouvelle majorité des orientations d'ensemble de l'UNEF depuis 1946. De plus, celle-ci fut désormais divisée en deux camps opposés, et pas seulement sur les questions internationales.

Un effet Guerre froide qui s'efface

Passé l'acmé de l'année 1950, l'effet structurant de la Guerre froide s'atténue ensuite à l'UNEF. Certes, au congrès de 1953, le président évoque encore dans son rapport les risques d'éclatement que portent les questions internationales, et de fait deux AGE désormais minoritaires qui avaient participé à des instances de l'UIE malgré l'interdit fixé en 1951, se sont trouvées menacées d'exclusion. Mais la polarisation de Guerre froide se réduit, malgré l'attachement persistant de la minorité pour l'UIE. C'est que les projets de la nouvelle majorité de constituer une nouvelle Internationale étudiante sous domination occidentale prennent un tour inattendu. Car cette nouvelle organisation, mise sur pied en 1952, échappe aux

18. Lettre de l'AGE de Lyon à l'UIE, 16 février 1952, Archives municipales de Grenoble, 624 W 117.

19. En réalité Jacques Vergès était secrétaire aux affaires coloniales, voir Vergès Jacques Remillieux Jean-Louis, *Le Salaud lumineux, conversations avec J.L. Remilleux*, Paris, Lafond, 1990, rééd. Livre de Poche 1993, p. 81-82.

20. Louis Bodin, entretien avec Jean-Louis Sabot, *L'entrée d'une génération en politique et la formation d'une élite. Le syndicalisme étudiant et la guerre d'Algérie*, thèse de doctorat de science politique, Université Pierre Mendes France, 1994, t. 2, p. 489. Précisons que P. Burk n'était pas communiste.

dirigeants de l'UNEF qui rêvaient de la diriger, et se trouve très vite sous domination « anglo-saxonne »[21]. De ce fait, pour faire pièce à l'UIE, la nouvelle Confédération Internationale des Etudiants (CIE) et son Secrétariat de Coordination (COSEC) s'ouvrent à des associations étudiantes issues de territoires colonisés, ce qui suscite des tensions : en janvier 1953, les deux représentants de l'UNEF claquent la porte de la Conférence d'Istanbul qui vient d'admettre en son sein comme union nationale d'étudiants l'association des étudiants de Dakar (alors capitale de l'AOF). Au congrès de 1954 qui exige le retrait des délégués de Dakar, le rapport du président énonce clairement ses griefs envers la nouvelle Internationale étudiante : « Nous commençons à en avoir assez de ces différentes rubriques consacrées à l'Algérie, l'Afrique du Nord, la France, le Sénégal… ». On voit qu'à cette date la Guerre froide n'est plus la *summa divisio* du mouvement étudiant, et les questions internationales rencontrent dès lors l'indifférence de la masse des étudiants et de nombre de responsables. La Commission internationale devient moins fréquentée dans les congrès de l'UNEF[22]. En 1956 le président peut noter sans être contredit, que l'international n'est plus « la bouteille à l'encre ». Progressivement devient réalité le vœu émis en 1953 par Michel Rocard : « Il est grand temps de s'occuper un peu plus des affaires intérieures, un peu plus des affaires coloniales, un peu moins des affaires internationales qui ne s'en porteront que mieux »[23]. On sait que la guerre d'Algérie est devenue, depuis 1955, le premier objet de mobilisation et la principale occasion de déchirement au sein du mouvement étudiant, dirigé depuis 1956 par des courants anticolonialistes, dont les communistes étaient tenus à l'écart. Non que les « affaires coloniales » aient été jusque-là indifférentes au syndicalisme étudiant : « Plus précocement à coup sûr qu'il ne le fut dans la vie du pays tout entier, le thème colonial fut dès 1947 au cœur du monde étudiant »[24]. Mais il l'avait principalement été du fait des étudiants communistes et de l'UIE, en particulier avec la « Journée anticolonialiste » du 21 février, instaurée depuis 1949 par cette dernière, et à ce titre restait marquée du sceau de la Guerre froide. Organisé avec le soutien des étudiants communistes et la participation des associations d'étudiants coloniaux, le 21 février est en province comme à Paris l'occasion de conflits, voire de bagarres. On a vu qu'en 1949, le discours, pourtant prudent, du président de l'UNEF dans la cour de la Sorbonne lui coûta sa réélection. En 1950, le

21. En octobre 1952, la NUS britannique se retire définitivement de l'UIE. Voir Kotek J., *op. cit.* p. 287.

22. Sur les péripéties des relations internationales étudiantes, voir Kotek J., *op. cit.*, et Fischer D., *op. cit.* p. 141-185.

23. *L'Étudiant socialiste*, mars 1953.

24. Kriegel A., *op. cit.*, p. 426.

21 février est l'occasion d'une bataille rangée au Quartier latin, où s'illustre J-M. le Pen. L'UNEF nationale s'abstient dès lors d'y participer, laissant les AGE libres de le faire. À compter de 1955, le 21 février devient essentiellement anticolonialiste, s'éloignant de l'orbite de Guerre froide.

Certes un nouveau venu de la presse étudiante, *L'Observateur étudiant*, apparu en 1953, tente de réactiver le tropisme de Guerre froide au sein du milieu. Créé par Guy Lemonnier, adjoint de Georges Albertini, animé par un ancien de la Corpo de Droit, J-P. Delbègue, de 1953 à 1961, ce petit bulletin mensuel diffusant la première année à plus de six cents exemplaires à Paris, fournit des échos souvent bien informés sur le monde étudiant[25]. Il s'adresse aux responsables étudiants. Dénonçant sans relâche la pénétration communiste chez les étudiants, il appelle à l'union de tous les anticommunistes pour renverser la direction de l'UNEF animée depuis 1956 par les membres de la JEC (Jeunesse étudiante chrétienne). Toute la vie du mouvement étudiant y est présentée sous le signe de la menace communiste. Sans prendre explicitement parti pour l'Algérie française au nom de l'union des anticommunistes, il voit dans l'orientation de l'UNEF face au conflit algérien « la collusion de la JEC et du parti communiste » ; « l'Union Nationale des Étudiants de France livrée au communisme : c'est depuis plusieurs mois déjà à l'abri de l'UGEMA[26] d'une part, et de la JEC de l'autre, que le communisme manœuvre dans nos facultés »[27]. Parallèlement, à l'intérieur de l'UNEF, les dirigeants droitiers évincés en 1956 tentent à l'automne de réitérer l'opération menée avec succès en 1950. Une brochure intitulée *Le coup de Prague* qualifie le nouveau président de l'UNEF d'« agent de la Gestapo tchèque »[28]. Il aurait, au congrès de l'UIE tenu à Prague en août 1956, observé une minute de silence en hommage aux étudiants algériens morts sous l'uniforme de l'ALN, et fait expulser deux représentants de l'opposition à l'UNEF[29]. Mais le succès de 1950 ne se renouvelle pas, et les nouveaux dirigeants sont confortés par le Conseil d'administration. C'est qu'entretemps, la révolte hongroise est écrasée (novembre 1956) par les chars sovié-

25. Rigoulot Pierre, *Georges Albertini*, Paris, Perrin, 2012, p. 240-243. Voir aussi Charpier Frédéric, *Génération Occident, de l'extrême droite à la droite*, Paris, Le Seuil, 1985, p. 186.
26. Union Générale des Étudiants Musulmans Algériens, née en 1955, liée au FLN.
27. *L'Observateur étudiant*, nº 25 et 27, mars et juin 1956.
28. Brochure *Le coup de Prague*, AN, fonds UNEF, 19870110/132.
29. Ce qui est inexact. Quelques jours plus tard, la CIE admet en son sein l'UGEMA comme Union nationale, et vote un ordre du jour pour l'indépendance algérienne, en dépit des délégués de l'UNEF. Dirigeant de l'UNEF d'alors, Pierre-Yves Cossé note ultérieurement : « Finalement le discours anticolonialiste tenu à l'UIE et au COSEC était à peu près le même. », *Cahiers du GERME*, nº spécial 2, octobre 1997.

tiques. L'UNEF prend aussitôt la défense des étudiants hongrois, ses dirigeants sont en tête de la manifestation étudiante de soutien le 7 novembre aux Champs-Élysées[30]. Elle participe à Vienne au comité d'aide aux étudiants réfugiés, et contribue à leur accueil en France. La semaine franco-soviétique prévue antérieurement est aussitôt décommandée. Sans considération pour les quelques Associations Générales d'Étudiants dominées par les communistes, elle fait voter par son Conseil d'administration le respect « du droit des peuples à disposer d'eux-mêmes, de l'émancipation des peuples opprimés, des droits de la personne humaine ». Nul n'est dupe parmi les responsables étudiants, ce rappel de principes affiché à propos de la Hongrie peut s'appliquer ailleurs, à propos de l'Algérie. Et les violences physiques que subissent à plusieurs reprises en cet automne 1956 les dirigeants de l'UNEF ne doivent plus rien à la Guerre froide, mais tout aux déchirements du conflit algérien. Parallèlement, l'interdit de fait qui, de 1956 à 1962, empêche les étudiants communistes d'accéder au bureau de l'UNEF tient plus, aux dires des dirigeants, à la tiédeur de l'UEC sur l'Algérie qu'à une attitude de Guerre froide. Les efforts de *L'Observateur étudiant* pour réactiver l'esprit de Guerre froide sont vains : le curseur s'est définitivement déplacé vers les questions de décolonisation, puis l'évolution de la politique gaulliste sur l'Algérie inquiète ses rédacteurs qui déplorent que « le pouvoir laisse à l'abandon l'opinion publique »[31]. Le bulletin cesse de paraître, sans explication, au printemps 1961.

En 1959 le rapport du vice-président international au congrès de l'UNEF donne une image ramassée de ce qui n'est plus la Guerre froide chez les étudiants. Simple observateur des deux Internationales étudiantes, l'UNEF refuse de s'inféoder à l'une ou l'autre, et rêve d'un rôle de « pont » entre tous les étudiants du monde. À propos du congrès de l'UIE tenu à Pékin en 1958, le rapport affirme « l'inintérêt (sic) fondamental des questions débattues ». À propos de la CIE, tenue la même année à Lima, il l'estime manipulée, « et automatiquement on a envie de se demander qui tire les ficelles ». Sa conclusion donne la mesure de l'effacement de la Guerre froide dans le mouvement étudiant : « De toute façon, il faut souligner que le domaine international n'a jamais été [...], et en particulier pour l'UNEF, un département de première importance. » Démission forcée du président et de son bureau, renversement-surprise de l'orientation générale, la Guerre froide a bien, autour de 1950, heurté de plein fouet le mouvement

30. À Lyon, la traditionnelle journée du 17 novembre organisée par l'Association des étudiants en souvenir des étudiants morts pour la liberté, fait cette fois explicitement référence à la Hongrie, ce qui provoque le retrait de la CGT.
31. *L'Observateur étudiant*, n° 50, novembre-décembre 1960.

étudiant. Mais le vif feu de paille s'est tôt effacé devant l'irruption des questions de décolonisation, puis du Tiers-Monde. Ni l'entrée de l'UNEF à l'UIE (1964), ni la révélation publique (1967) du financement de la CIE occidentale par la CIA n'inversèrent la tendance. La Guerre froide ne fut qu'un moment pour le mouvement étudiant.

Les communistes et Jules Moch, représentations et pratiques en temps de Guerre froide

Gilles Morin

À l'acmé de la Guerre froide, de 1947 à 1951, dans une période de fortes tensions sociales, le socialiste Jules Moch, ministre de l'Intérieur français joue un rôle majeur dans la lutte contre le PCF. Pour les communistes, il incarne la « trahison socialiste », et fait l'objet d'une campagne de haine exceptionnelle, tant au plan national que local. Celle-ci prend des formes qui visent, par delà un symbole, un homme spécifique, avec probablement l'objectif de l'éliminer politiquement. Dans le cadre d'une problématique sur la Guerre froide « vue du bas », les relations entre les représentants du communisme en France et le premier responsable de l'ordre d'un pays engagé dans l'autre camp nous intéressent à plusieurs titres.

Tout d'abord, et c'est l'objet de la première partie, les rapports de Jules Moch avec les communistes s'inscrivent dans une périodisation qui doit l'essentiel à la Guerre froide et peu à la vie politique française. Ils illustrent ainsi la complexité de la période, où, contrairement à nombre d'idées reçues, les représentations et relations peuvent passer du manichéisme total au compromis politique. Ensuite, faute de guerre ouverte, les communistes ont mis en place ou réactivé des pratiques de diabolisation, de destruction symbolique de l'adversaire fondées sur les attaques *ad hominem* et les amalgames, couramment employés. Elles ont été, pour Jules Moch, poussées à leur paroxysme en faisant, pensons-nous, de celui-ci non pas seulement un ennemi politique, mais un bouc émissaire idéal, une « tête de Turc ». Nous montrerons, ensuite, qu'il a été victime, à des degrés divers, d'une véritable « caricaturquisation », pour reprendre une expression de Christian Moncelet[1], qui n'a pas été faite pour lui. Il se trouve chargé de tous les péchés et de toutes les fautes de ses camarades de parti, comme des gouvernements auxquels il appartient. Par sa médiation, les

1. Chauveau Frédéric, Gardes Jean-Claude, Moncelet Christian, *Boucs émissaires, têtes de Turcs et souffre-douleur*, Rennes, PUR, 2002, p. 11.

communistes peuvent démontrer aux masses qui seraient tentées de croire que les socialistes sont avec eux, qu'ils les trahissent. Ils proposent au peuple de gauche de rejeter le « social-traître » car, lui éliminé, leur oppression en sera diminuée. D'une certaine façon, en l'attaquant ainsi, ils le désignent comme l'anti-France sur lequel détourner la colère si ce n'est des Dieux, du moins du peuple. Ce passage du particulier au général ou, si l'on préfère, ce choix de désigner Moch comme l'incarnation de l'adversaire socialiste n'est, selon nous, qu'une illustration de pratiques plus générales[2]. Enfin, cette figure répulsive de Jules Moch, largement utilisée au plan national, a connu des déclinaisons au plan local auxquels nous allons nous intéresser dans la troisième partie.

JULES MOCH ET LES COMMUNISTES, DU « NÉOFASCISTE » AU « CAMARADE »

Pour les communistes du début de la Guerre froide, Jules Moch est une figure connue de longue date, associée depuis les années vingt à celle de Léon Blum. On sait combien les relations du président du Conseil du Front populaire avec les communistes ont été conflictuelles, sans oublier de violentes campagnes le visant, culminant dans la Drôle de guerre puis au début de l'Occupation[3]. Rappelons brièvement le parcours de Jules Moch qui avait tout pour personnaliser l'antithèse du communisme.

Né à Paris en 1893, Jules Moch est issu d'une famille de la bourgeoisie juive. Fils d'un polytechnicien dreyfusard et polytechnicien, il incarne parfaitement ces « Fous de la République », décrits par Pierre Birnbaum[4].

---

2. Cette conviction se fonde sur un travail de rédaction de centaines de notices biographiques pour le *Dictionnaire biographique du mouvement ouvrier, mouvement social (Maitron)* et pour le *Dictionnaire des parlementaires français de la IVe République* qui a supposé le dépouillement d'une masse de dossiers des Renseignements généraux et de nombreux fonds d'archives où les attaques communistes contre leurs adversaires apparaissent pratiquement la règle. Il serait difficile de faire un palmarès des hommes les plus attaqués ou calomniés ainsi. Pour s'en tenir aux ministres de la période, citons néanmoins parmi les plus visés Léon Blum, André Marie, René Mayer, François Tanguy Prigent.

3. Outre les biographies de Léon Blum, voir notamment la brochure, Maurice Thorez, « Renégats et politique d'Union sacrée, Léon Blum tel qu'il est », *l'Internationale communiste*, n° 2, 1940 et André Marty, « Lettre à Léon Blum », *Monde*, Bruxelles, octobre 1939.

4. Birnbaum Pierre, *Les Fous de la République. Histoire politique des Juifs d'État, de Gambetta à Vichy*, Paris, Fayard, 1992, rééd. Le Seuil, 1994.

Combattant de la Grande Guerre, profondément patriote, ingénieur dans une société d'équipement ferroviaire, il adhère au Parti socialiste SFIO en 1924, au lendemain d'un séjour de deux ans dans les États baltes et d'un voyage en URSS. Devenu l'un des animateurs des organismes d'études économiques et financières du parti, il fréquente les cercles des « technocrates » et surtout anime le Centre polytechnicien d'études collectivistes, sorti en 1931 du groupe « X-Crise ». Idéologiquement, il conteste le bien-fondé de certaines analyses marxistes, notamment celles sur la paupérisation des masses, et partage certaines idées des « planistes ». Léon Blum le remarque et le pousse dans l'arène électorale pour les élections législatives de 1928, où il est élu dans la Drôme. Réélu en 1932, il prend part aux combats antifascistes, mais est battu aux élections de 1936 par un radical hostile au Front populaire. Secrétaire général du gouvernement Blum en 1936, il est réélu député, en mai 1937, dans le département de l'Hérault, à Montpellier, en profitant d'un désistement communiste. Jusqu'en 1934, ces derniers n'ont pas ménagé ce fidèle de Blum, inventant, semble-t-il, à cette occasion le surnom de « cousin Jules » (un faux cousin de Léon Blum), non sans quelques relents antisémites déjà. Nommé sous-secrétaire d'État à la présidence du Conseil dans le dernier mois du gouvernement Blum, il entre dans le second cabinet Blum comme ministre des Travaux publics. Il appartient de façon continue à la commission administrative permanente de la SFIO dans les années trente.

Partisan de la résistance aux agressions nazies, Jules Moch dénonce le pacte germano-soviétique en 1939 et s'engage dans la Marine, combattant comme capitaine de vaisseau dans la campagne de Norvège. L'un des quatre-vingts parlementaires qui refusent les pleins pouvoirs constituants au maréchal Pétain le 10 juillet 1940, il est emprisonné par Vichy durant plusieurs mois puis, libéré, contribue à la création de réseaux de Résistance, enfin il rejoint la France Libre à Londres en 1943 en traversant l'Espagne. Il participe aux combats en Méditerranée, aux débarquements en Italie et en Provence en 1944, tout en siégeant à l'Assemblée consultative d'Alger. Réélu député de l'Hérault, Jules Moch assume à la Libération à la fois une place majeure dans la direction de la SFIO, tout en exerçant la fonction de ministre des Travaux publics et des Transports dans les gouvernements tripartites du 21 novembre 1945 au 24 novembre 1947. Il siège aussi au comité d'entente socialiste-communiste, mais au titre des socialistes les plus hostiles à toute idée de fusion. C'est donc l'un des rares socialistes à avoir visité l'URSS et l'un des plus au fait des tournants communistes depuis les années vingt. Il prend le portefeuille de l'Intérieur dans le cabinet Schuman investi le 22 novembre 1947, en pleine crise sociale après une tentative malheureuse d'investiture de Léon Blum, lors des grèves de novembre-décembre 1947.

Jules Moch, ministre de l'Intérieur du gouvernement de la « Troisième force », estime que l'objectif du Parti communiste est la prise du pouvoir par la force[5]. Chargé de maintenir l'ordre, il combat successivement avec pugnacité les grèves et la tentative de grève générale de la fin 1947, des mouvements localisés comme les incidents de Clermont-Ferrand en juin 1948, suivis en octobre par une grève des houillères et par diverses vagues d'agitation dans les années suivantes. Épurant et professionnalisant encore plus les CRS créées par son prédécesseur Adrien Tixier, il utilise l'armée qui intervient sans ménagement pour dégager les puits de mines où la sécurité n'était plus assurée lors de la grève des mineurs. Il y a des morts ou des victimes à Valence (4 décembre 1947) et à Alès (26 octobre 1948) et dans diverses autres villes (Firminy notamment), sans oublier des sabotages et des déraillements de trains, celui de Paris-Tourcoing faisant 16 morts fin 1947. Il demeure ministre de l'Intérieur dans les cinq ministères, jusqu'en octobre 1949, puis président du Conseil. Investi à une seule voix de majorité, il renonce à former le gouvernement. Après un bref retour à l'Intérieur, il est nommé ministre de la Défense nationale de juillet 1950 à juillet 1951, au moment de la guerre de Corée et de la mise en œuvre du Pacte atlantique dont il était partisan.

Républicain autant que socialiste, anticommuniste, homme d'ordre qui paie largement de sa personne en affrontant les députés du PCF à l'Assemblée comme en allant sur le terrain, Jules Moch choisit néanmoins de s'opposer à tous ceux qui veulent une répression plus sévère ou souhaitent l'interdiction du Parti communiste[6], estimant que cela serait le plus grand service à lui rendre. Adoptant totalement la logique de la Troisième force, il refuse les solutions gaullistes et de la droite extrême qui font pression sur les gouvernements successifs. Même s'il cosigne plusieurs lois modérément répressives, fin 1947 notamment, il se montre réticent envers tout ce qui pourrait apparaître comme de nouvelles « lois scélérates ». Les communistes vont pourtant en faire dans cette période l'incarnation du pire adversaire de la classe ouvrière possible. Plusieurs moments marquants peuvent être dégagés dans cette période, même si les attaques ne cessent jamais entre fin 1947 et 1953 : les grèves de l'automne 1947 et la grève des mineurs de 1948 bien sûr, puis la tentative de formation d'un gouvernement Moch en octobre 1949, les diverses élections de la période et enfin la tentative de le faire comparaître devant la Haute Cour de Justice en 1950 dans l'affaire dite des généraux.

5. Thèse qu'il maintient, trente ans après ces événements, dans ses Mémoires : Moch Jules, *Une si longue vie*, Paris, Robert Laffont, 1976.
6. Il le redira encore aux États-Unis au moment de l'affaire des pigeons, *New-York Herald*, 30 mai 1952.

Dans les années suivantes, se produit un retournement spectaculaire : Jules Moch redevient le « camarade Moch ». Tout d'abord, son retrait de la scène nationale du fait de ses fonctions à l'ONU réduit le nombre d'articles et d'attaques le concernant. Ensuite, ses positions internationales conduisent au contraire à le valoriser. Ses réserves sur l'attitude à adopter vis-à-vis de l'Allemagne en 1949 avaient été soigneusement ignorées par les communistes, mais son opposition au réarmement de l'Allemagne au début des années cinquante conduit à ce retournement. À partir de 1952, le ton de la presse communiste change progressivement envers un Jules Moch hostile à la CED. Si la presse spécifique du parti n'a pas encore évolué à cette étape, le compagnon de route *Libération* cite ainsi sans commentaire, mais visiblement en le considérant comme positif, son discours au Panthéon pour le 39e anniversaire de la mort de Jean Jaurès en 1952[7]. Son action au ministère de l'Intérieur n'est certainement pas oubliée de ses adversaires communistes qui y reviennent parfois – *France Nouvelle* du 27 juin 1953 consacre une double page à sa chronologie – mais il redevient fréquentable. La première action positive qui lui est attribuée par un journal communiste nous semble être sa protestation contre l'exclusion des communistes du concours de l'ENA à l'automne 1953[8], lorsqu'il invite Laniel à ne pas engager la France « dans la voie où le sénateur Mac Carthy s'efforce d'entraîner l'Amérique pour son dommage ». Après la mort de Staline, alors que se dessine une « détente », ses positions favorables au désarmement à l'ONU où il représente la France, sont valorisées par la presse communiste. Il en est de même pour son rôle actif dans l'opposition à la CED, puis dans son rejet en août 1954. Et, de 1954 à 1967, Jules Moch redevient, au dire des communistes, un « camarade », donné même parfois en exemple. Il serait trop long ici de faire l'historique détaillé des rapports entre les communistes et Jules Moch dans ces années, de plus ils intègrent des éléments personnels qui compliquent l'analyse. On rappellera simplement deux épisodes. En mai 1958, Jacques Duclos demande à l'ancien ministre de l'Intérieur dans les couloirs de l'Assemblée de reprendre son poste pour s'opposer aux menaces conjointes des ultras, de l'armée et des gaullistes. Ce qui est fait, avec le peu de succès que l'on sait. Le ralliement le mois suivant de Jules Moch au général de Gaulle amène à reprendre des critiques contre lui, mais sans rapport avec l'intensité atteinte dans les années 1947-1952. Puis, en novembre 1962, il fait partie des socialistes qui doivent leur réélection à l'Assemblée nationale au retrait d'un communiste, en l'occurrence celui de Raoul Calas, son vieil adversaire local arrivé en tête au premier tour. Considérations politiques nationales et nouveaux en-

7. *Libération*, 28 juin 1952.
8. *L'Humanité*, 21 septembre 1953.

jeux de la Guerre froide se sont conjugués pour l'emporter sur les rapports de force locaux. Ces faits constituent autant de démonstrations flagrantes qu'il ne représente plus le mal absolu pour le PCF.

Les relations des communistes avec Jules Moch, on le voit, épousent une chronologie essentiellement liée à la Guerre froide de 1947 à 1967, plus que la chronologie spécifiquement hexagonale. Nous allons voir comment s'est exprimée la haine communiste envers Jules Moch dans la période d'apogée de la Guerre froide, de 1947 à 1953, en débutant par les débats parlementaires de la fin 1947, où se forge l'essentiel de la thématique.

Une matrice, les débats parlementaires de l'hiver 1947

Le bras de fer parlementaire de l'hiver 1947 s'étire sur plus de deux semaines, tant à l'Assemblée, qu'au Conseil de la République. Ces débats sont exceptionnels dans l'histoire parlementaire française. Tout d'abord, ils sont marqués par des séances interminables, émaillées de multiples incidents : ainsi la séance du 29 novembre dure 4 jours et 5 nuits ; son compte rendu occupe 204 pages du *Journal officiel*. Ensuite, les violences verbales sont sans précédent selon Thomas Bouchet, spécialiste de l'insulte en politique[9]. Le rédacteur de *L'Année politique* décrit pour sa part ainsi l'attitude des communistes : « Prenant à partie le président du Conseil, les ministres, M. Herriot, les députés, avec une violence inouïe, les couvrant d'injures, ils se surpassent et réussissent à effacer le souvenir des débats antérieurs [...] Mais, c'est sans doute à M. Jules Moch qu'il appartint de déchaîner le plus beau tumulte : il doit subir pendant trois quarts d'heure un débordement d'injures, un assaut d'une violence inouïe »[10]. En fait, il subit une série régulière d'assauts durant ces quatre jours de débat non stop. Le samedi soir constitue un moment type dans ce registre, avec notamment : « traîtres », « lâches », « assassins », « buveurs de sang », etc.[11].

La Guerre froide est omniprésente dans les débats, même si ce n'est pas à son propos que les affrontements se concentrent. Ainsi, lorsque Jules Moch détaille les sabotages, il se voit ainsi interrompre :

---

9. Bouchet Thomas, *Noms d'oiseaux : l'insulte en politique de la Restauration à nos jours*, Paris, Stock, 2010, 316 p. : « Un tel déferlement est sans doute unique dans l'histoire parlementaire ».

10. *L'Année politique 1947, revue chronologique des principaux faits politiques, économiques et sociaux de la France du 1er janvier 1947 au 31 décembre 1947*, Paris, Édition du Grand siècle, 1948, p. 225-226.

11. Une recension partielle en est faite par Bouchet T., *op. cit.*

> « M. Marc Dupuy. Il vient de passer trois semaines en Amérique !
> M. Raymond Guyot. Monsieur Jules Moch vous parlez comme Philippe Henriot !
> M. Charles Tillon. Truman sera content de vous (applaudissements à l'extrême gauche). »

Puis fuse un fameux « valet ! » lancé par Raymond Guyot. Menacé de censure par le président Herriot, le député communiste confirme l'injure, estimant que « c'est la constatation d'un fait ». Censuré effectivement alors, il rétorque, après Marc Dupuy, avoir été censuré « par le parti américain »[12]. La suite du discours de Guyot est truffée de références « historiques » renvoyant pêle-mêle à Henriot, à Millerand, à Badinguet, mais surtout à la Seconde Guerre mondiale. Jules Moch annonçant des arrestations dans les cas de sabotage se voit répliquer par Florimond Bonte : « Comme la Gestapo qui arrêtait les Français ». Puis, il est accusé d'avoir été en Suisse « lorsque les Boches étaient là » par René Arthaud, juste avant qu'André Marty ne le coupe ainsi : « Vous n'êtes qu'un briseur de grève, un bourreau d'ouvrier, un dictateur ». Marty est encouragé par de nombreuses voix communistes qui s'écrient face au ministre : « Heil Hitler ! »[13]. Quelques heures plus tard, Robert Schuman subit lui aussi une salve d'insultes comparables, qualifié par Marcel Hamon d'ancien officier allemand et de « disciple » de Pétain, lequel doit « être fier de lui ». Le député breton achève en s'en prenant de nouveau à Jules Moch. La suite des « débats » n'est pas moins ponctuée d'interruptions et d'insultes. Son discours est couvert par des vociférations : « Noske ! Zœrgiebel ! », et cela jusqu'au 4 décembre où, après les affrontements meurtriers de Valence, il est constamment interrompu par le cri : « Assassin ! »[14].

Les invectives les plus courantes portent non sur l'appartenance au camp américain ou sur la Guerre froide en cours, mais sur la Seconde Guerre mondiale, avec les accusations *ad nauseam* d'être ou d'avoir été un « fasciste ». Les communistes et leurs compagnons de route opposent les vrais résistants, naturellement communistes ou proches, et tous les autres, ceux qui « vont aider les factieux à étrangler la démocratie », comme l'affirme l'ancien général FTPF Malleret-Joinville[15], tous assimilés aux collaborateurs. Dans cette rhétorique, les adversaires sont à la fois des

---

12. *JO débats*, séance du 29 novembre 1947, p. 5256-5257.
13. *Ibid.*, p. 5258-5259.
14. Thème souvent repris par la suite. Ainsi, au Conseil de la République, Léon Mauvais fustige le 12 décembre 1947 « le ministre socialiste qui organise l'assassinat » et *L'Humanité* du lendemain dénonce dans le même registre le « ministre aux mains sanglantes ».
15. *JO débats*, séance du 29 novembre 1947, p. 5289.

ennemis de la classe ouvrière et du peuple, des « valets » des Américains, des suppôts de la trahison, héritiers et continuateurs du nazisme et de Vichy, prêts de nouveaux à vendre la France à l'Allemagne capitaliste et à l'Amérique des trusts cette fois. Dans le feu de l'action, et de l'agression verbale, pour s'adresser aux masses, le terrain de la Collaboration est le plus rentable et le plus facile : on est dans la propagande brutale, non dans la subtilité et l'analyse.

La construction d'un bouc émissaire idéal par la propagande du PCF

Jules Moch devient la cible privilégiée des journalistes et caricaturistes communistes durant au moins quatre longues années, avec des moments forts, comme les grèves des mineurs de 1948, les élections ou sa tentative d'investiture en octobre 1949. Nous disposons de centaines d'articles le concernant ou le visant pour ne prendre que la presse nationale du PCF ou de ses « organisations de masse ». La propagande communiste fait de Jules Moch l'incarnation du mal absolu, une tête de Turc récurrente, mais les journaux, pour éviter des procès et des condamnations, s'autocensurent partiellement. Cependant, ils ont à leur disposition l'arme des dessins et caricatures de presse qui échappent généralement au procès et présentent un double intérêt. Cette forme d'expression simplifie le discours, l'amplifie parfois et cristallise des images types dans la mémoire et dans le regard. De plus, elle peut franchir des interdits et permet de révéler un message sous-jacent. Sur ce terrain, les communistes ont affaire à une large concurrence : Jules Moch, ministre de l'Intérieur puis de la Défense et homme politique de premier plan est, c'est bien normal, l'objet de milliers de caricatures venant de tous les horizons politiques[16]. Mais les organes communistes et ceux des organisations de masse apparentées se distinguent par leur violence[17]. Ici, nous présentons des dessins parus dans *L'Humanité*, *France Nouvelle*, qui s'adresse aux cadres du parti, *Action*, lié au Front national, *La Défense*, organe du Secours populaire français et *Regards*, mensuel de photos commentées et d'articles grand public. Notre propos n'est pas ici de quantifier le corpus des caricatures. Nous en avons sélectionné quelques-

16. Dont une grande part est consultable aujourd'hui dans ses archives personnelles, notamment 584/AP/96.
17. Éric Lafon, dans une étude à paraître, a décompté au moins 800 caricatures communistes le mettant en scène.

unes, jugées images idéal-typiques, pour montrer l'éventail des registres utilisés par le PCF afin de disqualifier un adversaire.

Notons, tout d'abord, que la première insulte et caricature visant Jules Moch concerne son nom – les communistes prononcent soigneusement « moche » dans les réunions publiques – et l'écrivent ainsi parfois[18]. Dans la masse des articles et images consacrés à Jules Moch, nous avons dégagé quelques grands thèmes. Classiquement pour les communistes évoquant les socialistes, Jules Moch incarne le traître ou plutôt le « social-traître ». L'accusation est reprise à foison dans la littérature communiste, mais surtout en arrière-fond de pratiquement toutes les attaques. Pour une fois, la caricature se fait plus subtile sur ce terrain. À l'automne 1948, après des révélations du *Figaro* contestées par les communistes, Jules Moch est accusé d'être l'inspirateur de ces attaques. On le voit à la Une de *L'Humanité* du 23 novembre 1948 (doc nº 1, *l'Humanité*, 23 novembre 1948) 1948 représenté – lui, le laïque de toujours – en père Joseph en habit ecclésiastique, portant sous son bras un rouleau intitulé « le grand air de la calomnie », siégeant derrière le président de la République de dos. Face à lui le directeur du *Figaro* figure en Yago. Dans un autre dessin (doc nº 2, *Action*, 25 novembre 1948), ce traître, avec l'inscription *Populaire*, du nom du journal de la SFIO, calomnie les communistes en dénonçant les fonds du Kominform et mérite d'ailleurs simplement la corde qui l'étrangle, avec l'inscription Wall Street.

18. *Le Travailleur du Languedoc* du 6 mars 1948, dénonce par exemple le « sous-préfet fasciste de Béziers et autres sbires de Moch le fusilleur », de « Jules Moch les mains rouges », achevant ainsi le portrait du fonctionnaire « tout comme son patron Jules Moche, il gesticule ».

Caricature de Jules Moch n° 1, *L'Humanité*, 23 novembre 1948.

Caricature de Jules Moch n° 3, *France Nouvelle*, 13 novembre 1948.

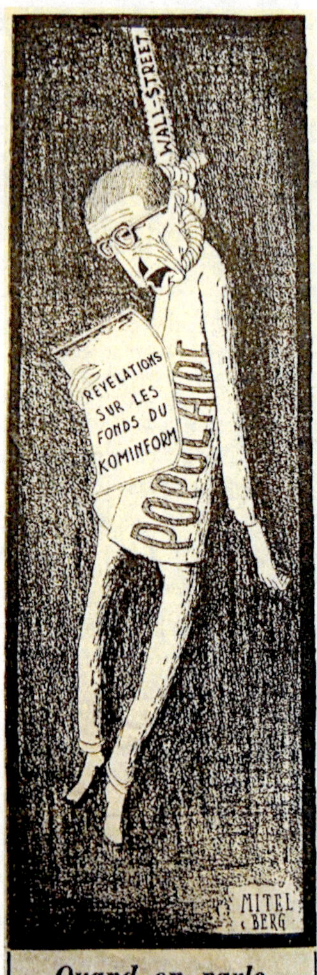

Caricature de Jules Moch n° 2 *Action*, 1er décembre 1948.

Il n'est pas toujours le personnage principal, mais il est toujours un social-traître, aux côtés ici de Léon Blum et Vincent Auriol, représenté ridicule et colérique dans son petit uniforme de CRS, tapant de ses chaussures à clous la voiture de la SFIO (reconnaissable aux trois flèches) avec tous ses pneus éclatés (doc n° 3, *France Nouvelle*, 13 novembre 1948). Ce dessin met en scène un scénario. Vincent Auriol, impuissant et en sueur, essaie désespérément de regonfler le véhicule socialiste, Léon Blum fait, lui, du stop. Car derrière, sur la route, attend une Jeep dans laquelle s'entassent Charles de Gaulle, un agent secret affublé d'une cagoule, un gangster reconnaissable à son chapeau mou, encadré de deux fascistes armés, portant bérets avec la francisque. De Gaulle, bras croisés, attend son heure. Ce dessin reste dans les limites de la caricature, il cherche à faire rire ou sourire. Le sentiment général que le lecteur retire de l'observation est celui du ridicule des socialistes en panne, impuissants. Certes, il n'y a rien de répréhensible à se faire prendre en stop par une voiture qui passe, mais monter dans « le wagon de la réaction » est une vieille accusation réciproque depuis le retour de Lénine en Russie en 1917.

Jules Moch, « premier flic de France » est plus spécifiquement un « matraqueur » et un assassin d'ouvriers. Dans *L'Humanité* du 14 décembre 1947, le vétéran Marcel Cachin proclame : « Moch a du sang sur les mains ». Le lendemain le quotidien communiste récidive sur ce registre en opposant deux photographies montrant une double trahison : l'une du 12 février 1934, lorsque Jules Moch manifestait avec les travailleurs de Valence faisant croire qu'il était à leurs côtés, l'autre contemporaine, montrant sur place les impacts de balles à hauteur d'homme. Les caricatures communistes reprennent à foison l'image du « matraqueur », voire « le châtaigneur » (doc n° 4, *Action*, 13 novembre 1948). Raide et expressif comme un arbre, il ne paraît vivre que par des branches qui agitent une multitude de matraques allant dans tous les sens. Il est, plus souvent et pratiquement toujours, représenté – nous le voyons dans la série présentée –, en uniforme, de « flic », ici avec casquette et matraque s'en prenant aux « patriotes », ou mieux de CRS avec le casque caractéristique, voire en uniforme américain. Le matraqueur devient rapidement dans le langage communiste un assassin et plus encore un nazi. Le document n° 5 (*Regards*, 25 juin 1948) montre une image relativement classique, drôle et politiquement correcte en apparence – la signature d'Escaro explique la parenté avec le style du *Canard Enchaîné* – des policiers tapent sur les ouvriers cherchant à s'enfuir, sur fond d'usines. Mais la légende en dicte le sens : ils appartiennent à la « division Das Moch », allusion transparente à la division « Das Reich ». Lui-même semble prendre grand plaisir à taper l'ouvrier à casquette de Clermont-Ferrand (doc n° 6, *France Nouvelle*, 21 juin 1948), alors qu'un SS caché derrière la pancarte indiquant Oradour-sur-Glane grimace aussi de plaisir ou par sadisme.

Caricature de Jules Moch n° 4, *Action*, 13 novembre 1948.

Caricature de Jules Moch n° 5, *Regards*, 25 novembre 1948.

Caricature de Jules Moch nº 6, *France Nouvelle*, 21 juin 1948.

En 1948, Jules Moch se voit affublé d'un nouveau surnom, le « bourreau des bassins miniers »[19]. Remet-il des distinctions aux CRS à Montpellier, *L'Humanité* du 21 février 1949 traduit : « Tuez et vous serez récompensés ». La phrase mise entre guillemets ici fait songer à une citation et est suivie du renvoi aux années noires : « Au temps de l'Occupation, Vichy distribuait aussi des médailles aux bourreaux à ses ordres et à ceux des nazis »[20].

La troisième accusation récurrente est celle d'être un agent américain. Dans le même article, après avoir rituellement égréné des noms de martyrs

19. *L'Humanité*, 14 novembre 1948.
20. *L'Humanité*, 21 février 1949.

des deux années écoulées, arrive le constat : « C'est dans l'ordre, dans l'ordre "américain" »[21]. Un mois plus tard, *L'Humanité*, jamais en panne de formules nouvelles, écrit qu'il « vend le sang des Français en dollars »[22]. Ce thème de « valet » des Américains répété à l'envi est aussi très présent dans la caricature. Par exemple, alors que l'on discute de la création d'unité de surveillance durant l'hiver 1947 on voit (doc nº 7, *l'Humanité*, 21 février 1949), un ridicule général américain à deux étoiles, Jules Moch, « s'en va-t-en guerre pour lutter contre la classe ouvrière », applaudi par l'Oncle Sam et le président du Conseil Robert Schuman. Par delà la parodie de la chanson et l'ordre du jour affiché sur le mur, on remarquera le chien urinant là où le ministre va mettre le pied. Un an plus tard, il est assimilé (doc nº 8, *France Nouvelle*, 18 décembre 1948) à un policier de film policier américain, en gabardine et chapeau. À son côté, un gangster à mitraillette encore fumante a abattu un homme tombé face sur le pavé qui « défendait la paix ». Ils sont devant une grosse limousine noire au pare-choc hérissé d'un énorme dollar, conduite par le président Truman fumant un cigare, les dents découvertes dans un rictus inhumain.

Quatrième accusation, moins grave en apparence, Jules Moch serait un menteur et un « faussaire »[23] dont les proches collaborateurs ne peuvent qu'être à son image. Roger Wybot, directeur de la DST, est qualifié « d'ancien cagoulard, collaborateur direct de l'escroc Passy et RPF notoire », dont les services seraient occupés à fabriquer les faux commandés par le ministre[24]. Cette accusation présente depuis 1947 devient centrale dès lors que Jules Moch dans un débat parlementaire a accusé le 18 octobre 1948 le parti communiste d'être financé par une puissance étrangère, laquelle subventionnerait aussi les grèves. De grandes affiches « Moch le menteur » couvrent alors les villes de France. Elles sont aussi reproduites en tracts, voisinant à Saint-Nazaire avec deux autres tracts « Les pétainistes contre les mineurs » et « De Thiers à Moch »[25].

---

21. *L'Humanité*, 21 février 1949.
22. *L'Humanité*, 18 mars 1949.
23. Voir par exemple, « Le Faussaire de la Place Beauvau », *L'Humanité*, 20 octobre 1948.
24. *L'Humanité*, 20 octobre 1948. Dans un registre comparable, une pétition datée du 31 janvier 1949 qualifie le préfet Léonard, ou plutôt « Léonard-Chiappe », en référence au préfet de police de Paris renvoyé avant le 6 février 1934, « d'exécuteur des basses-œuvres » de Jules Moch, AN 20050137/20/4711.
25. AN 20050137/20/4711, note du 15 novembre 1948.

Caricature de Jules Moch n° 7, *L'Humanité*, 21 février 1949.

Caricature de Jules Moch n° 8, *France Nouvelle*, 18 décembre 1948.

Menteur, dans le doc nº 7, (doc 9, *France Nouvelle*, 27 novembre 1948), il répand des faux au service du gouvernement français, ici incarné par le président Queuille, entouré de vautours. En réalité, tous deux sont avant tout et encore des agents des États-Unis, omniprésents par la symbolique : drapeau et chapeau de l'oncle Sam étoilés, multiples dollars figurant sur le blason du président du Conseil, ses chausses et sur l'harnachement du cheval. L'intérêt de cette image réside dans la représentation animalière de Jules Moch, « Fau…con », puisque le pseudo chevalier Queuille est lui un « Fau…connier ». Ce menteur est présenté régulièrement comme « insulteur », des militants et, comme le PCF ramène tout à la période de l'Occupation, un insulteur de la Résistance[26]. Ainsi en février 1949, la presse communiste l'accuse de diviser la Résistance en faisant la distinction entre les FTP et les autres opposants au nazisme et à Vichy. L'article de *L'Humanité* conclut : « L'homme qui a sur les mains le sang du peuple de France, le sang des patriotes, n'a évidemment pas de qualité pour parler de ce qu'il ignore »[27]. Après avoir dénié la qualité de Résistant – puisqu'il ne peut parler de ce qu'il ignore – à un homme enfermé par Vichy, puis fondateur d'un réseau qui a été traqué par les nazis, la presse communiste dénie à l'ancien combattant des deux guerres, au commandant de navires de combat à Narvik en 1940 puis en Méditerranée en 1943-1944, la qualité de combattant. Lorsque Jules Moch obtient la cravate de commandeur de la Légion d'honneur « à titre militaire », *L'Humanité* s'insurge ainsi :

> « À TITRE MILITAIRE.
> – Sans blague ?
> – Non ce n'est pas une blague. Le ministre de la matraque, "général" des CRS, l'homme de la répression anti-ouvrière la plus odieuse, vient d'obtenir une cravate rouge […] »[28].

Plus insidieux *Libération*, quotidien contrôlé par le PCF, lui impute la volonté de combattre « ces odieux maquis où l'un de ses fils – M. Moch se plaît à le rappeler bien souvent – est tombé héroïquement aux côtés de ses camarades communistes »[29]. Le Journal communiste, *La République de Lyon*, évoquant une manifestation des déportés à Paris en février 1951 va jusqu'à publier une photographie de la plaque commémorative apposée à proximité du lieu où a été abattu son fils, conclut ainsi l'article : « Les passants se souviennent… Mais M. Jules Moch… »[30]. Jules Moch, agent

26. *Ibid.*
27. *L'Humanité*, 5 février 1949.
28. *L'Humanité*, 8 juillet 1950.
29. *Libération*, 26 novembre 1950.
30. *La République de Lyon*, 14 février 1951.

des Américains et du capitalisme, serait en réalité un digne héritier du nazisme et de Vichy. Après des incidents, le 11 novembre 1948, des montages photographiques repris dans plusieurs journaux le campent au côté du général Von Stulpnagel qui avait réprimé les étudiants le 11 novembre 1940 à Paris[31] (doc nº 10, *France d'Abord*, 16 novembre 1948). « Jules Moch à l'école de Goebbels », titre encore *L'Humanité* un an plus tard qui en fait le digne émule de Philippe Henriot et un disciple du maître de la propagande nazie[32]. Il serait digne des pires collaborateurs et même de Darnand. Lorsque, en 1950, il envisage de créer des unités territoriales à côté de la police et de la gendarmerie, *La Voix du Peuple* publiée dans le Rhône, présente un photomontage de grande taille figurant Jules Moch avec en arrière-plan le chef de la Milice[33]. *Libération*, de son côté, écrit :

> « Tout comme Darnand le faisait pour ses miliciens, M. Jules Moch entend choisir individuellement ses hommes.
> Il veut être sûr de ses prétoriens.
> C'est en fait l'appareil hitlérien que M. Jules Moch entend mettre en place.
> M. Marcel Déat n'aurait pas trouvé mieux ».

L'article conclut après avoir fait le rapprochement avec une publication pro-américaine : « Pourquoi faut-il hélas ! que le socialisme national d'un Renaudel soit devenu avec un Jules Moch le national-socialisme »[34].

Mais l'assimilation n'est pas suffisante. Moch serait le continuateur du nazisme. En mai 1951, des « patriotes parisiens » recouvrent des affiches de Paix et Liberté d'une affichette portant le faux dialogue suivant :

> « M. Jules Moch, pourquoi avez-vous fait cette affiche ? Parce que je prépare la revanche d'Hitler »[35].

31. Voir par exemple *France d'abord*, organe des anciens FTP, 16 novembre 1948.
32. *L'Humanité*, 14 novembre 1948.
33. Article du 5 octobre 1950
34. *Libération*, 1er août 1950, « M. Jules Moch veut sa Milice ».
35. *L'Humanité*, 30 mai 1951.

À propos de faux : le Fau... connier.

Caricature de Jules Moch n° 9, *France Nouvelle*, 27 novembre 1948.

FRANCE D'ABORD

HEBDOMADAIRE DE LA RÉSISTANCE ET DE LA DÉFENSE NATIONALE
CRÉÉ SOUS L'OCCUPATION PAR LES FRANCS-TIREURS ET PARTISANS FRANÇAIS

L'UNION DES PATRIOTES sauvera la République

La provocation policière érigée en système de gouvernement

C'est le règne de l'arbitraire et de l'illégalité

von STULPNAGEL — Jules MOCH

Pour protester contre le crime du 11 novembre 1948 et imposer le respect de la liberté.
TOUS vendredi 19 novembre, à 20 h. 30
à la MUTUALITÉ, rue Saint-Victor.
TOLLET
ORATEURS :
Pierre VILLON — Fernand VIGNE
THEVENIN — VINCENT

Caricature de Jules Moch n° 10, *France d'Abord*, 16 novembre 1948.

Jules Moch, au grand désespoir des préfets et de ses collaborateurs, refuse de poursuivre la presse pour diffamation, même pour les critiques les plus excessives qui lui sont faites[36]. Il fait toutefois exception devant de telles accusations. Lui qui a eu un fils résistant tué par les nazis – ce qui a brisé son épouse –, ne peut accepter d'être qualifié de nazi ou de complice des anciens nazis. *Ce Soir*, qui avait rapporté cet épisode et repris l'accusation selon laquelle Jules Moch préparait la revanche d'Hitler, se voit condamné, dans les personnes d'Aragon et de Pierre Daix, à 70 000 francs d'amende par la 17e chambre correctionnelle. Selon le quotidien communiste, c'est une « nouvelle manifestation de la politique gouvernementale d'étranglement des journaux de la vérité »[37].

La caricature révèle un implicite non exprimé dans les articles : l'antisémitisme. Dans l'image du « Fau…connier » déjà évoquée, apparaissent deux traits caractéristiques de la propagande antisémite : l'animalisation et la représentation du nez crochu. Ils n'ont rien d'exceptionnel. L'hebdomadaire *Action* représente ainsi Jules Moch avec une tenue ministérielle, si ce n'est son casque de CRS, entrant dans le parlement affublé d'un masque à gaz qui n'est que la prolongation de son long nez (doc nº 11, *Action*, 24 juin 1948). Les huissiers disant « alerte aux gaz ! [38]». Une autre caricature (doc nº 12, *Action*, 25 novembre 1948) du journal *Action* l'animalise : proche du singe dans sa posture, il n'appartient pas à la race humaine, et son ombre le trahit d'ailleurs. Elle est celle de la mort, sous forme du squelette d'un grand singe. Inscrits au fronton de ce dessin, les noms de Firminy et d'Alès, villes où les affrontements entre grévistes et forces de l'ordre ont fait des victimes, sont là pour confirmer le fait que Moch incarne bien la mort. *L'Humanité* elle-même utilise un classique de l'antisémitisme avec le rapprochement du Juif et de l'argent, ici le dollar américain bien sûr (doc nº 13, *L'Humanité*, 9 décembre 1948) en ces temps de Guerre froide. L'amalgame est double ici.

La caricature publiée par *France Nouvelle* le 19 novembre 1948 (doc nº 14, *France Nouvelle* le 19 novembre 1948) est remarquable par le niveau d'amalgame atteint. Sous l'ordre du président Truman au vêtement étoilé et aux dents proéminentes, doigt impératif brandi devant lui, le Juif Jules Moch – torve au nez crochu et à la tête ceinte d'un dollar – touille une grande marmite dans laquelle flottent et débordent sur les parois des

36. Voir notamment la correspondance avec la Chancellerie et avec les préfets dans les dossiers du ministère de l'Intérieur aux Archives nationales, AN F7-15648.
37. AN 20050137/20/4711, article non daté (mars 1952).
38. Allusion au fait que dans la Loire un colonel a jeté une grenade lacrymogène dans un local où étaient emprisonnés des mineurs. Pour *Le Patriote* du 22 novembre 1948, le journal local du PCF, ils auraient donc été enfermés 24 h dans une « chambre à gaz », sans nourriture.

svastikas, des francisques et des insignes de la Milice. Devant la marmite figurent les effigies de « Laval 1943 » et de l'homme qui aux yeux de la gauche a incarné la droite la plus réactionnaire des années trente, André Tardieu. Cette image pratique sous la forme d'un savant amalgame aux relents antisémites, une synthèse d'au moins trois éléments. Juif, Jules Moch est agent américain, de la droite et de la pire réaction, héritier et continuateur du nazisme et – on le suppose par le contenu – futur empoisonneur du peuple[39].

Caricature de Jules Moch 11, *Action*, 24 juin 1948.

39. Elle est due, comme la caricature n° 7, au futur écrivain et scénariste Jean-Pierre Chabrol, alors dessinateur de *L'Humanité*, avant d'en devenir chef de la rédaction.

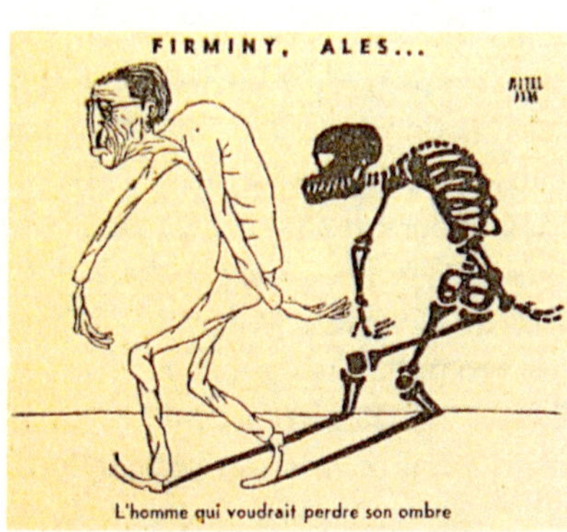

Caricature de Jules Moch n° 12, *Action*, 25 novembre 1948.

Caricature de Jules Moch n° 13, *L'Humanité*, 9 décembre 1948.

Caricature de Jules Moch n° 14, *France Nouvelle*, 19 novembre 1948.

JULES MOCH VU « DU BAS »

Cette offensive permanente contre le ministre de l'Intérieur est clairement dirigée et coordonnée par l'appareil national du PCF. Elle s'insinue dans la société française de deux façons. Tout d'abord, par les réseaux communistes. Nous avons utilisé ici des caricatures issues de la presse communiste nationale, *L'Humanité*, *Ce Soir* et *France Nouvelle*, mais aussi de périodiques des « organisations de masse », intervenant dans les milieux intellectuels, d'anciens combattants, et au premier rang les anciens FTP qui possèdent une presse contrôlée par le parti : *Action*, *Libération*, *France d'abord*, etc. Ensuite, en quittant le plan national pour passer au plan local, la violente propagande visant Moch est aussi présente. Trouve-t-on les mêmes thématiques ou y a-t-il des déclinaisons différentes dans la forme ou sur le fond ? Sans être exhaustives, les revues de presse faites pour le ministre ou pour les archives des services policiers fournissent une série d'indications à ce sujet.

Tout d'abord, des campagnes nationales visant Jules Moch sont relayées au plan local de façon relativement uniforme à des moments clés. Ainsi à l'automne 1948, après les accusations du ministre de l'Intérieur sur l'argent étranger qui financerait le parti et l'agitation sociale, apparaissent pratiquement partout en France des grandes affiches qualifiant Jules Moch de menteur et de faussaire. La tentative de formation d'un gouvernement Moch en octobre 1949 déclenche également une vague de protestations communistes parfaitement organisées, relayées par la CGT. Des appels à la grève sont lancés pour exorciser le danger d'un « gouvernement policier ». Avec un succès relatif. Des rapports départementaux des RG semblent l'indiquer. Les actions locales qui visent le ministre de l'Intérieur reprennent souvent simplement des thèmes nationaux. Dans la Loire, on peut lire en 1949 de nombreuses inscriptions murales, mais aucune d'originales. Les plus répétées sont :

> « À bas Moch
> À bas Moch le chef des policiers
> À bas Moch le matraqueur
> Moch l'assassin
> Moch à la porte
> Moch a du sang ouvrier sur les mains
> Moch nous a empêchés d'honorer nos morts
> Pas de gouvernement policier
> Pour un gouvernement policier
> Pour un gouvernement démocratique
> Union contre Moch
> Unissez-vous contre Moch le fusilleur des travailleurs ».

Le blanc des RG qui les recense, observe qu'aux anciennes insultes, toujours de mise, s'ajoutent des nuances d'antisémitisme dans les attaques verbales et dans les articles du *Patriote de Saint-Étienne*. Jules Moch se voit ainsi dénommer « Jules, Salvador Moch », avec l'abréviation par ce quotidien en JSM[40]. En fait, cette pratique semble nationale. De même à Saint-Quentin, lorsque la cellule communiste locale fait apposer des affiches « Jules Moch pas vous » sur les murs de la ville. Dans la litanie classique, on ne relève pas de formules originales, si ce n'est celles d'actualité alors :

> « Jules Moch est le ministre qui fit matraquer les prisonniers de guerre et assassiner les mineurs
> Jules Moch est le ministre qui envoie les chiens policiers contre les grévistes ».

À l'opposé, on trouve au plan local traces de campagnes spécifiques utilisant la diabolisation de Jules Moch comme facteur de mobilisation. À l'occasion de la venue du ministre à Angers, le 23 décembre 1950, l'hebdomadaire communiste local, *Le Ralliement* fait écho à des inquiétudes gagnant selon lui les Angevins. Deux rumeurs sont lancées : « Veut-on dans notre département, installer des camps d'internement pour les Allemands ou prépare-t-on le passage de trains de matériel de guerre américain pour l'Allemagne ? » dans le cadre de la mise en place d'un « dispositif de déclenchement de la guerre contre l'Union soviétique et les démocraties populaires ». La venue de Jules Moch serait tout simplement un pas de plus sur le chemin qui mène à la guerre. La venue à Saumur le mois suivant de « l'homme de confiance du gouvernement américain » est l'occasion d'une autre campagne du *Ralliement*. Le « ministre du réarmement allemand » viendrait, selon le titre du journal du 28 janvier, tenir une « conférence secrète » avec l'état-major de l'école militaire, toujours pour préparer la guerre. La représentation de Jules Moch dans la presse communiste locale ne semble donc pas différer radicalement de celle de la presse nationale. Tout au plus, relève-t-on de petites variantes, tenant souvent de la surenchère. Lors du vote de l'Assemblée sur le cas Jules Moch, où ceux qui le soutenaient étaient moins nombreux que ceux qui ont voté son envoi devant la Haute Cour, mais n'ont pas obtenu la majorité requise, *La Voix du Peuple*, hebdomadaire de la fédération de Paris s'illustre en reprenant un article de *L'Humanité*, « Quelque chose de pourri », mais en mettant ce titre sur deux lignes en rouge, encadrant la photographie de Jules Moch.

---

40. AN 20050137/20/4711, note du 23 octobre 1949.

Et, bien sûr, la venue en régions de Jules Moch est l'occasion de manifestations et de grèves. Dans le Puy-de-Dôme ont lieu des débrayages à l'appel de la CGT, avec une heure chez Michelin pour 20 % de l'effectif. D'autres actions ont lieu dans des entreprises, la mine de Brassac, avec sa centaine de salariés, étant la seule à totalement débrayer, et ce pendant une journée. Dans le secteur public, la manufacture de tabac de Riom est seule à être vraiment touchée. L'Union départementale CGT avait diffusé un tract dénonçant « l'homme qui, au mépris de toute humanité, n'a pas hésité à faire occuper les abords immédiats de la maternité et des pavillons d'enfants de l'hôtel-Dieu de Clermont, lors de l'héroïque grève de la faim menée par les mineurs en janvier dernier ». Une délégation se rend à la préfecture « afin de contribuer à l'échec d'un gouvernement policier »[41]. En Moselle, les manifestations de mineurs contre l'investiture n'ont guère de succès dans la région de Forbach avec, tout au plus, une prise de parole de dix minutes au puits Reumaux.

À l'apogée de la Guerre froide, Jules Moch dans les discours, la presse et la caricature communiste constitue une cible constante. « Social-traître », figure du policier et de la répression, Jules Moch matraqueur et assassin, incarne dans les représentations communistes toutes les figures des ennemis de classe. Alliant le sabre et le goupillon (militaire, curé, flic), il est le Juif lié à l'argent, et pourtant continuateur du nazisme, l'agent de la droite et du capitalisme américain. Il s'assimile aussi par les figures animalières à l'absence d'humanité et à la mort. Nul en ces années n'a cumulé autant d'éléments répulsifs, suscité ouvertement autant de haine. Dépassant largement la critique politique classique, les procédés employés pour l'atteindre et en faire un bouc émissaire relèvent des méthodes typiques du léninisme contre les adversaires sociaux-démocrates et du stalinisme des grandes heures. Ils en utilisent tous les moyens, citations tronquées, montages photographiques, amalgames réducteurs, insinuations, calomnies pures et simples. Tous relèvent d'une volonté de destruction symbolique et plus si possible de l'adversaire. Quelques années après la Seconde Guerre mondiale, ces attaques ont même emprunté dans les caricatures le vieux langage de l'antisémitisme, dont Michel Dreyfus nous rappelait justement qu'il avait aussi sévi à gauche[42]. S'il y a eu quelques déclinaisons locales de ces thématiques, si le succès de cette propagande est très inégal, ces discours et ces représentations ont bien été partagés « en bas ». De ce point de vue, sous réserve d'inventaire exhaustif, la seule chose remarquable nous semble avoir été la plus grande intensité sur certains territoires,

41. *Ibid.*
42. Dreyfus Michel, *L'Antisémitisme à gauche*, Paris, La Découverte, 2009.

comme son département, l'Héraut, mais aussi la Loire et le Nord, bastions communistes et lieux majeurs d'affrontements. Par-delà la Guerre froide, cette histoire et ces pratiques ont laissé des traces. Ainsi, le slogan « CRS-SS » de Mai 1968 ne se réduit pas, comme cela est souvent écrit, à la volonté d'une génération qui n'a pas connu la guerre et a vécu dans le mythe de la Résistance, de jouer à une nouvelle Résistance fantasmée. Le thème court durant les premières années de la Guerre froide, alors que les communistes ramènent tout à l'Occupation et font de tous leurs adversaires – dont les CRS – des nazis.

L'adage « calomniez, calomniez… il en restera toujours quelque chose » se vérifie une nouvelle fois : grâce à leurs excès même, les communistes ont gagné sur ce plan la bataille mémorielle, en réussissant à déconsidérer totalement Jules Moch et ceux qui se sont opposés à eux. Il reste, dans la mémoire collective et plus particulièrement dans celle de la gauche, le matraqueur, celui qui a combattu les valeureux mineurs, envoyant des forces de répression impitoyables, utilisant les chars contre les ouvriers, le briseur de grève, le traître à sa classe ou plutôt l'incarnation du social-traître qui se prétend défenseur des humbles, mais fait le travail de ses pires ennemis. Du pouvoir de la caricature.

Les grammaires émotionnelles de la Guerre froide vue d'en bas

Michel Hastings

C'était le temps des monographies locales : Novis, Chanzeaux, Orgères, Peyranne, Plodemet[1]. Dans les années 1950-1960, de nombreuses enquêtes ont cru trouver dans le village, l'échelon adéquat pour saisir la dialectique des forces du changement et de la tradition qui traversaient alors la société française. La France de l'après-guerre y croisait celle des Trente Glorieuses sous le « microscope du local », et ces vues d'en bas restituaient l'image de communautés rurales travaillées par des « cohabitations d'historicité », dans lesquelles se conjuguaient héritages et ruptures. Si la nationalisation de la vie politique faisait progressivement son entrée au village, perturbant souvent de vieux antagonismes locaux, les échos de la scène internationale y semblaient en revanche totalement absents. Une telle étanchéité du local à l'histoire du monde est curieuse. Serait-elle une illusion d'optique, le résultat de biais méthodologiques, le produit d'un aveuglement épistémologique consistant à ériger le village en isolat socioculturellement autosuffisant ? Récemment Philippe Braud, dans le cadre d'une démarche où l'autobiographie se mêle à l'enquête sociologique, dresse la chronique des années 50 de Saint-Hilaire-du-Bois en Anjou, le village de son enfance, et se souvient : « Mon père avait la fâcheuse habitude de lire son journal à table, largement déplié. J'ai réussi à déchiffrer un titre énorme, qui barrait la première page du *Courrier de l'Ouest* : « Berlin : situation critique ». J'ai demandé ce que signifiait : situation critique. Ma mère m'a répondu : c'est quand on est juste à la veille de la guerre. Vague inquiétude de ma part : la guerre, c'est quoi au juste ? Mais les méchants sont de toute évidence les communistes de Staline [...] Si la mémoire de l'Occupation alimente les conversations en nombreuses anecdotes

---

1. Mendras Henri, *Etudes de sociologie rurale*, Paris, Cahiers de la FNSP, nº 40, Armand Colin, 1953 ; Wylie Laurence, *Un village du Vaucluse* [1957], Paris, Gallimard, 1968 ; du même auteur, *Chanzeaux, village d'Anjou*, Paris, Gallimard, 1970 ; Morin Edgar, *Commune en France. La métamorphose de Plodemet*, Paris, Fayard, 1967.

ou en fréquents rappels de la difficulté des temps, elle n'a aucun effet perceptible sur les comportements électoraux, à la différence de la peur du communisme qui fait pratiquement l'unanimité. Les descriptions de la situation en URSS qui ont cours dans la presse font froid dans le dos à tout le monde. Les paysans redoutent comme un mal absolu la collectivisation des terres, les artisans et petits commerçants tiennent à garder l'indépendance de leur boutique, les catholiques fervents sont indignés par les procès spectaculaires intentés aux évêques de l'Église du silence[2]. » La Guerre froide, présente dans les souvenirs de l'auteur à travers cette seule anecdote, fait ainsi, à l'époque, l'objet d'une réinterprétation locale, mobilisant les grilles de lecture culturelles et sociales d'une société rurale et catholique, dont les anciennes peurs du partageux et du révolutionnaire semblent remonter à la surface.

Dans une même veine, les recherches menées ces dernières années par les correspondants départementaux de l'IHTP, dans le cadre de l'enquête collective sur « La Guerre froide vue d'en bas », montrent une « France des terroirs » moins indifférente qu'on ne l'a cru aux enjeux des relations internationales, plus réceptive aux événements survenus à l'étranger, ou, pour le dire autrement, plus « sensible » aux problématiques de la Guerre froide. Cette entrée par la notion de sensibilité[3] met l'accent sur les modalités de la réception locale de la Guerre froide, c'est-à-dire les représentations et les imaginaires à travers lesquels les groupes sociaux expriment leurs besoins collectifs, leurs fins réalisables, et entendent donner sens aux événements qu'ils traversent. Au cœur de ce « magma symbolique » se distinguent les « scénarii émotionnels ». C'est le terme que nous donnons ici à l'ensemble des récits collectifs qui permettent aux individus de traduire, de comprendre et de s'approprier le monde qui les entoure, à travers le prisme des affects. Les émotions fonctionnent donc ici non seulement comme des ressources mobilisables par les principaux acteurs politiques et sociaux, mais également comme des cadres cognitifs et normatifs, agissant comme de véritables structures de socialisation.

Trois difficultés doivent être préalablement évoquées : celle, tout d'abord, des sources. Comme toute histoire des sensibilités, celle des émotions exige une certaine lecture des archives, des journaux afin de repérer des arguments discursifs et rhétoriques, des témoignages, des pratiques, des mises en scène exprimant un état affectif particulier, une non-

---

2. Braud Philippe, *Saint-Hilaire-du Bois, village d'Anjou. Chronique des années 50*, Paris, L'Harmattan, 2012, p. 154.

3. Corbin Alain, « Le vertige des foisonnements. Esquisse panoramique d'une histoire sans nom », *Revue d'histoire moderne et contemporaine*, 39-1, janvier-mars 1992, p. 103-126.

indifférence proclamée. L'émotion gît dans le détail, parfois « infâme »[4], souvent infime, une pépite au milieu d'un océan de faits et de données. Le travail d'objectivation est donc rendu très difficile par l'émiettement des traces et des bribes, par la fluidité des émotions racontées, et conduit l'historien à avancer prudemment sur le chemin d'une approche de type « indiciaire »[5]. La seconde difficulté consiste à louvoyer entre deux écueils : celui de l'anthologie des faits émotionnels, inventaire hétéroclite et sans fin de discours, d'événements qui témoigneraient, par le seul effet de leur compilation, de la présence d'émotions partagées ou suscitées ; celui, inversement, d'une prétention à essentialiser la période autour d'un *Zeitgeist* homogène, un quelconque « esprit » de Guerre froide, comme l'on parle parfois de l'« atmosphère » de la Belle Epoque ou de l'« ambiance » des *sixties*. La troisième difficulté, commune à l'ensemble de cette problématique de la Guerre froide vue d'en bas, mais rendue encore plus prégnante en raison de la nature même de l'objet émotion, est celle de la détermination du périmètre de ce qui relève spécifiquement de la Guerre froide. L'expression sociale et politique des émotions a toujours existé, aucune époque n'en est privée. Dès lors, la question est de savoir ce qu'est une émotion *made in Cold War*, une émotion estampillée Guerre froide. Certes, une période historique n'est jamais chimiquement pure, et brasse des historicités diverses[6], et cela est aussi vrai lorsque l'on change d'échelle et porte le regard sur le local. Il importera donc de dégager quelques invariants, idiosyncrasies permettant d'attribuer le label de Guerre froide à telle expression émotionnelle, mais aussi de ne pas la désenclaver de ses différents contextes d'énonciation et de mobilisation, de ses héritages et de ses prolongements au-delà de la période.

Afin de surmonter une partie de ces défis, nous avons inscrit notre réflexion dans le sillage des manifestes de Lucien Febvre[7] ou, plus récemment, des époux Stearns[8], en souhaitant jeter, très modestement, les bases

4. Collectif Maurice Florence, *Archives de l'infamie*, Paris, Les Prairies ordinaires, 2009.

5. Ginzburg Carlo, « Traces. Racines d'un paradigme indiciaire », *Le Débat*, 6, 1980, p. 3-44.

6. Pour une récente discussion de la notion, voir Bantigny Ludivine, « Historicités du 20e siècle. Quelques jalons pour une notion », *Vingtième siècle. Revue d'histoire*, 117, janvier-mars 2013, p. 13-25.

7. Febvre Lucien, « La sensibilité et l'histoire : comment reconstituer la vie affective d'autrefois ? », *Annales d'histoire sociale*, 3, janvier-juin 1941, p. 5-20.

8. Stearns Peter and Carol, « Emotionology : Clarifying the History of Emotions and Emotional Standards », *The American Historical Review*, 90, October 1985, p. 813-836. Pour un état de l'historiographie, voir Rosenwein Barbara, « Worrying about Emotions in History », *The American Historical Review*, 107, June 2002, p. 821-845.

d'une « émotionologie » de la Guerre froide, une analyse des attitudes que les sociétés locales ou les groupes sociaux précis entretiennent avec les répertoires émotionnels, au sein des processus de mobilisation et de politisation dans lesquels ils sont engagés. Cela suggère, en premier lieu, de porter l'attention sur les « dispositifs de sensibilisation », c'est-à-dire « l'ensemble des supports matériels, des agencements d'objet, des mises en scène que les militants déploient afin de susciter des réactions affectives qui prédisposent ceux qui les éprouvent à s'engager ou à soutenir la cause défendue »[9]. Cela suppose, également, de s'intéresser aux stratégies, aux enjeux, bref aux éléments les plus dynamiques des écosystèmes émotionnels, afin non seulement de mettre à jour le contenu des répertoires affectifs, les usages qu'en font les divers acteurs politiques et sociaux (élus, militants, journalistes, etc.), mais aussi d'essayer d'identifier les principaux ressorts une éventuelle « économie émotive » de la Guerre froide[10]. Deux questions se trouvent ainsi étroitement liées : existe-t-il une grammaire émotionnelle de Guerre froide ? existe-t-il une grammaire émotionnelle de la Guerre froide ? D'un côté, les émotions constitueraient les indices d'une identité historique propre à la Guerre froide, celle-ci pouvant se définir à travers un régime d'émotions particulier ; de l'autre, les émotions agiraient comme des révélateurs de la diversité des appropriations locales de la Guerre froide, de la variété des traductions locales de la conflictualité internationale[11].

De quelle guerre, la Guerre froide est-elle le nom ?

L'existence d'une économie émotive de Guerre froide suppose l'identification d'un certain nombre de référentiels qui structurent, déterminent, conditionnent aussi bien les débats sociaux de l'époque, que les discours politiques locaux, les commentaires journalistiques, et dessinent le cadre dans lequel se pensent et s'effectuent la plupart des activités poli-

---

9. Traïni Christophe (dir.), *Emotions... Mobilisation*, Paris, SciencesPo-Les Presses, 2009, p. 13. Voir également, Goodwin Jeff, Jasper James and Poletta Francesca, (eds), *Passionate Politics. Emotions and social movements*, Chicago and London, University of Chicago Press, 2001.

10. Sur cette notion, voir Wahnich Nathalie, « De l'économie émotive de la Terreur », *Annales HSS*, juillet-août, 2002, 4, p. 889-913.

11. Nous nous inspirons de la méthodologie initiée par William M. Reddy, *The Navigation of Feeling. A Framework for the History of Emotions*, Cambridge, Cambridge University Press, 2001.

tiques et sociales. De quelle « enveloppe émotionnelle »[12] se draperait la période de Guerre froide ? Ou mieux, quels sont, au niveau local, les cadres sociaux de la sensibilité de Guerre froide ? La période de Guerre froide, longue de plus de quarante ans, n'est certes pas réductible à une dimension unique. On peut toutefois admettre, comme crédible et opératoire, le fait que la Guerre froide, notamment en ses premières années, déroula un récit de guerre. Sous la forme d'abord, d'une réalité guerrière, puisque l'époque fut profondément troublée de conflits internationaux, coloniaux, de guerres civiles dont les images, les narrations remplissaient régulièrement journaux et magazines. Une présence, certes en pointillé de la guerre, mais dont certains théâtres d'opérations concernèrent directement les familles françaises. Récit de guerre, sous la forme, ensuite, d'une mémoire de guerre encore très vive. Non seulement celle du second conflit mondial, mais également celle du premier, dont les témoins et participants étaient encore nombreux dans les années cinquante. La Guerre froide est un immédiat après-guerre. L'expérience de la guerre n'a pas été oubliée, elle fait partie des bagages mémoriels de plusieurs générations, elle se rappelle également à travers les activités des institutions républicaines qui soldent les arriérés judiciaires, policiers et militaires de la guerre. Récit de guerre, sous la forme, enfin, d'une emprise importante des métaphores guerrières. Le discours social des deux premières décennies de la Guerre froide convoque en effet régulièrement le lexique combattant, les valeurs de la bravoure, de la loyauté, ou inversement de la lâcheté et de la trahison. C'est dans ces matrices métaphoriques du fait guerrier, que s'énonce une part importante des discours politiques et journalistiques, que s'opèrent des pratiques militantes, que se légitiment nombre de rituels commémoratifs. Le fait guerrier dicte non seulement son lexique, mais aussi ses normes morales et émotionnelles, à l'ordre politique, culturel et social. Une manière de colorer les faits et les commentaires, une façon d'imposer le cadre des pensées, des jugements et des comportements.

La guerre fonctionne donc comme une sorte de grammaire symbolique et instituante. Elle n'habille pas seulement les discours et les représentations, elle détermine aussi les actions politiques. Le récit guerrier de la Guerre froide se redéploie ainsi en de fréquentes guerres imaginaires, où les ombres portées par le second conflit mondial et les tensions géopolitiques de l'époque se conjuguent, pour embarquer les élites politiques, militaires, scientifiques dans des fantasmes de guerre et des histoires peuplées d'ennemis intérieurs, de saboteurs, de traîtres, d'écrits officiels ou

12. Apostolides Jean-Marie, *Héroïsme et victimisation. Une histoire de la sensibilité*, Paris, Exils, 2003.

secrets saturés de références létales[13]. Les sources locales confirment la présence de ces *narratives* guerriers : les photos de guerre demeurent nombreuses dans la presse locale dans les années 1950, les crispations de la vie politique locale se plaisent à mobiliser les mémoires de la guerre, les politiques municipales de commémoration et d'inauguration fonctionnent comme autant de piqûres de rappel. Cet habitus combattant invite à prolonger la guerre dans les mots, dans les conduites ordinaires, dans les rendez-vous politiques, à recycler les faits sociaux en latences guerrières. Si la Guerre froide est, pour les Français de métropole, une « sortie de guerre », celle-ci continuera toutefois d'emprunter aux symboliques guerrières. D'où, probablement, l'explication de l'ampleur et de l'intensité des expressions sociales et politiques d'affects, directement indexés aux expériences anxiogènes et paroxystiques de la guerre : la peur, la crainte, l'effroi, mais aussi la colère, l'indignation, la joie mauvaise, le ressentiment, l'enthousiasme. Au niveau local, en France, la guerre de la Guerre froide est le plus souvent un fait de langage et de représentation, un lot de métaphores et d'images dont les effets et les usages déterminent en partie l'architecture émotionnelle de l'époque[14]. Mais cette guerre par procuration symbolique n'en conduit pas moins les acteurs politiques sociaux à (sur)jouer la guerre, à la mimer, à la mettre en scène, à la dire publiquement. Les émotions représentent, d'une certaine façon, le côté tragique de cette théâtralisation de la guerre par les enjeux de la Guerre froide. Au prisme de l'émotionnel, se vérifie ainsi le double jeu des communautés locales dans leurs rapports à la Guerre froide : le jeu au sens des illusions et des romans collectifs qui participent à l'invention des « communautés imaginées »[15], le jeu au sens des marges de manœuvre dont s'autorisent les sociétés pour « traduire » l'Histoire en histoires locales.

« Les groupes de Cadets de la Résistance et de groupes d'Amis de la Résistance, organisations clandestines dépendant uniquement du PCF dont la formation, minutieusement préparée, étudiée et exécutée a permis de mettre sur pied une force d'intervention redoutable pouvant agir rapidement, suivant les règles de l'art militaire et susceptible de pourvoir à l'encadrement des formations ouvrières », s'inquiètent les Renseignements Généraux lors de la grève des mineurs de 1948 à Saint-Étienne. « Scènes de guerre à Lens », titre la *Voix du nord* du 12 novembre 1947, après une

---

13. Gray Jesse Glenn, *Au combat. Réflexions sur les hommes à la guerre* [1959], Paris, Taillandier, 2012. Ce livre parait en pleine Guerre froide dans la même séquence chronologique que les travaux de Stanley Milgram et l'essai de Hannah Arendt sur le procès Eichmann.

14. Carver Terrel and Pikalo Jernej (eds), *Political Language and Metaphor*, London and New York, Routledge, 2008.

15. Anderson Benedict, *L'imaginaire national*, Paris, La Découverte, 1996.

bataille rangée entre les mineurs en grève et les forces de police suppléées par l'armée. « Guerre civile à Budapest », reprennent à l'unisson les médias en octobre 1956 pour informer de l'insurrection hongroise. L'*hubris* de la Guerre froide trouve à se réaliser dans un certain nombre de registres discursifs et matériels que l'on pourrait nommer des « scènes de guerre ». Le registre, tout d'abord, de la conflictualité. L'énonciation du politique relève prioritairement d'une représentation polémologique, où dominent les *topoï* du camp, de la lutte, de l'affrontement. Les soutiens deviennent des alliés, les adversaires, des ennemis. Les programmes électoraux lors des scrutins municipaux se cristallisent, en rangeant leurs projets dans des logiques d'opposition inconciliable. Il est question de vainqueurs et de vaincus, de collabos et de traîtres. La vie démocratique suggère bien entendu l'affrontement partisan et idéologique. Mais la période de Guerre froide inscrit l'idéal de la compétition démocratique dans une « dépendance au sentier » de la guerre, dont le parti communiste constitue le principal maître d'œuvre. C'est en effet lui qui fixe et détermine l'agenda de la conflictualisation, entraînant ses adversaires à en partager les manières de dire et de faire[16].

À ce registre de la conflictualité, s'ajoute celui de la radicalité. La simplification de la scène politique et sociale entre bons et méchants, « sociaux-traîtres » et « bolchéviques sanguinaires », la surenchère des métaphores agonistiques, crée des tensions centrifuges, avec de fréquentes montées aux extrêmes. La vision manichéenne du monde empêche tout compromis, tout consensus ; elle se nourrit de fréquentes imprécations morales qui transforment souvent les clivages politiques en fractures normatives. Vue d'en bas, la Guerre froide est bien une guerre morale qui permet aux acteurs politiques de manipuler et d'affronter en permanence les catégories du Bien et du Mal. La radicalisation favorise l'expression paroxystique des sentiments : la détestation, la haine, la ferveur ; les affects se doivent d'être démonstratifs et excessifs. Le tiède est suspect, alors que l'absolutisme émotionnel, avec sa part indéniable de religiosité, signifie l'intensité des engagements, la pureté des intentions, la vérité des causes défendues.

L'imaginaire guerrier mobilise, enfin, le registre de la brutalité. La proximité de l'expérience de la guerre, les héritages d'un militantisme politique et syndical nourri d'affrontements physiques, un espace public habitué aux rhétoriques pamphlétaires, ont socialisé les Français à une certaine culture de la violence politique dont profitera la conflictualité de Guerre froide. Manifestations, grèves, mobilisations politiques, les répertoires de l'action collective ritualisent des combats sans concession, des oppositions sans

16. Féron Elise et Hastings Michel, *L'imaginaire des conflits communautaires*, Paris, L'Harmattan, 2002.

compromis, des postures in-négociables. Une relative « brutalisation »[17] de la politique impose ses langages (injures, insultes), ses pratiques (batailles rangées, assauts contre les immeubles), ses fantasmes (ennemis de l'intérieur, ravages nucléaires). Cette présence lancinante de l'horizon guerrier imprègne l'ensemble des dispositifs émotionnels en valorisant les affects les plus liés à l'agressivité et à la démesure. Elle favorise surtout l'extraversion des sentiments, l'ensauvagement des conduites, une certaine « physicalité »[18] des pratiques politiques, accréditant ainsi l'impression d'une circulation d'un pathos de Guerre froide.

L'hypothèse d'une grammaire émotionnelle de Guerre froide, principalement articulée autour d'un récit guerrier qu'entretiennent les matrices de la conflictualité, de la radicalité et de la brutalité, mérite toutefois d'être amendée, en tenant compte du jeu complexe des temporalités. Il apparaît, en effet, nécessaire d'introduire ici le facteur chronologique ainsi que l'hypothèse d'un « temps des émotions ». Toutes les enquêtes locales à l'origine de ce livre ont confirmé l'épuisement progressif de la conflictualité et de l'intensité du référentiel belligène. Évidente de la fin des années 1940 à la fin des années 1950, inspirée à la fois par la mémoire vive de la Seconde Guerre mondiale et la logique des blocs qui préside à la Guerre froide, la saturation guerrière des pratiques, des discours et des représentations se résorbe à partir de la seconde moitié des années 1960 pour laisser progressivement la place à de nouvelles valeurs plus iréniques. La deuxième mi-temps de la Guerre froide tourne le dos, en France, aux conflits coloniaux et marque l'entrée du pays dans une période de profondes transformations économiques, sociales et culturelles. Les événements de 1968 et les années de plomb verront, certes, ressurgir la violence politique, mais la Guerre froide, tant à l'échelle internationale que dans ses réceptions locales, se range désormais sous de nouveaux paradigmes, liés à l'entrée de la société française dans l'âge d'une nouvelle modernité, et des relations internationales dans l'ère de la Détente.

Des moments d'émotion

Si l'hypothèse d'une économie émotive de Guerre froide doit être avancée avec prudence, il est en revanche plus aisé d'identifier les principaux

17. Mosse Georg, *De la Grande guerre au totalitarisme. La brutalisation des sociétés européennes*, Paris, Hachette, 1999.
18. Audouin-Rouzeau Stéphane, *Combattre. Une anthropologie historique de la guerre moderne (XIXe-XXIe siècle)*, Paris, Le Seuil, 2008.

moments d'émotion qui scandent la période. À quelle occasion, dans quelles circonstances, sous quelles formes, l'expression sociale des sentiments s'est-elle manifestée avec le plus d'intensité et surtout de significations politiques ? Trois enjeux particuliers semblent avoir reçu un investissement émotionnel fort, et directement imputable aux tensions de la Guerre froide.

Tout d'abord, le travail d'invention des héros. Chaque époque produit et consomme ses propres figures de l'admiration. Elles fonctionnent comme les archétypes exemplaires de qualités sociales et morales positives, facilitant ainsi les phénomènes d'identification et d'appropriation collective. Au lendemain de la Seconde Guerre mondiale, l'héroïsme est à l'honneur, sous la forme notamment du résistant martyr et du combattant mort pour la France, dont les scènes locales célèbrent le sacrifice. De nombreuses cérémonies commémorent le souvenir des enfants du pays tombés au combat, morts sous la torture ou fusillés comme otages. Les valeurs de la Résistance exaltent le don de soi, la fraternité d'armes, le sens aigu de l'honneur. Un corpus impressionnant de récits convenus, mais édifiants, s'élabore ainsi à l'occasion des baptêmes de rue, des rassemblements aux monuments aux morts, des remises de prix à la fin de l'année scolaire, des articles de presse consacrés à l'histoire récente de la commune. Il y est toujours question de recueillement grave, de ferveur patriotique, de communion par le souvenir. En temps ordinaires, la célébration du sacrifice de la jeunesse combattante s'inscrit pleinement dans le cadre d'une éthique républicaine déjà ancienne, soucieuse d'unanimisme national. La Guerre froide offre en revanche l'occasion d'une forte idéologisation de ces rituels. L'héroïsme guerrier fait désormais l'objet d'une surenchère systématique, et se trouve enrôlé par les propagandes politiques, mis au service des formations partisanes afin de célébrer leur entre-soi culturel et symbolique. Le héros, résistant et martyr, recyclé par la configuration agonistique de la Guerre froide, prendra ainsi, successivement et alternativement, la forme hagiographique du militant communiste, celle compassionnelle de l'étudiant hongrois luttant contre les chars soviétiques, celle des peuples indigènes luttant contre la colonisation. La Guerre froide introduit donc de nouvelles modalités de circulation des figures de l'admiration, offrant aux différentes parties l'opportunité de reconstruire leurs arbitrages émotionnels. L'accommodement du culte de Jeanne d'Arc aux impératifs idéologiques les plus contradictoires en est une belle illustration.

À cette trajectoire de l'admiration dont les ressources émotionnelles proviennent essentiellement de l'ethos combattant et sacrificiel, s'ajoutent d'autres figures héroïques que la Guerre froide va contribuer à promouvoir dans le cadre de l'émulation géopolitique qui saisit alors les deux camps. Se développe à l'époque, une diplomatie sportive qui fait du champion, le VRP d'un régime politique. Le Département d'État américain conçoit ainsi, dès le début des années 1950, une politique de « *containment culture* »[19], en affichant notamment à travers ses athlètes les mythes de l'individualisme, de l'excellence du sport amateur, opposés à l'étatisme soviétique et ses athlètes « robotisés ». À ce *soft power* sportif inscrit dans la croisade culturelle des États-Unis contre le communisme[20], l'URSS, en entrant en 1952 dans le concert des nations olympiques, répond en diffusant son propre récit de l'athlète, figure saine et porteuse de l'utopie de l'homme nouveau. Les déplacements et invitations de sportifs venus des pays de l'Est donnent lieu dans la presse locale à des commentaires enthousiastes, non seulement sur les performances, mais aussi sur la beauté physique et morale des athlètes. À l'occasion d'une tournée des gymnastes soviétiques à Strasbourg organisée en décembre 1953 par la FSGT et l'Association France-URSS, le spectacle suscite les « applaudissements frénétiques » des spectateurs et les échotiers y discernent une étape vers la réconciliation des peuples dans l'amour de l'esthétique ! Le cas le plus emblématique est certainement celui d'Emil Zatopek[21], dont la popularité en France fut considérable, en raison notamment de ses duels fameux avec Alain Mimoun. Au-delà de ses exploits sportifs, c'est son *hexis* corporelle, sa manière de courir, ses célèbres rictus, ses dodelinements de la tête, ses souffrances affichées, son surnom « La locomotive tchèque », qui sont interprétés comme autant de signes d'une identité communiste exemplaire. De manière identique, la tournée en province de Youri Gagarine en 1967, son sourire séducteur, son costume d'aviateur, sa mort accidentelle, suscitent des récits pleins d'admiration, qui exaltent le pionnier de la conquête spatiale en liant son exploit à la promotion des performances scientifiques et morales de l'URSS, aux messages en faveur de la paix, de la jeunesse, du dépassement de soi patriotique[22].

La vie politique et culturelle locale est ponctuée de moments participatifs dont les registres émotionnels constituent d'importants facteurs de structuration et de mobilisation. La conflictualité de Guerre froide a souvent exacerbé les tensions, et l'enjeu émotionnel s'est alors imposé, non seule-

---

19. Nadel Alan, *Containment Culture : American Narratives, Postmodernism and the Atomic Age*, Durham, Duke University Press, 1995.

20. Scott Lucas, *Freedom's War : The US Crusade against the Soviet Union, 1945-1956*, Manchester, Manchester University press, 1999 ; Mitter Rana and Major Patric (eds), *Across the Blocs, Cold War Cultural and Social History*, London, Frank Cass, 2004 ; Gygax Jérôme, « Diplomatie culturelle et sportive américaine : persuasion et propagande durant la guerre froide », *Relations internationales*, 2005/3, 123, p. 87-106.

21. Echenoz Jean, *Courir*, Paris, Les Editions de Minuit, 2008.

22. Jenks Andrew, *The Cosmonaut who couldn't stop smiling*, Chicago, Northern Illinois University Press, 2012.

ment comme modalité de l'action collective, mais aussi comme une finalité même de l'action. L'objectif étant de publiciser une « effervescence collective » et de remporter ainsi la bataille émotive des foules dans l'espace public[23]. Une étude fine des grèves, des démonstrations de rue montrerait ce que la participation des citoyens, des militants, doit aux modalités de ralliement à une cause, et notamment la manière dont les manifestations d'émotions concourent à l'édification des causes collectives. Le récit de guerre qui caractérise les premières décennies de Guerre froide, les tensions nées des crises nationales et internationales, déterminent en grande partie les « dispositifs de sensibilisation » mis en œuvre par les acteurs politiques locaux. L'orchestration des indignations constitue ainsi un bel exemple de la façon dont la bipolarisation des émotions se théâtralise. Les événements de Hongrie en 1956 ont suscité des vagues de compassion et de colère, habilement relayées, voire orchestrées, par les agents de la propagande occidentale. La brutalité de la répression, le caractère populaire de la révolte ont permis la diffusion, parfois très doloriste dans ses expressions, d'un sentiment d'empathie à l'égard des « martyrs de Budapest ». Les communistes, après quelques jours de malaise, passeront à l'offensive, jouant la concurrence victimaire, en mettant en avant les martyrs des guerres coloniales menées par le camp de l'impérialisme. En revanche, l'affaire des époux Rosenberg, contrairement à l'intensité des manifestations de protestation qui ont lieu dans les milieux nationaux, ne semble pas extrêmement suivie par des opinions locales, souvent dubitatives face à l'instrumentalisation par le parti communiste. Des études plus ciblées révéleraient certainement les dispositifs de résistance émotionnelle développés par les populations locales, les modalités et ressorts du travail de sélection qu'elles opèrent sur les causes susceptibles ou non de les émouvoir.

Il est classique de définir la Guerre froide comme l'affrontement de deux superpuissances, sorties victorieuses du second conflit mondial, affrontement décliné dans tous les secteurs, idéologique, économique, militaire, culturel, etc. Le caractère « total » de cette opposition a imposé l'image bipolaire des blocs, des camps dressés l'un contre l'autre dans une lutte titanesque pour le contrôle du monde. Cet imaginaire internationalisé de la Guerre froide trouve-t-il ses prolongements au niveau local, à travers, là aussi, un renforcement des représentations binaires, des constructions obsidionales où chaque camp ou partie se vit et se pense dans le confort de ses vérités et la détestation de l'autre ? Au vu des différentes enquêtes, il semble bien que la fabrique émotionnelle des camps soit un trait saillant des imaginaires locaux

23. Mariot Nicolas, « Les formes élémentaires de l'effervescence collective ou l'état d'esprit prêté aux foules », *Revue française de science politique*, vol. 51, 5, octobre 2001, p. 707-738.

de Guerre froide. Prenons l'exemple de l'irrigation de l'échelon local par les rhétoriques de l'« anti ». Antiaméricanisme, anticommunisme, antigermanisme constituent en effet un puissant levier discursif et idéologique, qu'il est aisé de repérer dans les discours politiques. Ils génèrent une parole inquiète, souvent haineuse, accompagnée de caricatures, de mises en scènes d'une grande violence symbolique. L'« antisme », comme idéologie la mieux partagée, traduit dans les énoncés, l'imaginaire guerrier de la Guerre froide, en retravaillant parfois d'anciennes peurs. Ainsi, dans les « terres blanches » de l'ouest de la France, l'anticommunisme s'inspire d'une mémoire longue venue de la Révolution française. Les accents antisémites des attaques communistes contre Jules Moch prolongent certains traits de la culture populaire de gauche[24]. Elle permet d'activer les expressions de la haine et de la détestation, d'alimenter à moindres frais le couplet de l'ennemi et de l'ami. Les enquêtes départementales montrent clairement que les départements frontaliers puisent dans la proximité géographique avec l'ennemi allemand l'occasion de se montrer plus concernés. Un « antisme » en permanence réactivé lors de cérémonies ou d'anniversaires de dates significatives, lors des manifestations pendant la Guerre de Corée ou les événements de Hongrie. La Guerre froide, dans son schématisme idéologique, permet d'élaborer un prêt-à-penser de l'autre dans les termes de l'ennemi et favorise la diffusion dans le discours social d'un vocabulaire phobique.

Ce travail d'enrôlement émotionnel dans une configuration « campée » permet à chaque communauté de sentimentaliser son entre-soi. Les émotions sont en effet également pleinement sollicitées pour dessiner les frontières du groupe et en caractériser l'identité sociale[25]. L'usage des métaphores de l'ennemi procède en retour à l'instauration/restauration d'une fiction communautaire. Le groupe développe alors à son profit une politique d'intense émotivité afin à la fois de se doter d'un « roman sentimental » positif, fait d'enthousiasme, de ferveur, de liesse, de générosité, de courage, et pouvoir ainsi mieux résister aux entreprises de stigmatisation menées par l'ennemi. Il faudrait ici des compétences en psychologie sociale pour mieux restituer ce qui se joue au niveau individuel et collectif dans les groupes, lorsqu'ils travaillent à penser leurs frontières. La Guerre froide, au niveau national et local, a ainsi profondément intensifié et radicalisé l'affectivité partisane en contribuant à l'entretien de leur « roman identitaire ». Celui-ci désigne un univers de reconnaissance qui permet à la fois d'affirmer l'unité interne du groupe partisan et de l'identifier au regard extérieur. La captation des mémoires, résistante et nationale, donne lieu

---

24. Lejeune Dominique, *La peur du « rouge » en France. Des partageux aux gauchistes*, Paris, Belin 2003.
25. Pagès Max, *La vie affective des groupes*, Paris, Dunod, 1977.

dans les années 1950 à de violents affrontements verbaux et parfois physiques. Le contexte de Guerre froide, son économie émotive, offrent aux militants des différents partis, des opportunités d'action, propices à la circulation des passions politiques, ainsi qu'à la réactivation des jeux de rivalités et de promotions internes. Le travail symbolique des institutions partisanes profite de ces moments de forte saturation idéologique où les retours sur le passé, les affrontements politiques, les pesanteurs du social viennent ressourcer « l'esprit de parti ». Le département rural de l'Allier résonne ainsi, dans sa presse locale communiste, de commentaires enthousiastes sur la modernisation de l'agriculture soviétique : « En Hongrie, où de belles maisons blanches remplacent les vieilles masures, la vie devient belle comme dans les contes de fées »[26].

Les moments d'émotion qui ponctuent localement la période de Guerre froide ne peuvent bien entendu être recensés de manière exhaustive. Il ressort toutefois des différentes études de cas en notre possession que les stratégies de sensibilisation conduites par les divers acteurs politiques se nouent à des bagages culturels hérités, transmis par des institutions notaires des mémoires locales (partis politiques, associations religieuses ou syndicales). Cette permanente « réinvention de la tradition » en des temps de forte conflictualité rappelle l'importance des managements émotionnels.

Le management politique des émotions

Il serait en effet faux d'imaginer que les expressions collectives d'affects sont déconnectées des contextes sociaux et surtout des rapports de force en présence. Repérer des traces d'anxiété dans les discours et les comportements ne saurait faire oublier que la peur est d'abord l'effet d'une « administration de la peur », c'est-à-dire d'une orchestration et d'une gestion de celle-ci. Il résulte des enquêtes départementales menées par les correspondants de l'IHTP que la Guerre froide fut une intense période de « politique des émotions ».

La première forme d'appropriation locale des jeux émotionnels, et la plus évidente, est celle menée par les organisations légitimes du champ politique et social (partis, syndicats, associations, conseils municipaux, rédaction de journaux locaux). Une analyse par le bas de la Guerre froide invite donc à prendre en compte avec précision les configurations locales de la vie politique, la nature particulière des enjeux et l'histoire des

26. *Patriote-Valmy*, 3 septembre 1951, cité *in* Mischi Julian, *Servir la classe ouvrière. Sociabilités militantes au PCF*, Rennes, PUR, 2010, p. 278.

rapports de force. Campagnes électorales, manifestations politiques, fêtes locales sont l'occasion pour les formations politiques de se transformer en entrepreneurs émotionnels, et de prendre position sur le bord des clivages que cultive la période. Le trousseau des émotions devient alors une ressource mobilisable par ces acteurs en vue d'augmenter leurs chances d'atteindre leurs objectifs. Faire peur en dénonçant les menaces des communistes ou des « impérialistes », indigner en pointant les massacres des uns ou des autres, rassurer en évoquant la puissance des soutiens dont on dispose, culpabiliser en rappelant les années sombres de la dernière guerre, etc. Ces moments de « marché émotionnel » ont trouvé pendant la Guerre froide de nombreuses occasions de s'intensifier, en raison de l'emprise d'un récit de guerre, favorable à la radicalisation des sensibilités comme l'illustrent la crainte de la guerre nucléaire et son horizon apocalyptique. Une étude plus spécifique du rôle de l'Église, à une époque où le nombre des pratiquants, notamment dans certaines régions rurales, était encore important, montrerait également que son pouvoir d'influence, via les bulletins paroissiaux, les sermons, les interactions individuelles, mise également sur l'actualité de la Guerre froide pour réactiver les peurs du communisme. Le management des émotions participe à la politisation locale des enjeux comme le montre le dossier très riche des bases américaines et de leurs rapports aux populations autochtones. L'image du soldat américain est ainsi « travaillée » localement par des leaders d'opinion qui voient en lui soit le libérateur d'hier, l'incarnation de la modernité consumériste ou l'artisan de l'occupation impérialiste. Dans ce travail d'appropriation et de traduction institutionnelle, il convient de rappeler le rôle de leadership émotionnel joué par le Parti communiste français. En raison de son organisation interne plus sophistiquée que la plupart des autres formations partisanes, de l'intensité de sa militance, de son positionnement dans la vie politique nationale et locale, le PCF donne fréquemment le « la », et son indéniable rôle inducteur crée souvent des effets dynamiques dans l'ensemble des systèmes politiques locaux, obligeant ses adversaires à entrer sur la scène des mobilisations affectives.

Toutefois, la prise en charge des émotions n'est pas le fait des seuls acteurs institutionnels. L'approche par le bas montre également l'importance, dans les années cinquante et soixante notamment, des vecteurs informels et des modes d'énonciation non professionnalisés de la politique. Le travail d'homogénéisation et de nationalisation de l'information par les médias de masse n'a pas encore vraiment commencé, malgré le succès de magazines comme *Paris-Match*. La télévision est encore rare. La vie locale apparaît donc alors pleine de « bruits », une parole ordinaire, incontrôlée, immédiate, voire clandestine. Les anecdotes sont à la fois nombreuses et trop peu étudiées, qui renvoient à des pratiques de commérages, de ragots ou de cris séditieux. L'espace public local fait entendre un corpus hétéroclite d'allusions, de calomnies, d'insultes et d'injures, de blagues cruelles, dont la collecte est évidemment très complexe, et dont pourtant les enquêtes départementalisées nous livrent quelques traces et indices. Il n'est pas rare par exemple que la réputation d'un candidat à un scrutin municipal soit entachée de soupçons portés par la rumeur[27]. L'Occupation a terni l'éligibilité naturelle de certaines personnalités locales ; des familles, des noms sont jetés dans l'opprobre par le grand brassage de légitimation que facilitent les tensions de la Guerre froide. La presse locale se fait parfois l'écho de ces informations qui lui échappent, et qui empruntent les chemins plus labiles du bouche à oreille. Les dynamiques émotionnelles ne sont pas absentes de ces échanges dont l'extrême fluidité ne doit pas faire oublier la part tactique de leurs usages, consistant bien souvent à contourner les normes du dire. Les haines recuites transmises de génération en génération, les lourds secrets venus des années sombres de la guerre ou de l'Épuration, ressurgissent parfois au cours d'une rixe, d'une injure, et peuvent donner lieu à des procès judiciaires. Ces pratiques ne sont certes pas nouvelles et constituent au contraire un élément important des pratiques culturelles villageoises. La pénétration locale de la Guerre froide en accentue non seulement la fréquence, mais surtout les effets. La radicalisation de la conflictualité entraîne de nombreuses « histoires locales », à se redéployer dans le champ discursif de la bipolarisation, à reconstruire une partie de leurs interprétations à l'aune de l'actualité immédiate. Dans la ville frontalière d'Halluin, il est ainsi fréquent dans les années 1950 de rouvrir le dossier de Gilbert Declercq, député-maire communiste de la ville, qui quitta le Parti lors du Pacte germano-soviétique, puis vota les pleins pouvoirs au Maréchal Pétain, avant de s'engager dans la Résistance, mais dont les conditions de la disparition (fusillé par la Gestapo ou abattu par les FTP ?) à l'automne 1944 ne cesseront d'alimenter les vicissitudes d'une vie locale, brouillée par les échos de la Guerre froide[28].

Il convient, enfin, dans ce bref panorama des politiques locales émotionnelles, d'évoquer les limites et les résistances à la sentimentalisation. Le jeu sur les ressorts émotionnels est certes commode, d'autant plus que l'époque cultive les postures clivées et clivantes. Il ne faudrait toutefois pas en conclure que la mise en œuvre de dispositifs de sensibilisation fonctionne « à tous les coups », et que la montée en pathos garantit systématiquement un effet de soutien à la cause défendue. Comme nous le mentionnions plus haut, une étude des temporalités de la Guerre froide

27. Aldrin Philippe, *Sociologie politique des rumeurs*, Paris, PUF, 2005.

28. Hastings Michel, *Halluin-la-Rouge. Anthropologie d'un communisme identitair*e, Lille, PUL, 1991.

montre une usure, un reflux du référentiel guerrier et des répertoires d'émotions qui l'accompagnent. L'horizon de la guerre s'éloigne lentement, et le milieu des années 60 fait progressivement entrer le monde dans une ère de détente relative. Vue d'en bas, la Guerre froide relâche son emprise. Il devient de plus en plus fréquent d'entendre des élus locaux exprimer leur volonté de sortir du jeu bipolaire, comme en témoignent les succès des discours et programmes dits de troisième force. Le lexique politique fait un usage plus soutenu du terme de « rassemblement ». Comme l'a très bien montré Antoine Compagnon[29], les *sixties*, avec leur culte de la jeunesse, leur mythologie de la modernité et de l'émancipation, reconfigurent les attentes sociales et les règles du jeu politique. Le marché des émotions collectives, lui aussi, se transforme comme en témoignent, par exemple, les critiques de plus en plus fréquentes adressées aux acteurs politiques qui continuent d'inscrire leurs discours ou leurs actions trop résolument dans les schémas de la Guerre froide. Gaullistes et communistes sont fréquemment accusés « d'en faire trop », comme si l'emportait désormais le sentiment d'une overdose émotionnelle.

Les répertoires émotionnels participent de la production des biens de signification. À travers eux, les sociétés construisent leurs représentations du monde. La Guerre froide vue d'en bas offre sur ce sujet un double terrain d'observation. Elle permet, dans un premier temps, d'articuler l'histoire d'une époque à celle de ses principales configurations affectives, et de rendre compte ainsi du rôle inducteur des émotions dans les pratiques de la vie locale. « Chaque moment de la vie politique est marqué par la diffusion de multiples messages visant à influencer les attachements et les répugnances, les espoirs et les craintes, les sentiments positifs et négatifs à l'égard des objectifs, des institutions ou des héros de la scène politique [...] Tout se passe comme si, en deçà des phénomènes apparents ou mesurables, la vie politique était aussi soutenue par une histoire plus diffuse et qualitativement repérable, celle des sentiments collectifs et des passions, accompagnant ou interférant avec les pratiques politiques »[30]. En formulant l'hypothèse d'une économie émotive de Guerre froide, il devient également possible de revisiter les articulations sociales, culturelles et politiques que les sociétés locales entretiennent dans leurs rapports aux événements, à l'histoire qu'elles vivent. L'histoire de la Guerre froide est donc aussi celle, résolument plurielle, de ses appropriations émotionnelles.

---

29. Compagnon Antoine, « 1966 : annus mirabilis », *Le Débat*, 2012/4, 171, p. 102-116.
30. Ansart Pierre, *La gestion des passions politiques*, Lausanne, L'Âge d'Homme, 1983, p. 11.

Émotions nucléaires. La population française face à la menace de guerre nucléaire 1950 - 1960

Isabelle Miclot

En 1955, Akira Kurosawa réalisa un film paru en France sous le titre « Vivre dans la peur ». La peur exprimée : celle d'un industriel japonais proche de la retraite face à la menace d'une hypothétique guerre nucléaire. Une peur viscérale conduisant celui-ci à vouloir fuir. Une fiction guère éloignée d'un fait divers raconté par le journal *Le Monde* en 1951 : un Américain, obsédé par la menace de guerre nucléaire, se défenestra rue de Rivoli, face au refus de sa famille de fuir encore, à Londres après Paris. Dans quelle mesure ce fait divers et cette fiction furent-ils ou non le reflet des émotions perçues, vécues, par les populations face à l'éventualité d'une guerre nucléaire, au cours des premières décennies de la Guerre froide ? Et dans quelle mesure une telle étude sur les émotions (émotions supposées, émotions suscitées, émotions réelles) peut-elle nourrir notre compréhension de cette période ?

Nous nous intéresserons, tout d'abord, aux émotions de la population française comme enjeu. Enjeu, d'une part, pour les « entrepreneurs en émotion », à l'instar notamment du Mouvement de la Paix, visant, par le truchement de dispositifs de sensibilisation, à apeurer afin de susciter l'engagement contre les armes nucléaires et la menace de guerre. Enjeu, d'autre part, pour les instances officielles, à l'instar notamment du Service national de Protection civile (SNPC), organisme chargé de la protection de la population en cas de guerre, cherchant, par le truchement de dispositifs de désensibilisation, à faire contrepoids émotionnel, face à l'environnement atomique ambiant et aux manœuvres des entrepreneurs en émotion. Contrepoids émotionnel en vue d'aboutir à une communauté de citoyens dépassionnés aptes à affronter l'éventualité d'un conflit. Cet enjeu levé, nous nous intéresserons, ensuite, à l'impact de l'environnement atomique, des dispositifs conflictuels de sensibilisation-désensibilisation sur les émotions réelles, exprimées, de la population française. Au-delà des émotions suscitées, escomptées, combattues, que nous disent les sondages, la presse locale, les archives départementales et municipales sur les émotions vues d'en bas ?

Environnement atomique et dispositifs de sensibilisation

Afin de pouvoir approcher les émotions de la population française face à la menace de guerre nucléaire, il nous apparaît nécessaire de questionner le contexte dans lequel ces émotions sont apparues et se sont manifestées. Comment la menace de guerre nucléaire a-t-elle été présentée et représentée dans les années 1950-1960 ? Quelles images et quels discours ont été élaborés pour évoquer la menace ? Par quels acteurs et à quelle(s) fin(s) ? En bref, dans quel « environnement atomique » la population française a-t-elle vécu ? Par « environnement atomique », nous entendons le contexte créé par des acteurs multiples (médias, artistes, mouvements engagés, etc.), qui vont rendre visible la menace, la présenter/représenter/voire manipuler, par images et discours, et qui vont, en filigrane, volontairement ou non, être éventuellement sources et vecteurs d'émotions. Parmi ces acteurs, notre regard sera tourné notamment vers ceux que Christophe Traïni nomme les « entrepreneurs en émotion »[1], qui vont établir volontairement des dispositifs de sensibilisation, pour convaincre l'opinion d'abonder dans leur sens, à l'instar, dans notre cas, du Mouvement de la Paix. Quel dispositif le Mouvement a-t-il mis en œuvre ? Ce dispositif a-t-il été adapté en fonction du public ciblé et/ou des émotions escomptées ? Quel regard et quel discours le Mouvement porta-t-il sur ce dispositif ?

Dès les années 1940, et plus encore au début des années 1950, faisant suite à l'annonce par le président Truman du projet de développement de la bombe à hydrogène et au déclenchement de la guerre de Corée, la presse offrit à ses lecteurs de très nombreux articles liés à l'arme nucléaire, à ses effets, à son utilisation dans une éventuelle guerre mondiale. Ses articles reposèrent alors fréquemment sur les dires des experts, en l'occurrence sur les déclarations des scientifiques américains et français. Or, nombre d'entre eux s'opposèrent – ou eurent des réticences – à l'encontre du développement du nucléaire militaire. Aussi, le discours tenu par ceux-ci dans la presse sur les perspectives d'une guerre future ne fut pas dénué d'un certain sensationnalisme ou fatalisme, à l'instar des propos livrés à l'été 1950 par le Pr Hans Bethe au journal *Le Monde* : « Une guerre totale livrée avec des bombes à hydrogène signifierait la disparition de toutes les grandes

1. Traïni Christophe. « Des sentiments aux émotions (et vice-versa) », *Revue française de science politique*, 2010/2, vol. 60, p. 335-358.

villes, et probablement de nombreuses petites villes, ainsi que la mort de la majeure partie de leurs habitants. Après une telle guerre, rien qui puisse ressembler à notre civilisation actuelle ne demeurerait. La lutte pour la simple survivance dominerait tout. La destruction des villes pourrait faire reculer la technique d'un siècle ou davantage. Après une génération, la connaissance même de la technique et de la science, qui auraient apporté de telles misères à l'homme, seraient considérées comme l'œuvre du diable, et une nouvelle époque d'obscurantisme commencerait sur la terre »[2]. Ce paradigme d'une guerre apocalyptique véhiculé par les médias s'accompagna ponctuellement de la mise en récit de faits divers, témoignant d'émotions (terreur, désespoir) et de réactions (suicide) extrêmes, explicitement liées par les journalistes à l'environnement atomique ambiant. La presse nationale, comme locale, se fit l'écho de ces tragédies personnelles. Ainsi, en août 1950, *Le Courrier Picard* titrait : « Par crainte de la guerre, un Anglais se suicide », et rapportait des extraits de la lettre laissée par le suicidé : « Les Russes semblent être résolus d'imposer leur maudit credo à notre pays, il n'y a donc plus rien dans ce monde qui puisse nous encourager à vivre. [...] Les Russes pourraient déclencher une attaque, à n'importe quel moment... Nous ne sommes protégés actuellement que par la bombe atomique »[3]. Cinq mois plus tard, le journal *Le Monde* se faisait à son tour l'écho d'un suicide atomique, celui d'un père de famille américain, en plein cœur de Paris[4].

Dans ce contexte marqué par l'hypothèse d'une guerre nucléaire, le Mouvement de la Paix entreprit la mise en œuvre d'un dispositif de sensibilisation de la population française, dont les archives du Mouvement rendent compte. Ainsi, en janvier 1950, le Mouvement appela à la création de grandes assises locales. À cette fin, une note interne fut rédigée présentant les moyens à mettre en place pour toucher la population :

a) choisir une thématique susceptible d'émouvoir le plus grand nombre de partisans de la paix, toutes obédiences confondues (danger allemand et menace atomique),

b) viser en priorité certaines catégories de la population (médecins, professeurs, commerçants, prêtres) pouvant contribuer à la popularisation de l'appel,

c) assurer une diffusion massive par tous les vecteurs d'information disponibles (tracts, affiches, presse locale),

---

2. « 200 millions de dollars pour la construction de la bombe à hydrogène », *Le Monde*, 9 août 1950, p. 2.
3. « Par crainte de la guerre, un Anglais se suicide », *Le Courrier Picard*, 21 août 1950, p. 4
4. « Un Américain obsédé par la bombe atomique se jette par la fenêtre de son hôtel parisien », *Le Monde*, 13 janvier 1951, p. 12.

d) publier un dépliant « montrant les dangers qui menacent le pays et en particulier la population du quartier »[5].

Au cœur de ce dispositif : l'action à l'échelon local, la volonté affichée d'informer et d'apeurer localement pour provoquer la participation de chacun, et un présupposé : la menace de guerre nucléaire ne peut efficacement émouvoir que si elle frappe chaque quartier ciblé par le Mouvement, elle ne peut toucher si elle demeure globale, telle que la presse la présentait d'ordinaire. En avril 1950, à la suite de l'Appel de Stockholm lancé un mois plus tôt, le Mouvement produisit une nouvelle note visant à la mobilisation massive de la population envers l'appel. Cette note, intitulée « À tous les comités de liaison, à tous les conseils communaux », nous plonge encore plus avant dans la stratégie locale élaborée par le Mouvement : « Pas un homme, pas une femme, pas un jeune, ne doit rester à l'écart de la consultation [...]. Le travail sera organisé de telle manière que chaque village, chaque hameau, chaque foyer sera visité ; on tiendra un compte exact des maisons, des appartements où l'on est passé, de manière à ne pas revenir chez ceux qui ont déjà signé, mais aussi à revoir ceux qui ne l'ont pas encore fait, discuter et convaincre. [...] Dans le but de rendre la consultation plus populaire, on tiendra la population informée de son déroulement et de ses progrès. [...] On l'informera des adhésions importantes recueillies, on soulignera les meilleures initiatives, on créera l'émulation »[6]. La mise en œuvre effective à l'échelle locale de ce dispositif est perceptible, point par point, dans la presse, à l'exemple du quotidien régional d'orientation communiste *La Marseillaise* :

a) « l'émulation » en faveur de l'appel, à travers l'évocation des meilleures initiatives, fut quasi quotidienne durant plusieurs mois[7],

b) la volonté d'apeurer localement pour créer l'engagement fut menée par Robert Dubrou fin mai 1950 dans une série de quatre articles intitulée « Des avions porteurs de bombes atomiques décolleront-ils des bords de l'étang de Berre ? ». l'auteur y déployant un long récit manichéen, oppo-

---

5. « Pour de grandes assises locales », 4 janvier 1950, p. 3. AD de Seine-Saint-Denis, Archives du Mouvement de la Paix. Versement 170 J, article 15 : appels, résolutions, communiqués.

6. « À tous les comités de liaison, à tous les conseils communaux », 14 avril 1950, p. 1-2. AD de Seine-Saint-Denis, Archives du Mouvement de la Paix. Versement 170 J, article 15.

7. Citons seulement quelques titres : « Avec mes 8 enfants, mes 15 petits-enfants, mes 2 arrière-petits-enfants, je signe l'Appel de Stockholm, dit une grand-mère marseillaise » (03.05.1950, p. 4), « A St Saturnin les Avignon, les 42 membres de la famille Cluchier signent l'appel de Stockholm » (04.05.1950, p. 1), « Après les classes, son cartable sous le bras, Lucienne Garzino (13 ans) a déjà visité 40 familles et recueilli 120 signatures » (08.05.1950, p. 1).

sant la candeur de l'enfance et la douceur des paysages à la laideur et au bruit des avions alliés menaçant le ciel de Berre[8],

c) la volonté d'apeurer localement pour créer l'engagement, encore, mais sous un autre procédé : après le récit littéraire, la description scientifique de l'anéantissement de Marseille, quatre jours plus tard[9]. Une description de Marseille bombardée au niveau de la Canebière menée grâce à un calque strict de la description de Paris bombardée au niveau de la place du Palais-Royal conduite en 1950 par le Lieutenant-colonel Genaud dans son ouvrage *L'arme atomique*[10]. Un calque strict, mais un détournement complet du discours du médecin militaire[11].

Une fois l'émulation en faveur de l'Appel de Stockholm estompée, une fois la guerre de Corée achevée, l'environnement atomique évoqué ainsi que le dispositif de sensibilisation développé par le Mouvement de la Paix ne faiblirent point au cours des années 1950, évoluant seulement quelque peu sur les thématiques abordées. L'entrée dans l'ère d'une hypothétique guerre thermonucléaire, se traduisit dans la presse par un discours de plus en plus sombre, y compris dans des médias spécialisés telle la revue *Protection civile*[12]. Un discours sombre, auquel se joignirent des représentations artistiques elles-mêmes de plus en plus fatalistes[13]. À cette menace d'une guerre thermonucléaire, très présente dans les images et les discours, s'ajouta à la fin des années 1950 une nouvelle menace, susceptible de frapper les populations dès le temps de paix : les retombées radioactives

---

8. « Des avions porteurs de bombes atomiques décolleront-ils des bords de l'étang de Berre ? », *La Marseillaise*, 22-26 mai 1950.
9. « Par un spécialiste : voici ce qui se passerait si une bombe atomique tombait sur Marseille », *La Marseillaise*, 30 mai 1950, p. 1-2.
10. Genaud Paul Edouard Maurice, *L'arme atomique*. Paris, Dunod, 1950, premier ouvrage de référence paru en France sur les effets des armes nucléaires.
11. Le lieutenant-colonel consacrant la dernière partie de son ouvrage à la protection des populations, qu'il juge possible en guerre nucléaire… à la différence du journal *La Marseillaise*, utilisant cette description précisément pour dire qu'aucune protection ne serait possible en guerre nucléaire, et qu'il ne reste qu'une solution : la lutte contre l'arme nucléaire, par la signature de l'Appel de Stockholm.
12. Citons pour exemples quelques titres parus dans cette revue entre 1954 et 1957 : « Si une nouvelle guerre mondiale devait éclater, la France se trouverait être stratégiquement la cible de choix pour les nouveaux engins atomiques », « Des fusées pourraient porter les ravages atomiques sur les 4/5e des continents », « Mille bombes atomiques détruiraient le monde ».
13. « Ce fut l'idée d'une fin de la civilisation qui s'imposa dans les consciences plutôt que la fin définitive de l'humanité ou de la vie », Boia Lucian, *La fin du monde : une histoire sans fin*, Paris, la Découverte, 1989, p. 202. Mais l'auteur relève toutefois une exception : la fin des années 1950 où fleurirent les représentations artistiques présentant non pas la fin d'un monde, mais bel et bien la fin du monde (à l'instar du film de S. Kramer, *Le dernier rivage*).

cumulées, dans le cadre des essais nucléaires. Menace récurrente dans les médias[14], perceptible également dans les représentations artistiques[15]. Menace instrumentalisée par le Mouvement de la Paix. Ainsi, le Mouvement fit paraître fin 1950 plusieurs tracts, certains à l'attention du grand public, d'autres plus ciblés à l'attention notamment des professionnels de santé, visant conjointement les retombées et un conflit nucléaire, la menace du temps de paix et du temps de guerre. Ces tracts témoignent de la stratégie de persuasion alors mise en œuvre par le Mouvement : a) vocabulaire émotionnel en vue de sensibiliser le lecteur ; b) lexique du devoir/de la responsabilité personnelle ou professionnelle, présence forte des marques d'énonciation, anaphores et questions de rhétorique en vue d'impliquer le lecteur, c) accumulation d'arguments scientifiques avec cautions intellectuelles, emploi récurrent du futur à visée prophétique en vue d'emporter la conviction du lecteur.

Les années 1960, en dépit de la Détente, ne conduisirent pas à un apaisement significatif de l'environnement atomique ambiant, situation ayant engendré l'exaspération même de certains journalistes, tel G. Dupont, rédacteur à *Science et Vie* et partisan de la protection civile : « Il est tout de même aberrant qu'on ait, en France, laissé au journalisme à sensation le soin de faire l'éducation atomique du citoyen, ce qu'il fait en exploitant son sentiment d'anxiété »[16].

Les enjeux du management émotionnel

Face à cet « environnement atomique », et aux dispositifs de sensibilisation mis en place par certains « entrepreneurs en émotion » tel le Mouvement de la Paix, quelle a été la position des instances officielles, et notamment celle du SNPC, organisme du ministère de l'Intérieur en charge de la population civile en cas de conflit armé ? Le SNPC est-il parvenu à établir une stratégie de « contrepoids émotionnel » auprès de la population, et, dans l'affirmative, quelles furent les modalités de cette stratégie, quelles en furent éventuellement les spécificités (en comparaison aux stratégies

---

14. Le journal *Le Monde* fit paraître, pour la seule année 1958, plusieurs dizaines d'articles sur les retombées et leur danger pour l'homme.
15. Citons, pour seul exemple, l'une des premières séquences du film d'A. Resnais, *Hiroshima mon amour* (1959), où le réalisateur, filmant la pluie en plans de plus en plus rapprochés, évoque une pluie qui fait peur (de par les retombées qu'elle charrie).
16. Dupont Georges, *Protection atomique*, Paris, SESF, 1963, p. 9.

développées par d'autres États du bloc occidental), et quelle fut la diffusion de celle-ci à l'échelle locale ?

Au tout début des années 1950, face à la présence récurrente de la menace nucléaire militaire dans les représentations et dans les discours, la position officielle adoptée fut celle d'une certaine réserve. Ainsi, avant la création du SNPC, en février 1950, une circulaire fut émise par le ministère de l'Éducation nationale portant « interdiction d'inspirer aux élèves l'horreur de la guerre atomique à l'aide de lecture, de dictées, d'énoncés de problèmes, de modèles de dessins, de démonstrations scientifiques, de cours d'instruction civique et de manifestations diverses ». Fin mars 1950, le ministre de l'Éducation nationale, Yvon Delbos, fut pris à partie à l'Assemblée nationale par le député M. Dreyfus-Schmidt au sujet de cette circulaire : « Peut-on, sur un sujet aussi essentiel que la paix, fermer la bouche des maîtres et des professeurs. Sera-t-il donc interdit d'enseigner que la guerre atomique serait un fléau ? » Interpellation à laquelle le ministre répondit : « Si l'on permettait aux maîtres de parler de la guerre atomique, certains ne manqueraient pas de faire la propagande communiste que l'on sait ». Réponse, semble-t-il, non sans fondement, au regard de certaines réactions locales, comme cette lettre ouverte au ministre écrite par Éliane Michel, professeure au collège de jeunes filles de Carpentras et a priori sympathisante du Mouvement de la Paix, qui fut publiée en février 1950 dans le journal d'obédience communiste *La Renaissance du Vaucluse*[17].

Soulignons que ce silence, alors imposé en France par les autorités afin de contrer les entreprises émotionnelles des communistes et partisans du Mouvement de la Paix sur le jeune public se démarqua, notamment, de la stratégie de communication mise en place au même moment aux États-Unis par les responsables de la protection civile. Dès 1948, ceux-ci firent appel à

17. « Les combattants de la paix mènent une magnifique campagne pour la mise hors la loi de toutes les armes atomiques et bactériologiques, à laquelle vous nous interdisez de participer. Nous ne devrons pas parler aux enfants de la bombe atomique, sans doute devrons nous bannir de nos programmes l'hydrogène, car, dans ses applications, il nous faudrait bien parler de la trop fameuse super bombe. Et comment ferons-nous pour ne pas dire aux enfants que le criminel de guerre Truman, qui n'a pas hésité à faire tuer pour rien des milliers de Japonais à Hiroshima, n'aura pas plus de remords de conscience quand il faudra donner l'ordre d'appuyer sur un bouton pour tuer des milliers de Français ? Nous ne devrons pas faire faire des problèmes sur la bombe atomique. Nos élèves nous en remercient car ils porteraient sur des nombres si faramineux de cadavres que les opérations en seraient difficiles. […] Soyez tranquille, Monsieur le Ministre, nous nous contentons de développer chez nos élèves le jugement et l'esprit critique, c'est suffisant pour qu'ils vous jugent, vous et vos pareils », *La Renaissance du Vaucluse*, 16 février 1950. AN Ministère de l'Intérieur. Versement 19920172, article 2 : dossiers de poursuite contre la presse pour atteinte à l'autorité de l'État : 1947-1964.

un consortium d'universitaires (essentiellement en psychologie), dans le cadre du projet *East River*, afin d'analyser les émotions de la population face à la menace nucléaire et d'élaborer une théorie de management émotionnel, en vue de neutraliser terreur atomique et panique[18]. Cette théorie de management émotionnel se traduisit dès 1951-1952 par une triple action : une campagne massive d'information utilisant tous les vecteurs disponibles[19], une propagande active de recrutement de volontaires, et le développement de la protection civile dans les écoles élémentaires et secondaires via le programme *Education for National Survival*[20]. L'école étant alors considérée comme la cellule élémentaire du management émotionnel, celle par laquelle la protection civile pourrait entrer le plus aisément dans les familles.

Au cours des années 1950, le SNPC ainsi qu'un certain nombre d'autorités locales prirent conscience de la nécessité de plus en plus impérieuse d'agir sur la population et ses émotions, de développer une stratégie de « désensibilisation » afin de contrebalancer l'impact supposé de l'environnement atomique et des dispositifs de sensibilisation mis en œuvre par les « entrepreneurs en émotions ». Trois facteurs jouèrent dans cette

---

18. Une théorie de management émotionnel étudiée avec précision par deux universitaires américains : Grossman Andrew, Oakes Guy, "Managing Nuclear Terror: The Genesis of American Civil Defense Strategy", *International Journal of Politics, Culture, and Society*, Spring 1992, nº 5, p. 361-404 ; Grossman Andrew, *Neither Dead nor Red : Civilian Defense and American Political Development during the Early Cold War*, New York, Routledge, 2001 ; Oakes Guy, *The Imaginary War: Civil Defense and American Cold War Culture*, New York, Oxford University Press, 1994 ; Oakes Guy. "The Cold War System of Emotion Management: Mobilizing the Home Front for World War III", *in* Jackall Robert, *The Age of Propaganda*, New York, New York University Press, 1995, p. 275-296. Au regard de ces analyses, la théorie du management émotionnel peut être résumée ainsi : dans un premier temps, il s'agissait d'apeurer la population (*scare campaign*) afin de l'extirper de l'apathie, puis, dans un second temps de rassurer celle-ci sur sa capacité de survie. Ce second temps reposant sur un discours en trois étapes : la minimalisation des effets de l'arme atomique, l'exposé des comportements et émotions normés attendus face à ce danger présenté comme surmontable, la présentation des gestes de survie et des techniques de contrôle de soi. Au final, la théorie du management émotionnel conduisant implicitement à la conclusion suivante : le véritable danger ne réside pas dans l'arme nucléaire, mais en soi, dans les failles de ses propres émotions.

19. Entre 1951 et 1961, la *Federal Civil Defense Administration* (FCDA) aurait notamment publié, selon A. Grossman, 503 millions de brochures sur la protection civile. Grossman A., *Neither Dead nor Red*, p. 54.

20. Un programme scolaire qui aurait concerné, selon A. Grossman, 87,4 % des écoles élémentaires et 88,4 % des écoles secondaires. Grossman A., *Neither Dead nor Red*, p. 81. Un programme symbolisé notamment par le fameux *Duck and Cover*, présenté dans les écoles par Bert la tortue dès 1951.

prise de conscience. Tout d'abord, les études conduites par les experts du SNPC relatives aux hypothèses de guerre. Eu égard à l'évolution des armements, les paradigmes développés se firent de plus en plus dramatiques en termes d'effets matériels et humains. Les conclusions devinrent de fait de plus en plus alarmistes concernant les capacités de résistance et de survie de la population[21]. Ensuite, la confrontation de ces données à la « réalité » virtuelle des exercices de protection civile[22]. Enfin, la sur-médiatisation de la menace des retombées radioactives à la fin des années 1950.

Dans ce contexte d'urgence, le préfet Maxime Roux, chef du SNPC, rédigea au printemps 1958 une lettre sur l'information du public, à l'attention des IGAME et des préfets[23]. Après avoir déploré l'état d'esprit de la population française à l'égard de la menace nucléaire militaire, état d'esprit ayant pénalisé selon lui l'application des projets du SNPC, M. Roux insista sur la nécessité « de faire contrepoids aux articles et reportages à sensation complaisamment répandus dans la presse, d'accentuer sensiblement l'effort déjà entrepris en vue d'une information équilibrée axée à la fois sur l'intérêt de la protection civile du temps de paix et sur la possibilité, en cas de guerre, d'une protection au moins partielle contre les effets des engins les plus meurtriers actuellement connus ». À cette fin, M. Roux livra aux IGAME et préfets une stratégie d'action en cinq axes, profondément orientée sur l'action locale : diffusion de fascicules de vulgarisation, diffusion d'émissions radiophoniques, création de journées locales de la protection

21. Evoquons, pour exemple, l'étude des experts du SNPC remise en décembre 1961 au Comité de la Protection Civile de l'OTAN : si 45 bombes de 2 à 20 MT étaient lancées sur les 53 villes françaises de plus de 50 000 habitants, et si 15 bombes mégatonniques supplémentaires étaient larguées sur le reste du territoire, de manière à optimiser les pertes, alors, 85 % de la population française pourrait être mortellement irradiée. Archives OTAN. Comité de la Protection Civile, *Rapport sur les conceptions des services français de la Protection Civile en matière d'abris.* 01.12.1961, 12 p, AC/23 (CD/SH) D/16.

22. De nombreux rapports rédigés par des autorités locales, dans le cadre d'exercices de protection civile, mettent en exergue leurs inquiétudes récurrentes concernant le risque de mouvements de panique générale et de phénomènes d'exode massif en cas de guerre nucléaire. Citons seulement quelques exemples : dans le cadre de l'exercice conduit sous la direction de l'ENPC en Ille-et-Vilaine en 1957 (thème abordé : guerre nucléaire, explosion d'une bombe de 20KT sur Rennes), le responsable local de la protection civile souleva le cas des 700 000 Bretons résidant hors Bretagne, dont un nombre important serait susceptible d'affluer dans le département en dépit des ordres contraires, remettant en question tout le plan local de protection. Archives municipales de Rennes. Versement 1048 W, article 6 : protection civile, stages, documentation, instructions (1954-1964).

23. Roux Maxime, *L'information du public : lettre à l'attention des IGAME et des préfets*, 30 avril 1958, 2 p. AD du Pas-de-Calais. Versement 1156 W, article 1 : protection civile, information du public et documentation.

civile, comme ce fut le cas en 1958 à Orléans, médiatisées par la presse locale, multiplication des stages locaux de protection civile organisés par l'ENPC avec la participation des notables et de la presse locale, présentation d'un stand de protection civile créé par le SNPC[24] dans les foires-expositions locales, comme ce fut le cas dans une centaine de villes entre 1956 et 1958. La lettre du chef du SNPC s'achevant sur l'exigence d'une participation sans faille des autorités locales à cette stratégie de communication[25]. Dans les faits, chacun des axes soulevés par Maxime Roux fit ponctuellement (voire parfois régulièrement) l'objet de réalisations locales, dont des traces peuvent être identifiées au sein des archives départementales et municipales. Concernant les stands de protection civile dans le cadre des foires-expositions, on peut citer notamment le cas de la ville de Rennes qui, dès 1954, organisa un stand de protection civile au cours de la foire municipale annuelle. Organisation accompagnée d'une médiatisation locale, et d'une étude attentive de la fréquentation par le responsable de district de la protection civile. Concernant la diffusion locale de fascicules de vulgarisation, on peut évoquer entre autres, le mémento de la protection civile du Pas-de-Calais, paru en février 1963, présentant le SNPC, puis les moyens d'action du département, et enfin les gestes d'autoprotection… en concluant, en majuscules, sur la nécessité du contrôle émotionnel : « Mais soyez toujours convaincu que le plus grand péril qui puisse vous menacer est de céder à l'affolement, au vôtre et à celui de vos proches. Quoi qu'il advienne, gardez votre sang-froid et vous aurez déjà fait beaucoup pour votre salut. […] Ne vous laissez pas aller à la panique et ne vous lancez pas

24. Stand réorganisé et agrandi en 1956, visant le recrutement de volontaires, prévu en intérieur, composé de 16 panneaux exposés dans un ordre imposé. Premiers panneaux : la protection civile intervient en temps de paix et en temps de guerre. Panneaux suivants : interventions de la protection civile en temps de paix. Derniers panneaux consacrés à la guerre nucléaire : « On peut faire beaucoup contre la bombe H par : l'information du public », « L'Armée est le fer de lance de la Nation. La Protection Civile est sa cuirasse. Toutes deux sont également nécessaires », « Le repliement des populations hors des secteurs menacés. La construction des abris. L'organisation de l'alerte », « La Protection Civile ne peut plus s'improviser. Les pertes causées par une explosion nucléaire peuvent être largement réduites », « La formation des unités de secours instruites pour : la détection des radiations, la décontamination, les secours aux blessés, la lutte contre le feu, le déblaiement, l'accueil aux sinistrés. Ces tâches seraient celles d'1 500 000 d'entre nous ». Archives départementales d'Ille-et-Vilaine. Versement 1152 W, article 16 : organisation des stands de protection civile pour l'information du public (1954-1958).

25. Un programme détaillé et précis de l'action locale envisagée étant demandé à tous, sous un délai d'un mois.

au hasard sur les routes où pourraient vous atteindre les retombées »[26]. Concernant enfin les stages de protection civile organisés par l'ENPC, ouverts aux notables et aux journalistes de la presse locale, on peut mentionner en particulier la réussite du stage de 1960 en Seine-Maritime. Celui-ci s'ensuit de la parution d'une série de quatre articles en première page dans le journal *Le Havre Libre*. Articles dépeignant les effets d'une bombe de 100 KT explosant dans le port du Havre, et conduisant le lecteur, en filigrane, à s'extirper de son indifférence/insouciance/pessimisme[27], et à adhérer à l'effort de protection civile.

Toutefois, en dépit de ces résultats évoqués, on ne peut estomper les limites de la stratégie mise en œuvre par le SNPC, en lien avec les autorités locales, au cours des années 1950. Trois limites au moins peuvent être mentionnées : la participation fut localement contrastée, aucune action massive à l'échelle nationale ne fut conduite en complément, aucune participation « active » de la population ne fut proposée[28]. De fait, une très large part de la population française fut alors tenue à l'écart de cette stratégie de « contrepoids » mise en place par M. Roux[29].

À la fin des années 1950 - début des années 1960, la problématique de la communication auprès des populations dans l'éventualité d'un conflit devint de plus en plus aiguë pour les responsables de la protection civile[30], et cela à l'échelle du bloc occidental, comme en témoigne la revue *Protection civile internationale*[31]. En mai 1961, la revue publia un article éloquemment intitulé « La crise de la protection civile » commençant par

---

26. *Mémento de la protection civile du Pas-de-Calais*, édité et rédigé sous le patronage du mouvement national pour la protection civile, février 1963, p. 30. Archives départementales du Pas-de-Calais. Versement 1800 W, article 33 : documentation sur la protection civile dans le Pas-de-Calais.

27. Les trois sentiments étant tour à tour évoqués par le journaliste dans cette série d'articles parus entre le 29 novembre et le 2 décembre 1960 (dans le contexte des débats sur la loi de programme militaire 1960-1964).

28. À la différence notamment des États-Unis, du Royaume-Uni, du Canada, de la Suède, où les populations furent invitées à participer aux exercices de protection civile, cela ne fut point le cas en France (à quelques exceptions près, notamment dans le cadre d'exercices de DIT).

29. À l'échelle nationale, la communication du SNPC ayant été limitée à quelques brefs reportages d'actualités (*La défense de la France contre les dangers atomiques*. Les Actualités Françaises, 27 novembre 1957, 2 min 50 s).

30. De plus en plus aiguë dans la mesure où de nombreux responsables de la protection civile reconnurent alors la nécessité d'un engagement personnel des populations en cas de guerre thermonucléaire (autoprotection), pour pallier les carences des politiques nationales de protection.

31. Revue éditée à Genève par l'OIPC (Organisation Internationale de Protection Civile, nommée jusqu'en 1958 Association internationale des Lieux de Genève).

ses mots : « Il ne sert à rien de nier : la protection civile passe actuellement par la crise la plus grave de sa courte existence et seuls des remèdes énergiques, douloureux peut-être, pourront la sauver d'une asphyxie lente, mais certaine. […] Nous avons tenté de définir le malaise qui plane sur cette organisation dans maint pays. […] Nous avons également déploré l'apathie du public qui a tendance à considérer la protection civile comme un mal nécessaire, parfois même inutile »[32]. Une apathie au cœur des réflexions, à l'instar de cet article paru quatre mois plus tard : « Examinons la réalité telle qu'elle est : il n'y a qu'un moyen pour que les populations comprennent vraiment la nécessité d'une protection civile, et ce moyen consiste à mettre sur pied des campagnes de "prise de conscience" sur une grande échelle. […] Plus le public sera conscient, plus grande sera la liberté d'action des organismes de protection civile. Il s'agit donc de savoir comment développer cette conscience sans créer l'angoisse »[33]. Au regard de cet épineux problème, l'OIPC proposa régulièrement dans sa revue, dès la fin des années 1950, la mise en œuvre d'une stratégie de relation publique, proche de celle pratiquée par la publicité. Ainsi, face à l'environnement atomique et à ses effets dénoncés sur l'opinion, l'OIPC suggéra une stratégie de communication massive, entièrement renouvelée dans son discours, une stratégie ne visant plus seulement à l'information des populations, mais bien à la persuasion de celles-ci. Une stratégie assez proche de celle prônée à la même période par Sir John Hodsoll, conseiller principal pour la protection civile au sein de l'OTAN[34]. Une stratégie qui se matérialisa en 1961 par la diffusion auprès des États membres d'une brochure-modèle intitulée *Guide d'auto-assistance*, destinée à une publication de masse, après adaptations nationales[35]. Cette brochure fut communiquée au SNPC, mais il fallut attendre le 18 mars 1964 pour qu'une directive du Premier ministre incite à

32. « La grande crise de la protection civile », *Protection Civile Internationale*, Genève, n° 71, p. 1-2.

33. « Moi, je m'en sortirai… », *Protection Civile Internationale*, Genève, n° 75, p. 1-2.

34. En 1959, Sir John Hodsoll rédigea à l'attention des responsables de la protection civile des États membres de l'Alliance un rapport relatif à l'information du public, au sein duquel il encourageait une stratégie de communication massive, tous azimuts (presse, radio, cinéma, télévision, affiches, brochures, campagnes nationales, enseignement scolaire), voir Hodsoll John, *Information du public : projet de rapport du conseiller principal pour la protection civile.* Archives OTAN, Comité de la Protection Civile, AC/23 (CD) D/294, 2 mars 1959.

35. Archives OTAN, Comité de la Protection Civile. *Guide d'auto-assistance*, AC/23 (CD) D/417, 30 octobre 1961.

l'information du grand public dans l'hypothèse d'une guerre[36], et il fallut attendre 1965 pour que le SNPC publie sa propre brochure, titrée *Savoir pour Vivre*, éditée à 1,2 million d'exemplaires[37]. Cette publication, la seule entreprise à une telle échelle par le SNPC durant notre période d'étude, visait, pour reprendre les termes postérieurement employés par Paul Pisa (administrateur civil au SNPC) à « triompher d'attitudes de pensée diamétralement opposées : optimisme béat ou fatalisme impuissant » en ayant recours à une « démythification du danger nucléaire, en montrant sa nature exacte et les limites de la menace »[38]. Ainsi, à travers cette publication et ses conseils simples accompagnés de dessins colorés et schématiques de manière à rendre le discours accessible et rassurant, à travers l'assurance affichée en une survie possible, à travers le sens du devoir et de l'engagement personnel diffusé en filigrane[39], le SNPC reprit à son compte les conseils otaniens en vue d'agir sur les émotions du public, en vue d'atteindre au final à un citoyen dépassionné, à un « Homo Atomicus »[40] prêt à affronter la menace en dépit de l'environnement atomique ambiant.

Environnement atomique et dispositifs de (dé)sensibilisation : quel impact émotionnel ?

Françoise Schenk rappelle que les émotions sont les réponses adaptatives manifestées dans un contexte donné. Dans ce cas, il est donc nécessaire

36. Avant cette date, le SNPC n'avait que très peu publié, et ses publications ne visaient alors qu'une frange de la population (à l'instar de la *Notice concernant les mesures à prendre en milieu rural en cas de retombée radioactive*, ciblant les fermiers, parue en 1962).

37. Ministère de l'Intérieur. SNPC. *Savoir pour vivre*, Paris, Imprimerie Nationale, 1965, 64 p.

38. Pisa Paul, *L'information du public sur les problèmes de protection civile*, juin 1970, 3 p. Archives départementales du Pas-de-Calais. Versement 1156 W, article 5-1 : protection civile, information du public et documentation, 1950-1979.

39. « Mais vous avez, vous aussi [en gras dans le texte], votre rôle à jouer. Votre intégrité physique, […] votre survie si par malheur la guerre éclatait, sont évidemment l'affaire de la Protection Civile, mais elles dépendent aussi, et avant tout, de vous. C'EST A VOUS D'AGIR. C'EST A VOUS DE SAVOIR [en majuscules dans le texte] », SNPC, *Savoir pour vivre*, p. 6. « Chacun, en cette affaire, même simple particulier, assume des responsabilités, chacun a une tâche à remplir, chacun a des gestes à accomplir pour contribuer à sa sécurité personnelle », SNPC, *Savoir pour vivre*, p. 27.

40. Expression empruntée à Grossman A. , *op. cit.*, p. 117.

de poser la question suivante : quel impact l'environnement atomique, les événements internationaux en soi, et les dispositifs de sensibilisation et de désensibilisation ont-ils eu sur la population française ? Quelles émotions peuvent être identifiées ? Comment se sont-elles exprimées ? Par quels vecteurs peut-on les appréhender ? Françoise Schenk précise également, dans ce même article, qu'une émotion est « un ensemble de sensations, d'actions sur l'environnement et de sentiments »[41]. Il est donc nécessaire de poser cette question connexe : quels sont les sensations, actions et sentiments pouvant être relevés ? Et dans quelle mesure y a-t-il eu concordance entre ces sensations/actions/sentiments ? Sur ce point, en effet, Pierre Laborie, dans une étude sur l'opinion publique, précise : « Il peut y avoir, il y a le plus souvent, discordance entre ce que l'opinion ressent, ce qu'elle exprime et ce qu'elle fait, entre l'état d'esprit, les différents niveaux d'expression de son intention et le passage à l'acte[42]. » La prise en compte d'une éventuelle discordance entre sensations/actions/sentiments complexifie bien entendu l'analyse des émotions, mais, au regard du moins des études menées aux États-Unis sur la population américaine face à la menace de guerre nucléaire, cette prise en compte s'impose. Par esprit de clarté (et de comparaison), évoquons brièvement l'une de ces études, intitulée *Adults Beliefs, Feelings, and Actions Regarding Nuclear War*[43]. Dans cette étude, l'auteur, S. Fiske, s'attache à analyser sur la durée les croyances (c'est-à-dire les conceptions sur la probabilité d'une guerre nucléaire, les représentations mentales d'une telle guerre, les estimations sur la capacité individuelle de survie), puis les sentiments (à travers les manifestations émotionnelles et les positionnements à l'égard du nucléaire militaire), et enfin les actions (activité pacifiste ou survivaliste notamment) de la population. Au niveau des croyances, S. Fiske rapporte que, dans les années 1950, la population américaine croyait pour moitié en la possibilité d'une guerre nucléaire (cette croyance ayant ensuite progressivement décru). Elle note que les images mentales liées à une guerre nucléaire étaient apocalyptiques, axées davantage sur les destructions matérielles qu'humaines, et relativement abstraites en termes d'effets humains. Elle note enfin que la croyance en la capacité individuelle de survie n'a cessé de s'amenuiser depuis les années 1950 (40 % de pessimistes en 1950, 70 %

---

41. Schenk Françoise, « Les émotions de la raison », *Revue européenne des sciences sociales*, 2009, n° 144, p. 152.
42. Laborie Pierre, « De l'opinion publique à l'imaginaire social », *Vingtième Siècle. Revue d'histoire*, avril-juin 1988, n° 18, p. 106.
43. Fiske Susan, « Adults Beliefs, Feelings, and Actions Regarding Nuclear War : Evidence from Surveys and Experiments », *in* Solomon Fredric, Marston Robert, *The Medical Implications of Nuclear War*, Washington, National Academy Press, 1986, p. 444-462.

dans les années 1980). Au niveau des sentiments, S. Fiske remarque : "When asked directly what emotions come to mind regarding a nuclear war, the typical person does report fear, terror, worry or fear and sadness. On the whole, however, most people do not frequently think about nuclear war. The typical adult apparently worries seldom or relatively little about the possibility"[44]. Première discordance donc, entre les croyances et les sentiments : en dépit de croyances sombres sur les perspectives d'une guerre nucléaire, pas de terreur, pas de peur extrême inhérentes exprimées. Sur le dernier plan, S. Fiske évoque une inaction quasi généralisée et souligne donc une deuxième discordance, entre les croyances et le degré d'engagement. Elle conclut son article sur le décalage existant entre ce que les experts américains (et notamment ceux ayant participé au projet *East River* que nous évoquions précédemment) pensaient des émotions populaires face à la menace de guerre nucléaire et la réalité de ces émotions. Une conclusion qui ne signifie pas que la population américaine n'a pas éprouvé d'anxiété - voire de la peur - au cours des crises internationales[45], mais seulement que l'intensité de ces émotions n'a pas été du même ordre que celle attendue par les experts.

Ces quelques éléments d'analyse sur les émotions populaires américaines peuvent-ils nous aider à appréhender les émotions ressenties par la population française ? Les études sur les émotions populaires en France face à la menace de guerre nucléaire sont toutefois peu nombreuses, et peuvent sembler, au lecteur, partiellement contradictoires[46]. Qu'en est-il dès lors ? Que peuvent nous apprendre les sondages, mais aussi la presse locale, les archives municipales et départementales, sur les émotions de la

44. *Ibid.*, p. 448-449.

45. Les études consacrées à l'opinion publique américaine face à la menace de guerre nucléaire se rejoignent généralement sur l'impact tout particulier de la guerre de Corée, plus qu'aucune autre crise internationale. Voir notamment : Mueller John E., « Public Expectations of War During the Cold War », *American Journal of Political Science*, May 1979, vol. 23, n° 2, p. 301-329 ; Smith Tom W., "The Polls – A Report: Nuclear Anxiety". *The Public Opinion Quarterly*, winter 1988, vol. 52, n° 4, p. 557-575 ; Smith Tom W. "The Polls-Trends: The Cuban Missile Crisis and US Public Opinion", *The Public Opinion Quarterly*, summer 2003, vol. 67, n° 2, p. 265-293.

46. D'un côté, nous pouvons citer l'historien Maurice Vaïsse, écrivant en janvier 1992 dans *L'Histoire* un article intitulé « La grande peur atomique », qui débutait par le récit d'une amorce de crise de panique collective sur les Champs-Elysées en février 1946. D'un autre côté, mentionnons l'ouvrage *La grande peur du nucléaire* de Marie-Hélène Labbé, dans lequel l'auteur écrit : « Deux grandes vagues ont balayé le monde occidental, à l'exception permanente de la France, dans les années 1950 puis à la fin des années 1970 », Labbé Marie- Hélène, *La grande peur du nucléaire*, Paris, Presses de Science Po, 2000, p. 66.

population française ? Avant la guerre de Corée, les Français ne semblèrent pas particulièrement croire en l'hypothèse d'une guerre future : 35 % des sondés considéraient à l'été 1947 qu'une guerre mondiale aurait lieu sous dix ans (contre 53 % des Américains). Et 82 % des sondés espéraient, en septembre 1946, que la France puisse rester neutre en cas de guerre[47]. Le déclenchement de la guerre de Corée marqua un changement de croyances : en août 1950, la proportion de ceux envisageant la possibilité d'une guerre mondiale (34 %) devançant celle de ceux n'y croyant pas (31 %)[48]. Ce changement est alors perceptible au sein de la presse locale[49], au détour des articles et éditoriaux, mais aussi au détour de quelques faits divers parus à l'été 1950. Ils s'accompagnent de l'expression d'émotions distinctes : l'anxiété, la peur, voire la panique occasionnellement comme ce fut le cas pour ce vieillard doullennais[50]. Toutefois, le changement de croyances amorcé par le déclenchement de la guerre de Corée fut d'assez brève durée : selon un sondage d'octobre 1950, seulement 25 % des sondés pensaient que la situation internationale engendrait une augmentation du risque de guerre, contre 49 % en août 1950[51].

Au cours des années 1950 et 1960, la croyance en une proche menace de guerre ne fit que s'amenuiser en France[52], comme en attestent les études conduites par la revue *Sondages*. En 1956, ses analystes affirmaient :

---

47. D'Abzac-Epezy Claude, « La perception de la menace aérienne en France au début de la Guerre froide », *Revue Historique des Armées*, juin 1991, n° 183, p. 106.
48. Pour une analyse détaillée des perceptions de la guerre de Corée en France, voir Becker Jean-Jacques, « L'éclatement de la guerre en Corée et l'opinion française », *Guerres mondiales et conflits contemporains*, 2010/3, n° 239, p. 27-35.
49. Nous avons consulté de nombreux journaux afin d'observer avant/pendant/après chaque grande crise internationale le traitement médiatique qui en était fait localement, à l'instar du *Courrier Picard* dont il est question ici.
50. « Affaire de Corée. Affaire d'Indochine. Antagonisme russo-américain : l'affreux spectre de la guerre, qui, chaque jour davantage, se profile sur le monde aux abois, voilà bien de quoi tournebouler les esprits ? Aussi, n'y a-t-il rien d'étonnant à ce que dimanche dernier, un brave septuagénaire doullennais ignorant tout de la fête franco-belge qui se déroulait en nos murs, fût à ce point impressionné par la présence des Gilles d'Alost défilant dans nos rues, qu'il crut voir des Russes sous les gigantesques coiffures à plumes. À cet âge, il est permis, ma foi, de confondre plumes et poils ! Toujours est-il que notre homme s'enfuit, jetant les bras au ciel, pleurant, criant et se lamentant : "V'la chés Russes ! O som foutus !". Il fallut tout l'empressement des siens pour détromper le vieillard qui, humblement confesse maintenant ne s'être jamais figuré qu'on pouvait porter de telles coiffures…sans être Russe !… », *Le Courrier Picard*, 6 juillet 1950, p. 3.
51. Alors qu'au même moment, en octobre 1950, aux États-Unis, 65 % des sondés par l'organisme Gallup envisageaient une guerre mondiale dans un délai de 5 ans.
52. Une diminution de la perception de la menace de guerre qui se retrouve aussi dans les sondages anglo-saxons, mais dans une proportion plus faible qu'en France.

« l'éventualité d'une nouvelle guerre dans un proche avenir n'a fait que reculer en France dans l'esprit du public de 1945 à 1955 »[53]. En 1958, suite à une vaste étude menée de 1952 à 1958, leurs conclusions demeuraient inchangées : « Toujours est-il que les appréhensions ont diminué, et que d'année en année la crainte d'un nouveau conflit [...] a fait place au sentiment contraire[54]. » En moyenne, au cours de cette période, plus de la majorité (55 %) des sondés se positionnaient en défaveur de l'hypothèse d'une guerre dans un proche avenir, contre 7 à 13 % la jugeant vraisemblable, et 1-2 % l'estimant inévitable. En février 1960, interrogés par la revue américaine *Gallup* sur la situation internationale et le danger de guerre, les Français répondirent en majorité (58 %) que ce danger avait encore diminué. En 1963, 64 % des Français interrogés estimaient qu'il n'y avait pas de grand danger de guerre, contre 13 % croyant en la menace de guerre[55]. Baisse progressive donc de la croyance en la probabilité d'une guerre nucléaire, mais expression émotionnelle stable durant les années 1950-1960, selon les analystes de la revue *Sondages*. En 1958, dans l'étude mentionnée précédemment, ils évoquaient une attention particulière de la population française pour tout sujet relatif au nucléaire[56], mais une volonté ferme et largement partagée de rester neutres, à distance de la menace, perceptible dans les positionnements de la population envers les relations internationales et le nucléaire militaire : acceptation résignée de la logique de paix armée, approbation massive de toute mesure visant à écarter la menace de guerre, approbation de la coexistence pacifique. Des positionnements que l'on retrouve encore, quasi identiques, au sein de cette même revue, en 1966[57]. Une inquiétude « nucléaire » transparaissait toutefois fin 1950-courant 1960, liée moins à l'hypothèse d'une guerre qu'aux retombées radioactives, dans le cadre des essais thermonucléaires. Une inquiétude présente régulièrement dans les sondages, présente ponctuellement dans la presse locale[58], et qui initia alors, localement, selon du moins le

53. *Sondages*, 1956, n° 1, p. 11.
54. *Sondages*, 1958, n° 1, p. 97.
55. *Sondages*, 1964, n° 3, p. 13.
56. *Sondages*, 1958, n° 1, p. 12.
57. *Sondages*, 1966, n° 2, p. 38-39.
58. « 7 kilos 500 pour un navet, c'est trop. M. Gustave Queva, le jardinier qui a vu pousser ce légume phénomène dans son jardin de Calais, n'en est pas autrement satisfait. Il en serait même plutôt inquiet, de même que d'autres amateurs d'horticulture qui ont récolté, qui une tomate de 850 grammes, qui un énorme enchevêtrement de carottes soudées les unes aux autres. Les jardiniers de la région calaisienne regardent maintenant le ciel avec inquiétude et se demandent si des retombées radioactives n'ont pas frappé de gigantisme leurs cultures », *Le Havre Libre*, « Des légumes géants poussent à Calais », 12 octobre 1962, p. 12.

responsable de la protection civile de Rennes, les prémices d'un engouement en faveur de la protection civile[59].

Des prémices seulement, et des prémices dont la trace ne fut pas perceptible uniformément à l'échelon local au cours des années 1960. Citons pour seul exemple le cas de la ville de Marseille, et plus globalement celui du département des Bouches-du-Rhône. Au regard des études menées par le SNPC et des exercices de protection civile, Marseille était considérée comme l'une des villes les plus menacées en cas de guerre nucléaire (l'une des plus justiciables d'un bombardement mégatonnique), et les Bouches-du-Rhône comme l'un des départements possédant le plus de communes classées en secteur H (36 communes en 1959, 40 en 1965). Les enjeux relatifs à la protection civile étaient donc particulièrement cruciaux sur ce territoire (250 000 personnes à évacuer en cas de guerre, seulement 61 abris datant du dernier conflit en bon état dans tout le département - selon le recensement de 1959). De par ce contexte spécifique, de par cette menace particulière, il était possible d'envisager localement des traces d'émotions plus intenses et d'actions plus nombreuses qu'ailleurs de la part de la population et des élus locaux. Mais au regard des éléments consultés au sein des archives départementales, cela ne fut guère le cas, au contraire : le préfet rencontra « de vives réticences » des patrons d'établissements désignés chargés de développer leur propre protection ; un certain nombre de maires des communes non menacées du département ne respectèrent pas les plans de protection qui les contraignaient à trouver 53 000 places d'hébergement (7 700 furent trouvées) ; et quant à la population marseillaise, la diffusion de la brochure du SNPC *Savoir pour Vivre*, en 1966, se traduisit par un impact bien relatif… (Cinq lettres de particuliers reçues par le préfet en quelques mois pour des demandes d'informations complémentaires sur les abris).

Pour conclure, j'aimerais en premier lieu citer Jean-Baptiste Duroselle, préfaçant en 1958 la revue *Sondages* : « L'impression qui se dégage […] est celle du tempérament conservateur, voire immobiliste de la masse française.

---

59. Lettre de Jean Guy, directeur de la protection civile du district de Rennes, au directeur départemental de la protection civile, le 12 mai 1958 : « Je me permets d'attirer votre attention sur les faits suivants qui indiquent un changement très net dans l'attention de la population vis-à-vis des problèmes concernant la protection civile, or vous connaissez mieux que moi l'indifférence du public, pour ne pas dire plus, qui était de mise jusqu'à ces derniers temps à ce sujet. Mes contacts avec de très nombreuses personnes me permettent de noter un changement important : il est dû non seulement à une crainte de conflit généralisé, mais surtout depuis un certain temps aux possibilités de pollution de l'air à la suite des explosions atomiques récentes », AD d'Ille-et-Vilaine. Versement 1152 W, article 4 : rapports sur la protection civile en Ille-et-Vilaine (1947-1970).

[…] Il y a des pays où les “raz de marée” d'opinion sont plus importants. Il ne semble pas que ce soit le cas de la France. […] L'aspect passionnel est plus émoussé en France ». Par ces mots, Duroselle ne signifiait pas une absence d'émotions de la part de la population française face aux relations internationales, face à la menace de guerre notamment, mais seulement une expression de celles-ci peut-être moins intense et plus stable qu'ailleurs. Pour autant, la menace de guerre nucléaire a bel et bien suscité des émotions au sein de la population. Très rarement la peur extrême dépeinte par Kurosawa, mais une palette plus nuancée, composée d'inquiétudes et de questionnements, de moments d'optimisme et de pessimisme, de moments de colère et d'indifférence, de fatalisme et d'espoir aussi. Et parce que ces émotions ont existé, parce qu'elles ont été un enjeu conscient entre des acteurs aux intérêts antagonistes (apeurer afin d'engendrer l'engagement antinucléaire pour le Mouvement de la Paix, informer et mobiliser sans angoisser pour les instances officielles), il nous semble essentiel d'aller plus avant dans cette voie peu exploitée afin de mieux comprendre la Guerre froide, et la Guerre froide vue d'en bas en particulier.

Les dynamiques mémorielles de la Guerre froide

Philippe Buton

Pendant la Guerre froide, dans tous les départements français, nous assistons à une foisonnante production mémorielle et commémorative. Certes, la France a toujours aimé ces jeux de mémoire, et aucune période historique n'est vierge de ces constantes références au passé. Pour autant, à la lecture des travaux réalisés, et en particulier à celle des rapports des correspondants départementaux de l'IHTP, il me semble qu'il n'y a jamais eu une activité mémorielle aussi intense que pendant cette période de la Guerre froide.

Comment ordonner l'analyse de cette véritable inflation mémorielle ?

J'ai retenu le terme de dynamiques mémorielles afin de souligner une double exigence. En premier lieu, distinguons le mémoriel conscient du mémoriel inconscient. En second lieu, observons comment ces structures mémorielles, relativement invariantes, confrontées aux événements, dégagent des conjonctures mémorielles précises.

En dernière instance, peut-être ces analyses permettront-elles de déterminer quels sont les moteurs du ressenti de la Guerre froide ?

Des politiques mémorielles concurrentes

Analyser le mémoriel conscient, c'est scruter les politiques mémorielles, ces discours sur le passé développés, explicitement ou implicitement, mais toujours de façon volontaire, par les diverses organisations sociales qui, toutes, mettent ce discours mémoriel au service de leur politique. Dans ce domaine, pendant la Guerre froide, du moins jusqu'en 1967, un double constat s'impose.

En termes de présence relative, il y a deux sensibilités politiques - et deux sensibilités seulement - dont l'activité mémorielle constitue une part très significative de leur activité propagandiste globale : les gaullistes et les communistes. Mais, en termes de présence absolue, ces deux sensibilités ne sont nullement à égalité et les scènes mémorielles départementales apparaissent dans notre enquête submergées par l'activité mémorielle communiste. Trois éléments peuvent expliquer ce double constat : le rapport à la Résistance, la relation à la mémoire et la puissance respective de ces organisations.

La Guerre froide succède à un événement de forte empreinte traumatique, une forte empreinte qui se traduit par une puissante prégnance mémorielle. Autrement dit, utiliser l'arme de la mémoire implique d'intervenir peut-être sur tout un tas d'événements passés, mais à coup sûr de parler du récent conflit mondial. Or tous les partis ne sont pas à égalité pour le faire. Deux partis ont un rapport privilégié à la Mémoire, parce que ces deux partis ont un rapport privilégié à l'Histoire, qui est leur instance de légitimation[1].

C'est un truisme de dire que la source de la légitimité gaullienne puise dans le récent conflit mondial. Non seulement cette source de légitimation est unique, mais elle est fondée. Ces deux éléments expliquent l'utilisation systématique du souvenir de la Résistance par le général de Gaulle et par ses partisans. Un exemple dans une multitude : en 1948, l'ancien déporté à Dachau et ancien ministre des Armées, Edmond Michelet rappelle, dans un hebdomadaire corrézien, le passé récent pour détruire les arguments des partis de la Troisième Force sur le danger, pour la démocratie, que représenterait de Gaulle. Il souligne ainsi que ce sont les « Républicains » qui ont enterré la République le 10 juillet 1940 et que c'est de Gaulle qui l'a finalement rétablie[2].

À de multiples reprises, le Général se déplace en province pour rappeler tel ou tel événement de la guerre, souvent en inaugurant un monument[3]. Ainsi à Saint-Étienne le 4 janvier 1948[4]. Les premières

1. En premier lieu, se reporter à Nora Pierre, « Gaullistes et communistes », *in* Nora Pierre (dir.), *Les lieux de mémoire*, Paris, Gallimard, 1984-1992, « Quarto », 1997, vol. 2, p. 2489-2532. À compléter par Courtois Stéphane, Lazar Marc (dir.), *Cinquante ans d'une passion française : de Gaulle et les communistes*, Paris, Balland, 1991 ; Lavabre Marie-Claire, *Le fil rouge. Sociologie de la mémoire communiste*, Paris, Presses de Sciences Po, 1994 ; Lachaise Bernard (dir.), *Résistance et Politique sous la IVe République*, Bordeaux, Presses universitaires de Bordeaux, 2004.

2. *Brive-Informations*, 19 décembre 1948, cité dans sa contribution par Gilbert Beaubatie, correspondant de l'IHTP pour la Corrèze.

3. Je suis ici les traces de Gilles Morin qui a étudié, avec beaucoup de finesse, le processus gaullien. Cf. Morin Gilles, « Les voyages du général de Gaulle en France (1946-1953). Manifestations politiques et mise en scène de la légitimité gaulliste », in *De Gaulle et le Rassemblement du peuple français (1947-1955)*, Paris, Armand Colin, 1998, p. 175-189. J'ai retenu un épisode non étudié par Gilles Morin.

4. Les photographies illustrant les événements stéphanois ont été réalisées par un photoreporter communiste Léon Leponce, dont les archives ont été déposées aux Archives municipales de Saint-Étienne. Sur cet auteur et ses archives, se reporter à Bedoin

photographies (illustrations n° 1 et 2) correspondent à la première partie de la journée : la pose de la première pierre d'un monument en l'honneur de la Résistance. Ce n'est pas encore l'homme politique qui parle, c'est le dirigeant de la France en guerre. Et le décorum (les drapeaux tricolores) comme la présence des autorités civiles et militaires témoignent du fait qu'en raison du passé, cet homme incarne ontologiquement une fonction publique intacte et permanente. Puis, s'appuyant sur cette légitimité, le Général tente de la transformer en force et en action politiques, tel est le but de la seconde partie de la journée (illustration n° 3). Le Général s'est alors métamorphosé en homme politique[5]. Son discours n'est plus tourné sur le passé, mais vers l'avenir. Son propos est consacré au thème du travail - nous sommes dans une grande ville ouvrière - et au redressement de la France. Le message implicite est limpide : comme - et parce que - il a su conduire la France sur la voie de la Libération, il la conduira sur la voie de la Renaissance. Topographiquement, il n'est plus au niveau des autorités civiles et militaires, il surplombe désormais la foule. Et l'ampleur du rassemblement populaire permet de rejouer, dans les mémoires, avec le souvenir du défilé parisien du 26 août 1944, celui de la légitimité populaire qu'un peuple accorde directement à son chef, sans le biais traditionnel des partis ou des notables (illustration n° 4).

Le PCF tente de concurrencer la puissance de la mémoire gaullienne. Entre le Général et le Parti, il y a nettement, à propos de la Résistance, un conflit de paternité. Mais, dans ce domaine, la Guerre froide modifie la donne.

Avant la Guerre froide, à la Libération, la lutte mémorielle entre ces deux acteurs est immédiate, mais implicite. Nous avons affaire à deux discours parallèles. Au Général démiurge de la Résistance, le PCF répond en insistant sur le combat sur le sol national lui-même, sur le rôle du peuple et des ouvriers, sur les sacrifices des communistes[6]. Avec la Guerre froide, l'implicite devient explicite.

Maurice, Monneret Jean-Claude, Porte Corinne, Steiner Jean-Michel (dir.), *1948 : les mineurs stéphanois en grève. Des photographies de Léon Leponce à l'Histoire*, Saint-Étienne, Publications de l'Université de Saint-Étienne, 2011. Je remercie vivement le personnel des Archives municipales de Saint-Étienne pour sa collaboration.

5. Souvent, la métamorphose se traduit visuellement par l'abandon de l'uniforme au profit d'un costume civil (cf. Morin G., *op. cit.*), mais pas cette fois-ci.

6. Sur cette bataille symbolique, nous nous permettons de renvoyer à Buton Philippe, « Libération et mémoire de la Libération. Le témoignage iconographique », *in* Audoin-Rouzeau Stéphane, Becker Annette, Cœuré Sophie, Duclert Vincent, Monier Frédéric (dir.), *La politique et la guerre. Pour comprendre le XXe siècle européen. Hommage à Jean-Jacques Becker*, Paris, Editions Agnès Viénot-Noésis, 2002, p. 354-362 et Buton Philippe, *La joie douloureuse. La libération de la France*, Bruxelles, Complexe, 2004.

Visite du Général de Gaulle à Saint-Etienne le 4 janvier 1948
Illustration n° 1

Fonds Léon Leponce, Archives municipales de Saint-Etienne (Loire)

Visite du Général de Gaulle à Saint-Etienne le 4 janvier 1948
Illustration n° 2

Fonds Léon Leponce, Archives municipales de Saint-Etienne (Loire)

Visite du Général de Gaulle à Saint-Etienne le 4 janvier 1948
Illustration n° 3

Fonds Léon Leponce, Archives muncipales de Saint Etienne (Loire)

Visite du Général de Gaulle à Saint-Etienne le 4 janvier 1948
Illustration n° 4

Fonds Léon Leponce, Archives municipales de Saint-Etienne (Loire)

Visite du Général de Gaulle à Saint-Étienne le 4 janvier 1948.

Du côté gaulliste, on ne se prive pas de rappeler les épisodes fâcheux du passé. Ainsi, en janvier 1951, dans un hebdomadaire corrézien, Edmond Michelet fustige le discours pacifiste communiste en rappelant le pacte germano-soviétique, la fourniture de matières premières soviétiques à l'Allemagne d'Hitler et la demande de reparution de *L'Humanité* faite à la Kommandantur[7]. À la même période, le parti gaulliste colle sur les murs une affiche intitulée « Les collaborateurs au poteau », dans laquelle il promet le châtiment suprême aux collabos d'aujourd'hui que seraient les communistes en faisant le jeu des futurs envahisseurs russes[8].

Le PCF n'est pas en reste. En avril 1951, la direction du PCF imprime une fiche de propagande, envoyée dans ses sections pour nourrir les multiples propagandes communistes locales. Cette fiche de huit pages est divisée en quatre parties, et la première est significative des enjeux de mémoire puisqu'elle s'intitule « La légende du "premier résistant" » et que, par une ambitieuse reconstruction historique, elle tente d'assimiler de Gaulle et Pétain[9]. Déjà, dès septembre 1948, le vice-président communiste du Conseil général de l'Isère évoquait dans un discours « la légende surfaite de Premier Résistant de France »[10].

Ces deux discours mémoriels sont clairement antagonistes, mais, dans les deux cas, les résultats semblent peu probants. La mémoire est déjà ancienne, elle a été fixée dès la Libération à une époque pendant laquelle le prestige du Général était à son zénith et pendant laquelle le discours historico-politique du PCF était d'une puissance inimaginable, en particulier parce que les forces restées anticommunistes (et elles sont puissantes) demeuraient silencieuses, sacrifiant le passé conflictuel sur l'autel de l'union nationale.

Cette légende mémorielle communiste établie à la Libération est soigneusement entretenue pendant toute la Guerre froide. Ainsi le terme de parti des fusillés est systématiquement accolé au parti, soit sous la forme maximale du « parti des 75 000 fusillés », comme en Meurthe-et-Moselle, soit sous une forme atténuée, par exemple en Charente où le député Jean Pronteau parle des 75 000 communistes morts pour la France, dont 15 000 fusillés[11].

Aussi, malgré l'outrance du discours communiste, son analyse du passé déborde largement les rangs de ses seuls cadres ou militants. Cette prodi-

---

7. *Brive-Informations*, 16 janvier 1951, cité dans sa contribution par Gilbert Beaubatie, correspondant de l'IHTP pour la Corrèze.

8. Affiche reproduite dans Buton Philippe, Gervereau Laurent, *Le couteau entre les dents. 70 ans d'affiches communistes et anticommunistes*, Paris, Le Chêne, 1989, p. 111.

9. *De Gaulle et le RPF*, 1951. IHTP, Archives Jean Pronteau, JP 14.

10. Barrière Philippe, *Grenoble à la Libération (1944-1945). Opinion publique et imaginaire social*, Paris, L'Harmattan, 1995, p. 216.

11. IHTP, Archives Jean Pronteau, JP 14.

gieuse réussite mémorielle du PCF constituera pendant la Guerre froide un socle de puissance gigantesque que le parti utilisera sans compter.

En tout état de cause, seules les sensibilités gaullistes et communistes se disputent la scène mémorielle, du moins à l'échelle départementale. Dans nos archives départementales, toutes les autres tendances de l'opinion sont cruellement absentes. Du côté des indépendants et des radicaux, le déficit d'action pendant la guerre suffit à expliquer leur silence. Le problème est plus complexe du côté du MRP et du parti socialiste. Pendant la guerre, de nombreux membres de la SFIO ont participé à la Résistance, de même que de nombreux résistants appartiendront au MRP après la guerre. Mais, en tant que tel, le MRP n'a été créé qu'à la Libération et il lui est donc difficile de construire un discours mémoriel sur le thème du parti dans la Résistance. Du côté socialiste, le choix de ne construire aucune organisation spécifique de Résistance réduit considérablement ses capacités de propagande mémorielle : la diffusion du *Populaire* apparaît comme une action bien mince, tandis que revendiquer les actions de Franc-Tireur ou de Libération peut apparaître comme un exercice indu d'appropriation *a posteriori*.

Un deuxième élément explique l'énorme supériorité quantitative dans nos archives de la propagande mémorielle communiste : elle n'est pas monocorde. Car si le discours mémoriel gaulliste - pas dans la bouche du Général mais dans celle des gaullistes locaux - est quasi unique, centré sur la Résistance, la propagande mémorielle du parti communiste est foisonnante, remettant sous les feux de l'actualité une multitude d'événements du passé. Le communisme est à la fois une culture de l'écrit et une civilisation de la mémoire, deux facteurs qui démultiplient son héritage archivistique.

Enfin, troisième donnée qui intervient pour expliquer cette présence hiérarchisée : la force des organisations. Prenons l'exemple des forces extra-parlementaires. À l'instar du RPF ou du PCF, l'extrême droite comme l'extrême gauche ont un rapport étroit avec le passé. Pour eux aussi la mémoire est identitaire. Mais elles sont absentes des scènes mémorielles départementales. Elles peuvent éditer des organes nationaux, confectionner de modestes brochures, elles sont bien incapables d'entretenir un véritable courant d'opinion dans les départements. Leur absence dans notre enquête témoigne simplement de leur très faible densité sociale.

À l'inverse, le PCF fut le premier parti de France reconstitué, il fut le parti de masse par excellence et partout il impose son calendrier commémoratif, un calendrier qui apparaît extrêmement spécifique, dans ses choix comme dans ses modalités.

UN CALENDRIER COMMÉMORATIF SPÉCIFIQUE

Certains événements sont fêtés par le seul parti communiste ou ses organisations satellites. Ainsi, dans de nombreux départements français, commémore-t-on alors la création de l'Armée rouge le 23 février, la révolution d'Octobre[12], l'anniversaire de Joseph Staline en 1949, ou - réplique en mode mineur - celui de Maurice Thorez l'année suivante. La cérémonie de 1949 en l'honneur de Staline est aussi une gigantesque mise en abîme mémorielle, puisque les innombrables cadeaux que toutes les fédérations, sections et cellules de France ont remis au dirigeant soviétique sont très souvent des reliques des luttes passées, témoignant du statut particulier que la France, son peuple et son parti occupent dans l'imaginaire géopolitique du système communiste mondial, à savoir la fille aînée de l'Église communiste.

Toujours dans ce premier volet, une pratique souvent attestée dans les rapports des correspondants de l'IHTP reste la projection de films soviétiques, traitant souvent du passé, du passé révolutionnaire russe (*Les marins de Cronstadt*[13] par exemple) ou de la récente guerre mondiale. Le succès de ces projections semble mitigé. Nous n'avons qu'un seul exemple où l'affluence fut réelle : 700 spectateurs à Dôle en 1951, 600 en 1952[14]. Dans les autres départements étudiés, l'auditoire a du mal à s'élargir au-delà des proches sympathisants[15], d'autant que les militants communistes eux-mêmes sont particulièrement friands du cinéma américain, pourtant condamné par la presse du parti, comme Fabrice Montebello l'a montré dans sa thèse[16].

Dans un entre-deux mémoriel se trouvent des événements issus du passé communiste, mais que le parti a pu faire reprendre en charge par la communauté nationale, et il entend naturellement conserver ce capital symbolique. L'archétype en est le souvenir de Stalingrad et celui des martyrs communistes de la Résistance. Le principal vecteur de cette pratique commémoratrice est constitué par le travail toponymique de ses municipalités[17]

---

12. Exceptionnellement, à Martigues, les élus socialistes s'associent aux communistes pour pavoiser l'Hôtel de ville, en l'honneur de la révolution d'Octobre, malgré l'interdiction formulée par le sous-préfet d'Aix-en-Provence. Contribution de Jean-Claude Lahaxe pour les Bouches-du-Rhône.

13. Roger Philippe, « Un préfet de la guerre froide. Georges Phalempin et la fédération communiste du Pas-de-Calais de 1947 à 1956 », *Histoire et archéologie du Pas-de-Calais*, tome XXIV, 2006, p. 126.

14. Contribution de Rémy Gaudillier sur le Jura.

15. Contribution de Jean-Louis Étienne sur la Meurthe-et-Moselle.

16. Montebello Fabrice, « Joseph Staline et Humphrey Bogart, l'hommage des ouvriers. Essai sur la construction sociale de la figure du “héros” en milieu ouvrier », *Politix*, n° 24, 1993, p. 115-133.

17. Voir la contribution de Xavier Desbrosse.

et par l'apposition, de façon plus ou moins sauvage, des plaques commémoratives sur la façade des immeubles où résidaient ses martyrs. Ainsi, de 1947 à 1960, 164 plaques ou monuments commémoratifs ont été apposés sur les murs de Grenoble, la majorité à l'initiative du parti communiste[18].

Pour entrer dans le détail, reprenons l'exemple de Saint-Étienne, toujours grâce aux photographies de Léon Leponce. Avec la photographie nº 5, nous sommes le 24 septembre 1948. Une foule impressionnante participe aux funérailles d'une militante communiste, responsable locale et conseillère municipale. Or le parti communiste parvient, à cette occasion, à opérer une véritable captation mémorielle.

Pour cela, il transforme la cérémonie d'hommage à sa militante, Bénédicte Ramier, en une cérémonie rendant principalement hommage à son mari, Barthélémy Ramier, ancien secrétaire de la fédération communiste de la Loire, assassiné par les Allemands en juillet 1944, et à son beau-frère, Joseph Ramier, ancien secrétaire du syndicat CGT de la métallurgie, mort en déportation. Le cortège des funérailles est ainsi organisé de manière très particulière. Il est ouvert par une triple colonne d'anciens FTP en uniforme (illustration nº 5). Parmi ces FTP, l'ancien dirigeant du maquis FTP, Théo Vial-Massat, porte un cadre arborant les décorations du martyr communiste (Légion d'honneur, médaille de la Résistance et croix de guerre). Derrière les FTP sont placés le cercueil et la famille (illustration nº 6). Puis viennent les principaux dirigeants communistes de la Loire (illustration nº 7), disposés dans un ordre significatif : au premier rang les responsables de la fédération du parti, au deuxième rang, les responsables de la CGT et des jeunesses communistes[19], au troisième rang, les responsables des autres organisations communistes de masse. Quelques mètres sont ensuite laissés vides, puis défilent les membres du Conseil municipal, le Maire en tête, membre du RPF.

Le déroulé du cortège représente ainsi une véritable victoire symbolique du parti. Victoire qu'il s'emploie du reste à approfondir. Ainsi, lors de son discours au cimetière (illustration nº 8), alors que le Maire prononce, comme il est d'usage dans de telles circonstances, un discours œcuménique, le dirigeant du parti enfonce le clou en déclarant : « cette femme était dans l'assemblée municipale un remord vivant pour les pétainistes, les attentistes et les lâches qui tentent bien vainement de nier à la classe ouvrière le droit à la vie décente[20]. »

18. Barrière Ph., *op. cit.*, p. 261.
19. Appelées alors jeunesses républicaines.
20. Steiner Jean-Michel, *Le PCF dans la vie stéphanoise. Communisme dans une grande ville ouvrière sous la IVe République*, Thèse de doctorat d'histoire, Université de Saint-Étienne, 2005, p. 454.

Funérailles de Bénédicte Ramier, Saint-Étienne, 24 septembre 1948 Fonds Léon Leponce, Archives municipales de Saint-Étienne (Loire)
Illustration n° 6

Funérailles de Bénédicte Ramier, Saint-Étienne, 24 septembre 1948 Fonds Léon Leponce, Archives municipales de Saint-Étienne (Loire)
Illustration n° 6

Funérailles de Bénédicte Ramier, Saint-Etienne, 24 septembre 1948
Illustration n° 7
Fonds Léon Leponce, Archives municipales de Saint-Etienne (Loire)

Funérailles de Bénédicte Ramier, Saint-Etienne, 24 septembre 1948
Illustration n° 8
Fonds Léon Leponce, Archives municipales de Saint-Etienne (Loire)

Funérailles de Bénédicte Ramier, Saint-Étienne, 24 septembre 1948.

Le troisième élément de cet imposant calendrier communiste renvoie à la commémoration spécifique de faits consensuels. Pendant cette période, trois sont notables : Jeanne d'Arc[21], le 6 février 1934 et la révolution de 1848.

Là où ils le peuvent, par exemple dans la Loire le 12 février 1952[22], le PCF et la CGT organisent des grèves commémoratives de la journée du 12 février 1934. Cela permet de titiller les militants socialistes en faisant miroiter le souvenir toujours vif de la période du Front populaire. Et la thématique d'un nouveau Front populaire à construire est systématiquement utilisée par le PCF pendant toute la période[23].

Le hasard qui veut que le centenaire de la révolution de 1848 se produise pendant cette période permet au PCF d'illustrer à nouveau son génie de l'appropriation historique. Comme l'a parfaitement montré Jean-Luc Mayaud[24], le processus qui avait été lancé en février 1947 de façon tout à fait consensuelle se fracasse sur la Guerre froide, et le PCF parvient à détourner une bonne partie de la commémoration de 1848 de la révolution pacifique de février vers les luttes de classes sanglantes de juin, parvient à passer du souvenir de la République à l'exaltation de la Sociale et à la condamnation de la République bourgeoise.

En-dehors de ce strict ordonnancement des commémorations, la mémoire demeure également toujours présente par le biais d'un recours systématique à un passé référentiel qui, en creux, éclaire bien certaines des obsessions de la période.

Revisiter et réviser le passé

De Gaulle se rend à Grenoble en septembre 1948. Le Général parle dans un meeting, le PCF organise un contre-meeting, les services d'ordre respectifs s'affrontent et un militant communiste est tué par balle. C'est un ancien FTP. La plaque commémoratrice à sa mémoire est explicite dans cette mise en abîme mémorielle : « Lucien Voitrin, FFI tué à l'ennemi »[25],

21. Voir la contribution de Danielle Chevallier.
22. Steiner J.-M., *op. cit.*, p. 454.
23. Par exemple contribution de Rémy Gaudillier pour le Jura.
24. Mayaud Jean-Luc, « Le centenaire de la révolution de 1848 en France : unité et éclatement », *Revue d'histoire du XIXe siècle* [En ligne], 14/1997, mis en ligne le 27 juin 2005, consulté le 04 juin 2013.
URL :http://rh19.revues.org/108 ; DOI : 10.4000/rh19.108.
25. Contribution de Gil Emprin pour l'Isère.

tandis que l'hebdomadaire communiste évoque un combattant « frappé par une balle des SS d'un apprenti-dictateur »[26].

Autre passé référentiel régulièrement mis à contribution, à nouveau les événements du 6 février 1934. Ainsi, rendant compte de la prise d'assaut de sièges du PCF le 7 novembre 1956, les journaux communistes départementaux utilisent très fréquemment le terme de « six-févriéristes »[27]. Mais, en 1956, l'Histoire est tellement sollicitée qu'elle passe du statut de simple passé référentiel à celui de véritable grille interprétative.

Face aux événements hongrois, deux grilles de lecture dominent les esprits. En premier lieu, la thématique URSS contre indépendance des peuples. Ainsi, dans les Bouches-du-Rhône, *Le Provençal* rapproche le comportement soviétique avec celui du Tsar contre le printemps des peuples en 1848[28]. La deuxième grille de lecture, qui se mélange à la première, oppose la liberté à la dictature. Les combattants hongrois sont fréquemment désignés sous le terme de « résistants », et *Le Provençal* oppose les « résistants » et les « collabos » hongrois, parlant même des « FFI hongrois »[29].

Confrontée à cette double perception des événements hongrois, la propagande communiste tente d'y substituer une vision alternative, traditionnelle pour elle, le conflit fascisme/antifascisme. Et ce dans les deux aires géographiques. Les insurgés hongrois sont des fascistes. La section communiste du port de Marseille stigmatise les « rats fascistes émigrés après 1945 » qui sont revenus « en avions » d'Autriche, d'Allemagne et d'Afrique [30]. Mais les anticommunistes français le sont aussi. « Halte au

26. Barrière Ph., *op. cit.*, p. 222. L'exercice est pourtant délicat car, avant de devenir communiste, Lucien Voitrin avait été membre du PPF et de la Milice (*ibid.*).

27. *Le Patriote* (journal communiste de la Loire), 8 novembre 1956, cité par Steiner J.-M., *op. cit.*, p. 454. La même référence mémorielle est utilisée par le dirigeant communiste de l'Hérault Joseph Lazare (contribution d'Hélène Chaubin pour l'Hérault : « Hérault, 1956-1957 »). Voir également Roger Ph., *op. cit.*, p. 130.

28. Contribution de Jean-Claude Lahaxe sur « Les événements hongrois de 1956 dans les Bouches-du-Rhône ».

29. *Ibid.* Cf. également la contribution de Gérard Bourdin pour l'Orne.

30. Contribution de Jean-Claude Lahaxe sur « Les événements hongrois de 1956 dans les Bouches-du-Rhône ». Même argumentation dans un tract de la CGT en Meurthe-et-Moselle : l'insurrection hongroise aurait eu pour but « d'arracher la terre et les usines aux travailleurs et d'instaurer un régime fasciste, avec à la tête un cardinal et un amiral », tandis qu'un tract communiste diffusé dans le même département dénonce « les insurgés fascistes de Hongrie, à l'appel de l'amiral Horthy, compagnon d'armes de Hitler » (cités dans l'article de Jean-Louis Étienne sur « Les événements hongrois de 1956 en Meurthe-et-Moselle »).

fascisme » proclame un tract des dockers cégétistes marseillais le 8 novembre 1956[31].

D'où l'inscription des événements de 1956 dans toute une chaîne de continuité historique qui commence par l'incendie du Reichstag en 1933[32], se prolonge par l'émeute fasciste du 6 février 1934, puis par le complot de Munich[33], et se poursuit enfin par l'occupation[34].

Emportés par leur élan, certains propagandistes font du zèle en voyant dans l'intervention soviétique le moyen d'empêcher la déstabilisation des Balkans, autrement dit le retour à la situation précédant la Première Guerre mondiale. L'URSS a ainsi sauvé la paix mondiale, déclare le secrétaire fédéral des Bouches-du-Rhône Pierre Doize[35]. À Strasbourg, les responsables cégétistes utilisent la même référence suprême : « Nous avons déjà vécu cela en 1939. L'occupation nazie, la guerre qui a coûté la vie à des dizaines de milliers de nos compatriotes en a été la conséquence. Déjà, à la veille de la Première Guerre mondiale, les capitalistes ont fait assassiner le dirigeant socialiste Jean Jaurès pour décapiter le mouvement d'opposition[36]. »

Naturellement, ce passé référentiel qui est utilisé est un passé revisité, voire rectifié. C'est l'image des Américains dans la propagande communiste qui illustre le mieux cette pratique. En 1946, le journal communiste stéphanois prenait soin de dédouaner les Américains de toute responsabilité dans les pertes civiles liées aux bombardements : « Il fallait réduire les points industriels, empêcher tout trafic, démoraliser l'ennemi et cela par tous les moyens. La radio alliée avait beau nous prévenir, elle ne pouvait pas donner de détails[37]. » Trois ans plus tard, ce souvenir est largement revisité et, évoquant ces mêmes bombardements, un organe communiste, toujours de Saint-Étienne, condamne ce qu'il appelle désormais le « massacre des Innocents » en publiant des témoignages de femmes et d'enfants

31. Contribution de Jean-Claude Lahaxe sur « Les événements hongrois de 1956 dans les Bouches-du-Rhône ».

32. Tract communiste, rapport des RG, 7 novembre 1956, Archives départementales des Bouches-du-Rhône (AD-BDR) 148 W 282, cité dans *Ibid.*

33. Tract communiste à destination des travailleurs de la Société provençale de constructions navales, 17 novembre 1956, *ibid.*

34. *Ibid.*

35. 2 décembre 1956, cité dans *Ibid.*

36. Contribution de Nicolas Monod sur les événements de Hongrie à Strasbourg et dans le Bas-Rhin. Les cégétistes strasbourgeois sont d'ailleurs enclins à l'emphase car une autre motion cégétiste stigmatise ces mêmes événements en écrivant que « les travailleurs se rappellent trop bien des méthodes de la Gestapo hitlérienne et ont dû constater que les brutalités des meneurs fascistes dépassaient de loin celles de la Gestapo ».

37. *Le Cri du Peuple*, 27 mai 1946. Cité par Steiner J.-M., *op. cit.*

survivants[38]. À l'autre bout de la chaîne idéologique, en revanche, à Châlons-sur-Marne, alors qu'un train de munitions américain explose en gare, les journalistes de la presse locale prennent soin de ne pas rappeler le bombardement américain de la gare en 1944, rapprochement pourtant évident aux yeux des contemporains[39].

L'assimilation des anciens libérateurs aux anciens occupants est une constante de la propagande communiste pendant toute cette période. L'utilisation des faits divers est très prisée par les propagandistes communistes, et notamment la conduite, effectivement souvent particulière des soldats américains. Ainsi, un accident mortel à Melun en mars 1952 donne matière, à la Une de l'hebdomadaire de la CGT, à un violent éditorial du directeur politique de *La Vie ouvrière*, Gaston Monmousseau : « la place me manque et l'odeur des égouts me suffoque [...] Gadois fut volontairement serré par un camion américain contre le mur et férocement broyé puis traîné et laissé sur place par un soudard américain, l'autre jour, à Melun, ville française. » Juste au-dessus de la photo de l'homme mort, la fin de l'éditorial est d'une rare violence : « Qu'ils s'en retournent en Amérique les soudards ! que le sol de France leur brûle les pattes ! Si vous vous trouvez seuls en face de plusieurs, détournez-vous et crachez, sifflez partout où ils se trouvent : au ciné, au café, dans la rue. Mais rassemblez-vous, unissez-vous, bonnes gens de France et agissez : il est temps, c'est la sauvagerie, l'humiliation, la guerre et la peste qu'ils nous apportent. Il faut en libérer la Patrie[40]. » Signe de l'intensité de cette propagande, nous retrouvons cette thématique des nouveaux occupants dans tous les départements étudiés[41].

Cette révision de l'histoire peut aussi concerner l'URSS. En décembre 1951, le dirigeant communiste ardennais présente ainsi l'offensive des Ardennes de décembre 1944 dans une lettre ouverte adressée à Staline : « aucun patriote n'a oublié que c'est grâce à l'ordre donné par vous pour

38. *Le Patriote*, 22 août 1949. Cité par *Ibid.*

39. Contribution de Xavier Desbrosse sur « le train, enjeu de Guerre froide dans la Marne ».

40. *La Vie ouvrière*, n° 395, 26/3-1/4.1952.

41. Par exemple une affiche de la Fédération communiste du Jura reproduite dans Gaudillier Rémy, « Tavaux au cœur de la guerre froide », *Tavaux 2005-2006*, Lons-le-Saunier, Société d'émulation du Jura, 2007, p. 180 ; pour Orléans, cf. communication de Danielle Chevallier ; pour Châtellerault, cf. AD Vienne, 1 W 4082, reproduit dans la contribution de Marie-Claude Albert, Jean-Luc Gillard (avec l'aide de Jean-Noël Lattwein et d'Ismaël Fahim) : « Les Américains dans le Châtelleraudais : le dépôt d'Ingrandes-sur-Vienne ». Pour Evreux, cf. note rédigée par Laurent Chevrel et Axelle Bergeret-Cassagne, « Les bases militaires américaines en France (1950-1967) », Mm Paris-IV (dir. Pascal Griset), 2005.

avancer de plusieurs semaines la grande offensive de l'Armée Rouge que nous avons de justesse évité une deuxième invasion en décembre 1944[42]. »

Naturellement, un discours propagandiste est une chose, son impact une autre. Par conséquent, il convient de se demander si ces politiques mémorielles pénètrent réellement dans l'opinion publique.

L'INCONSCIENT MÉMORIEL

Quels sont les épisodes du passé qui hantent l'inconscient national et avec quelle intensité ? Un des éléments qui frappe le plus le lecteur des travaux des correspondants de l'IHTP, reste le poids de la Première Guerre mondiale et la place symbolique du monument aux morts. Dans la plupart des départements étudiés, le monument aux morts joue ainsi un rôle majeur lors des événements hongrois de 1956. Presque partout, les manifestations en l'honneur des Hongrois réprimés par l'armée soviétique commencent par un rassemblement devant le monument aux morts, fréquemment marqué par un dépôt de gerbe. Il y a deux exceptions à cette règle : à Marseille, c'est le monument des Mobiles qui, édifié en 1893 pour commémorer la lutte patriotique de 1870, joue ce rôle[43]. À Nancy, le monument aux morts étant excentré, c'est le monument d'Alsace-Lorraine qui remplit la fonction[44], mais, dans les deux cas, le jeu mémoriel demeure identique.

Le 11 Novembre apparaît ainsi comme une date sacrée, d'autant plus sacrée que les Allemands avaient interdit sa célébration pendant l'Occupation. Mais, ce qui apparaît notable c'est que le souvenir du 11 Novembre est, à partir de la Libération, annexé par celui de la Résistance. Ainsi, à Reims, en 1945, sont étroitement associées les commémorations des deux guerres et cette annexion se prolonge pendant de nombreuses années.

Ce phénomène d'annexion peut bien sûr s'expliquer par le poids des événements les plus récents. Mais il peut aussi renvoyer à un autre phénomène, de même nature que le concept de guerre de Trente Ans cher au général de Gaulle. Dans les deux cas, avant tout inconsciemment, on rehausse la perception des sacrifices des combattants de la Seconde Guerre mondiale par celui, indiscutable, des combattants de la Première.

Dans le même temps, que souhaite-t-on honorer le 11 Novembre ? Témoigner à la fois de la force du traumatisme et de la geste libératrice. À

42. *Liberté*, 29 décembre 1951, cité dans la contribution de Gilles Déroche.
43. J.-C. Lahaxe, *op. cit.*
44. J.-L. Étienne, *op. cit.*

l'échelle de la France - et c'est la grande différence avec la commémoration de 14-18 pendant l'entre-deux-guerres - c'est le second élément qui l'emporte. En effet, dans les années 1920, c'était l'image de la souffrance qui s'imposait. Mais, après la Seconde Guerre mondiale, les affects doloristes deviennent secondaires, et l'entrée dans la Guerre froide, dans ce domaine, ne représente aucune rupture. Même l'archétype de l'horreur qu'est Oradour n'est pas uniquement, n'est pas principalement le rappel de la tragédie. Le PCF réalise ainsi une parfaite captation de souffrance au service de la lutte politique. Pascal Plas a minutieusement analysé ce pèlerinage de la paix monté par le PCF en juin 1949[45]. Ainsi, souffrance et recueillement, à la différence de l'entre-deux-guerres, deviennent toujours associés à une action politique. L'argumentaire des communistes d'Oradour-sur-Glane est limpide : le premier temps est le rappel d'une souffrance intacte - « on revoit le boche martelant nos pavés de ses bottes, on revoit les pendus de Tulle, les partisans fusillés au petit jour, l'église d'Oradour et les enfants brûler et on pense que les assassins sont toujours choyés dans les prisons de monsieur Queuille » - puis, deuxième temps, celui de l'action : on en appelle aux résistants « qui ne feront jamais la guerre aux côtés des bourreaux d'Oradour contre les vainqueurs de Stalingrad »[46].

L'exemple du Vercors est également révélateur. Le Vercors représente un double lieu de mémoire : celui d'un maquis combattant, et celui des massacres de l'occupant. Ce double lieu de mémoire possède un double rattachement géographique : le Vercors combattant c'est le Vercors de l'Isère, car ce sont des Grenoblois qui ont créé le maquis ; le Vercors martyr c'est le Vercors de la Drôme, le lieu des massacres. Or, la mémoire du Vercors fut captée par Grenoble, avant comme après l'ouverture de la Guerre froide[47].

Les autorités officielles essaient progressivement d'infléchir cette commémoration du 11 Novembre. D'abord en la dépolitisant, en la militarisant, autrement dit en essayant de renouer avec la tradition d'avant-guerre où le 11 Novembre, du moins dans les grandes villes, s'incarnait dans le défilé des troupes. Selon les départements, l'essai est plus ou moins transformé, mais les anciens résistants occupent une place de moins en moins importante et la population retrouve un simple rôle de spectatrice.

Autre inconscient mémoriel à relever, celui de l'État. Lors de la vague de grèves de 1947, les bruits se multiplient évoquant la constitution de « brigades internationales » composées de communistes étrangers ar-

45. Contribution de Pascal Plas : « 1949, Oradour au carrefour de la guerre froide ».
46. Cité par P. Plas, *op. cit.*
47. Contribution de G. Emprin, *op. cit.*

més. Cette rumeur est relayée par le préfet du Pas-de-Calais[48] et jusqu'au président de la République Vincent Auriol[49]. Peu de temps après, quand les services de l'État envisagent de lutter contre de futurs maquis pro-soviétiques, ils se contentent pour l'essentiel de reprendre l'ancienne cartographie des maquis de la Résistance[50]. Il est d'ailleurs assez ahurissant de voir que les fonctionnaires des Renseignements généraux utilisent les termes, non seulement eux aussi de Brigades internationales, mais encore de FTP et de MOI pour désigner les troupes armées clandestines du PCF[51]. Il y a toutefois un pas qui n'est pas franchi. En Italie, le communiste est parfois représenté en résistant, en *partigiano* armé et belliqueux[52]. En France, une telle représentation n'existe pas, signe que la Résistance, et toute la Résistance, demeure une référence sacrée.

Si ces structures mémorielles sont relativement stables, elles se révèlent plus ou moins agissantes selon les différentes phases de la Guerre froide, dessinant ainsi de véritables conjonctures mémorielles.

Les conjonctures mémorielles

Du côté gaulliste, la densité mémorielle semble connaître une histoire en trois étapes. Le premier temps est celui de l'affirmation. À partir d'avril 1947, la création du RPF signifie la multiplication des références à l'histoire récente, à la Résistance, à la France libre et au 18 Juin. Il s'agit de contrebalancer la propagande mémorielle communiste, alors quasi hégémonique. Sur ce plan précis, l'ouverture de la Guerre froide ne fait qu'acérer la pointe anticommuniste.

Le deuxième temps est celui de l'estompage. Il se produit en plusieurs phases. Les deux premières datent du RPF : ayant solidement assis

48. Roger Ph., *op. cit.*, p. 121.

49. Auriol Vincent, *Journal du septennat, 1947-1954.* Tome 1, *1947*, Paris, Armand Colin, 1970, p. 485-486, rééd. Paris, Tallandier, 2003.

50. Contribution d'Olivier Büttner et d'Annie Martin, « Imaginaires de guerre : l'ennemi intérieur en Guerre froide. France, années 1950 ».

51. Rapport des Renseignements généraux sur le PCF, 1950, p. 1145 *sq.*, Archives nationales, n° 19960325, document communiqué par Olivier Büttner.

52. Novelli Edoardo, *Le elezioni del quarantotto*, Roma, Donzelli, 2008, cité par Girard Pascal, « Une gauche extrême ou une gauche « de l'étranger » ? Représentations et stigmatisations des partis communistes français et italien au début de la guerre froide », *in* Michel Biard, Bernard Gainot, Paul Pasteur, Pierre Serna (dir.), *« Extrême » ? Identités partisanes et stigmatisation des gauches en Europe (XVIIIe-XXe siècles)*, Rennes, PUR, 2012, p. 310.

l'image de l'homme du 18 Juin, la propagande du RPF dans les départements atténue la dimension historique de cette propagande au bénéfice d'un discours politique plus pratique et prospectif[53]. La deuxième phase de l'estompage, vers 1950, résulte de l'affaiblissement du RPF. La troisième phase, à partir de 1953, renvoie naturellement à la traversée du désert. Le Général ne disposant plus d'un parti à sa disposition, le message gaulliste devient infiniment moins présent qu'auparavant dans l'espace public.

Le troisième temps est celui de la renaissance du discours public historique gaulliste. Celle-ci aussi opère en deux temps. Le premier démarre sous la IVe République avec l'énorme succès d'édition que sanctionne la publication des Mémoires de guerre du Général qui réactivent son image et sa légitimité historiques. Puis prenant appui sur cette trame historique désormais gravée dans le marbre, dès le retour au pouvoir du général de Gaulle, une fièvre commémoratrice s'empare des scènes nationale et départementales. À l'échelle nationale, l'importance de la cérémonie du mont Valérien est rehaussée et de très nombreuses commémorations ont lieu, la plus importante étant celle, bien connue, du transfert des restes de Jean Moulin au Panthéon en 1964[54].

Face à cette chronologie gaulliste, celle de sa concurrente communiste se révèle peu différente, avec cependant une moins forte irrégularité, car la propagande mémorielle communiste ne s'interrompt jamais. Là aussi, nous observons clairement trois poussées d'affirmation historique. L'ouverture de la Guerre froide, lorsque le glorieux passé du parti est utilisé comme bouclier dans cette période où il multiplie les postures provocatrices. La période 1950-1954, lorsque le rappel de l'occupation est l'argument majeur utilisé contre le réarmement allemand. Les années 1960 lorsque renaît dans toute sa majesté la concurrence mémorielle de Gaulle-PCF.

Et la population dans tout ça ? Est-il possible de dessiner une courbe conjoncturelle de sa sensibilité mémorielle dominante ?

La première phase apparaît celle du consensus, un consensus ample et actif, qui se prolonge jusqu'à l'ouverture de la Guerre froide. Les cérémonies sont alors largement suivies par la population, et les autorités offi-

53. Christian Delporte avait déjà observé ce phénomène, cf. Delporte Christian, « La Résistance dans la propagande gaulliste. Discours et images », *in* Lachaise B. (dir.), *op. cit.*, p. 25-44.

54. Sur tous ces épisodes, se reporter en priorité aux nombreux travaux d'Henry Rousso, en particulier Rousso Henry, *Le syndrome de Vichy, de 1944 à nos jours*, Paris, Le Seuil (1987), 1990 ; Rousso Henry, Conan Eric, *Vichy, un passé qui ne passe pas*, Paris, Fayard, 1994 ; Rousso Henry, *Vichy : l'événement, la mémoire, l'histoire*, Paris, Gallimard, 2001 ; sans oublier son passionnant essai épistémologique Rousso Henry, *La dernière catastrophe : l'histoire, le temps présent, le contemporain*, Paris, Gallimard, 2012.

cielles comme la multitude d'organisations sociales commémorent le passé de façon consensuelle : au même endroit, à la même heure, et les discours sont globalement œcuméniques, même si la tonalité dominante des discours renvoie à une perception du récent conflit plus proche de la vision communiste que gaulliste.

Progressivement, la division s'installe. Mais le plus frappant reste que les divisions locales succèdent au schisme national ; elles ne le précèdent pas. On peut prendre l'exemple de la polémique sur le Vercors. Celle-ci éclate à Grenoble en octobre 1948, lorsque l'hebdomadaire communiste isérois écrit : « Nous avions raison : de Gaulle a bien trahi le Vercors »[55]. Or, observe Gil Emprin, même si un malaise existait dans la région, la polémique est issue de Paris, par le biais d'un article de Fernand Grenier de novembre 1947. Et, un an plus tard, lorsque la polémique devient ouverte, elle demeure, selon Gil Emprin, « moins virulente, moins violente, comme si on n'osait pas casser le bijou mémoriel du Vercors »[56].

Partout la division s'installe. Dans les départements règne désormais la concurrence : les associations unitaires éclatent, la tension entre la FNDIR et la FNDIRP s'exacerbe. Des contre-commémorations communistes sont interdites par le préfet ou, le plus souvent, des commémorations concurrentes ont lieu, soit en des lieux différents soit avec des horaires décalés. Épisodiquement, des heurts ont lieu, ainsi dans le bastion communiste du pays haut lorrain[57]. Le 11 novembre 1948 à Paris, sur les Champs-Élysées, non seulement se déroulent deux cérémonies concurrentes, mais le défilé des anciens combattants et résistants communistes donne lieu à d'importants affrontements avec la police. Dans les Ardennes, le souvenir du grand événement de la résistance ardennaise, le massacre par les Allemands de nombreux maquisards des Manises, ne suffit pas à préserver l'unité. En avril-mai 1948, le PCF tente d'empêcher l'inauguration par le président de la République, Vincent Auriol, d'un monument en l'honneur des martyrs des Manises, en lançant une violente polémique dans la presse locale[58]. Dans le Pas-de-Calais, le lieu de mémoire par excellence de la Résistance reste le Mémorial des fusillés d'Arras. Il est inauguré en septembre 1949 en présence du maire d'Arras (Guy Mollet), d'Édouard Herriot et du dirigeant communiste Auguste Lecœur. Ce dernier en profite pour dénoncer le réarmement allemand et annoncer « qu'éventuellement les mineurs prendraient à la gorge

55. *Le Travailleur alpin*, 2 octobre 1948, cité par Barrière Ph., *op. cit.*, p. 218.
56. Contribution de Gil Emprin pour l'Isère.
57. Contribution de Jean-Louis Étienne pour la Meurthe-et-Moselle.
58. Contribution de Gilles Déroche pour les Ardennes.

les agresseurs de l'URSS »[59], et Guy Mollet et Édouard Herriot sont copieusement hués par les militants communistes présents.

À partir de 1950, les relations entre les deux blocs se durcissent encore en raison de l'initiative de David Rousset, souvent relayé par les antennes départementales de la FNDIR, visant à mobiliser les anciens déportés dans la dénonciation du Goulag. Parfois, la mise au service de la politique générale du PCF de ces diverses organisations d'anciens résistants est telle qu'elle provoque des malaises et des ruptures. Ainsi, en Meurthe-et-Moselle, des scissions interviennent dans plusieurs sections de la FNDIRP[60].

Cependant, un léger bémol doit être mis à cette rupture du consensus. Il y a d'abord quelques exceptions. La plus notable demeure celle du grand quotidien régional champenois, *L'Union*, à l'origine propriété du comité départemental de la Libération de la Marne et qui institue, lors de sa création en 1944, la coutume de confier - en alternance - la rédaction de l'éditorial quotidien aux organisations de la Résistance, membres de ce CDL. Or, cette coutume perdure après la rupture de 1947, d'où l'apparition hebdomadaire de violents articles communistes en première page, situation pour le moins baroque au regard du reste de la presse quotidienne régionale non communiste.

Si les symboles comme Oradour, les Manises ou les fusillés d'Arras, n'ont pas permis de dépasser des divisions, d'autres départements, comme la Meurthe-et-Moselle, ont su maintenir une unité apparente, au moins pour les grandes manifestations officielles ou pour l'inauguration de monuments commémoratifs. Certaines personnalités ont pu jouer un rôle notable dans ce maintien partiel d'une certaine solidarité du souvenir, tel l'Abbé Pierre dans ce dernier département.

Il y a surtout le fait que, même au plus fort des affrontements entre les nébuleuses communiste et anticommuniste, toutes les associations d'anciens résistants se retrouvent pour un discours parallèle, et parfois commun, sur trois points qui demeurent leur patrimoine partagé pendant toute cette période : la défense des intérêts des résistants et des déportés, la condamnation du retour sur la scène politique d'anciens vichystes et le refus du réarmement allemand[61].

La troisième période est celle du retour au consensus. Le début de cette période demeure difficile à dater, tant d'une part le processus est progressif et tant d'autre part il n'est jamais achevé, jusqu'à aujourd'hui. Pour autant, il existe une tendance à privilégier à nouveau l'unité sur la division.

---

59. Rapport des Renseignements généraux, 19 septembre 1949, cité par Roger Ph., *op. cit.*, p. 132.
60. Contribution de Jean-Louis Étienne pour la Meurthe-et-Moselle.
61. Contribution de Gil Emprin pour l'Isère.

Une certitude : dans aucun département, l'infléchissement ne se produit avant 1953. Mais, après la mort de Staline et la fin de la guerre de Corée, des premiers apaisements apparaissent. À Troyes, en 1955, l'érection du monument de la Résistance apparaît assez consensuelle[62]. En 1956, à Grenoble, *Nuit et Brouillard* bénéficie d'une projection assurée en commun par la FNDIRP et l'UNADIF[63]. En avril 1956, au nom du souvenir de la Résistance, les communistes et les socialistes du Pas-de-Calais organisent ensemble une manifestation contre une cérémonie d'hommage à Pétain à l'occasion du centenaire du Maréchal, natif du département[64].

Mais ces quelques apaisements sont brusquement effacés devant le traumatisme des événements hongrois. De telle sorte que le véritable consensus ne semble à nouveau réalisé qu'à partir de 1964[65]. Ainsi, pour ce 20e anniversaire de la Libération, en Meurthe-et-Moselle, des urnes contenant des cendres de déportés sont disposées dans divers monuments (Nancy, Lunéville, etc.) et l'hommage est cette fois-ci consensuel. Mieux même, l'année suivante et toujours en Meurthe-et-Moselle, pour l'anniversaire de la libération des camps, des troupes américaines participent aux cérémonies avec, nous dit Jean-Louis Étienne, « une reconnaissance respectueuse de la part des populations et sans susciter cette fois-ci la moindre réprobation du côté communiste »[66].

Cet apaisement n'est toutefois pas général. Ainsi, le PCF et les organisations proches de lui, maintiennent pendant toute la période un discours très germanophobe. À titre d'exemple, le grand voyage de réconciliation que fut le voyage d'Adenauer en France à l'été 1962 est marqué par de nombreuses protestations des organisations communistes d'anciens combattants ainsi que, dans les villes visitées par Adenauer, telle Reims, par des tentatives de manifestations hostiles. La grande différence avec la décennie précédente, c'est que le sentiment populaire a changé et la population ne reprend plus à son compte ces manifestations anti-allemandes.

En définitive, pendant la Guerre froide, les jeux de mémoire représentent un véritable mille-feuille mémoriel, mais un mille-feuille stratigraphiquement différencié. De Jeanne d'Arc au colonel Fabien, en passant par Victor Hugo ou Clemenceau, les passés sollicités sont innombrables. Pour autant, certains étages stratigraphiques demeurent plus épais que les autres.

---

62. Contribution de Pascal Girard pour l'Aube.
63. Contribution de Gil Emprin pour l'Isère.
64. Rapport du préfet du Pas-de-Calais, 7 mai 1956 (AD-PDC, 1 W 8148). Cf. Roger Ph., *op. cit.*, p. 147.
65. Contribution de Gil Emprin pour l'Isère.
66. Contribution de Jean-Louis Étienne pour la Meurthe-et-Moselle.

Les étages les plus sollicités sont ceux de la Révolution française, des révolutions du XIXe siècle, de la Première et de la Seconde Guerre mondiale.

Et l'observateur sort de cet examen avec un double sentiment. Le premier est que la Seconde Guerre mondiale reste le phénomène mémoriel majeur explicite, celui qui fonctionne comme une matrice identitaire. Cependant, sourd aussi le sentiment qu'un autre phénomène majeur, implicite celui-là, s'impose en parallèle : la Première Guerre mondiale, dont l'ombre portée demeure toujours aussi puissante et naturellement réactivée par la Seconde. Et il semble que la Guerre froide n'ait jamais réussi à imposer sa propre grille symbolique. Dans cette première période de la Guerre froide, le paysage mémoriel dominant reste structuré par le rapport à l'Allemagne : la Guerre froide demeure alors vécue et déterminée par la guerre de Trente Ans.

Épilogue

La guerre d'en bas n'aura pas lieu

Henry Rousso

Traquer les traces d'une guerre sur des territoires où aucune confrontation physique, voire même aucune violence ou presque n'a eu lieu était une tâche particulièrement ambitieuse. Elle a obligé les chercheurs investis dans cette entreprise à inventer ou réinventer des sources, à les relire avec un autre regard, à développer autrement des thématiques comme l'histoire des représentations, des émotions ou encore de la mémoire, à faire preuve en somme, plus que de coutume, d'imagination. La problématique impliquait de privilégier un aspect de l'analyse récente des conflits : celui de la « culture de guerre ». La richesse de l'enquête montre cependant que cette notion ne se limite pas à une histoire exclusivement culturelle, mais relève tout autant d'une histoire politique, sociale, militaire, économique qui peut aisément dialoguer avec la science politique ou la sociologie. Comment une société anticipe-t-elle une catastrophe redoutée sinon attendue ? Comment la traverse-t-elle suivant les lieux, les moments, les générations, les sexes ou les milieux sociaux ? Comment, enfin, en sort-elle et comment s'opère la démobilisation des corps et des esprits ? Pour les grands conflits européens du XXe siècle qui ont entraîné des destructions humaines et physiques considérables, les effets de la guerre, de la souffrance, du deuil sont des éléments vivaces, donc aisément visibles, très longtemps après les faits. Ils ont produit des sources inépuisables pour des générations d'historiens, comme en témoigne le renouvellement de l'historiographie de la Grande Guerre dans le contexte du centenaire de 1914. Mais pour un conflit latent, qui n'a donné lieu qu'à des affrontements ailleurs qu'en France métropolitaine, il en va tout autrement – même si les guerres de décolonisation se déroulent dans le contexte de la Guerre froide.

Aucune ville ou village français n'a été complètement épargné par la Première ou par la Seconde Guerre mondiale : soldats mobilisés, tombés au front ou prisonniers de guerre ; civils bombardés ; femmes seules ou veuves, parfois mobilisées au travail sur le front de l'arrière ; otages, opposants, résistants, étrangers, juifs, arrêtés, exécutés ou déportés, autant d'expériences qui ont fini, avec le temps, par s'inscrire dans des lieux de mémoire matériels ou immatériels. Mais la Guerre froide, où est-elle ? Combien de monuments lui sont dédiés ? Comment même parler de

« guerre » dès lors que l'on quitte le niveau international et quelques secteurs bien précis, comme la politique étrangère ou la défense ? Comment éviter de ne parler que des aspects politiques et idéologiques de ce conflit particulier ? La réussite de cet ouvrage est pourtant bien là : avoir fait apparaître telle une archéologie du temps présent des traces parfois dissimulées par d'autres événements, avoir proposé une autre vision, une autre interprétation de ce conflit par l'observation locale, à des échelles parfois très modestes. Née d'une question quelque peu abstraite au départ puisque les traces de cette guerre n'étaient précisément pas visibles à l'échelle infranationale, l'entreprise s'est révélée originale et pionnière, inscrite dans une historiographie encore peu développée[1].

Une enquête au plus près du terrain

C'est l'occasion de rappeler ici à quel point le réseau des correspondants de l'IHTP, moteur du projet, sous la direction des trois maîtres d'œuvre aux talents complémentaires, a toujours été associé aux innovations historiographiques dans le champ de l'histoire des conflits contemporains. Créé au sein de la Commission d'histoire de l'Occupation et de la Libération née à l'automne 1944, ce réseau couvre très vite l'ensemble des départements métropolitains et constitue l'outil de prédilection des premières enquêtes de repérage d'archives et de témoins. Dès l'origine, il comprend des archivistes municipaux ou départementaux, des instituteurs, des professeurs de collège ou de lycée, des inspecteurs d'académie, d'anciens résistants, des militaires en retraite, des élus et fonctionnaires[2]. Avec le temps, sont venus s'y ajouter des doctorants ou de jeunes chercheurs dont certains ont fait par la suite une car-

1. On peut signaler des travaux similaire pour les États-Unis : Wiener Jon, *How We Forgot the Cold War. A Historical Journey across America*, Berkeley, University of California Press, 2012, ainsi que le projet lancé au milieu des années 2000 par le Ludwig Boltzmann Institute for European History and Public Spheres, aujourd'hui disparu, « Cold War & European Public Spheres, 2005 to 2009 ».

2. Commission d'histoire de l'Occupation et de la Libération de la France, *Bulletin intérieur*, 1, janvier 1948 (Bibliothèque de l'IHTP, RV 410). Sur l'histoire de ce réseau, il existe un travail en cours mené par Vinicius G. Lindoso, étudiant au département de Français de l'université Yale, qui fait suite à un mémoire de licence intitulé : « Un drame en trois actes : chronologie critique du Comité d'histoire de la Deuxième guerre mondiale », mai 2013, 46 p. (Bibliothèque de l'IHTP). Il existe d'ailleurs plusieurs travaux en cours aux États-Unis (Yale, NYU…), sur l'histoire de la CHOLF, du CHDGM et de l'IHTP, preuve que son originalité attire l'attention.

rière universitaire. La mise sur pied de ce réseau a bénéficié des liens structurels qui existent depuis longtemps en France entre l'enseignement secondaire et l'enseignement supérieur, inexistants dans d'autres grands pays universitaires. Cette proximité permet des passages d'un univers l'autre, elle offre aux enseignants une formation par la recherche et sensibilise les chercheurs à la question de la transmission de leurs travaux.

Avec la création du Comité d'histoire de la Seconde Guerre mondiale, en 1951, le réseau est associé aux premières formes d'écriture scientifique de l'histoire de la France occupée[3]. Il en suit les succès, notamment les premières enquêtes sur les actes de résistance et de répression, ou les échecs, comme l'enquête jamais publiée sur l'histoire de la déportation[4]. En 1978-1980, le nouvel Institut d'histoire du temps présent, désormais laboratoire propre du CNRS et non plus organisme rattaché au premier ministre, reprend et étoffe ce réseau. Celui-ci est engagé alors dans des enquêtes sur l'histoire économique et sociale de la période, ainsi que sur l'histoire de la mémoire après 1945. Au début des années 2000, une nouvelle génération qui fait la transition avec les plus anciens est sollicitée pour la première fois dans le cadre d'une enquête sur un autre conflit, la guerre d'Algérie, observée donc à l'échelle locale sur une bonne partie de la métropole, une expérience inédite dans une historiographie pourtant abondante. Cette échelle s'était naturellement imposée dans l'étude des années 1940-1944 compte tenu des disparités territoriales consécutives au découpage en zone occupée, annexée, interdite, provisoirement libre, sous occupation italienne, etc. En revanche, il en allait tout autrement du cas de la guerre d'Algérie pour laquelle l'échelle locale a permis de mettre en lumière l'expérience de cette guerre au quotidien dans des lieux où elle n'avait jamais été étudiée, en essayant de montrer que l'éloignement relatif des zones de combat n'avait pas empêché qu'une partie de la société civile française y soit directement impliquée[5]. C'est une idée similaire qui a été reprise ici, avec un conflit encore moins visible, qui n'a pas touché les Français aussi directement que les deux précédents, mais qui a pourtant marqué l'histoire récente du pays.

---

3. Cf. Douzou Laurent, *La Résistance française : une histoire périlleuse. Essai d'historiographie*, Paris, Le Seuil, 2005 et Douzou Laurent (dir.), *Faire l'histoire de la Résistance*, Rennes, Presses universitaires de Rennes, 2008. Voir également, Rousso Henry, *La dernière catastrophe. L'histoire, le présent, le contemporain*, Paris, Gallimard, 2012, p. 113 et suiv.

4. Cf. Fontaine Thomas, « Déporter. Politiques de déportation et répression en France occupée », thèse de doctorat, sous la direction de Denis Peschanski, Université de Paris 1 Panthéon-Sorbonne, mars 2013.

5. Branche Raphaëlle, Thénault Sylvie (dir.), *La France en guerre, 1954-1962*, Paris, Autrement, 2008.

L'HISTORIOGRAPHIE D'APRÈS

L'étude de la Guerre froide n'a pas commencé avec la chute du Mur de Berlin, tant s'en faut puisqu'elle fut un domaine de prédilection d'une sociologie ou d'une politologie des relations internationales, notamment aux États-Unis. Les sciences sociales, on le sait, furent même mobilisées au point de constituer un enjeu en soi, la Guerre froide étant un conflit idéologique, donc un affrontement sur des représentations du monde, sur des visions antagonistes du passé, du présent et du futur. Mais les années 1989-1991 constituent un tournant majeur dans la vision rétrospective et plus distanciée du phénomène. Cette nouvelle « dernière catastrophe en date », ce dénouement bien plus précoce que ne l'ont cru des générations de soviétologues, inaugure une nouvelle période de l'Histoire et donc une nouvelle périodisation possible de l'histoire du temps présent. Elle change du coup le sens même des mots. Dans l'espace public, voire dans le sens commun, le terme de « Guerre froide » a fini par désigner l'histoire mondiale ou générale des années 1947-1989 (ou 1945-1991) comme si toutes les évolutions de la période s'inscrivaient dans ce contexte. Il est ainsi devenu un concept métahistorique, un peu comme on parle de la Renaissance ou de la Réforme. Le risque est alors de considérer que toute l'histoire du second vingtième siècle s'inscrit, voire s'explique de manière prioritaire, par la confrontation impérialiste entre l'Est et l'Ouest, en surestimant le critère international. Presque sans y prendre garde, on applique ainsi à la Guerre froide ce qui paraît naturel pour d'autres conflits, à commencer par les deux guerres mondiales où tout ce qui a pu se passer dans ces quelques années terribles a été presque entièrement conditionné par le contexte de la guerre, de la violence, de la mort. L'écueil était ici encore plus manifeste puisque le risque existait de sur-interpréter des événements de nature locale, afin de les relier de manière plus ou moins pertinente à l'histoire de la Guerre froide telle qu'elle a été analysée jusqu'à maintenant. Or le résultat montre que la recherche s'est faite avec un regard non conditionné, que le questionnement originel a permis, au contraire, de faire émerger une autre histoire, de mettre en lumière des activités sociales jusque-là délaissées par l'historiographie, comme la mise en place d'une défense civile spécifique, ou étudiées avec d'autres questionnements, comme l'histoire de l'immigration ou l'histoire de la mémoire et des politiques publiques du passé.

De bas en haut et de haut en bas

Le questionnement originel relevait également d'une thématique aujourd'hui traditionnelle dans les sciences sociales contemporaines : l'histoire « vue d'en bas ». Le terme aurait pu simplement désigner l'objet observé, c'est-à-dire « le peuple », les « gens », la vie quotidienne, ou encore le quartier, la municipalité, le village, donc une échelle locale et plus proche du vécu des individus. La perspective n'était pas sans le risque d'une vision populiste reposant sur l'opposition quelque peu usée entre les élites et le reste de la société, entre le national et le local, entre Paris et la « province ». Cependant, la question du « haut » et du « bas » a été également utilisée ici pour désigner la position de l'observateur, ce qui n'est pas la même chose, la vision d'« en bas » permettant certes de mieux saisir les niveaux inférieurs, mais offrant aussi un autre regard sur le « haut » et plus encore sur la perception respective que le « haut » et le « bas » ont l'un de l'autre. La recherche a ainsi établi une dialectique, un aller-retour entre visions « *bottom-up* » et « *top-down* ». L'étude du « bas » devient alors un outil pour comprendre la manière dont des politiques publiques analysent le corps social et donc l'impact possible de leurs décisions, dans le contexte d'un possible cataclysme. Plusieurs communications montrent ainsi comment des institutions régaliennes comme la police, la justice ou l'armée, en charge de la sécurité intérieure et extérieure, ont analysé et anticipé les réactions de la population en cas de conflit réel, le plus souvent à l'aune de l'expérience de la Seconde Guerre mondiale mais dans l'optique d'une stratégie contre-insurrectionnelle : mise en place d'une surveillance accrue du territoire, pratiques judiciaires rappelant l'« exception ordinaire » pratiquée sous Vichy, conflits d'intérêts entre police et armée, la seconde n'ayant pas le monopole de l'action contrairement à une guerre classique. La guerre subversive et la guerre nucléaire forment en effet, dans l'analyse de l'époque, les deux volets opérationnels d'un possible affrontement sur le territoire français.

Cet angle d'observation s'est avéré particulièrement pertinent puisque dans le contexte de cette guerre en partie virtuelle, ce qui se passe en « haut » semble, à certains égards, très éloigné des préoccupations quotidiennes des populations. À l'inverse, cela suscite d'autant plus d'inquiétudes que l'avant-conflit est peu lisible, au contraire de la situation de 1913 ou de 1938. Il y a là une troisième acception possible de la notion de « bas ». L'image d'une agression extérieure relève, à la lettre, du fantasme comme le montre la littérature ou le cinéma de l'époque – moins toutefois en France qu'aux États-Unis. Si l'on peut difficilement imaginer la forme d'une guerre nucléaire faute de précédent – le souvenir des bombardements de 1943-1944 n'est pas opérant –, au moins sait-on avec certitude que ce sera une guerre de bombardiers, de missiles, une guerre de destruction massive portée par un adversaire éloigné, invisible et intouchable sinon par le principe abstrait des représailles. Les Français comme leurs voisins occidentaux sachant que la mort de masse viendra du ciel, lequel risque littéralement de leur tomber sur la tête : Astérix, qui apparaît pour la première fois en octobre 1959, est peut-être lui aussi un personnage de la Guerre froide... un conflit qui doit se dérouler « là-haut », au-dessus de populations prises au piège, « en bas ».

Une culture de guerre froide ?

Vu d'en bas donc, quelle guerre voit-on ? Comment identifier une « culture de guerre froide » comparable à la situation des deux grandes guerres mondiales ? Le terme de « culture de guerre » désigne l'élargissement à toute la société civile de l'espace propre du champ de bataille. Il est en général le produit d'un contexte de guerre totale, dans lequel s'estompe la distinction entre le front et l'arrière, entre les combattants et les civils, entre les cibles militaires et les autres, par exemple des villes cibles pourtant dépourvues de dimension stratégique. L'ouvrage a permis de mesurer le degré de pertinence de cette notion, appliquée à une guerre qui n'a pas eu lieu, au moins en France.

Le premier, le plus évident, c'est la présence et la nature d'une violence autre que la violence politique ou sociale. *A priori*, elle est absente, en tout cas sans comparaison possible avec la violence de guerre de 1914-1918, de 1939-1945 ou de 1954-1962 qui affecte très directement les corps et les esprits. Pourtant, c'est l'un des apports de ce livre, en observant de plus près, il y a bien un seuil de violence peut-être plus élevé que de coutume. Dans les années cinquante, avant même le début de la Guerre d'Algérie qui va amplifier le phénomène, des manifestations tournent mal, la violence policière dépasse les niveaux habituels (exception faite de la période de l'Occupation). On observe une radicalisation des engagements. Plusieurs communications évoquent la circulation d'armes. De même, la violence extérieure ou du moins la tension internationale est palpable à certains moments-clés, comme la crise des missiles, qui est très nettement perçue dans le quotidien des Français. D'ailleurs, si on sait aujourd'hui, après coup, que le risque d'une guerre mondiale était bien réel, on peut dire désormais qu'il a été ressenti comme tel très au-delà des centres de décision. Toutefois, si des éléments indiquent la présence d'une violence inhabituelle, elle est tout de même très limitée dans ses effets. Surtout, ce n'est pas une violence de guerre, mais une violence politique, liée certes à des conflits extérieurs, comme la guerre de Corée, mais où il n'y eu ni morts, ou très peu, ni soldats mobilisés, ni blessés, ni deuil massif.

Autre caractéristique majeure d'une culture de guerre : la constitution d'un imaginaire de l'ennemi. De ce point de vue, la question du danger communiste ou de celle de la guerre subversive sont omniprésentes dans toutes les communications. À l'échelon local, l'ennemi identifié, repéré, désigné est d'abord un ennemi intérieur. L'URSS, l'ennemi extérieur principal, se trouve à l'arrière-plan derrière ce qui apparaît comme son principal bras politique, et peut-être bras armé, le Parti communiste français, force politique bien implantée sur l'ensemble du territoire. La menace communiste obsède militaires, policiers et services de renseignement. Si elle est parfois exagérée, elle n'est pas infondée, et d'ailleurs peu importe ici la réalité du phénomène : la construction de l'« ennemi intérieur » contribue à elle seule à alimenter nombre de tensions au sein de la société française de l'époque, à l'échelle locale comme nationale.

Dans ce contexte, la xénophobie prend une signification différente. Elle n'exprime plus simplement l'hostilité envers l'étranger, comme lors de vagues migratoires, mais la crainte d'une « cinquième colonne » et l'action cachée de traîtres à leur patrie, comme à la fin des années 1930 ou lors de la Libération. Toutefois, l'ennemi communiste n'est pas d'une pièce. L'ouvrage a bien montré qu'il y a une gradation dans le rejet ou la méfiance à leur égard suivant qu'ils sont étrangers ou français. Les premiers, qu'ils soient Polonais ou Espagnols, constituent un double danger parce que communistes et parce qu'étrangers, tandis que les seconds suscitent des sentiments plus ambivalents qui renvoient à la dimension patriotique du Parti communiste français qui a émergé en 1941, dans la lutte contre l'occupant nazi. Le PCF peut certes apparaître comme un « agent de Moscou », ce qu'il est de fait, mais il reste aussi le parti de la Résistance, dont la légitimité, surtout au plan local, s'enracine dans des liens tissés lors de combats unitaires dont le souvenir est proche.

Une culture de guerre, c'est également la conséquence de phénomènes massifs de mobilisation non seulement d'une force combattante, mais aussi de la force de travail, de l'économie, de toutes les ressources du pays dans un seul but : faire la guerre. Durant la Guerre froide, il y a bien des formes de mobilisation, comme les exercices préparatoires, la mise en alertes de troupes ou de services, mais elle reste très limitée, et souvent invisible aux yeux du plus grand nombre. Et lorsqu'elle se voit publiquement, c'est lors des manifestations pour la paix, comme lors de l'appel de

Stockholm, en mars 1950, ou, de l'autre bord, pour protester contre la répression soviétique lors de l'insurrection de Budapest, en octobre 1956. C'est d'ailleurs un des apports de ce colloque que d'avoir montré l'ampleur des réactions à la situation de l'Europe de l'Est au plan local et non simplement parmi les élites politiques et intellectuelles françaises : le choc de 1956, par exemple, semble avoir pénétré la France profonde, ce qui explique son importance constatée depuis longtemps dans la vie politique d'alors. Toutefois, il faut souligner que ces mobilisations relèvent du simple registre moral ou idéologique. Elles contribuent à maintenir une tension interne en écho à la situation externe. Mais elles n'ont rien à voir avec une mobilisation du temps de guerre.

Enfin, parmi les éléments d'une possible culture de guerre, il faut accorder une place particulière à l'anticipation : anticipation d'une guerre éventuelle, anticipation de ses modalités possibles. Certes, toutes les guerres ont été imaginées avant que le conflit n'éclate. Mais cette configuration mentale des acteurs est toujours analysée alors que la guerre a effectivement eu lieu. L'analyse en est déformée quels que soient les efforts des historiens pour faire semblant de ne pas connaître la fin : on lit la stratégie française des années 1920-1930 à l'aune de la terrible défaite de juin 1940. Or l'anticipation durant la Guerre froide offre une tout autre perspective, presque un cas d'école sur l'histoire des représentations puisque la guerre imaginée ne s'est jamais concrétisée. L'anticipation peut donc s'étudier comme phénomène *sui generis*, sans que l'on ne sache jamais ce qu'aurait été effectivement une guerre nucléaire, et si les représentations qu'en avaient alors les populations auraient ou non correspondu à la réalité. En revanche, l'analyse des stratégies militaires, des hypothèses d'invasion, des préparatifs militaires, territoriaux, civils doivent être pris au sérieux, même s'ils suscitent aujourd'hui l'incrédulité. Lors d'un colloque à Varsovie, en octobre 2008, ont été exhumées des archives du Pacte de Varsovie des cartes militaires décrivant en détail le parcours de colonnes blindées vers l'Europe occidentale après des frappes nucléaires[6]. Ils correspondaient pour partie, et sans surprise, aux anticipations faites en France ou ailleurs. On peut donc considérer aujourd'hui la menace comme surévaluée, mais les contemporains ont vécu et agi dans cette configuration mentale, en la prenant au sérieux. Le cas de la protection civile est ici emblématique. On

---

6. Paczkowski Andrzej, « Military aspects of the Cold War. The role of East-Central European Countries in the Warsaw Pact and their place in the military plans of the East and West », *in* « East-Central Europe in the Cold War, 1945–1989 », International Conference, 16-18 Octobre 2008. Voir : <http://www.wilsoncenter.org/article/cwihp-conference-east-central-europe-the-cold-war-1945-1989-warsaw-poland> (consulté le 25 novembre 2013).

observe bien quel rôle les autorités en France ou en Allemagne lui font jouer dans la sensibilisation de l'opinion. Certes, il s'agit de préparer la protection matérielle des civils, d'aménager des abris, d'habituer les populations à une vie autarcique, isolée du monde, mais en même temps, il s'agit de rassurer, de prendre en compte la peur diffuse de la population. Si l'expérience de 1939-1940 est très présente dans les esprits, comme le rapportent plusieurs communications, il s'agit encore une fois de penser et faire penser un conflit d'un nouveau genre, dans lequel il faut prévoir un nombre considérable de victimes d'entrée de jeu, et un nombre important de facteurs inconnus dans le déroulé de l'événement.

LA GUERRE, QUELLE GUERRE ?

Ces travaux ont bien montré que ce conflit, pour être différent des autres guerres du XXe siècle, peut se comprendre comme la traduction d'une menace non mise à exécution d'une guerre d'annihilation totale dont les effets se sont essentiellement répercutés dans le champ politique intérieur. L'affrontement met en scène des ennemis ou des adversaires qui ne peuvent se détruire physiquement ou du moins se mettre complètement hors d'état de nuire – ce qui est pourtant le propre de la guerre. Cet affrontement exprime alors surtout une lutte d'influence, une rivalité entre modèles de société, une guerre des mots et d'images, reflet de la situation à l'échelle mondiale. L'une des communications cite cette définition donnée lors d'un congrès de Pax Christi, le Mouvement catholique international pour la Paix, tenu à Assise, en 1952 : « La Guerre froide est un état systématique d'hostilité dans lequel tous les moyens, excepté la violence armée, sont employés en vue d'affaiblir et même d'annihiler l'adversaire ». S'il n'y a pas de violence armée et s'il y a pourtant « guerre », c'est que la contrainte, la volonté de puissance s'exercent ailleurs et autrement. Dans le même ordre d'idées, plusieurs intervenants ont montré que le système de la Guerre froide se caractérise par une reformulation dans le langage de la Guerre froide d'enjeux civils, de luttes sociales n'ayant pas de rapport direct avec elle. Les syndicats, les mouvements étudiants, les militants catholiques se réapproprient le contexte de guerre même larvée pour durcir des oppositions relevant d'un autre registre, comme la question de la foi (« pour ou contre Dieu ») ou des revendications sociales, ce qui montre la « plasticité » de cette notion, une différence radicale avec le contexte d'une guerre totale où toutes les priorités sont soumises au rythme du conflit..

Ces résultats invitent cependant à s'interroger sur une des ambiguïtés de ce projet qui n'a pu être entièrement levée : l'étude de la Guerre froide dans la société française doit-elle se polariser sur l'étude du communisme comme idéologie de combat et du parti communiste comme acteur majeur de ce conflit ? N'y a-t-il pas un risque à trop confondre ainsi guerre et politique, confusion qui serait elle-même un héritage de ces années-là ? La centralité des communistes apparaît dans quasiment toutes les communications, car ce sont eux les plus mobilisés, les plus présents, les plus engagés dans cette guerre froide intérieure. Ils détiennent le « leadership émotionnel », pour reprendre l'une des notions fortes de ce colloque. Certes, la mobilisation, le combat, la définition d'un ennemi sont le propre de tout parti révolutionnaire. Et la proximité avec la guerre reste consubstantielle à l'histoire du communisme mondial. Toutefois, il est rare que dans un conflit l'un des protagonistes occupe une place aussi exclusive : en France, le parti communiste est la cible principale, une cible bien identifiée comme appartenant au camp de l'URSS, acteur central de la Guerre froide. C'est lui qui énonce de manière explicite les signifiants guerriers. C'est dans la littérature communiste que l'on trouve de manière récurrente les références directes à la violence de guerre : dénonciation des arsenaux nucléaires, slogans antimilitaristes, diffusion d'images d'atrocités. En défendant « la paix », c'est-à-dire la position soviétique, le parti communiste est donc paradoxalement l'un des rares, dans les années 1950, à propager dans le pays les mots d'une guerre concrète, lui donnant ainsi un début de réalité.

De la même manière, ce sont les communistes qui instrumentalisent le plus volontiers l'histoire récente et mobilisent les souvenirs de la Seconde Guerre mondiale. Sur ce point précis, les discussions ont d'ailleurs montré que cette réactivation soulevait de nombreuses contradictions, perceptibles déjà à l'époque. Les deux conflits ne peuvent réellement se comparer malgré leur filiation évidente : l'idée que Staline égale Hitler ne prend pas dans l'opinion française – alors qu'elle se développe dans beaucoup d'autres pays européens et aux États-Unis. De même, l'analogie entre impérialisme nazi et impérialisme américain bute sur les réalités historiques. Si la mémoire de la dernière guerre mondiale est très présente dans les commémorations locales, elle offre finalement une arme idéologique de faible portée dès lors qu'il s'agit d'attaquer l'adversaire : presque toutes les parties en présence revendiquent en effet le même héritage positif, celui de la Résistance.

La centralité de la question communiste est d'autant plus remarquable qu'il existe une évidente dissymétrie entre les belligérants vus à l'échelle locale. Il n'y a pas entre les États-Unis et leurs alliés potentiels en France d'homothétie comparable à celle de l'URSS et du PCF, pour des raisons assez évidentes tenant à la définition même des partis communistes. Dans le champ politique ou intellectuel français, on trouve finalement peu de défenseurs ouvertement déclarés des Américains, par comparaison à ceux qui défendent les Soviétiques. Les anticommunistes appartiennent à un spectre bien plus large qui ne recoupe pas, et de loin, celui des « atlantistes », ne serait-ce que par le poids des gaullistes du RPF, qui utilise lui aussi nombre de références puisées dans l'imaginaire de guerre, mais un imaginaire où les Alliés d'hier n'ont qu'une faible place au regard de la geste gaulliste. Pire encore, l'« ami américain » n'est pas toujours perçu comme tel, notamment parce que la présence de troupes américaines en France soulève des tensions locales, des problèmes de cohabitation là où sont installées leurs bases, un problème assez habituel, aiguisé par le fait que l'absence de combats réels pose des questions sur l'utilité de ces troupes. Toutefois, la reconnaissance envers ceux qui ont libéré la France et offrent à nouveau une forme de protection s'exprime dans la politique des jumelages ou de la toponymie urbaine, deux indicateurs fort intéressants des engagements et des sensibilités idéologiques durant la Guerre froide, à la condition de pouvoir distinguer le rappel des conflits présents et ceux du passé : la fréquence des toponymes « Stalingrad » et « Roosevelt » n'ont pas de rapport direct avec la Guerre froide, même s'ils peuvent symboliser les deux camps respectifs, tout comme la fréquence du toponyme « Kennedy », surtout après 1963, peut s'expliquer pour d'autres raisons que le conflit Est/Ouest.

En définitive, si l'on pondère le poids du communisme lequel dépend d'autres facteurs que le seul contexte de la Guerre froide, on doit s'interroger sur le faible impact de celle-ci dans l'opinion française, une conclusion revenue comme un leitmotiv dans les débats. D'un côté, on peut certes repérer un cadre de guerre qui anticipe une guerre nucléaire comme une guerre subversive, on perçoit assez clairement une menace et une peur latente. Mais, de l'autre, dès lors que l'on se situe au plus près de la sensibilité populaire, du plus grand nombre, de l'opinion au sens le plus commun du terme, cet impact apparaît malgré tout faible. Policiers et militaires craignent peut-être une insurrection communiste, les Français dans leur grande majorité n'y croient pas, n'en parlent pas ou peu, comme en témoigne l'absence de toute mention de la Guerre froide dans les nombreuses monographies locales faites dans les années 1950-1960. D'une manière générale, jamais la dimension guerrière n'a semblé dicter l'agenda politique, social, économique ou culturel de la France dans ces années-là. À aucun moment, on n'a le sentiment d'une société obligée de s'adapter à un rythme qui lui est imposé par la contrainte extérieure, ce qui a été le propre des grands conflits du premier XXe siècle.

La peur ou l'anticipation d'une guerre apocalyptique, malgré son caractère abstrait, n'ont-elles pas, au contraire, contribué, ou simplement accompagné, une fois les guerres coloniales terminées, la déprise de la longue séquence guerrière commencée en 1914 ? N'ont-elles pas partie liée avec le déclin de la violence politique en France, à compter de la fin des années 1960 ? Nous serions alors dans un phénomène inverse à celui de la « brutalisation » de la sortie de la Grande Guerre, qui s'est plus ou moins reproduit à l'échelle européenne après 1945. Ce qui n'est pas le moindre des paradoxes pour un conflit qui s'annonçait comme le paroxysme de la violence du siècle.

Orientation bibliographique

Ouvrages

AGA-ROSSI Elena, ZASLAVSKY Victor, *Togliatti e Stalin. Il PCI e la politica estera staliniana negli archivi di Mosca*, Bologne, Il Mulino, 1997, 312 p.

AGULHON Maurice, BARRAT Fernand, *C.R.S. à Marseille, « la police au service du peuple », 1944-1947*, Paris, Armand Colin, 1971, 228 p.

AILLERET Charles, *L'aventure atomique française*, Paris, Grasset, 1968, 405 p.

ALTEN Michèle, *Musiciens français dans la guerre froide (1945-1956). L'indépendance artistique face au politique*, Paris, L'Harmattan, 2000, 320 p.

ANGELI Claude, GILLET Paul, *La police dans la politique (1944-1954)*, Paris, Grasset, 1967, 396 p.

ARON Raymond, *Les articles de la politique internationale dans « Le Figaro » de 1947 à 1977*, tome I, *La Guerre froide : juin 1947 à mai 1955*, Paris, éd. de Fallois, 1990, 1418 p.

AUDIGIER François, GIRARD Pascal (dir.), *Se battre pour ses idées. La violence militante en France des années 1920 aux années 1970*, Paris, Riveneuve Éditions, coll. Actes académiques, 2012, 244 p.

AUGUSTIN Jean-Marie, *Le plan Bleu : un complot contre la république en 1947*, Niort, Geste Éditions, 2006, 320 p.

BANCAUD Alain, *Une exception ordinaire*, Paris, Gallimard, coll. Essais, 2002, 528 p.

BECKER Jean-Jacques, *Le Parti communiste veut-il prendre le pouvoir ? La stratégie du PCF de 1930 à nos jours*, Paris, Le Seuil, 1981, 332 p.

BERGERET-CASSAGNE Axelle, *Pour une Europe fédérale des collectivités locales. Un demi-siècle de militantisme au sein du Conseil des Communes et des Régions d'Europe (1950-1999)*, Paris, L'Harmattan, 2009, 278 p.

BERGERET-CASSAGNE Axelle, *Les bases américaines en France : impacts matériels et culturels*, Paris, L'Harmattan, 2008, 278 p.

BERLIÈRE Jean-Marc, PESCHANSKI Denis (dir.), *La police française (1930-1950). Entre bouleversements et permanences*, Paris, La Documentation Française, 2000, 324 p.

BERSTEIN Serge, MILZA Pierre (dir.), *L'année 1947*, Paris, Presses de la FNSP, 2000, 531 p.

BERSTEIN Serge, MILZA Pierre, *Histoire de la France au XXe siècle, tome III, 1945-1958*, Bruxelles, Éditions Complexe, 1999, 338 p.

BOIA Lucian, *La fin du monde : une histoire sans fin*, Paris, la Découverte, 1989, 257 p.

BOUCHET Thomas, *Noms d'oiseaux : l'insulte en politique de la Restauration à nos jours*, Paris, Stock, 2010, 304 p.

BOULOUQUE Sylvain, GIRARD Pascal (dir.), *Traîtres et trahisons. Guerres, imaginaires sociaux et constructions politiques*, Paris, Seli Arslan, 2007, 223 p.

BOUVIER Jean-Claude, GUILLON Jean-Marie, *La toponymie urbaine. Significations et enjeux*, Paris, L'Harmattan, 2001, 256 p.

BOZO Frédéric, *La France de l'OTAN : de la guerre froide au nouvel ordre européen*, Paris, Masson, 1991, 287 p.

BOZO Frédéric, REY Marie-Pierre, LUDLOW N. Piers, NUTI Leopoldo (eds.), *Europe and the End of the Cold War*, London, Routledge, 2008, 281 p.

BRAUD Philippe, *L'émotion en politique : problèmes d'analyse*, Paris, Presses de la FNSP, 1996, 256 p.

BRUNETEAUX Patrick, *Maintenir l'ordre. Les transformations de la violence d'État en régime démocratique*, Paris, Presses de la FNSP, 1996, 345 p.

BUTON Philippe, *La joie douloureuse. La libération de la France*, Bruxelles, Éditions Complexe, 2004, 286 p.

BUTON Philippe, *Les lendemains qui déchantent. Le parti communiste français à la Libération*, Paris, Presses de la FNSP, 1993, 352 p.

CAHN Jean-Paul, PFEIL Ulrich, *Allemagne 1945-1961*, vol. 1 : *De la catastrophe à la construction du Mur*, Villeneuve d'Ascq, Presses universitaires du Septentrion, 2008, 248 p.

CAHN Jean-Paul, PFEIL Ulrich, *Allemagne 1961-1974*, vol. 2 : *De la construction du Mur à l'Ostpolitik*, Villeneuve d'Asq, Presses universitaires du Septentrion, 2009, 399 p.

CAPDEVILA Luc, *Les Bretons au lendemain de l'Occupation. Imaginaire et comportement d'une sortie de guerre 1944-1945*, Rennes, PUR, 1999, 449 p.

CAUCHY Pascal, *La IVe République*, Paris, PUF, 2004, 128 p.

CHARPIER Frédéric, *Les R.G. et le Parti communiste. Un combat sans merci dans la Guerre froide*, Paris, Plon, 2000, 370 p.

CAUTE David, *The Dancer Defects. The Struggle for Cultural Supremacy During the Cold War*, Oxford, Oxford University Press, 2005, 733 p.

CHAUVAUD Frédéric (dir.), *L'ennemie intime. La peur : perceptions, expressions, effets*, Rennes, PUR, 2011, 285 p.

CHAUVEAU Frédéric, GARDES Jean-Claude, MONCELET Christian, *Boucs émissaires, têtes de Turcs et souffre-douleur*, Rennes, PUR, 2002, 336 p.

CHENAUX Philippe, *Une Europe vaticane ? Entre le plan Marshall et les traités de Rome*, Bruxelles, Éditions Ciaco, 1990, 364 p.

COCHET François, DARD Olivier (dir.), *Subversion, anti-subversion, contre-subversion*, Paris, Riveneuve, coll. « Actes académiques », 2009, 312 p.

COURTOIS Stéphane, LAZAR Marc (dir.), *50 ans d'une passion française. De Gaulle et les communistes*, Paris, Balland, 1991, 342 p.

DANBLON Emmanuelle, NICOLAS Loïc (dir.), *Les rhétoriques de la conspiration*, Paris, CNRS Éditions, 2010, 348 p.

DAVIS Lynn E., *The Cold War begins: Soviet-American Conflict over Eastern Europe*, Princeton, Princeton University Press, 1974, 427 p.

DEFRANCE Corine, PFEIL Ulrich, *Histoire Franco-Allemande. Entre guerre froide et intégration européenne. Reconstruction et rapprochement 1945-1963*, vol. 10, Villeneuve d'Ascq, Presses universitaires du Septentrion, 2012, 350 p.

DEIGHTON Anne, *The Impossible Peace. Britain, the Division of Germany and the Origins of the Cold War*, Oxford, Clarendon Press, 1993, 283 p.

DELACROIX Christian, DOSSE François, GARCIA Patrick, OFFENSTADT Nicolas (dir.), *Historiographies*, vol. 1, « Concepts et débats », Paris, Gallimard, 2010, 651 p.

DELMAS Jean, KESSLER Jean, (dir.) *Renseignement et propagande pendant la guerre froide (1947-1953)*, Bruxelles, Éditions Complexe, 1999, 320 p.

DOCKRILL Saki, *Eisenhower's New Look National Security Policy, 1953-1961*, London, McMillan Press, 1996, 400 p.

DREYFUS Michel, *L'Antisémitisme à gauche*, Paris, La Découverte, 2009, 345 p.

DREYFUS-ARMAND Geneviève, *L'exil des républicains espagnols en France*, Paris, Albin Michel, 1999, 475 p.

DUFOIX Stéphane, *Politique d'exil : Hongrois, Polonais et Tchécoslovaques en France après 1945*, Paris, PUF, 2004, 314 p.

DULPHY Anne, *La politique de la France à l'égard de l'Espagne de 1945 à 1955*, Paris, Ministère des Affaires étrangères, 1997, 829 p.

DUPONT Georges, *Protection atomique*, Paris, SESF, 1963, 31 p.

DUPRAT François, *Les mouvements d'extrême droite en France depuis 1944*, Paris, Éditions Albatros, 1972, 301 p.

DURAND Yves, *Naissance de la guerre froide, 1944-1949*, Paris, Messidor-Temps Actuels, 1983, 323 p.

DU RÉAU Elisabeth (dir.), *Regards croisés et coopération en Europe au XXe siècle*, Paris, Presses de la Sorbonne Nouvelle, 1996, 212 p.

FAUCHER Jean-André, *L'agonie d'un régime (1952-1958)*, Paris, Éditions Atlantic, 1959, 258 p.

FAUVET Jacques, *La IVe République*, Paris, Fayard, 1959, 507 p.

FEIS Herbert, *Churchill, Roosevelt, Stalin. The War they waged and the Peace they sought*, Princeton, Princeton University Press, 1957, 692 p.

FISCHER Didier, *L'Histoire des étudiants en France de 1945 à nos jours*, Paris, Flammarion, 2000, 612 p.

FLEMING Denna F., *The Cold War and its Origins, 1917-1960*, New York, Doubleday, 1961, 1159 p.

FLEURY Antoine, JILEK Lubor (dir.), *Une Europe malgré tout : contacts et réseaux culturels et scientifiques entre Européens dans la guerre froide*, Bruxelles, PIE Peter Lang, 2009, 477 p.

FONTAINE André, *Histoire de la Guerre froide*, Paris, Le Seuil, 1965, 572 p.

FORGET Michel (général), *Guerre froide et guerre d'Algérie*, (préf. Pierre MESSMER), Paris, Economica, 2002, 322 p.

FROMENT-MEURICE Henri, *Vu du Quai. Mémoires (1945-1983)*, Paris, Fayard, 1998, 619 p.

GADDIS John Lewis, *Russia, The Soviet Union and the U.S.: an interpretive history*, New York, Wiley, 1978, 309 p.

GADDIS John Lewis, *We Know Now: Rethinking Cold War History*, New York, Oxford University Press, 1997, 425 p.

GADDIS John Lewis (ed.), *Cold War Statesmen confront the bomb. Nuclear diplomacy since 1945*, Oxford, Oxford University Press, 1999, 398 p.

GENAUD Paul Edouard, *L'arme atomique*, Paris, Dunod, 1950, 416 p

GROUSSARD Georges André, *L'armée et ses drames*, Paris, La Table Ronde, 1968, 428 p.

GIRARDET Raoul, *La société militaire de 1815 à nos jours*, Paris, Perrin, 1998, 341 p.

GIRARDET Raoul (dir.), *La crise militaire française (1945-1962). Aspects sociologiques et idéologiques*, Paris, Armand Colin, 1964, 266 p.

GOMART Thomas, *Double détente, les relations franco-soviétiques de 1958 à 1964*, Paris, publications de la Sorbonne, 2003, 494 p.

GRÉMION Pierre, *Intelligence de l'anticommunisme : le Congrès pour la liberté de la culture à Paris (1950-1975)*, Paris, Fayard, 1995, 645 p.

GROISON Jean-Renaud, *Complots en France*, Paris, Éditions Jean Picollec, 1980, 282 p.

GROSSMAN Andrew, *Neither Dead nor Red: Civilian Defense and American Political Development during the Early Cold War*, New York, Routledge, 2001, 175 p.

Groupe d'Étude Histoire de l'Europe contemporaine (Belgique), *l'Europe du patronat : de la guerre froide aux années soixante*, Actes du IVe colloque de Louvain la Neuve les 10 et 11 mai 1993, Bruxelles, Peter Lang, 1993, 244 p.

GROSSER Pierre, *Les temps de la Guerre froide*, Bruxelles, Editions Complexe, 1995, 375 p.

HIXSON Walter L., *Parting the Curtain. Propaganda, Culture, and the Cold War, 1945-1961*, New York, St. Martin's Griffin, 1997, 283 p.

HOGAN Michael J., *The Marshall Plan. America, Britain, and the Reconstruction of Western Europe, 1947-1952*, New York, Cambridge University Press, 1987, 482 p.

ISRAËL Llora, *Robes rouges années noires*, Paris, Fayard, 2005, 548 p.

JAROSZ Darisusz, PASTOR Maria, *Conflits brûlants de la Guerre froide : les relations franco-polonaises de 1945 à 1954*, Paris, Lavauzelle, 2005, 384 p.

JEFFREY Andrew, *Local Consequences of the Global Cold War*, Stanford, Stanford University Press, 2007, 384 p.

KOLKO Gabriel and Joyce, *The Limits of Power: The World and United States Foreign Policy, 1945-1954*, New-York, Harper and Row, 1972, 820 p.

KOTEK Joël, *La Jeune Garde, la jeunesse entre KGB et CIA, 1917-1989*, Paris, Le Seuil, 1998, 413 p.

KOYRE Alexandre, *La 5e colonne (1945)*, Paris, Ed. Allia, 1997, 52 p.

KOZOVOÏ Andréï, *Par-delà le Mur. La culture de Guerre froide soviétique entre deux Détentes*, Paris, Éditions Complexe, 2009, 310 p.

LACHAISE Bernard (dir.), *Résistance et Politique sous la IVe République*, Bordeaux, Presses Universitaires de Bordeaux, 2004, 173 p.

LACORNE Denis, RUPNIK Jacques, TOINET Marie-France, *L'Amérique dans les têtes : un siècle de fascinations et d'aversions*, Paris, Hachette, 1986, 310 p.

LACOSTE Pierre (dir.), *Le Renseignement à la française*, Economica, Paris, 1998, 641 p.

LACROIX-RIZ Annie, *Le Choix de Marianne : les relations franco-américaines 1944-1948*, Paris, Éditions sociales, 1986, 222 p.

LA GORCE (de) Paul-Marie, *L'après-guerre*, Paris, Grasset, 1978, 527 p.

LAGROU Pieter, *Mémoires patriotiques et occupation nazie. Résistants, requis et déportés en Europe occidentale, 1945-1965*, Bruxelles, Éditions Complexe, coll. Histoire du temps présent, 2003, 473 p.

LALOY Jean, *Entre guerre et paix*, Paris, Le Seuil, 1966, 280 p.

LEFFLER Melvyn P., WESTAD Odd Arne (eds.), *The Cambridge History of the Cold War*, Cambridge University Press, vol. 1, 2010, 643 p., vol. 2, 2010, 622 p., vol. 3, 2010, 694 p.

LEFRANC Georges, *Les expériences syndicales en France de 1939 à 1950*, Paris, Aubier 1950, 378 p.

LIBERMANN (Contrôleur Général de l'Armée), *La défense horizontale contre l'attaque interne par surprise*, rapport au Chef d'état-major de l'Armée, juillet 1953, 254 p.

LÜDTKE Alf (dir.), *Histoire du quotidien*, Paris, Éd. de la MSH, [1989] 1994, 341 p.

MABILLE François, *Les catholiques et la paix au temps de la guerre froide : le mouvement catholique international pour la paix* Pax Christi, Paris, L'Harmattan, 2004, 428 p.

MAJOR Patrick, MITTER Rana (eds.), *Across the Blocs. Cold War Cultural and Social History*, Londres, Frank Cass, 2004, 170 p.

MALAURIE Guillaume, TERRÉ Emmanuel, *L'Affaire Kravchenko*, Paris, Robert Laffont, 1982, 284 p.

MARIE Jean-Jacques, *1953, les derniers complots de Staline : l'affaire des blouses blanches*, Bruxelles, Éditions Complexe, 1993, 253 p.

MARTEL André (dir.), *Histoire militaire de la France de 1940 à nos jours*, Paris, PUF, tome IV, 1994, 356 p.

MARTIN Jean-Clément (dir.), *La guerre civile, entre histoire et mémoire*, Nantes, Ouest Éditions, 1995, 248 p.

MASTNY Vojtech, *The Cold War and Soviet Insecurity. The Stalin Years*, Oxford, Oxford University Press, 1996, 285 p.

MENCHERINI Robert, *Guerre froide, grèves rouges*, Paris, Syllepse, 1998, 307 p.

Ministère de l'Intérieur – SNPC, *Savoir pour vivre : manuel de protection civile*, Paris, Imprimerie nationale, 1965, 64 p.

MORDER Robi (dir.), *Naissance d'un syndicalisme étudiant, 1946 la Charte de Grenoble*, Paris, Syllepse, 2006, 330 p.

NOIRIEL Gérard, *Réfugiés et sans-papiers. La République face au droit d'asile, XIXe-XXe siècles*, Paris, Fayard, 2012, 355 p.

NOIRIEL Gérard, *Vivre et lutter à Longwy*, Paris, Maspero, 1980, 298 p.

NORDMANN Joë, BRUNEL Anne, *Aux vents de l'histoire*, Arles, Actes Sud, 1996, 339 p.

NOUZILLE Vincent, *Des secrets si bien gardés (1958-1981)*, Paris, Fayard, 2009, 494 p.

OAKES Guy, *The Imaginary War: Civil Defense and American Cold War Culture*, New York, Oxford University Press, 1994, 194 p.

OULMONT Philippe (dir.), *Les voies « de Gaulle en France » (Le Général dans l'espace et la mémoire des communes)*, « Les cahiers de la

Fondation Charles de Gaulle », Fondation Charles de Gaulle, Paris, Plon, 2009, 296 p.

PLANCHAIS Jean, *Une histoire politique de l'armée, tome 2, 1940-1967*, Paris, Le Seuil, 1967, 384 p.

PONS Silvio, GORI Francesca (eds.), *The Soviet Union and Europe in the Cold War, 1943-1953*, Basingstoke, Macmillan, 1996, 448 p.

PONTY Janine, *L'immigration dans les textes, France 1789-2002*, Paris, Belin, 2003, 416 p.

POTTIER Olivier, *Les bases américaines en France (1950-1967)*, Paris, L'Harmattan, 2003, 376 p.

PURTSCHET Christian, *Le Rassemblement du Peuple Français, 1947-1953*, Paris, Éditions Cujas, 1965, 402 p.

QUILLIOT Roger, *La S.F.I.O et l'exercice du pouvoir, 1944-1958*, Paris, Fayard, 1972, 837 p.

RIGOULOT Pierre, *Georges Albertini*, Paris, Perrin, 2012, 410 p.

RIGOUSTE Mathieu, *L'ennemi intérieur. La généalogie coloniale et militaire de l'ordre sécuritaire dans la France contemporaine*, Paris, La Découverte, 2009, 342 p.

RIOUX Jean-Pierre, *La France de la Quatrième République. L'ardeur et la nécessité, 1944-1952*, tome I, Paris, Le Seuil, 1980, 314 p.

RIOUX Jean-Pierre, *La France de la Quatrième République. L'expansion et l'impuissance, 1952- 1958*, Paris, Le Seuil, tome II, 1983, 384 p.

ROUGERON Camille, *La guerre nucléaire : armes et parades*, Paris, Calmann Levy, 1962, 242 p.

SANTAMARIA Yves, *Le parti de l'ennemi ? : Le Parti communiste français dans la lutte pour la paix (1947-1958)*, Paris, Armand Colin, 2006, 373 p.

SAUNDERS Frances Stonor, *Qui mène la danse ? La CIA et la guerre froide culturelle*, 1999, trad. Delphine CHEVALIER, Paris, Denoël, 2003, 503 p.

SEBESTA Lorenza, *L'Europa Indifesa. Sistema di sicurezza atlantica e caso italiano, 1948-1955*, Florence, Ponte alle Grazie, 1991, 274 p.

SHD (Service Historique de la Défense), *Les enseignements de la guerre d'Indochine (1945-1954). Rapport du général Ely*, tome 1, Vincennes, SHD, coll. Références, 2011, 340 p.

SIRINELLI Jean-François, SOUTOU Georges-Henri (dir.), *Culture et Guerre froide*, Paris, PUPS, 2008, 308 p.

SIRINELLI Jean-François, *Intellectuels et passions françaises : manifestes et pétitions au XXe siècle*, Paris, Fayard, 1990, 365 p.

SOLOMON Fredric, MARSTON Robert (eds.), *The Medical Implications of Nuclear War*, Washington, National Academy Press, 1986, 640 p.

SOUTOU Georges-Henri, *La Guerre Froide*, Paris, Fayard, coll. Pluriel, 2011, 1120 p.

SOUTOU Georges-Henri, *La guerre de cinquante ans : le conflit Est-Ouest 1943-1990*, Paris, Fayard, 2001, 767 p.

SOUTOU Georges-Henri, *L'alliance incertaine : les rapports politico-stratégiques franco-allemands, 1954-1996*, Paris, Fayard, 1996, 496 p.

THOUROUDE Jacques, *Ouest-Matin : un quotidien breton dans la guerre froide (1948-1956)*, Rennes, Apogée, 2006, 255 p.

ULAM Adam B., *Expansion and coexistence. The History of Soviet Foreign Policy, 1917-1967*, New York, Praeger, 1968, 775 p.

VAISSE Maurice (dir.), *Les préfets, leur rôle, leur action dans le domaine de la défense de 1800 à nos jours*, actes du colloque ARPEGE et CEHD, Bruxelles, Bruylant, 2001, 422 p.

VERGNON Gilles, BATTESTI Michèle (dir.), *Les Associations d'anciens résistants et la fabrique de la mémoire de la Seconde Guerre mondiale*, Paris, Cahiers du CEHD, n° 28, 2006, 116 pages.

VILLATOUX Marie-Christine, *La défense en surface 1945-1962 : le contrôle du territoire dans la pensée française d'après-guerre*, SHD, 2009, 87 p.

VILLATOUX Marie-Christine et Paul, *La République et son armée face au « péril subversif »*, Paris, Les Indes Savantes, 2006, 694 p.

VOGEL Marie, BERLIÈRE Jean-Marc, *Police, État et Société en France des années 30 aux années 60*, Essai bibliographique, Cahiers de l'IHTP, mai 1997, 143 p.

WHITFIELD Stephen, *The culture of the Cold War*, Baltimore, John Hopkins University Press, 1991, 261 p.

WINOCK Michel (dir.), *Histoire de l'extrême droite en France*, Paris, Le Seuil, 1993, 322 p.

ZASLAVSKY Victor, *Lo stalinismo e la sinistra italiana*, Milan, Mondadori, 2004, 275 p.

ZUBOK Vladislav, PLESHAKOV Constantine, *Inside the Kremlin's Cold War. From Stalin to Khrushchev*, Cambridge (Mass.), Harvard University Press, 1996, 346 p.

Articles

ABZAC-EPEZY (d') Claude, « La perception de la menace aérienne en France au début de la Guerre Froide », *Revue Historique des Armées*, juin 1991, n° 183, p. 106-115.

ANCEAU Eric, « Pour une histoire politique totale », *Histoire, Economie, Société*, n° 2, 2012, p. 111-133.

ASSOULINE Pierre, « Les "complots" dans la République », *L'Histoire*, n° 84, 1985, p. 8-18.

BECKER Jean-Jacques, « L'éclatement de la guerre en Corée et l'opinion française ». *Guerres mondiales et conflits contemporains*, 2010/3, nº 239, p. 27-35.

BERNARD Jean-Pierre, « Novembre 1956 à Paris », *Vingtième Siècle, Revue d'histoire*, nº 30, avril-juin 1991, p. 68-81.

BOIS DE DUNILAC (du) Pierre, « Guerre froide, propagande et culture (1945–1953) », *Relations internationales*, nº 115, 2003, p. 437-454.

BUTON Philippe, « L'entretien entre Maurice Thorez et Joseph Staline du 19 novembre 1944. Méthodologie et historiographie de la stratégie communiste à la Libération », *Communisme*, nº 45-46, 1996, p. 7-21.

CHOMBARD-GAUDIN Cécile, « Pour une histoire des villes et communes jumelées ». *Vingtième Siècle Revue d'histoire*, juillet-septembre 1992, nº 35, p. 60-66.

COX Michael, KENNEDY-PIE Caroline, « The tragedy of american diplomacy ? Rethingking the Marshall plan », *Journal of Cold War Studies*, nº 7-1, 2005, p. 97-134.

DEFRANCE Corine, « Les jumelages franco-allemands. Aspect d'une coopération transnationale », *Vingtième Siècle*, *Revue d'histoire*, 2008/3, nº 99, p. 189-201.

FAURE Justine « De la Grande Alliance à l'affrontement armé Est-Ouest (1944-1950) : origines de la Guerre froide et débats historiographiques », *Histoire@Politique*, nº 3, novembre-décembre 2007.

HONTI François, « L'émigration de l'Europe centrale et orientale et le réarmement allemand », *Politique étrangère*, 1952, vol. 17, nº 3, p. 205-219.

KECSKÈS Gusztáv, « La politique étrangère française face à la révolution hongroise de 1956 », *Relations internationales*, 2/2005, nº 122, p. 87-103.

LABORIE Pierre, « De l'opinion publique à l'imaginaire social », *Vingtième Siècle*, *Revue d'histoire*, avril-juin 1988, nº 18, p. 101-117.

LATTRE DE TASSIGNY (de) Jean (général), conférence du général de Lattre de Tassigny à l'école d'État-major, *Revue de défense Nationale*, avril 1947, p. 103-131.

LAZAR Marc, « Les partis communistes italien et français et l'après Staline », *Vingtième Siècle, Revue d'histoire*, nº 28, 1990, p. 3-13.

LUDWIG Bernard, « La propagande anticommuniste en Allemagne fédérale : le VVF, pendant allemand de Paix et Liberté ? », *Vingtième Siècle. Revue d'histoire*, 2003, nº 80, p. 33-42.

MILZA Pierre, « Naissance de la guerre froide. Vers un troisième conflit mondial ? », *L'Histoire*, nº 209, avril 1997, p. 20-47.

MONIER Frédéric, « Le régime intangible ? République et conspiration », *Politix*, nº 47, 1997, p. 7-26.

MONTEBELLO Fabrice, « Joseph Staline et Humphrey Bogart, l'hommage des ouvriers. Essai sur la construction sociale de la figure du "héros" en milieu ouvrier », *Politix*, n° 24, 1993, p. 115-133.

MUELLER John E., « Public Expectations of War During the Cold War ». *American Journal of Political Science*, 1979, vol. 23, n° 2, p. 301-329.

PIGENET Phryné, « La protection des étrangers à l'épreuve de la Guerre froide », *Revue d'Histoire moderne et contemporaine*, avril-juin 1996, p. 296-310.

SABINE Madeleine, « Un dimanche sans cloches », *Esprit*, mars 1961, n° 293, p. 397-419.

SCHENK Françoise, « Les émotions de la raison », *Revue européenne des sciences sociales*, 2009, n° 144, p. 151-162.

SCOT Jean-Paul, « Le PCF et les origines de la guerre froide », *Cahiers d'Histoire de l'Institut de recherches marxistes »*, n° 30, 1987, p. 56-74.

SORLIN Pierre, *«* Budapest 1956, ou le silence des radios francophones», *Matériaux pour l'histoire de notre temps*, 2006/3, n° 83, p. 50-55.

SOUTOU Georges-Henri, « Les dirigeants français et l'entrée en guerre froide : un processus de décision hésitant (1944-1950), *Trimestre du Monde*, n° 23, 3e trimestre 1993, p. 135-147.

TADEUSZ Wyrna, « L'établissement du régime communiste en Pologne et ses conséquences à la lumière des observations des agents diplomatiques et consulaires de France », *Revue d'études comparatives Est-Ouest*, tome 16/1, 1985, p. 5-19.

TEXIER Nicolas, « L'ennemi intérieur : l'armée et le Parti communiste français de la Libération aux débuts de la guerre froide », *Revue historique des armées*, n° 269, 2012, p. 46-62.

TRAÏNI Christophe, « Des sentiments aux émotions (et vice-versa) », *Revue française de science politique*, 2010/2, vol. 60, p. 335-358.

VARSORI Antonio, « Cold War History in Italy », *Cold War History*, vol. 8/2, 2008, p. 157-187.

VIDAL Georges, « L'armée française face au problème de la subversion communiste au début des années 1930 », *Guerres mondiales et conflits contemporains*, 2001/4, n° 204, p. 41-65.

VIDAL Georges, « Les chefs de l'armée française face au communisme au début des années 1930 », *Vingtième Siècle, Revue d'histoire*, 2001, n° 70, p. 117-127.

VILTARD Yves, « Diplomatie des villes : collectivités territoriales et relations internationales », *Politique étrangère*, IFRI, 2010/3, p. 593-604.

VION Antoine, « L'invention de la tradition des jumelages (1951-1956) : mobilisations pour un droit », *Revue française de science politique*, 2003/4, vol. 53, p. 559-582.

WALL Irwin, « Les accords Blum-Byrnes. La modernisation de la France et la guerre froide », *Vingtième Siècle, Revue d'histoire*, 1987, n° 1, p. 45-62.

Liste des sigles

A

A. Dioc. : Archives diocésaines
ADH : Archives départementales de l'Hérault
ADHM : Archives départementales de Haute-Marne
ADHV : Archives départementales de la Haute-Vienne
ADM : Archives départementales de la Mayenne
ADMM : Archives départementales de Meurthe-et-Moselle
ADV : Archives départementales de la Vienne
AGE : Association générale d'étudiants
ALN : Armée de libération nationale
AMC : Archives municipales de Chaumont
AN Fontainebleau : Archives nationales site de Fontainebleau
AN CAC : Archives nationales centre d'archives contemporaines
AOF : Afrique occidentale française
ARAC : Association républicaine des anciens combattants
AVH : Államvédelmi Hatóság: Autorité de Police de l'État (Hongrie 1945 à 1956)

B

BCRA : Bureau central de renseignements et d'action :
Benelux : Belgien, Nederland, Luxembourg

C

CCE : Conseil des communes d'Europe
CDL : Comité départemental de Libération
CED : Communauté européenne de défense
CEE : Communauté économique européenne
CFDT : Confédération française démocratique du travail
CFTC : Confédération française des travailleurs chrétiens
CGIL : Confederazione generale italiana del lavoro
CGSI : Confédération générale des syndicats indépendants
CGT : Confédération générale du travail
CIA : Central Intelligence agency
CIE : Confédération internationale des étudiants
CJ : comité de jumelage
CNRS : Centre national de la recherche scientifique

CNT : Confédération nationale du travail
COSEC : Coordination secretary
CRM : Comité révolutionnaire métropolitain
CRS : Compagnie républicaine de sécurité
CSM : Conseil supérieur de la magistrature
CZP : Centralny Zwiazek Polakow (Union centrale des Polonais)

D

DCRGSN : Direction centrale des renseignements généraux et de la sûreté nationale
DDR : Deutsche demokratische republik
DIT : Défense intérieure du territoire
DOM-TOM : départements d'outre-mer- territoires d'outre-mer
DOT : Défense opérationnelle du territoire
DST : Direction de la surveillance du territoire

E

EFA : Echanges franco-allemands
ENA : École nationale d'administration
ENPC : École nationale de la protection civile

F

FBW : Figther bomber wing
FDGB : Freie deutsche gewerkschaftsbund
FFI : Forces françaises de l'intérieur
FLN : Front de libération nationale
FMJD : Fédération mondiale de la jeunesse démocratique
FMVJ : Fédération mondiale des villes jumelées
FNDIR : Fédération nationale des déportés et internés de la Résistance
FNDIRP : Fédération nationale des déportés et internés résistants et patriotes
FO : Force ouvrière
FTP : Francs-tireurs et partisans
FSGT : Fédération sportive et gymnique du travail

H

HLM : habitation à loyer modéré

I

IGAME : Inspecteur général de l'administration en mission extraordinaire

J

JEC : Jeunesse étudiante chrétienne
JO : Journal officiel

JOC : Jeunesse ouvrière chrétienne

K

KPF : Kongres Polonii Francusjiej (Congrès des Polonais en France)

L

LSGD : Ligne souterraine à grande distance

M

MLE : Mouvement libertaire espagnol
MNA : Mouvement national algérien
MOI-FTP : Main d'œuvre immigrée – Francs tireurs et partisans
MP : Military police
MRP : Mouvement républicain populaire

O

OAS: Organisation de l'Armée Secrète
OIPC : Organisation Internationale de protection civile
OIR : Organisation internationale pour les réfugiés
ONU : Organisation des nations unies
OSS : Office of strategic services
OTAN : Organisation du Traité de l'Atlantique Nord

P

PC : Parti communiste
PCE : Parti communiste espagnol
PCF : Parti communiste français
PCI : Partito comunista italiano
PG : Procureur général
PME : petites et les moyennes entreprises
POUP : Parti ouvrier unifié polonais
PSA : Parti socialiste autonome
PSOE : Partido socialista obrero español
PSUC : Parti socialiste unifié de Catalogne

R

RA : Régiment d'artillerie
RDA : République démocratique allemande
RFA : République fédérale d'Allemagne
RG : Renseignements généraux
RNP : Rada narodowa olakow we Francji (Conseil national des Polonais en France)
RPF : Rassemblement du peuple français

S

SAS : Spécial air service
SFIO : Section française de l'Internationale ouvrière
SHAPE : Supreme headquarters allied powers Europe
SNI : Syndicat national des instituteurs
SNPC : Service national de la protection civile

U

UD : Union départementale
UDSR : Union démocratique et socialiste de la Résistance
UDT : Union démocratique du travail
UEC : Union des étudiants communistes
UFF : Union des femmes françaises
UGEMA : Union générale des étudiants musulmans algériens
UGS : Union de la gauche socialiste
UGT : Union générale des travailleurs
UIE : Union internationale des étudiants
UIM : Union internationale des maires
UL : Union locale
UNADIF : Union nationale des associations de déportés, internés et familles de disparus
UNEF : Union nationale des étudiants de France
URSS : Union des républiques socialistes soviétiques
USAFE : United states air forces in Europe

V

VRP : Voyageur représentant placier

Index des acteurs cités

D

E

F

G

H

I

J

K

L

M

N

P

Q

R

S

T

U

V

W

Y

Z

Index géographique

A

B

C

D

Q

R

S

Y

Z

Les auteurs

Alain Bancaud, est chargé de recherche CNRS à l'IHTP, après avoir obtenu un doctorat d'État en science politique, il s'est spécialisé en socio-histoire de la justice et des magistrats.

Joëlle Beurier est agrégée d'histoire et docteure de l'Institut universitaire Européen de Florence. Elle est spécialiste des images de la Grande Guerre, et particulièrement des photographies de presse. Elle enseigne actuellement à l'Université de Reims.

Philippe Buton, agrégé d'histoire, est Professeur d'Histoire contemporaine à l'Université de Reims. Il est spécialiste du communisme et de la Seconde Guerre mondiale.

Olivier Büttner est ingénieur de recherche CNRS, animateur du réseau des correspondants départementaux de l'IHTP depuis 2008.

Hélène Chaubin, professeure agrégée d'histoire a été la correspondante du CH2GM puis de l'IHTP pour la Corse jusqu'en 1983 puis correspondante pour l'Hérault depuis cette date. Elle a participé à la plupart des enquêtes collectives du réseau des correspondants.

Mireille Conia est correspondante pour la Haute-Marne depuis 1999 est professeure d'histoire et de géographie au Lycée Edme-Bouchardon à Chaumont, elle est aussi chargée de cours en histoire contemporaine à l'Université de Bourgogne.

Danielle Chevallier, professeure agrégée d'histoire et de géographie est correspondante pour les départements du Loiret depuis 2003.

Xavier Desbrosse est professeur agrégé d'histoire et de géographie au lycée Pierre Bayen de Châlons-en-Champagne. Il est correspondant pour la Marne depuis 2008.

Jean-Louis Étienne, professeur agrégé d'histoire a été correspondant du CH2GM puis de l'IHTP pour le département de la Meurthe-et-Moselle. Il a participé à la plupart des enquêtes collectives du réseau des correspondants.

Pascal Girard, docteur en histoire, professeur agrégé d'histoire et de géographie à Troyes en classe préparatoire au lycée Chrétien de Troyes est correspondant pour l'Aube depuis 2003.

Michel Hastings est Professeur des Universités en science politique à l'Institut d'Études Politiques de Lille, chercheur au Céraps.

Jean-Claude Lahaxe, docteur en histoire, professeur d'histoire et de géographie, est correspondant pour le département des Bouches-du-Rhône depuis 2009.

Annie Martin, archiviste est docteure en histoire. Directrice du Musée de la Résistance de la Ville de Limoges, elle est correspondante pour le département de la Haute-Vienne depuis 2003.

Isabelle Miclot, doctorante en histoire contemporaine, professeure d'histoire et de géographie en collège. Elle est correspondante pour la Seine-et-Marne depuis 2009.

Alain Monchablon, professeur agrégé d'histoire est correspondant pour le Val-de-Marne depuis 1983.

Nicolas Monod est professeur agrégé d'histoire et de géographie au Lycée Ribeaupierre de Ribeauvillé dans le Haut-Rhin. Il est correspondant pour les deux départements de la Région Alsace depuis 2010.

Gilles Morin, docteur en histoire, est professeur d'histoire et de géographie à la cité scolaire Marie Curie de Sceaux (92), il est correspondant pour les Hauts-de-Seine et la région parisienne depuis 1994.

Alain Olivier, professeur d'histoire et de géographie, est correspondant pour le département de la Mayenne depuis 2008.

William Richier professeur d'histoire et de géographie au collège Madame de Sévigné de Gagny (93) est correspondant pour les départements de Seine-Saint-Denis et du Val-de-Marne depuis 2008.

Henry Rousso est directeur de recherche au CNRS (IHTP). Il dirige également des doctorants aux universités de Paris Ouest Nanterre la Défense et de Paris I Panthéon-Sorbonne. Depuis 2005, il coordonne le réseau européen EURISTXX (*The European Network on Contemporary History).*

Table des illustrations

Table des matières

Épilogue

Mise en page LEN

Achevé d'imprimer en mars 2014 par LEN S.A.S. – 92150 Suresnes
Dépôt légal : mars 2014
Imprimé en France